Han F. de Wit

Die verborgene Blüte

Verlag Via Nova

Han F. de Wit

Die verborgene Blüte
Über die psychologischen Hintergründe
der Spiritualität

Verlag Via Nova

Übersetzung aus dem Holländischen: Adriaan Oomen

Adriaan Oomen ist Gestalttherapeut, Paartherapeut und Ausbilder. Gebürtiger Niederländer, lebt seit 1988 in Deutschland. Zusammen mit seiner Frau Claire Neger hat er unter dem Namen ‚*Gesellschaft für Persönlichkeitsentfaltung und gestalttherapeutische Weiterbildung, Adriaan Oomen und Claire Neger*‘ eine Praxis für Gestalttherapie, Paar- und Familientherapie aufgebaut. Seit 1982 bilden sie ein Trainerpaar, und seit 1985 haben sie jedes Jahr eine dreijährige Weiterbildungsgruppe für Gestalttherapie und -pädagogik ins Leben gerufen.

Die Verbindung zur Spiritualität, d.h. zum Kultivieren grundlegender Menschlichkeit, hat in dem Weiterbildungsprogramm und in den übrigen Aktivitäten eine zentrale Stelle.

Für weitere Informationen: *Gesellschaft für Persönlichkeitsentfaltung und gestalttherapeutische Weiterbildung, Adriaan Oomen und Claire Neger, Henstedter Straße 18, 28857 Syke-Henstedt, Tel. 0 42 42-6 07 06, Fax: 0 42 42-51 16, Email: GestaltAOomenCNeger @ T-Online.De.*

Originaltitel: Han F. de Wit

De verborgen Bloei
Over de psychologische achtergronden van spiritualiteit

Titelfoto: Christiane Zilles

1. Auflage 1998
Verlag Via Nova, Neißer Straße 9, 36100 Petersberg
Telefon und Fax: (06 61) 6 29 73
Satz: typo-service kliem, 97647 Neustädtles
Druck und Verarbeitung: Rindt-Druck, 36037 Fulda
Alle Rechte vorbehalten
ISBN 3-928632-42-6

Inhaltsverzeichnis

Danksagung

Das Interesse für den psychologischen Hintergrund und die Einsichten, die in den großen spirituellen Traditionen zu finden sind, wächst. Es ist die Folge der Erkenntnis, daß diese Traditionen eine eigenartige Psychologie enthalten, die nicht nur unsere (westliche) akademische Psychologie reicher machen kann, sondern auch von großem praktischen Wert ist für diejenigen, die den spirituellen Pfad gehen oder gehen wollen.

Obwohl diese Psychologie einer der größten Schätze der Menschheit ist, blieb sie – außerhalb der spirituellen Traditionen selber – fast unbekannt. Eine zusammenhängende Darlegung ihrer Einsichten über den menschlichen Geist und die menschliche Erfahrung oder über die psychologische Wirkung der spirituellen Disziplinen und Methoden gibt es kaum.

Ohne die persönliche Ermutigung und den Unterricht meines spirituellen Mentors, des buddhistischen Meditationsmeisters Chögyam Trungpa Rinpoche, hätte ich jedoch nie über diese – bis vor kurzem so wenig bekannte – Psychologie schreiben können, und ich hätte es auch nicht gewagt. Die Anweisungen und Begleitung, die ich bei meiner eigenen Ausübung der kontemplativen Disziplinen von ihm empfangen habe, habe ich keinen einzigen Tag aus meinem Geist entlassen. Er hat mich ermutigt, auf dieser Grundlage den Dialog zwischen der Psychologie der großen kontemplativen Traditionen und der westlichen Psychologie anzufangen und auf diese Weise diese hervorragende Psychologie bekannt zu machen.

In diesem Buch vermittle ich diese Psychologie, über die ich unter dem Titel ‚*Kontemplative Psychologie*' viele Jahren einleitende Vorlesungen für Studenten der Psychologie und Theologie gehalten habe. Dadurch ist dies Buch sowohl für das Selbststudium als auch für Schulung inner- oder außerhalb der Universität sehr wohl geeignet.

Der direkte Anlaß zum Schreiben dieses Buches war die Einladung, während der Magistertagungen, die von niederländischen und belgischen Klöstern der Benediktiner-Tradition jährlich veranstaltet werden, zehn Vorlesungen zu halten. Diese Einladung habe ich vom Herzen angenommen, weil sie mir die Möglichkeit bot, nicht nur kontemplativ-psychologische Einsichten auszutauschen, sondern auch den interreligiösen Dialog weiterzuführen. Der Dialog von Menschen, die ein kontemplatives Leben führen, ist eigentlich die Quelle der kontemplativen Psychologie. Deswegen gilt mein Dank den Novizenmeistern, die während dieser Tagungen anwesend waren und die durch ihre ausgezeichnete geistige Gastfreiheit

sowie durch die Gespräche, die ich mit ihnen führen durfte, zum Zustande-
kommen dieses Buches beigetragen haben.

Ohne den Beitrag meiner Frau, Ineke de Wit-Schaeffer, würde die
niederländische Version dieses Buches jedoch nicht erschienen sein. Ihr
verdanke ich nicht nur den Titel des Buches, sie hat auch die Tonbänder der
zehn Vorlesungen bis zur ersten Fassung ausgearbeitet und außerdem alle
weitere Fassungen bearbeitet. Dafür danke ich ihr von Herzen.

Für die deutsche Fassung gilt mein Dank zunächst Adriaan Oomen, der
mir angeboten hat, den niederländischen Text ins Deutsche zu übersetzen.
Er gab mir als praktizierender Gestalttherapeut zu verstehen, daß die kontemplative Psychologie insbesondere für Psychotherapeuten von großem
Wert sein kann, um sowohl die Sicht auf spirituelle Probleme ihrer
Klienten zu vertiefen als auch um reale Lebenshilfe zu bieten. Ich bin ger-
ne auf seine Anregung eingegangen. Die daraus erwachsende inspirierende
Zusammenarbeit hat auch die Möglichkeit ergeben, einige Verbesserungen
im niederländischen Text vorzunehmen. In vielen Fällen verdanke ich die-
se den Empfehlungen des Zen-Lehrers Michael Sabass. Er wurde von
Adriaan Oomen in das Übersetzungsprojekt einbezogen und hat auch die
Fertigstellung des Textes besorgt.

Auch für die Gespräche, die ich mit den beiden führen konnte, und für
die Gastfreundlichkeit und Freundschaft, die ich von Adriaan Oomen und
Claire Neger vom Zentrum für Gestalttherapie und Meditation erfahren
habe, danke ich vom Herzen.

‚Last but not least' gilt Werner Vogel, dem Verleger des Verlags ‚Via
Nova', mein Dank. Für seinen spontanen Enthusiasmus für dieses Buch
und seine Bereitwilligkeit, es dem deutschsprachigen Publikum zur
Verfügung zu stellen, danke ich ihm sehr.

März 1998, Oegstgeest (NL).

Der Autor

Einleitung

Die verborgene Blüte

Wie kommt es dazu, daß der eine Mensch im Laufe seines Lebens milder und weiser wird, während der andere geradezu hartherzig und immer mehr verblendet wird? Was ist die Ursache dessen, daß manche Menschen im Laufe ihres Lebens eine immer stärkere Lebensfreude ausstrahlen, während andere in den Würgegriff der Lebensangst geraten? Und warum wächst in manchen Menschen die Kraft, das Leiden zu lindern, während andere am selben Leiden zugrunde gehen? Wie kommt es, daß sich diese zwei so sehr unterschiedlichen geistigen Entwicklungen unter ebenso günstigen wie ungünstigen Umständen vollziehen? Und letztlich: Können wir diese Entwicklung beeinflussen, oder stehen wir ihr machtlos gegenüber?

Diese Fragen stehen im Zentrum der kontemplativen Psychologie. Es sind die Fragen nach einer verborgenen Blüte, die sich tief im Kern unseres Wesens – manchmal bewußt, manchmal auch unbewußt – entfalten kann. Und so tief in unserem Wesen, daß diese Blüte oder sogar ihr Ausbleiben unsere Haltung dem Leben gegenüber in ihrer Ganzheit bestimmt.

Wenn auch diese Blüte in gewissem Sinne sich in der Verborgenheit entfaltet, ist sie doch keineswegs eine Abstraktion, die vom Leben losgelöst ist; sie kommt vielmehr gerade in der Art und Weise zum Ausdruck, wie wir mit unserem alltäglichen Leben umgehen. Sie trägt Früchte, die in einer bestimmten Art und Weise, wie wir mit unserer Umgebung, unseren Mitmenschen und uns selbst umgehen, sichtbar werden; eine Art und Weise des Umgehens, die sowohl unser eigenes Leben als auch das der anderen vertieft und erhebt.

Wir alle kennen Menschen, entweder aus Geschichten oder persönlicher Erfahrung, die (zeitweise oder auch andauernd) etwas ausstrahlen: Eine gewisse Wärme, eine Art des bedingungslosen Interesses für ihre Umgebung und eine Klarheit des Geistes, die ansteckend wirkt und inspiriert! Und nicht etwa, weil ihre Lebenslage dazu Anlaß gibt oder weil sie uns besonders gerne mögen, sondern vielmehr deshalb, weil die Qualitäten von Wärme, Interesse und Klarheit offensichtlich zu der Art ihres Seins gehören.

Manchmal fragen wir uns, wo diese Geisteskraft herkommt, nämlich die Kraft, um sich unter ganz schwierigen Umständen auf den Beinen zu halten –, und sogar noch mehr als dies: Wo holen Menschen die Kraft her, damit sie andere ermutigen und inspirieren können?

Vielleicht denken wir dann an Menschen wie Nelson Mandela, Dag Hammarskjöld, Mutter Theresa, an den Dalai Lama oder an Thich Nhat Hanh. Oder an UN-General Morillon, der sich aus Solidarität mit den Bosniern geweigert hat, Srebrenica zu verlassen, damit er Zeuge von der dort verübten Unmenschlichkeit sein könnte. Vielleicht haben wir auch die Schriften der Etty van Hillesum und anderer Menschen gelesen und uns die Frage gestellt, wie sie es geschafft haben, um auf eine ermutigende Weise mit ihrer Lebenssituation im Konzentrationslager umzugehen.

Wenn Menschen auf eine bestimmte Art und Weise mit einem schweren Schicksal umgehen, sagen wir gelegentlich, daß sie über sich selbst hinauswachsen. Damit meinen wir dann, daß solche Menschen, die zunächst in privaten Projektionen und persönlichen Ambitionen verfangen schienen, jetzt plötzlich Auge in Auge mit einer wirklichen Notsituation das alles hinter sich lassen und aus einer viel tieferen Vision heraus handeln; aus einer Vision, in der das Fördern des Gelingens der ganzen Situation gleichsam das Steuerruder dessen, was sie anfangs als ihr eigenes Interesse betrachtet hatten, übernommen hat. Wenn wir auch noch so pessimistisch gegenüber dem Menschen und seinen Möglichkeiten sind, können wir doch nicht leugnen, daß sich solche Augenblicke in unserem Leben ereignen: Augenblicke, in denen etwas durchbricht und wie eine Flutwelle unsere Engherzigkeit wegspült; Augenblicke, in denen es uns wichtiger ist, die Situation, in der wir uns befinden, zu beschützen und zum Blühen zu bringen als unsere eigenen Interessen. Oder vielleicht könnten wir besser sagen: Augenblicke, in denen die übliche Trennung zwischen unserem persönlichen Wohlergehen und dem Gelingen der ganzen Situation für uns nicht mehr auf der Tagesordnung steht. Wenn sich dies ereignet, bedeutet es mehr als ein „Glück im Unglück". Es ist ein Augenblick der Befreiung und zeigt uns neue Möglichkeiten. Dies erklärt auch, wie es kommt, daß sich Menschen in den meisten schwierigen Umständen in einem sehr grundlegenden Sinn frei und stark, ja sogar glücklich fühlen können und ihre Umgebung zu ermutigen und inspirieren vermögen.

Manchmal neigen wir dazu, Menschen, die aus dieser tieferen Vision heraus zu handeln scheinen, als sehr außergewöhnlich und geistig weit über uns erhaben zu betrachten; als Menschen nämlich, die nun einmal eine Geisteskraft besitzen, an die wir nicht heranreichen. Aber selbst wenn wir zu diesen Menschen so hinaufschauen, dann deswegen, weil wir in ihnen etwas wiedererkennen. Diese Geisteskraft und Lebensfreude, die wir in ihnen erkennen, sind uns im wesentlichen nicht fremd. Und das, weil wir selbst in unserem Leben auch Augenblicke kennen, in denen unsere Lebenshaltung ähnlich ist; Augenblicke, in denen unsere eigene grundlegende Menschlichkeit wirksam und sichtbar ist.

Grundlegende Menschlichkeit

Die verborgene Blüte, von der wir oben gesprochen haben, bezieht sich auf die Entwicklung unserer grundlegenden Menschlichkeit. Weil dieser Terminus ein zentrales Thema dieses Buches ist, gilt es für uns zu verstehen, was wir mit dem Ausdruck „grundlegende Menschlichkeit" meinen. Vielleicht klingt uns dieser Terminus sehr hochtrabend oder moralistisch. Vielleicht neigen wir zunächst dazu, darin etwas Moralisches zu hören. Doch meinen wir mit diesem Ausdruck eine ganz konkrete Erfahrung, die uns eben sehr vertraut ist. Schauen wir mal, nicht wie wir grundlegende Menschlichkeit bei anderen wahrzunehmen meinen, sondern wie sie in unserem eigenen Leben sichtbar ist.

Die Art und Weise, wie sie sich in unserem eigenen Leben manifestiert, läßt sich kaum mit einem Wort charakterisieren. Das kommt daher, daß sie sich sowohl unter glücklichen wie unglücklichen Umständen ereignet. Bei persönlichem Unglück hat sie die Form des *Lebensmutes*. In der Konfrontation mit dem Unglück anderer Leute manifestiert sie sich in uns als tatsächliches *Erbarmen*, als uneigennützige Hilfsbereitschaft. Sie ermöglicht uns, mit Mißgeschick auf eine Art und Weise umzugehen, die uns selbst und die anderen erhebt. Bei persönlichem Wohlergehen oder beim Anblick vom Wohlergehen anderer Leute manifestiert sie sich in uns als *Lebensfreude*.

Aber neben diesen drei Ausdrucksformen kennt sie noch einen vierten Aspekt: *Klarheit des Geistes*. Diese Klarheit des Geistes, die uns realistisch macht und Einsicht verschafft, kann sich im Glück wie im Unglück zeigen. Sie ist von beiden *unabhängig*. Sie ist auch keine intellektuelle Angelegenheit, wie wir im Kapitel 4 sehen werden, sondern sie scheint eher in vieler Hinsicht der unbefangenen Neugierde und dem Interesse zu ähneln, die wir manchmal auch bei gesunden Kindern wahrnehmen können. Trotzdem hängt sie auch nicht vom Alter ab. Sie hat mit der Art und Weise zu tun, wie wir dem Reichtum an Farbe und Form, Laut, Duft und körperlicher Berührung gegenüberstehen, den die Welt der Erscheinungen uns bietet. Sie ist das universelle menschliche Vermögen und Verlangen, zu erkunden, zu durchschauen und wach zu sein. Sie ist allen Menschen in allen Zeiten und Kulturen eigen. Je älter wir werden, umso mehr kann diese unbefangene, ewig jugendliche Neugierde, wenn sie nicht erstickt wird, zu einer immer weitergehenden Aufklärung des eigenen Daseins führen und zu dem Vermögen, andere Menschen zu verstehen und Verständnis bei ihnen wachzurufen. In diesen Augenblicken sind wir imstande, in einer heilsamen Art und Weise mit den Realitäten unseres Daseins, mit Wohlergehen und Mißgeschick, mit Glück und Leiden, Liebe und Haß, Wahrhaftigkeit und Unwahrhaftigkeit umzugehen.

Aber versuchen wir einmal, dies alles konkreter in Worte zu fassen: Wir erleben unsere grundlegende Menschlichkeit gerade in dem Augenblick, in dem wir fühlen, daß wir „in bester Verfassung" sind; nicht in dem Sinne, daß wir irgendeine Spitzenleistung vollbringen können oder daß wir uns erst dann glücklich fühlen, sondern eher in dem Sinne, daß wir erfahren, daß wir ein Lebewesen sind, das durch seine menschliche Geburt *vollständig ausgerüstet* ist für das menschliche Leben in Glück und Leid. In solchen Augenblicken gelangen wir zu der Erkenntnis, daß wir zu allererst als Mensch und nicht als „Jan" oder „Marie" geboren sind. Das ist nämlich ein grundlegender Unterschied, den wir im Kapitel 3 weiter ausführlich untersuchen werden. Als Jan oder Marie haben wir oft das Gefühl, unser Dasein rechtfertigen, erörtern, verteidigen oder verdienen zu müssen. Und als Jan oder Marie mit unserer Vorgeschichte und unseren Erwartungen, mit unseren Über- und Unempfindlichkeiten, fühlen wir uns nicht immer dem Leben gewachsen. Aber in dem Augenblick, in dem wir unsere grundlegende Menschlichkeit erleben, fühlen wir uns zu gleicher Zeit stark und sanft, erfüllt von jugendlicher Lebenskraft und selbstverständlicher Zuversicht. Nicht stark in dem Sinne, daß wir uns jetzt auf dem Höhenpunkt fühlen und die Welt besiegen oder ihr widerstehen können, sondern stark in dem Sinne, daß wir die Welt, wie sie sich uns präsentiert, zulassen und ihr Raum geben können. Diese Kraft hebt uns einerseits über uns selbst – als Jan bzw. Marie – hinaus, und andererseits bringt sie uns uns selbst näher, näher zu uns selbst als menschliches Lebewesen. Auf irgendeine Art und Weise sind wir mit einer Lebensfreude und einem Lebensmut erfüllt, die dafür sorgen, daß wir offen für unsere Umgebung sind und imstande, mit ihr zurecht zu kommen. Vielleicht haben wir selber eine angegriffene Gesundheit oder sind auf andere Art und Weise eingeschränkt, jedoch: In diesen Augenblicken haben wir trotz allem etwas zu bieten; nicht weil wir unbedingt etwas geben wollen, sondern weil diese Augenblicke selber von Natur her eine *weite Sicht* und *großzügige Herzlichkeit* besitzen.

Diese Augenblicke, in denen wir „bestens drauf sind", entstehen nicht, weil wir es geschafft haben, bestimmte Wünsche oder Bedürfnisse zu befriedigen oder mit Erfolg Gefahren abzuwenden, obwohl es Anlaß dazu geben könnte. Nein, es ist eher so, daß sich solche Augenblicke in gewissem Sinn *über* die Befriedigung unserer Wünsche oder unsere Frustration *erheben*, oder, besser gesagt, *verborgen* unter ihnen *liegen*: Sie entstehen, wenn jedes Streben nach Befriedigung weggefallen ist, weil es entweder erfüllt ist oder weil wir es loslassen mußten. Es ist, als läge in uns selbst ein fruchtbarer Grund der wahrhaftigen Menschlichkeit, der von unseren Wünschen und unserem Verlangen *unabhängig* ist. Dann und wann kommt dieser Grund ans Tageslicht, beim Glück und manchmal im Leid. Aber meistens ist er gar nicht sichtbar, weder beim Glück, noch im Unglück. Aus welchem Beweggrund? Laßt uns dies genauer anschauen.

Lebensfreude und Befriedigung

Wenn wir geboren werden, haben wir noch keine Ahnung, wie das menschliche Leben aussehen wird. Wir sind noch naiv, unsere Existenz ist im gewissen Sinn in Finsternis gehüllt und unartikuliert. Neben unserer Wiege liegt keine Gebrauchsanleitung für das Leben. Aber diese Tatsache schlägt uns, klein und hilflos, wie wir faktisch sind, nicht aus dem Feld: Sofort, vom Augenblick unserer Geburt an, manifestiert sich ein unbefangenes Interesse für und eine Hingabe an die Welt der Erscheinungen. Offensichtlich werden wir damit geboren! Es ist unsere grundlegende Menschlichkeit, und sie gehört genauso zu unserem Menschsein wie unsere Windel, unsere Unreinlichkeit, unser Krähen und unser Weinen. Und sie bleibt lebenslang ein Teil von uns, auch wenn wir unseren Windeln schon längst entwachsen sind.

Bei einigen Menschen scheint diese bedingungslose Lebenslust ihr Leben mehr und mehr zu bestimmen. Bei anderen Menschen hingegen scheint sie zu verschwinden. Und auch in unserem eigenen Leben scheint es Perioden zu geben, in denen sie sich mal mehr und mal weniger manifestiert. Wie kann das angehen? Dies ist, wie gesagt, eine der zentralen Fragen, worauf die kontemplative Psychologie eine Antwort zu geben versucht. Und eine Antwort gibt sie auch, wie wir es in den Kapiteln 2 und 3 sehen werden.

Aber wir wollen diese Fragen schon hier in groben Zügen beantworten. Wir werden es tun anhand eines der vier Aspekte der grundlegenden Menschlichkeit, nämlich der *Lebensfreude*, und dabei zwischen *Befriedigung* und *Lebensfreude* unterscheiden. Wir benutzen in diesem Buch diesen Ausdruck wie folgt. Mit Hilfe der Vorsilbe „Lebens-" wie in den

Formulierungen „Lebensfreude, Lebenshaltung, Lebensmut" usw. deuten wir an, daß wir über eine Gemütsbeschaffenheit oder Einstellung reden, die sich auf unser *ganzes Leben* und nicht auf bestimmte Umstände in unserem Leben richtet. Diese Gemütsbeschaffenheit oder Einstellung ist also nicht von unseren Lebensumständen abhängig. Der Zusammenhang ist hier gerade umgekehrt: Die Art und Weise, wie wir mit unseren Umständen umgehen, hängt gerade von unserer Gemütsbeschaffenheit ab; sie bestimmt, wie wir mit Glück und Mißgeschick umgehen. Nur in diesem Sinne ist sie von den Umständen unabhängig.

Auch mit dem Ausdruck „Lebensfreude" meinen wir demnach eine Gemütsbeschaffenheit, die sich nicht auf bestimmte Umstände bezieht, sondern in gewissem Sinne davon unabhängig ist. Natürlich können Umstände dahin führen, daß wir den Kontakt mit dieser unbedingten Freude verlieren, wodurch sie sich nur noch selten zeigt. Jedoch während der Augenblicke, in denen sie sich trotzdem zeigt, erstreckt sie sich darüber hinaus. In bedrängnisvollen wie in glücklichen Situationen entstehen solche Augenblicke, genauso gut an einem sonnigen Tag am Meer wie auch während eines verregneten, grauen Morgens in der Stadt. Wir alle kennen diese Augenblicke, obwohl sie oft für uns verborgen bleiben, indem wir, getrieben durch unsere Erwartungen über dieses oder jenes, daran vorbei leben. Dichter sprechen darüber:

Alles ist viel für einen, der nicht viel erwartet.
Das Leben hält seine Wunder verborgen,
Bis es sie auf einmal zeigt; in ihrem hohen Staat.

Dies hab' ich in mir selber überdacht,
Verregnet, an einem nieselnden Morgen,
Schlechthin glücklich, in der Dapperstraat.

Aber, es sei nochmals gesagt, man braucht kein Dichter zu sein, um „schlechthin", das heißt bedingungslos, ohne besonderen Anlaß, solch einen Moment der Lebensfreude zu erleben, wie der Dichter J. C. Bloem es hier oben in den letzten Strophen seines bekannten Sonettes „De Dapperstraat" aufzeichnet (Bloem, 1986, S. 206).

Neben dieser bedingungslosen Freude kennen wir auch eine bedingte Form der Freude, die wir hier mit dem Ausdruck *Befriedigung* bezeichnen werden. Und diese Art der Freude erleben wir, wenn es uns gelingt, unsere Wünsche und Bedürfnisse zu befriedigen. Der Unterschied zwischen Lebensfreude und Befriedigung ist, daß die letzte von äußeren und auch inneren Umständen abhängig ist. Mit äußeren Umständen meinen wir die Situationen, auf die sich unsere Wünsche beziehen. Sie bilden die Bedingungen für Befriedigung.

Materialistische und spirituelle Ansichten vom Glück

In unserer Alltagssprache benennen wir mit dem Wörtchen „Glück" vor allem die erfolgreiche Erfüllung von Bedürfnissen und Wünschen. Glücklichsein bezieht sich daher namentlich auf die Umstände: Bestimmte Bedingungen sollten erfüllt werden, damit wir als Menschen glücklich sein können. Glück ist damit *abhängig von einem Objekt*, von etwas, das Glück *bringt*. Glück kommt von draußen auf uns zu.: „Wenn du einmal von der Schule weg bist, Abitur gemacht hast, dann wirst du dich besser fühlen". Oder: „Wenn du einen tollen Job, einen guten Partner oder Freundeskreis hast, wirst du glücklich sein", oder: „Wenn du wieder guter Gesundheit bist, wenn es deinen Kindern gut geht, wenn du frei bist, dann wirst du glücklich sein. Versuche es hinzukriegen!" Und natürlich ist etwas daran, aber es macht nicht die ganze Geschichte aus. Besser gesagt: Darin steckt auch eine irreführende Suggestion, nämlich daß wir auch das Glück dadurch an uns ziehen können, daß wir imstande sind, unsere Umstände in den Griff zu bekommen. Wir stehen dann nicht ganz machtlos da. Dieser Gedanke ist reizvoll; Glück kann, wenn wir unser Bestes tun und uns anstrengen, gerade wie Besitz, Ansehen und Macht erworben werden.

Die Kehrseite dieser Ansicht ist, daß wir diese Art des Glücks auch wieder verlieren können. Deswegen ist diese *materialistische Ansicht vom Glück* der Nährboden für ein Leben, das von Erfolgserwartung bzw. -hoffnung und Furcht vor Versagen beherrscht wird. Dazu kommt noch, daß unsere Wünsche und unser Verlangen mit denen anderer Menschen zusammenprallen können. Schließlich ist es möglich, daß unsere Wünsche und unser Verlangen selber unwirklich sind, wodurch unser Streben uns in das Unglück treibt. Aber selbst dann, wenn es uns oft mit viel Mühe und Schmerz gelingt, unsere Wünsche und unser Verlangen zu befriedigen, ist das Glück, das es bringt, nur vorübergehend. Faktisch besteht es aus einem Wegfallen der Spannung, die unbefriedigte Bedürfnisse in uns erzeugen. Wenn die momentane Befriedigung wieder abflaut, müssen wir auf der Suche nach dem Glück weitergehen. Immer, wenn wir das erreichen, wovon wir erwarten, daß es uns wahrhaftiges Glück bringen könnte, zeigt sich nach kürzerer oder längerer Zeit, daß unsere Glückserwartung nicht dauerhaft erfüllt wird.

Aufs neue machen wir uns auf die Suche nach dem Lebensglück, oder wir werden enttäuscht und ängstlich: Wir trauen dem Leben nicht mehr. Unsere Einstellung zum Leben verkehrt sich vom Suchen nach Glück in das Vermeiden von Unglück. Wir beurteilen die Umstände, die auf uns zukommen, jetzt primär danach, ob sie uns schaden, uns unglücklich machen können. Das Grundmotiv unseres Lebens wird jetzt die Suche nach Sicherheit und Schutz, nach Unverletzbarkeit. Und jedesmal, wenn wir merken, daß diese Suche fruchtlos ist, wächst unsere Angst, bis sie den Charakter der Lebensangst bekommt. Die Welt wird eine ständige große Bedrohung, in der sogar das Überleben eine zu schwere Aufgabe werden kann. Dann scheint uns kein anderer Fluchtweg als der Tod übrig zu bleiben.

Jedoch das Problem der materialistischen Ansicht vom Glück ist nicht allein, daß sie nicht zu dem führt, was wir uns als Mensch erhoffen, sondern auch, daß sie unsere Verbindung zu unserer grundlegenden Menschlichkeit unterbricht und dadurch auch zu unserer Lebensfreude. Wir erfahren dann immer weniger, daß die Lebensfreude uns wesentlich eigen ist. Wir legen daher auch immer weniger Wert darauf und behalten sie auch immer weniger im Auge. Und weil die Lebensfreude grundsätzlich nicht unseren äußeren Lebensumständen entspringt, aber wir doch in diesen Umständen unser Glück suchen, häuft sich Enttäuschung auf Enttäuschung.

Dieser materialistischen Ansicht des Glücks steht dann eine *spirituelle Ansicht vom Glück* gegenüber, in der man Glück nicht als einen Augenblick der Befriedigung, sondern als einen Moment der Lebensfreude betrachtet. Diese Ansicht lehnt nicht die Befriedigung ab, sondern sie verwirft die hochgespannten Erwartungen, die in der materialistischen Glücksauffassung liegen, und sie verwirft insbesondere die Suggestion, daß Befriedigung gleich Lebensfreude ist oder „per se" zur Lebensfreude führt. In der spirituellen Ansicht vom Glück bedeutet dieses etwas ganz anderes als Befriedigung. Vielleicht haben wir uns eifrig bemüht, unser Glück zu suchen, indem wir unsere Umstände, unsere Wünsche und Bedürfnisse aneinander angepaßt haben, und dann gucken wir auf einmal, ohne besonderen Anlaß, kurz den blauen Himmel über uns an, an dem große, üppige Haufenwolken vorbeischwimmen, oder sehen einen Spatz, der vor unserem Fuß weghüpft. Und in einem kurzen Augenblick entsteht ein Moment der Versöhnung und Lebensfreude. Ganz kurz nur, aber gerade durch den Kontrast vielleicht sehr intensiv. Dann kann es passieren, daß wir etwas wiedererkennen, daß unser Blick sich verändert, wodurch unser Glücksstreben in ein ganz anderes Licht gerückt wird, dieses Streben als grundlegend irreführend entlarvt wird, weil wir während dieser Augenblicke erfahren, daß wir das schon besitzen, was wir suchen.

In unserer westlichen Kultur mit ihrem heutigen großen materiellen Wohlstand wissen wir mittlerweile schon, daß günstige materielle Verhältnisse keine Garantie für Lebensfreude sind: „Geld allein macht nicht glücklich", sagen wir dann. Aber auch diese Einsicht führt oft nur dazu, daß wir unser Glück in veränderten Umständen suchen, z. B. in Umständen, die im sozialem Bereich liegen oder sogar in innerlichen Umständen. Im letzten Fall betrachten wir unsere Wünsche und Bedürfnisse als die großen Übeltäter. Wir wollen uns dann von diesen Wünschen und Bedürfnissen befreien. Und dann machen wir uns auf die Suche danach, wie wir unseren Geist manipulieren können. Vielleicht denken wir dann, daß das Praktizieren von spirituellen Disziplinen uns helfen kann, unsere materialistische Form des Glücksverlangens zu befriedigen. Aber so sind wir nicht imstande, unsere grundlegende Menschlichkeit zum Blühen zu bringen, denn die Grundhaltung dabei ist noch immer dieselbe: Wenn wir das, worauf unsere Wünsche und Bedürfnisse sich richten, zu uns heranholen und das, was uns im Wege steht, eliminieren können, „dann erst werden wir glücklich sein." Der einzige Sinn solcher Bemühungen in diese Richtung ist, daß wir, indem wir sie machen, daran lernen können, ihre Unzulänglichkeit einzusehen.

Zur gleichen Zeit macht die Ansicht, daß wir unsere Umstände manipulieren müssen, um glücklich zu sein, uns selbst auch in hohem Maß für Manipulationen anfällig: Wir werden für die verschiedensten Versprechen, reale und irreale, im materiellen, sozialen, psychischen und spirituellen Bereich, empfänglich. Wenn wir meinen, daß nur Reichtum oder gesellschaftlicher Status uns glücklich machen würden, sind wir gelegentlich bereit, uns buchstäblich tot zu arbeiten und auch zu wenig anständigen Praktiken Zuflucht zu nehmen. Wenn wir meinen, daß die Ausschaltung unserer Feinde uns letztlich den inneren Frieden bringen wird, dann sind wir zum Kampf bereit.

Viele kontemplative Traditionen sagen dann auch, daß wir, wenn wir von einer materialistischen Ansicht über das Glück an uns selbst und unsere Welt einschließlich der Religion herangehen, unsere Menschlichkeit verlieren. Davon ernten wir persönlich und gesellschaftlich die bitteren Früchte. Und obwohl wir trotzdem unsere grundlegende Menschlichkeit ab und zu erfahren, leben wir wieder schnell daran vorbei. Das Überwinden von Mißgeschick oder die Förderung unseres Wohlergehens fordert schon wieder unsere ganze Aufmerksamkeit. Und in diesem Licht scheinen solche besonderen Augenblicke irreal und irrelevant. Wir können uns dann kaum vorstellen, daß sie gerade die Grundlage und den Zugang zu einer ganz anderen Art und Weise unseres „Im-Leben-Stehens" ausmachen.

Der Grund, daß wir hier so ausführlich über den Aspekt der Lebensfreude gesprochen haben, liegt darin, daß für die anderen drei Aspekte unserer grundlegenden Menschlichkeit, nämlich: Lebensmut, Erbarmen und Klarheit des Geistes, die gleiche Problematik mitspielt. Auch diese drei haben einen nicht an Bedingungen gebundenen Charakter: Sie beziehen sich nicht auf bestimmten Umstände, sondern sind von ihnen unabhängig. Wenn wir aus unserer grundlegenden Menschlichkeit leben, dann manifestiert sich unser *Erbarmen* bedingungslos und ungehindert, wenn uns das Leid begegnet: Wir stehen dann jemandem bei oder eilen ihm zur Hilfe, nicht weil wir es in diesem Augenblick als unsere moralische Pflicht betrachten, sondern weil wir einfach nicht anders können. Wenn wir ein kleines Kind am Ufer spielen und nachher in das Wasser fallen sehen, rennen wir sofort dorthin und holen es aus dem Wasser. Mit moralischer Pflicht beschäftigen wir uns dann gar nicht. Ehe wir darüber nachdenken konnten, haben wir das Kind schon wieder auf das Trockene gebracht. Jedoch, wenn wir keinen Kontakt mit unserer grundlegenden Menschlichkeit hätten, würden wir meinen, daß Barmherzigkeit eine Frage des Einhaltens und Propagierens guter Sitten bedeutet. Moralpredigten haben selten etwas zustande gebracht und gewiß nicht in der Stunde der Gefahr. Dann vermag nur unsere grundlegende Menschlichkeit etwas zustande zu bringen.

Wenn *Lebensmut* uns nicht mehr vertraut ist, neigen wir leicht zu der Meinung, daß Härte, Durchsetzungsvermögen, Beharrlichkeit und Ausdauer bei dem Erstreben unserer Ziele und dem Trotzen gegen das Mißgeschick wahrhaftigen Mut bedeuten. Und wenn wir die *Klarheit des Geistes* verlieren, erscheint sie uns als etwas Vages, das weit weg davon ist, gut informiert zu sein und viele Kentnisse zu besitzen. Oder wir betrachten sie höchstens als Geistesgegenwart, die uns bei der Wahrnehmung unserer Interessen zur rechten Zeit zur Verfügung steht, als eine Form der Schlauheit, damit wir uns kein Falschgeld andrehen lassen.

Grundlegende Menschlichkeit scheint uns dann eine reizvolle Utopie zu sein, gut genug für eingefleischte Optimisten oder religiöse Menschen. Und an der letzten Überlegung ist auch etwas, denn in der Tat finden wir in den großen religiösen Traditionen allerlei Andeutungen und Einsichten, die sich auf unsere grundlegende Menschlichkeit beziehen. Wir werden sie im ersten Teil dieses Buches erkunden. Und nicht nur dies; wir finden in den kontemplativen Traditionen auch Anweisungen, mit denen wir diese Menschlichkeit mit Hilfe bestimmter Disziplinen kultivieren können.

Diese kommen im zweiten Teil dieses Buches zur Sprache. Von daher können wir auch bei diesen Streifzügen durch die kontemplative Psychologie diese religiösen Traditionen mit Gewinn zu Rate ziehen; sie zeigen, daß sie eine ganze Menge an psychologischen Einsichten enthalten. Für manche wird dies Buch vielleicht wie ein „religiöses" Buch erscheinen. Für andere ein Buch, das von *Humanität* und dem Kultivieren dessen handelt, von dem, was in der Shambhalatradition „*grundlegendes Gutsein*" (Trungpa, 1995, S. 35) heißt und in dem erneuten Überdenken unserer Kultur „*spiritueller Humanismus*" (Bulhof, 1992, Amaladoss, 1990) genannt wird.

Grundlegende Menschlichkeit ist eine universelle menschliche Kraft, die nicht mit einer bestimmten Ideologie oder Einstellung zum Leben verbunden ist. Wir haben die Fähigkeit, diese grundlegende Menschlichkeit in unserem Leben zur Blüte zu bringen, indem wir unseren Geist kultivieren. *Und das ist die verborgene Blüte.* Ihre Früchte manifestieren sich in unserem Handeln und wirken in unserer Gesellschaft und unserer Kultur fort. Sie vermag unsere Existenz und die anderer Menschen zu erheben.

Glück suchen oder schenken?

Es ist ein typisch kontemplativer Ausgangspunkt, daß Lebensfreude, Lebensmut, Erbarmen und Klarheit des Geistes nicht von außen, sondern gerade von innen her kommen, nichts, was wir uns erwerben müssen, sondern was wir durch unsere menschliche Geburt schon besitzen. Aber wie sollen wir sie entfalten, statt sie zu ersticken? Würde es dann einfach bedeuten, daß wir unserer Lebenssituation ihren Lauf lassen müssen, in eine Art der Passivität verfallen und aufhören sollen, für uns selbst und unsere Umgebung zu sorgen?

Ganz gewiß nicht, aber wir würden schon unseren Selbstbetrug, unsere Illusionen und unser unrealistisches Verlangen nach dem, was unsere Lebenssituation uns an Lebensfreude bieten kann, aufgeben müssen. Denn diese stehen unserer Menschlichkeit im Wege, einer Menschlichkeit, die gerade von Natur aus, das heißt bedingungslos, auf das Leben bezogen ist und die sich in der Form einer sorgsamen und vernünftigen Art des Umgangs mit anderen und mit unserer Umgebung manifestiert. Und je öfter sie sich manifestiert, desto stärker wird sie. Je nach dem, wie sehr wir aus unserer grundlegenden Menschlichkeit leben, sind wir statt Glück suchender Menschen *Glück schenkende* Menschen geworden. Wir haben uns damit bestimmt nicht von der Welt um uns herum abgewandt, sondern wir sind vielmehr gerade jetzt in einer wahrhaftig menschlichen Art und

Weise darauf bezogen. Um diese Wandlung geht es in den kontemplativen Traditionen. Und um das *Wie* und *Wodurch* geht es in der kontemplativen Psychologie.

Aber fürs erste sind wir eher Glückssucher als Glücksschenker. Deshalb gibt es noch einen Grund, weshalb äußere Umstände eine Rolle spielen und wir sie nicht ignorieren dürfen. Gerade weil wir angefangen haben zu denken, daß unsere Menschlichkeit von äußeren Umständen und von der Befriedigung unseres Verlangens abhängt, kommen wir jetzt nicht mehr um diese Umstände und das Verlangen herum. Wenn wir dann unsere grundlegende Menschlichkeit freilegen wollen, müssen wir unsere Lebensumstände und die Art, in der sie auf unsere Erwartungen und blinden Flecken Einfluß nehmen, mit offenen Augen entgegennehmen und sie untersuchen; denn sie sind die Ursache, besser gesagt die Träger unserer Lebensangst geworden.

Es könnte sein, daß wir gut daran täten, bestimmte Umstände in unserem Leben befristet oder vielleicht bleibend zu verändern, solange wir unsere Erwartungen bezüglich dieser Umstände noch nicht loslassen können. So geben wir unserem Leben eine bestimmte Form, die wir das *kontemplative Leben* nennen können. Diese Form kann uns den Raum bieten und dadurch helfen, zu unserer Lebensangst durchzudringen. Zu ihr durchzudringen ist schon eine Manifestion und zu gleicher Zeit die Essenz des Lebensmutes. Auch auf diese Weise stellen wir also die Verbindung mit unserer grundlegenden Menschlichkeit wieder her. Dieser Prozeß ist etwas ganz anderes, als wenn man versucht, sich innerlich von dem Leben abzuwenden oder sich für das Leben immun zu machen. Es bedeutet das Gegenteil von Flucht in materialistische oder spirituelle Fantasiewelten, die uns in bezug auf die Realitäten unserer Existenz imaginäre Freude und illusorischen Halt bieten. Es bedeutet das Schaffen von Umständen, in denen wir unsere grundlegende Menschlichkeit wiederfinden und zur Blüte bringen können. In diesen Umständen entdecken wir, daß wir und wie wir „über uns selbst hinauswachsen" können oder wie wir „in unserer Verfassung sein können". Und je nach dem, wie wir darin hineinwachsen, werden wir immer weniger von unseren Umständen abhängig. Die Umstände behindern immer weniger die Manifestation unserer grundlegenden Menschlichkeit: Sie werden gerade zu Angriffspunkten für unsere grundlegende Menschlichkeit anstatt zu Trägern unserer Lebensangst. In diesem Prozeß der inneren Transformation spielen psychologische Momente eine Rolle. Wir werden sie in den folgenden Kapiteln erforschen.

24

Das kontemplative Leben

Wie schon gesagt wurde, gehören die Augenblicke des bedingungslosen, unbefangenen Lebensmutes genauso zum Leben wie die Augenblicke, in denen wir von Lebensangst befangen sind. Daß wir solche Augenblicke erleben, daß sie zur menschlichen Existenz gehören, steht außer Frage. In allen Kulturen spricht man darüber. Aber welchen Wert wir auf diese Augenblicke legen, in denen unsere grundlegende Menschlichkeit sich manifestiert, und zu welchem Preis wir sie kultivieren möchten, über dieses Thema denkt man sehr unterschiedlich. Denn gerade weil solche Augenblicke oft einen radikalen Bruch mit unserer herkömmlichen Lebenshaltung verursachen, scheinen sie unerreichbar weit weg von uns zu sein, während sie zu gleicher Zeit unverkennbar zu unserem Leben gehören.

Wir werden uns, so lange wir am Leben sind, nach diesen Augenblicken des Lebensmutes und der Klarheit des Geistes sehnen, von denen manchmal niemand anderer als wir selbst eine Ahnung hat und von denen wir selbst nicht richtig wissen, aus welchem Grund und wann sie sich ereignen. Wir fragen uns manchmal zögernd, ob es möglich sein würde, aus diesen Augenblicken heraus zu leben, und ob es dasselbe ist, was manche Leute, die uns inspirieren, auch wirklich tun. Dann verweilen wir vielleicht einmal kurz bei der Frage, wie es dazu kommt, daß wir *nicht* aus diesen Augenblicken heraus leben, und wir fragen uns, ob wir die Ursachen beseitigen können. Aber wenn wir auf diese Momente zurückblicken, kommt in uns dann der Gedanke hoch: „Könnte es bloß für immer und für jeden so sein", dann bekommen schon bald unsere Mutlosigkeit und unser sogenannter Realismus die Oberhand mit den Worten: „Wenn es möglich wäre, dann würde es doch so sein, und weil es nicht so ist, ist es offenbar auch nicht möglich." Wir könnten dann vielleicht schon einsehen, daß sich solche Augenblicke ergeben, wir fühlen uns aber ganz unsicher, ob wir imstande sind, sie auch zu kultivieren. Mit unserer üblichen Einstellung zum Leben neigen wir dazu, uns lieber mit dem Aufrechterhalten der Ordnung in unseren Angelegenheiten zu befassen. Und das ist schon schwierig und zeitraubend genug.

In jeder Kultur finden wir jedoch Traditionen, die sich mit Hilfe von geistigen Disziplinen und von Disziplinen im Bereich von Handeln und Sprechen auf das Kultivieren grundlegender Menschlichkeit verlegen. Wie findet dies statt? Zunächst durch das Sichtbarmachen und das Beseitigen von Faktoren, die diese grundlegende Menschlichkeit ersticken. Denn obwohl wir auf unsere grundlegende Menschlichkeit keinen Zugriff haben

– wir sind nicht imstande, die Augenblicke, in denen sie sich manifestiert, zu beeinflussen –, haben wir doch Zugriff auf die Faktoren, die sie ausdörren. Denn diese Faktoren haben wir selber eingerichtet. Darum ist das Kultivieren der verborgenen Blüte eher ein Prozeß des Aufdeckens und des Loslassens von dem, was unsere Menschlichkeit erstickt, als das Kultivieren dieser Menschlichkeit selber. Danach beginnen wir den Boden unserer grundlegenden Menschlichkeit aufs neue zu entdecken und dem zu vertrauen. Und schließlich beginnen wir uns immer mehr mit ihr zu identifizieren und aus ihr zu leben.

Der tiefe Wunsch, unsere grundlegende Menschlichkeit völlig zu verwirklichen und zu manifestieren, ist die Basis des kontemplativen Lebens. Dieser ist die Quelle, aus der diese Traditionen entspringen. Er ist auch die Quelle aller Kultur. Der tiefe Wunsch nach einem wahrhaftig menschlichen Leben ist ganz universell, und er ist selber schon Ausdruck der grundlegenden Menschlichkeit. Aber die Art und Weise, in der dieser tiefe Wunsch in unserem Leben Gestalt annimmt, ist sehr verschieden. Er manifestiert sich in unterschiedlichen Formen des Suchens, in vernünftigen und unvernünftigen, in fruchtbaren und unfruchtbaren Formen. Manchmal brechen Menschen, die auf der Suche nach einer wahrhaftigeren Existenz sind, mit dem Milieu, in dem sie aufgewachsen sind. Prinz Siddharta, der später Buddha heißen wird, entfloh, als er neunundzwanzig Jahre alt war und mittlerweile Frau und Kind hatte, seiner prinzlichen Existenz und den dazu gehörenden Annehmlichkeiten und Freuden. Weil er die Unwahrhaftigkeit seiner überbeschützten Lebensweise nicht länger ertragen konnte, machte er sich auf die Suche nach einer Lebensform, die in seinem Herzen die Einsicht in die menschliche Existenz wecken konnte. Zweifellos eine ziemlich drastische Art und Weise, an das Problem heranzugehen, aber er steht darin nicht allein.

Auch das Neue Testament ist erfüllt von diesem Vorgehen. Treffend ist die Geschichte des reichen Jünglings, der von klein auf anständig gelebt hatte und Jesu fragt, was er tun könne, damit er das ewige Leben erlange. Nachdem er über sein tugendhaftes Leben unterrichtet war, sagte Jesus ihm: „Noch ein Ding fehlt dir: Verkaufe alles, was du besitzt, und verteile es unter den Armen, und du wirst einen Schatz im Himmelreich besitzen, und komme her, folge mir." (Luk. 18.22). Keine geringe Sache, aber doch eine, von der Jesus bemerkt: „Wahrlich, Ich sage euch, es gibt niemand, der Haus oder Frau, Brüder oder Eltern oder Kinder wegen dem Königreich Gottes preisgegeben hat, der nicht in dieser Zeit viele Male mehr und im zukünftigen Jahrhundert das ewige Leben empfangen wird." (Luk. 18:29–30).

Andere Menschen brechen nicht so spektakulär mit ihrem früheren Lebensstil, sondern wachsen langsam aus ihm heraus, weil sie in irgendeiner Weise ein offenes Ohr für die Stimme der Wahrhaftigkeit zu bewahren vermochten. Das Leben Augustinus' ist ein schönes und in aller Hinsicht modernes Beispiel. Ein doppeltes Beispiel, weil er schon als sehr junger Mann eigentlich ziemlich abrupt mit der christlichen Tradition gebrochen hatte, in der seine Mutter ihn als Kind erzogen hatte. Dieser Bruch hatte mit seinem Wunsch zu tun, in der Welt „erfolgreich zu sein" und Ehre und Ruhm zu sammeln, indem er als Redner und als weit und breit respektierter Intellektueller brillieren wollte. Trotz oder vielleicht gerade dank seines Erfolgs in dieser Richtung beginnt er die Hohlheit seines Lebensstils immer stärker zu fühlen. Und Schritt um Schritt beginnt sich seine Perspektive zu ändern. Er beging den glücklichen Irrtum, daß er der Redekunst eines berühmten Redners, eines gewissen Ambrosius, Bischof in Mailand, unter falschen Gesichtspunkten zuhörte: „Eifrig hörte ich zu, wenn er in der Öffentlichkeit sprach, freilich nicht mit der Absicht, mit der ich hätte zuhören sollen, sondern um gleichsam zu ermitteln, ob seine Beredsamkeit mit dem Ruf, der ihr vorausging, übereinstimmte oder ob ihre Wirkung größer oder kleiner war, als man rühmte... „Denn obwohl mir nichts daran lag, in Erfahrung zu bringen, was er sagte, sondern nur daran, zu vernehmen, wie er es sagte, ... drangen doch zugleich mit den Worten, die mir gefielen, auch die Inhalte, die ich unbeachtet ließ, in mich ein; denn ich konnte das eine nicht vom anderen trennen. Während ich mein Herz öffnete, um aufzunehmen, wie beredt er sprach, fand ich zugleich auch Zugang zu ihm, wie wahr er sprach, freilich erst nach und nach." (Augustinus, Bekentnisse S.138).

Andere Menschen wieder brechen, für die Außenwelt nicht sichtbar, mit ihrem Milieu, wachsen auch nicht aus ihm hinaus – wie Augustinus aus seinem Rednermilieu –, sondern scheinen vielmehr hineinzuwachsen. Sie sind in der Lage, ihre tatsächliche Lebenssituation in irgendeiner Weise von innen heraus als Mittel für die Entwicklung ihrer grundlegenden Menschlichkeit zu handhaben. Ein bekanntes Beispiel in dem Mahayana-Buddhismus ist der legendäre König Indrabodhi, der seine Königswürde und die dazugehörigen Freuden nicht aufgab, sondern unter der Leitung seiner *Gurus* seine Position als spirituellen Weg benutzte. Auch in unserer Zeit gibt es Menschen, die das kontemplative Leben mitten in der Welt leben. Wir brauchen dabei nicht an Menschen in hohen gesellschaftlichen Positionen wie U Thant oder Dag Hammarskjöld zu denken. Unser eigenes Leben kann auch so sein.

Durch alle Jahrhunderte hindurch haben Menschen nach Lebensformen, die das kontemplative Leben unterstützen könnten, gesucht. Die Traditionen, die eine derartige Entwicklung für möglich halten und auch anstreben, arbeiten mit Disziplinen, die unserem Leben eine bestimmte Form geben. Diese Form des Lebens haben wir hier oben schon das *„kontemplative Leben"* genannt. Dieses Leben gibt es in allen Zeiten und allen Kulturen. In manchen Traditionen hat es zu der Entwicklung von monastischen Lebensformen geführt. In anderen Traditionen wie z. B. in der jüdischen und in der protestantischen (reformatorischen) wird das kontemplative Leben ganz und gar in der alltäglichen Existenz praktiziert. Daher besitzen solche Traditionen auch keine Klöster. Und es gibt auch Traditionen wie die des Hinduismus, Buddhismus oder Katholizismus, die dem kontemplativen Leben sowohl in der alltäglichen Existenz als auch in den Klöstern Gestalt gegeben haben.

Doch wie das kontemplative Leben auch geführt wird und in einer bestimmten Zeit oder Kultur auch Gestalt erhalten hat, stützt es sich einerseits auf den tiefen Wunsch, wahrhaftige Humanität zu kultivieren, und andererseits auf die tiefgehende psychologische Einsicht in den menschlichen Geist und in die Art und Weise, wie diese Humanität zu entwickeln ist. Diese Einsicht ist nicht so sehr eine theoretische oder philosophische, die nur für studierte, kluge Köpfe erreichbar wäre, sondern sie ist eine ganz konkrete Art der Einsicht in unsere menschliche Natur, sowohl in unsere grundlegende Menschlichkeit als auch in das, wovon wir sagen: „Nichts Menschliches ist mir fremd!".

Zum Schluß ist hier vielleicht eine Warnung am Platz. Obwohl wir uns auf die Suche machen nach der Art und Weise, wie in den kontemplativen Traditionen das Aufdecken grundlegender Menschlichkeit gestaltet wurde, soll damit nicht gesagt sein, daß alle existierenden kontemplativen Traditionen auch tatsächlich dazu beitragen. Auch auf diesem Gebiet gibt es viel Reifes, aber auch Unreifes, und auch schon existierende Traditionen können in Verfall geraten. Traditionen werden von Menschen getragen und weitergegeben, und es gibt keine Garantie, daß jede Tradition immer in ihrer real existierenden Form eine effektive Unterstützung bietet. Doch wir sind imstande, durch das Praktizieren der Disziplinen und das Studieren der Einsichten einer Tradition für uns selbst erfahrungsgemäß festzustellen, ob sie unsere verborgene Blüte fördert und in unserem Handeln und Sprechen Früchte trägt.

Wenn wir dann auch in den kommenden Kapiteln über kontemplative Traditionen sprechen, dann meinen wir nur die Traditionen, die unsere Menschlichkeit wirklich fördern. Die Traditionen, die dies nicht tun, oder die Punkte, in denen sie es nicht tun, lassen wir in diesem Buch außer Betracht, weil sie kein relevantes Material für die Entwicklung einer kontemplativen Psychologie bieten, die gerade die verborgene Blüte und ihre Früchte zum Thema hat. Wenn wir uns dieser Eingrenzung bewußt sind, laufen wir nicht Gefahr, uns eine zu rosige Vorstellung dieser Traditionen zu bilden und zu denken, daß sie mehr oder weniger selbstverständlich *bona fide* (‚guten Glaubens‘) sind. Sie sind es nämlich nicht, wie die Geschichte uns lehrt. Aber andererseits kann man nicht leugnen, daß gerade in diesen Traditionen mehr als irgendwo sonst in unserer Kultur wertvolle psychologische Einsichten und Disziplinen gefunden werden können, die sich auf das Erblühen unserer grundlegenden Menschlichkeit innerhalb unserer konkreten Existenz richten. Danach machen wir uns in den nächsten Kapiteln auf die Suche.

Teil I:

Streifzüge

Kapitel 1

Kontemplative Psychologie

Einleitung

Gerade weil wir mitten in ihr leben, sind wir uns vielleicht nicht immer dessen bewußt, daß sich unsere westliche Kultur in der letzten Jahrhunderthälfte zu einer ausgesprochen psychologischen, ja „psychologisierenden" Kultur entwickelt hat. Vieles hat offensichtlich oder auch nur scheinbar einen psychologischen Aspekt, einen Aspekt, den wir vorher vielleicht übersehen haben. Viel öfter als früher denken und reden Menschen in psychologischen Termini, sei es, um eine wahrhaftige Einsicht in das eigene menschliche Dasein in Worte zu fassen, sei es, um einen klugen Eindruck zu machen. Wir haben uns allmählich daran gewöhnt, miteinander über unsere Gefühle und Motivationen, über unsere unbewußten Beweggründe und die Hintergründe unseres Verhaltens zu reden, und zwar in Termini und Ausdrücken, die noch nicht so lange existieren. Wir sind damit aufgewachsen.

Die Arbeit vieler Psychologen ist natürlich an dieser Entwicklung nicht unschuldig. Sie haben den psychologischen Wortschatz und den begrifflichen Zusammenhang, mit dem wir im Alltag arbeiten, enorm erweitert. Dies hat seine Vor- und Nachteile. Wir können zum Beispiel viel nuancierter und mit größerer Präzision über bestimmte psychologische Themen miteinander reden als zum Beispiel vor hundert Jahren. Es gilt dann jedoch die Voraussetzung, daß beide Seiten mit diesem neuen begrifflichen Zusammenhang vertraut sind. Und natürlich ist dies nicht immer der Fall. Manchmal ist uns gar nicht klar, was bestimmte Fachbegriffe bedeuten, weil sie nicht richtig definiert sind oder weil wir von ihnen (noch) nicht richtig Kenntnis genommen haben. Wir haben dann eine vage Ahnung davon, und damit kommunizieren wir dann, so gut oder schlecht es geht. Das gilt für Psychologen wie für Laien. Wir laufen dann Gefahr, uns einen Halt in diesen psychologischen Theorien zu suchen, gerade wenn sie mit einem gewissen Nachdruck vorgebracht werden oder mit dem Heiligenschein von Wissenschaftlichkeit umgeben sind, selbst wenn wir sie nicht mit unserer eigenen Lebenserfahrung verbinden können. Diese Theorien können dann leicht wie eine Art Ideologie wirken: Wir versuchen dann, unsere Lebenserfahrungen mit der von uns vertretenen Theorie in Übereinstimmung zu bringen, statt andersherum. Wir stehen unserer Erfahrung dann nicht mehr unbefangen gegenüber. Ganze Generationen in unserer Kultur haben mit dem von Sigmund Freud skizzierten Menschenbild gelebt und ihre Erfahrung anhand dessen interpretiert. Dazu kommt noch, daß das psychologische Interesse der Mode unterworfen ist. Manche Themen sind während eines Jahrzehnts Schlagzeilen in den psychologischen Zeitschriften, um dann wieder zu verschwinden und manchmal sogar gänzlich vergessen zu werden. Das Forschen nach Charaktertypen war z.B. bis in die Mitte dieses Jahrhunderts noch populär, später war es die Motivationsforschung. Mit dem Aufstieg des Computers verschob sich das Interesse der Forschung zum Menschen als „Daten verarbeitendem System" (siehe z.B. Sanders und andere, 1989).

Wie auch immer, die Anwesenheit der Psychologie ist ein Faktum in unserer heutigen Kultur. Es macht nicht viel aus, ob wir diese Tatsache begrüßen oder bedauern, schlicht und ergreifend: so ist die Lage.

Ist die kontemplative Psychologie, von der dieses Buch handelt, nicht selber ein Ausdruck dieser psychologisierenden Tendenzen in unserer Kultur? Gewissermaßen ja! Denn sie ergibt sich aus der Frage: Wie können wir über grundlegende menschliche Themen – z.B. die Art und Weise, wie wir unsere menschliche Existenz erleben und bilden – mit Menschen, die immer „psychologischer" denken, kommunizieren? Wie können wir über alles, was damit zusammenhängt, in unserer Zeit reden?

Es ist ein paradoxes Phänomen, daß gerade die Themen rund um unsere Humanität in unserer Kultur trotz der Entwicklung der Psychologie so stark in den Hintergrund gedrängt worden sind. In unserer Kultur wird die materielle und emotionale Befriedigung unserer Bedürfnisse auf die Fahne geschrieben. Und diese Tatsache bedingt sehr stark die Richtung, in die sich die Wissenschaften einschließlich der Psychologie entwickeln. Theorien über die Eigenart des menschlichen Geistes und der menschlichen Erfahrung kommen nahezu nicht vor. Über Selbsterkenntnis und die Wege dahin spricht man nicht. Wie wir im Leben und dem Leben gegenüber stehen und wie wir mit ihm umgehen, derartige Themen sind zum großen Teil in das – wie wir das nennen – Reich der Frauenmagazine verbannt worden. Oder auch in den Bereich der Philosophie. Die wissenschaftliche Psychologie hat damit wenig zu tun.

Dennoch existiert – in unserer Kultur wie auch in anderen – noch eine andere Tradition, in der gerade diese grundlegenden Themen von alters her die volle Aufmerksamkeit bekommen, nämlich die Tradition des kontemplativen Lebens. Über das, was wir mit dem Terminus „das kontemplative

Leben" meinen , haben wir in der Einleitung schon kurz gesprochen. In den nächsten Kapiteln werden wir natürlich noch das Nötige dazu sagen. Ich möchte hier diesen Terminus vorläufig so definieren, daß er auf eine bestimmte, disziplinierte Lebensweise verweist. Disziplin ist ein Wort, das uns leicht Schrecken einflößt. Aber hier geht es um die Übung einer *sanftmütigen und intelligenten* Disziplin, die darauf ausgerichtet ist, unsere Menschlichkeit zu erwecken und in uns selbst wie auch in anderen zur Blüte zu bringen. Diese Disziplin basiert auf Menschenkenntnis und erweckt Menschenkenntnis.

Das kontemplative Leben ist in den meisten Kulturen in einen religiösen Kontext eingebettet. Und diese Tatsache macht es uns nicht immer leichter; und gewiß nicht, wenn die Begriffe der diesbezüglichen Religion uns nicht oder kaum noch ansprechen, gerade *weil* wir angefangen haben, so psychologisch zu denken. Diese Termini muten uns altmodisch, unrealistisch oder übertrieben moralistisch an. Gerade dann sind wir nicht dazu geneigt, überhaupt wenn es um Lebensfragen geht, uns bei diesen kontemplativen Traditionen umzuhören.

Dennoch ist eben an dieser Stelle so etwas wie Einsicht über den menschlichen Geist und das Wirklichkeitserleben zu finden. Falls dies so ist, dann lohnt sich ein Versuch, diese Einsichten in Worte zu fassen, damit sie für Menschen von heute (einschließlich der Psychologen) verständlich sind. Aus früheren Studien (James, 1902; Fortman, 1974; Van Kaam, 1983; De Wit 1987, 1991 u. a.) erweist sich, daß viele religiöse Traditionen eine eigene *kontemplative Psychologie* besitzen, eine Psychologie nämlich, die vieles von dem, was jetzt unser Hauptthema ist, erhellen kann: *die verborgene Blüte* und ihre sichtbaren Früchte. Sie erhält eine eigenartige Kenntnis, die sich auf das bezieht, was im kontemplativen Jargon „*der Weg*" genannt wird.

Diese kontemplative Psychologie hat durch den vor kurzer Zeit in Gang gekommenen *interreligiösen Dialog* einen kräftigen Impuls bekommen. Dieser Dialog hat, wenn er nicht auf theologischem, sondern auf praktischem Niveau geführt wird, für das kontemplative Leben typische psychologische Kenntnisse sichtbar gemacht.

Diese Kenntnisse in Fachbegriffe einer kontemplativen Psychologie zu fassen, ist gewissermaßen wie das Gießen von altem Wein in neue Schläuche. Es handelt sich dann aber schon um einen Wein, von dem wir fast nicht mehr wußten, daß wir ihn noch irgendwo in einem Keller gelagert hatten, um einen ganz besonderen Wein der Spitzenklasse und überdies mit großer heilsamer Kraft: nämlich den Wein des kontemplativen Lebens. Die neuen Schläuche vertreten hier eine intellektuelle Ordnung und Perspektive, die unsere psychologische Einsicht in das kontemplative Leben schärfen kann. Dies ist schon direkt eine riskante Formulierung. Denn wir könnten das nämlich leicht so verstehen, daß die heutige Psychologie sowieso in der Lage sei, das kontemplative Leben zu überblikken und zu klären. Wir könnten dann auch der Meinung sein, daß wir vielleicht mit dem schon existierenden, von Psychologen entwickelten begrifflichen Zusammenhang das kontemplative Leben erklären können. Viele Psychologen haben es auch versucht und sicherlich nicht ohne Erfolg, wie das Werk von C. G. Jung, Maslow, Drewermann und vielen anderen, die sich mit der Religionspsychologie beschäftigen, uns zeigt. Trotzdem hat diese Arbeitsweise, wie wir später sehen werden, ihre Beschränkungen. Deswegen folgen wir in diesem Buch einer ganz anderen, man könnte sagen einer umgekehrten Arbeitsweise. Wir machen uns auf die Suche nach psychologischen Ahnungen und Ideen, die kontemplative Traditionen selber entwickelt haben und auch handhaben. Denn diese Traditionen haben eine Botschaft an die Psychologie; sie beinhalten Einsichten, die für die Psychologie und folglich für den Menschen von großer Bedeutung sind. Deswegen ist es auch wichtig, zuerst diesen Traditionen selber das Wort zu erteilen. Auf diese Art und Weise kann die psychologische Vorgehensweise, die wir in den *kontemplativen Traditionen* selber finden, sichtbar werden. Wir werden nicht versuchen, von schon existierenden psychologischen begrifflichen Zusammenhängen aus das kontemplative Leben zu beschreiben, sondern werden versuchen, die psychologischen begrifflichen Zusammenhänge und Denkweisen, die sich in den kontemplativen Traditionen finden lassen, sichtbar zu machen. Das ergibt eine einzigartige Psychologie: eine *kontemplative Psychologie.*

Leider ist der Argwohn zwischen Psychologen und Anhängern der Kontemplation manchmal so groß, daß man sich nicht in die begrifflichen Zusammenhänge der anderen Seite vertiefen möchte. Vertreter beider Richtungen haben gelegentlich sehr absurde, phantastische und sogar verderbliche Theorien über Menschen entwickelt und propagiert (siehe dazu z. B. Kouwer 1963). Auf beiden Seiten wird noch immer Porzellan zerschlagen. Eine kritische Gesinnung gegenüber der Psychologie und der Religion ist notwendig und kann außerdem fruchtbar wirken, solange sie uns nicht dermaßen kopfscheu macht für psychologisches Denken, daß wir dadurch versäumen, uns auf die Suche nach den in den kontemplativen Traditionen enthaltenen wertvollen *psychologischen* Einsichten zu machen. Psychologische Einsichten über den menschlichen Geist, über Motivation, Emotionen, Erkenntnis, Einsichten über das Handeln und das Reden, Sprache, Kommunikation, und „last but not least", Einsichten darüber, wie alle diese Facetten Einfluß nehmen auf die „*verborgene Blüte*", auf die innere Entwicklung *des Lebensmutes, der Lebensweisheit und Lebensfreude.*

Natürlich hat das Studium des menschlichen Geistes und der menschlichen Erfahrung, wie wir das in der akademischen Psychologie und in den kontemplativen Traditionen antreffen, trotz der unterschiedlichen Arbeitsweisen dennoch dieselbe Wurzel: Beide Traditionen nämlich versuchen zu klären und zu erhellen, wie das menschliche Dasein und das Funktionieren eines Menschen strukturiert sind.

Wegen der Verwandtschaft mit der kontemplativen Vorgehensweise möchte ich noch eine dritte Tradition, nämlich die der *Kunst*, erwähnen. Neben den wissenschaftlichen und kontemplativen Traditionen versucht auch diese auf ihre Art und Weise die menschliche Existenz zu erhellen. Natürlich können wir die Kunst auch als eine rein ästhetische Angelegenheit betrachten, aber deren Pflege hat auch damit zu tun, daß sie versucht, etwas sichtbar zu machen. Gleich, ob dies über die bildenden Künste, über die Musik oder die Literatur geschieht – es gibt neben der ästhetischen Seite noch eine andere, *eine die Wahrheit suchende* Seite. Der Künstler versucht auf irgendeine Weise etwas klar zu machen, eine gewisse Art des enthüllenden Erlebens zu erwecken und mitzuteilen, so daß wir – wenn auch nur für einen kurzen Augenblick – die Dinge in einer anderen Art und Weise betrachten. Dies bedeutet für den Künstler eine wichtige Triebfeder. Kunst enthüllt etwas, erhellt etwas. Es ist dann auch nicht so verwunderlich, daß wir in vielen Kulturen die Pflege der Kunst oft in Zusammenhang mit der religiösen Tradition antreffen. Vielleicht ist das „*Suchen nach Weisheit*" in diesem Zusammenhang ein zu großes Wort, aber in der Kunst – neben allerlei anderen Aspekten – handelt es sich *auch* um etwas, das in diese Richtung geht, nämlich um eine Form der Einsicht in die menschliche Erfahrung. In diesem Sinne ist auch die Kunst eine Tradition, die auf diese Weise psychologische Einsichten sucht *und* beinhaltet: Einsichten in die Art der menschlichen Erfahrung. Wer kennt den psychologischen Wert von Form und Farbe besser als der bildende Künstler? Wer kennt die Wirkung von Klang und Ton auf unsere Gemütsverfassung besser als der Komponist? Kein die sensorische Wahrnehmung erforschender Psychologe kommt dagegen an. Und hinsichtlich der Literatur: Einer der Begründer der wissenschaftlichen Psychologie in den Niederlanden, H.C.J. Duijker, pflegte immer zu sagen, daß den Psychologen damit geholfen wäre, wenn sie die Romane von Marcel Proust läsen.

In allen Kulturen treffen wir diese drei großen Traditionen an: *die religiöse oder kontemplative Tradition, die wissenschaftliche Tradition und die Tradition der Künste*. Obschon alle diese drei ganz unterschiedlich sind und einer ganz unterschiedlichen Arbeitsweise folgen, besitzen sie auch etwas Gemeinsames, und zwar den Wunsch, auf irgendeine Art aufzuklären und zu erhellen, was es bedeutet, als *Mensch* zu existieren und sich zu erleben. In diesem Sinne besitzen die drei großen Traditionen unserer Kultur, *Wissenschaft, Kunst* und *Religion*, eine gemeinsame psychologische Wurzel, wenn sie sich auf den Menschen beziehen.

Konventionelle und kontemplative Psychologie

Bevor wir uns in das, was die kontemplative Psychologie über die „*verborgene Blüte*" zu berichten hat, vertiefen, wäre es zur Vermeidung von Mißverständnissen nützlich, diese Form der Psychologie in einigen Punkten mit der uns bekannten wissenschaftlichen Psychologie zu vergleichen. Dies wird uns bewußt machen, in welchem Sinn die kontemplative Psychologie *eine andere* ist als diejenige, die wir üblicherweise unter dem Terminus „Psychologie" verstehen. Denn unsere Ansicht über das, was Psychologie ist, wird doch stark von unserer wissenschaftlichen Psychologie mitbestimmt.

Ich sollte hier gleich dazu sagen, daß die wissenschaftliche Psychologie kein Ganzes, nicht einmal eine gut genähte Flickendecke bildet. Es wurden so viele Theorien und so viele begriffliche Zusammenhänge während der letzten hundert Jahren entwickelt, daß wir jetzt wohl sagen können: „viele Köpfe, viele – psychologische – Geister". Die Psychologie ist eine sehr umfangreiche Wissenschaft mit vielen Arbeitsfeldern geworden. Dies hat zu Subdisziplinen geführt; von denen sind die am meisten bekannten: die soziale Psychologie, die Entwicklungspsychologie, die klinische Psychologie und die Psychotherapie, die experimentelle Psychologie (Psychonomie) usw.

Auch gibt es noch vielerlei unterschiedliche Vorgehensweisen, von der die Neuropsychologie, die Tiefenpsychologie und die kognitive Psychologie wohl die wichtigsten sind. Über diese Vielfalt und Unterschiedlichkeit gibt es informative Bücher von Duijker (1980) und Sanders (Herausg.,1989).

Alles in allem wird es dadurch nicht gerade einfacher, denn die eine Theorie bestreitet manchmal gerade das, was die andere behauptet. Oft auch bringen die Psychologen von verschiedenen Subdisziplinen wenig Verständnis für einander auf. Researchpsychologen z. B. wollen wenig mit klinischen Psychologen zu tun haben – und umgekehrt. Einige Psychologen schweifen genau wie Laien und je nach dem Problem, mit dem sie konfrontiert werden, von dem einen begrifflichen Zusammenhang zum anderen. Andere klammern sich, als ob es sich um ein Religionsbekenntnis handelte, an einem bestimmten Rahmen fest, selbst wenn dessen große Mängel nachgewiesen werden können. Zugleich aber bedauern die meisten Wissenschaftler in diesem Fachbereich, daß ihre Wissenschaft keine klare, aus einem Stück gehauene Disziplin ist.

Die „Knetbarkeit" des menschlichen Geistes

Aber es gibt auch eine Auffassung unter Psychologen, die die Vielzahl von „Psychologien" als eine unvermeidbare Auswirkung der „Knetbarkeit" des menschlichen Geistes selber betrachten. Diese Ansicht finden wir sowohl bei Psychologen der phänomenologischen und existentialistischen Richtung (s. z. B. Kouwer, 1963) als auch bei denen, die mit Formen der rationalen Therapie arbeiten (s. z. B. Lazarus, 1981, Ellis & Dryder, 1983). Diese Psychologen bedauern die existierende Vielfalt der psychologischen Vorgehensweisen nicht, sondern akzeptieren sie. In ihrer Sichtweise vermag der menschliche Geist nämlich in gewissem Maße seine eigenen Gesetzmäßigkeiten zu kreieren. Die Aufgabe der Psychologie beinhaltet dann den Versuch, diese verschiedenen Gestaltungen zu kartieren und sich über diese neuen Schöpfungen einen Überblick zu verschaffen. Solch eine Landkarte muß immer wieder „up to date" gebracht werden, weil Menschen sich sowohl individuell wie auch kollektiv geistig verändern.

Diese Veränderungen bestimmen auch ihr „Tun und Lassen", und dies Tun und Lassen hat wiederum geistige Folgen. Es ist hier die Rede davon, daß es eine Wechselwirkung zwischen Denken und Handeln gibt, eine Wechselwirkung, die sich in allerlei Richtungen entwickeln kann; deswegen brauchen auch wir mehrere Psychologien. Diese neuen psychologischen Theorien beinhalten, jede für sich, eine Zahl von bedeutenden Einsichten, aber sie sind nicht zu einer Einheit zu gestalten. Und damit haben diese Psychologen auch keine Schwierigkeit.

In dieser Vorgehensweise der Psychologie stehen Plastizität (die Freiheit des Selbstkonzeptes) und Rigidität (Unfreiheit) denn auch in einem interessanten Verhältnis zueinander: Der Mensch besitzt die Möglichkeit, sich selbst zu verändern, und zugleich die Möglichkeit, sich diese Möglichkeit durch Bildung von Angewohnheiten wieder zu rauben, seine Lebensform zu gestalten *und* die Freiheit, sich selbst in dieser Form gefangen zu setzen, seinen geistigen Raum einzuengen. Auch haben kulturell-anthropologische Untersuchungen gezeigt, daß diese Freiheit viel größer ist, als wir üblicherweise denken. Die riesige Verschiedenartigkeit und Rigidität der Kulturen und der Formen des Zusammenlebens zeigen uns faktisch die Konturen dieser Freiheit.

Die Ansicht über die Plastizität des menschlichen Geistes finden wir allerdings auch in den kontemplativen Traditionen ausgedrückt. Nach diesen Traditionen benutzt der Mensch seine Freiheit nahezu immer falsch. Menschen bilden bestimmte egozentrische Angewohnheiten aus, und wenn sie diese einmal gebildet haben, sind sie deren Gefangene. In der kontemplativen Psychologie des Buddhismus werden diese Muster „*Samskaras*" genannt: Geistige Konditionierungen (s. z. B. Vasubandhu, Buch 1, Vers 15), die zusammen die egozentrische Motivationen eines Menschen bilden und auch dem Handeln Richtung geben. Im Wesen sind es geistige Angewohnheiten in der Form von eingeübten und dadurch eingeschliffenen Mustern. Diese Muster sind, wenn einmal gebildet, schwer zu ändern; für uns werden es „*psychologische Gesetzmäßigkeiten*".

Nicht nur der einzelne Mensch, sondern auch die Psychologie und die ganze Kultur können dermaßen von der scheinbaren Unvermeidlichkeit der gebildeten Strukturen überzeugt geraten, daß sie als absolut betrachtet werden. Wenn dies passiert, beginnen sie leicht zu einem Menschenbild zu werden, zu dem sich weit und breit viele bekennen. „*So ist der Mensch (der Mann bzw. die Frau) nun einmal*, sagt man dann. Danach beginnt dies Menschenbild auch in der Art und Weise fortzuwirken, wie wir unsere Kinder erziehen. So schließt sich der Kreis. Wenn die Psychologie dann anfängt, diesen Menschen zu studieren und zu beschreiben, findet sie demnach tatsächlich „Gesetzmäßigkeiten", die dieses Menschenbild auch bestätigen. „Man hat es wissenschaftlich nachgewiesen", heißt dann die Schlußfolgerung. Was dann Ursache und Wirkung ist, kann man in diesem Teufelskreis äußerst schwierig entwirren.

Die Aufgabe, um die es sich in den kontemplativen Traditionen handelt, ist: Die geistigen Angewohnheiten („Gesetzmäßigkeiten"), die in unserem Leben destruktiv und verblendend wirken, zu erkennen, nicht weiter einzuschleifen und sie loszulassen. Sofern die geistigen Angewohnheiten der Grund für ein bestimmtes Verhalten sind, entfällt dann auch die Motivation für dieses Verhalten. Bei dem kontemplativen Leben handelt es sich also darum, die grundlegende Freiheit des Menschen zur Blüte zu bringen – nämlich nicht länger in unseren selbstgemachten Muster gefangen zu sein.

Es geht dabei nicht um eine Art von Freiheitsideal und nicht einmal um ein (psychotherapeutisches) Gesundheitsideal, sondern darum, den geistigen Raum aufzuschließen, in dem der Heilige Geist, die Buddhanatur, Allah, Jahwe, Brahma oder wie die Tradition *es* auch nennt, wirksam ist oder sein kann. In der Sprache der kontemplativen Psychologie heißt es dann: Das kontemplative Leben ist darauf gerichtet, einen geistigen Raum zu öffnen, in dem unsere grundlegende Menschlichkeit zur Blüte werden kann. In diesem Raum wird der menschliche Geist von etwas anderem beherrscht als von den „Gesetzmäßigkeiten", die die konventionelle Psychologie als die *des Menschen* betrachtet. Freiheit und Gesundheit sind in dieser kontemplativen Entwicklung kein Ziel, sondern eher eine Art Zugabe. Ein Mensch, der diesen Weg geht, kann dann auch nicht mehr befriedigend von der konventionellen Psychologie beschrieben und gedeutet werden. Vergote zum Beispiel illustriert diese Tatsache ganz deutlich in seinem Essay „*Jesus van Nazareth in het licht van de godsdienstpsychologie*" (auf Deutsch: *Jesus von Nazareth im Licht der Religionspsychologie*) (Vergote, 1987, S. 31–62). Er zeigt, daß Jesus sich nicht in Begriffen der uns vertrauten (Religions-) Psychologie beschreiben oder deuten läßt. Das gleiche gilt, obwohl in geringerem Maße, natürlich auch für den Menschen, der auf dem kontemplativen Weg ist. Je weiter er oder sie auf dem Weg geht, desto weniger kann er oder sie in Termini der konventionellen Psychologie verstanden werden.

Die kontemplativen Traditionen hingegen vermögen es mit Hilfe ihrer eigenen psychologischen Einsichten um so besser! Wie das kommt? Das kommt daher, daß diese Psychologie ein Auge für die grundlegende Freiheit des menschlichen Geistes hat und sich bemüht, gerade die Reichweite dieser Freiheit zu untersuchen. Ausgerechnet aufgrund dieser Formbarkeit existiert so etwas wie ein *Weg*. Das Gehen des Weges kann man in vielerlei Weise mit dem „Kneten" des Geistes vergleichen. Wir werden über dieses Thema im nächsten Kapitel sprechen.

Objektivität der Forschung

Eine der Ursachen, daß ein beachtlicher Teil der akademischen Psychologie und die Religion ein etwas gespanntes Verhältnis zueinander haben, findet man in dem Unterschied der Auffassungen über die geistige Formbarkeit des Menschen. Es gibt aber noch mehr Ursachen für diese Spannung. Ein anderer Grund ist die Tatsache, daß die Psychologie, wie wir sie in unserer westlichen Kultur kennen, sich von der Religion losgelöst hat. Dieser Prozeß bezog sich zum Teil auf das Aufgeben des christlichen Menschenbildes. Dadurch entwickelte sich innerhalb der Psychologie eine Zahl mehr oder weniger neuer *Menschenbilder*, eine Zahl neuer Definitionen dessen, was Forschungsobjekt in der Psychologie ist oder zu sein hätte. In diesen Menschenbildern läßt man die spirituelle Dimension außer Betracht (siehe De Wit, 1993, 1.3 und 1991).

Andererseits bot dies den Raum für die Entwicklung neuer Methoden, um das menschliche Leben, den Menschen, den menschlichen Geist, die menschliche Erfahrung und sein Handeln zu erforschen. Eine neue *Methodologie* bahnte sich an, eine Theorie, die uns erklärt, wie wir vorgehen müssen, damit wir verläßliche Kenntnisse über das menschliche Funktionieren erlangen können. Diese Methodologie spezifiziert eine Vorgehensweise, die als *empirische Methode* bekannt ist. Ein klassisches Werk über diese Methode schrieb der niederländische Psychologe Prof. Dr. A. D. de Groot (Methodologie, 1972). Ursprünglich wurde sie aus den Naturwissenschaften entnommen – deren Arbeitsweisen sich um die Jahrhundertwende etabliert hatten – , und im Laufe der Zeit hat sie sich einigermaßen an das Forschungsobjekt der Psychologie angepaßt.

Die empirischen Methoden haben eine ganz andere Form als die von den kontemplativen Traditionen angewandten Methoden. Der Grundgedanke der empirischen Methoden ist der Wunsch, Gesetzmäßigkeiten der psychologischen Phänomene herauszufinden, die ‚intersubjektiv wahrnehmbar‘ sind, das heißt der Phänomene, die von jedem wahrgenommen werden können. Dies letzte versteht man als die mit den Sinnen erfahrbare Wahrnehmung, oft auch unterstützt von einem technisch verfeinerten Instrumentarium. Das Erforschte ist in diesem Sinne *von dem Forscher unabhängig*. Praktisch bedeutet es, daß der Wissenschaftler seine Forschung so gestalten soll, daß seine persönliche Einstellung und sein subjektives Erleben sowohl bei der Wahrnehmung als auch beim Zusammentragen seiner Daten keinen Einfluß auf das Resultat seiner Forschung nehmen können. Jeder Forscher sollte, wenn er die gleiche Forschungsarbeit richtig macht, zu denselben Ergebnissen kommen. Nur dann kann man die Resultate als *objektive Fakten* betrachten. Auch religiöse Erscheinungen erforscht die wissenschaftliche Psychologie von dieser Methodologie aus. Dadurch hat sie einen wichtigen Beitrag für die Entwicklung der Religionspsychologie geliefert. Sie hat unsere Einsicht in den Zusammenhang zwischen religiösen und anderen – psychologischen – Erscheinungen angereichert.

Trotzdem hat diese Verfahrensweise innerhalb der wissenschaftlichen Psychologie eine gewisse Einschränkung mit sich gebracht. Sie muß einen umfangreichen Bereich außer Acht lassen: den Bereich des geistigen oder inneren Lebens, weil er der empirischen Methode nicht *unmittelbar* zugänglich ist. In der Betrachtungsweise der empirischen Psychologie ist dieser Bereich – wie wir unten sehen werden – eben nicht vom Forscher unabhängig. Und in den kontemplativen Traditionen steht gerade dieser Bereich im Mittelpunkt der Aufmerksamkeit. Die Zunahme an Objektivität der empirischen Methode wird durch einen Verlust an Objektivität in einem anderen Bereich zunichte gemacht: Die geistige Domäne, das innere Erleben eines Menschen, liegt außerhalb ihres Forschungsbereichs. Die ihr verbleibende Domäne des Handelns und des Sprechens erscheinen dadurch in einem künstlichen und verzerrenden Licht. Wissenschafts-philosophen und wissenschaftliche Psychologen sind sich dessen natürlich auch bewußt, aber sie sehen für dieses Problem keine Lösung. Das Dilemma ist: Wie können mentale Erscheinungen erforscht werden, ohne daß man den wissenschaftlichen, objektiven Charakter der Forschungs-methode beeinträchtigt? In der kontemplativen Psychologie formuliert man dieses Dilemma in anderen Termini, die zu gleicher Zeit auf die Richtung einer bestimmten Lösung hinweisen. Dieses Thema werden wir jetzt betrachten.

Forschung in der ersten und in der dritten Person

Wie gesagt, ist das Charakteristische der empirischen Forschungsmethode dies, daß sie nur für die Forschung der Phänomene gebraucht werden kann und darf, die für alle Forscher zu gleichen Teilen zugänglich sind. Praktisch bedeutet dies, daß sie sich auf die *Forschung in der dritten Person* beschränkt. Was meinen wir mit diesem Terminus? Er bezieht sich auf die Forschung, bei der ein anderer Mensch als der Forscher selbst das Forschungsobjekt ist. Der Forscher erforscht ‚*Ihn*‘ bzw. ‚*Sie*‘. Diese Form der Forschung ist charakteristisch für die akademische Psychologie. Deswegen beschäftigt sie sich vor allem mit dem Untersuchen des Ver-haltens und des Sprechens von Menschen; denn das ist es, was wir von dem anderen sehen und hören können. Dies ist ihre Forschungsdomäne.

Aber es gibt natürlich noch einen ganz anderen großen Bereich: Den des Geistes oder des Erlebens oder des Denkens, kurz gesagt, die Domäne der geistigen Phänomene, und gerade diese sind für die Forschung in der drit-ten Person nicht zugänglich. Das heißt: Sie ist nur für die *Forschung in der ersten Person* zugänglich, für die Selbsterforschung. Ich bin durchaus in der Lage wahrzunehmen, was in *mir* vorgeht, aber nicht, was sich alles im Geist (Kopf und Herzen) des anderen abspielt.

Wenn wir die geistige Domäne erforschen wollen, dann reicht uns die Methodologie der Forschung in der dritten Person nicht mehr aus. Wir müssen dann die Vorgehensweise der Forschung in der ersten Person, nämlich die Selbsterforschung, anwenden. Dies heißt: Eine Form der Forschung, bei der unsere eigene Erlebniswelt (unsere Gedankenwelt und unser Gefühlsleben gehören dazu) das Objekt der Selbsterforschung und Selbstbeobachtung ist.

Im Gegensatz zu dem, was in der wissenschaftlichen Tradition üblich ist, steht in den kontemplativen Traditionen gerade die Forschung in der ersten Person im Mittelpunkt.

Viele kontemplative Traditionen verfügen denn auch über verfeinerte Anweisungen, um diese Forschung in der ersten Person in einer verläßlichen und gründlichen Art und Weise durchzuführen.

Die wissenschaftliche Psychologie aber hat sich von der Sicht nach innen als Forschungsmethode abgewandt. Dadurch bleibt ihr nur noch die Forschung in der dritten Person. Natürlich können wir von dem, was in anderen Menschen vorgeht, durch die Sprache schon etwas erfahren (und durch Analogieargumentation auch ahnen), aber dies ist gewissermaßen wieder indirekt und dadurch nicht ohne weiteres verläßlich. Wir sind nicht imstande, unvermittelt zu sehen, was in jemandes Geist vorgeht, wie wir es bei uns selbst durchaus können. Außerdem ist das, was wir von anderen erfahren oder über andere ahnen, nicht immer verläßlich. Es existiert immer die Möglichkeit der Verzerrung, wenn jemand in Worte zu fassen versucht, was ihn oder sie bewegt. Auch die Sprache selber kann dabei zum Beispiel nicht hinreichend sein. Auch ist es möglich, daß jemand zu sagen meint, was ihn oder sie bewegt, obwohl dies nicht so ist. Schließlich kann jemand sich weigern zu sagen, was er oder sie denkt, und gerade deswegen etwas anderes sagen.

Diese Unzuverlässigkeit ist dann auch der Grund dafür, daß Forschung, bei der die Versuchspersonen über das, was sie bewegt, berichten, durch den wissenschaftlichen Psychologen mit der erforderlichen Zurückhaltung betrachtet wird. Man hat ja da doch keine Garantie dafür, daß die Versuchspersonen exakt über ihre geistige Domäne berichten können oder wollen. Psychologen wie Wundt, Külpe und Titchener haben zwar vor ungefähr hundert Jahren versucht, Menschen Exaktheit zu lehren, aber ihre Versuche haben wenig oder nichts ergeben. Sie haben nur zu einem bis heute unverrückbaren Dogma in der wissenschaftlichen Psychologie geführt, und zwar: verläßliche introspektive Forschung ist unmöglich. Es gibt heute denn auch nur wenige Psychologen, die dieses Dogma nicht beachten und trotzdem die geistige Domäne in einer verläßlichen Art und

Weise zu erforschen versuchen. In den Niederlanden ist die Arbeit von Hermans u. a. (1985) davon ein interessantes Beispiel.

Dennoch hat dieses Dogma innerhalb der Psychologie das Auseinandergehen der Vorstellungen bewirkt. Einerseits hat es zur Entwicklung von dem, was wir jetzt die wissenschaftliche Psychologie nennen, geführt, die Psychologie nämlich, die sich auf die empirische Forschungsmethode stützt. Diese Psychologie versucht unser *Denken über unsere Erfahrung zu erhellen*, indem sie unsere Gedanken (Theorien) an der Erfahrung prüft.

Andererseits hat diese Trennung zu jenen Formen der Psychologie geführt, die die Spuren der alten Bewußtseinspsychologie trägt. Diese Arten der Psychologie versuchen *unsere Erfahrung zu erhellen*, indem wir unser Bewußtsein und unser Denken transformieren (umformen). Die klinische Psychologie und viele Arten der Psychotherapie sind Beispiele. Wir wollen auf diese zwei Arten der Erhellung in den Kapiteln 4 und 6 ausführlich zurückkommen.

Das Interessante daran ist, daß auch die kontemplativen Traditionen der Meinung sind, daß Menschen ein Unterscheidungsvermögen besitzen, das sie in die Lage versetzt, ihre Erfahrung zu erhellen, d.h. das Vermögen, Illusion und Wirklichkeit, Selbstbetrug und Wahrheit voneinander zu unterscheiden. Üblicherweise funktioniert dieses Unterscheidungsvermögen nur ganz unzulänglich, aber man kann es verfeinern. Man kann es dermaßen trainieren, daß wir imstande sind, klar unsere geistige Domäne zu sehen und die Muster und Gesetzmäßigkeiten darin zu entdecken. Simpel gesagt: Diese Traditionen behaupten, daß wir unseren Geist kennenlernen können! Auf dieser Grundlage können wir auch die ursächlichen Zusammenhänge erkennen zwischen dem, was wir denken, sagen und tun. Die kontemplativen Traditionen behaupten, dafür die Methoden zu haben. Wir werden sie im 2. Teil erkunden. Diese Methoden wurden durch Generationen von Praktizierenden erprobt und verfeinert. Sie erweisen sich als effektiv, wenn wir uns darin üben. Genau wie eine intellektuelle Übung unseres Denkvermögens Zeit erfordert, so erfordert auch die Übung unseres Unterscheidungsvermögens Zeit.

Was ist das Wesen dieser Übung? Zu allererst ist ihr Ziel etwas anderes als das, was die akademische Psychologie anstrebt. Wir könnten sagen, daß die akademische Psychologie nach Einsicht strebt, indem sie über das menschliche Sein Informationen sammelt. Die kontemplative Psychologie strebt nach Einsicht, damit sie die *Transformation* des menschlichen Funktionierens bewirkt. Sie ist – um in den Worten von Van Kaam (1983–1992) zu sprechen – vor allem „*formative science*" (‚formierende Wissenschaft‘), wohingegen die akademische Psychologie „*informative science*" ('informierende Wissenschaft') ist. Die kontemplative Psychologie ist nicht ausschließlich auf das Sammeln von Kenntnissen in der Form von Informationen gerichtet, welche wir wie eine Art von intellektuellem Gepäck mit uns herumtragen können, sondern vielmehr auf das Kultivieren der Weisheit. Sie richtet sich auf die Transformation dessen, der Kenntnisse hat, statt auf das Sammeln von Kenntnissen. Auf diesen Ausgangspunkt hat Van Kaam (1983–1992) eine grundlegende Überarbeitung unseres Denkens über die Humanwissenschaften gegründet, die auch die Grundlagen der kontemplativen Psychologie klärt. Genau so wenig wie Van Kaam es in seiner *„Formative Spirituality"* tut, weisen auch wir das Sammeln von Kenntnissen oder Informationen bestimmt nicht zurück. Aber es bekommt in unserer Psychologie eine andere Funktion: Nur jene Kenntnisse, die eine transformierende Wirkung auf den Kenner haben, haben hier Platz. Hier sehen wir aufs neue die *Vorgehensweise in der ersten Person*. Handelt es sich in der kontemplativen Vorgehensweise doch um das *Kultivieren des Kenners* statt um das Kultivieren der Kenntnisse.

Der Gedanke, der dahinter steckt – wir werden später darauf zurückkommen –, ist natürlich, daß Unwissenheit und geistige Blindheit nicht immer durch Mangel an Kenntnissen oder Information entstehen, sondern weil uns vieles in unserer Erfahrung entgangen ist oder uns in Verwirrung bringt. Wenn unser Geist nicht klar ist, führt es zu einer unzulänglichen oder unzutreffenden Art des Betrachtens von Menschen und des Denkens über Menschen, uns selbst inbegriffen. Und dies führt dann wieder zu verwirrenden und widersprüchlichen Emotionen, die wiederum ihre Wirkung auf unsere Klarheit haben.

Weil unsere geistige Einstellung unser Wirklichkeitserleben mit entscheidet, dürfen wir auch sagen, daß es sich in der kontemplativen Psychologie um das Erhellen unseres Wirklichkeitserlebens handelt. Zu diesem Zweck haben die kontemplativen Traditionen spezielle Methoden entworfen, die einen ganz anderen Charakter haben als diejenigen, die von der empirischen Psychologie angewandt werden. Es sind die Methoden, die darauf gerichtet sind, unsere Verwirrung und Unwissenheit zu entdecken und zu überwinden (siehe auch Kapitel 4).

Diese Methoden sind recht unterschiedlich, sowohl innerhalb der unterschiedlichen kontemplativen Traditionen als auch untereinander. Aber was sie alle gemeinsam haben, ist, daß es sich immer um das Kultivieren dessen handelt, was wir mit den Termini *Aufmerksamkeit, Achtsamkeit, Wachsamkeit* oder auch wohl *Bewußtheit* andeuten. Wir denken dabei vielleicht zunächst an Disziplinen wie Meditation, Kontemplation und Gebet. Diese bilden tatsächlich oft den „harten Kern" des kontemplativen Lebens.

Aber außerdem gibt es noch viele andere kontemplative Disziplinen, weil *alle* Aktivitäten, für die man Aufmerksamkeit braucht, im Prinzip benutzt werden können, um *Wachsamkeit* zu kultivieren. Wenn diese Aktivitäten auf diese Art und Weise in einer kontemplativen Disziplin praktiziert werden, dann geht es nicht um die Frage, *was* wir tun, sondern darum, *wie* wir es tun. Es könnte sein, daß uns als kontemplative Disziplin der Auftrag gegeben wurde, eine Hecke zu schneiden oder jeden Tag den Flur zu fegen. Es ist dann nicht wichtig, daß das Ergebnis perfekt ist, sondern daß wir während der Ausführung unsere Aufmerksamkeit kultivieren. Und die Nagelprobe ist dann natürlich, ob die Hecke nach Ablauf der Arbeit gut steht und ob der Flur sauber ist. Wären wir routinierte Gärtner und imstande, mehr oder weniger wie von einer Automatik gesteuert, eine Hecke zu schneiden, so daß wir während dieser Arbeit angenehmen Träumen nachhängen könnten, dann wäre das Schneiden der Hecke nicht unbedingt die hilfreichste Disziplin, mit der wir anfangen könnten.

Diese Beispiele zeigen, daß die kontemplativen Methoden *nicht durch ihre äußere Form*, sondern durch die *innere Funktion*, die sie für den Praktizierenden haben, bestimmt werden. Die empirischen Methoden der wissenschaftlichen Psychologie können wir angemessen in Termini ihrer äußeren Form definieren, das heißt in Termini der für jeden sichtbaren Handlungen: Der Forscher stellt eine Hypothese über bestimmte Zusammenhänge in der Wirklichkeit auf, er schafft eine Experimentieranordnung im Labor oder draußen, er manipuliert in einer bestimmten Art und Weise das Forschungsobjekt, notiert die Effekte und prüft, ob diese seine Hypothese unterstützen oder nicht. Die Methoden der kontemplativen Traditionen hingegen bestehen aus inneren bzw. geistigen Handlungen wie aus dem systematischen Ausrichten der Aufmerksamkeit, dem Beobachten der eigenen Denkmuster, dem Loslassen von unheilvoller geistiger Befangenheit usw., – Verrichtungen also, die nur für den Forscher selber und nicht für andere sichtbar sind. Wir sehen, daß es sich hier wieder um die Forschung in der ersten Person handelt, um eine Form der systematischen Forschung, die sich im Verborgenen unseres eigenen Geistes vollzieht. Und dies ist die Form der Forschung, auf die sich die kontemplativen Traditionen spezialisiert haben.

Das Menschenbild in der kontemplativen Psychologie

Die wissenschaftliche Psychologie und die kontemplative Psychologie unterscheiden sich auch noch in etwas anderem als in den Forschungsmethoden, nämlich in dem Menschenbild, das sie zugrunde legen. Mit dem Terminus „Menschenbild" meinen wir hier das Bild und die Gesamtheit der Ansichten, die bei uns aufkommen, wenn wir uns fragen, worauf das Wort „Mensch" verweist. Dies Bild ist keine harmlose Sache, denn die Art und Weise, wie wir mit Menschen umgehen, wird dadurch mit gelenkt. Wir gestalten uns ein Bild des Menschen, und wir reagieren aus diesem Bild heraus.

Der Mensch als Objekt

Die Menschenbilder, die wir in der wissenschaflichen Psychologie finden, sind eng mit der Vorgehensweise in der dritten Person verknüpft Sie sind wegweisend für die wissenschaftliche Forschung. In gewissem Maße deuten sie den Rahmen an, innerhalb dessen wissenschaftliche Forschung durchgeführt werden kann oder muß. Menschenbilder fungieren also wie eine Art von Annahmen. Ein fesselndes Büchlein darüber hat Shotter (1975) geschrieben. In der wissenschaftlichen Psychologie stützen diese Menschenbilder sich ausdrücklich nicht auf Selbsterforschung, sondern sie beziehen sich auf das, was der Forscher die Menschen tun sieht und sagen hört. Der Mensch ist hier *dritte Person*, der andere, der Mensch als *Objekt* der Forschung. Und ihr Menschenbild ist eine wissenschaftliche Version *des Bildes des anderen*.

Vieles von unseren alltäglichen psychologischen Kenntnissen, die wir als Laien sammeln, unsere *Menschenkenntnis*, stützt sich ebenso auf das, was wir von den Menschen um uns herum sehen oder zu sehen meinen. Auch in unserer alltäglichen Art des Denkens über Menschen ist der Mensch oft als dritte Person, als *Objekt*, anwesend. Jetzt aber nicht nur als „Objekt der Forschung", sondern auch als Objekt unserer Erwartungen, Wünsche, Gedanken, Emotionen, unserer Hoffnung und Furcht, kurzum als Objekt unserer Gedankenwelt und unseres Gefühlslebens. Alle diese geistigen Phänomene führen dazu, daß wir uns ein bestimmtes Bild des Menschen bilden und daß bei unseren Versuchen, unsere Menschenkenntnis zu erweitern, dies Bild anfängt, wiederum als Ausgangspunkt zu fungieren. Es suggeriert uns die Richtung, in der wir suchen sollen, wenn wir menschliches Verhalten besser verstehen wollen. Auch kann unser

Menschenbild uns Dienste erweisen, wenn wir unser Verhalten anderen gegenüber rechtfertigen möchten: *„Weil Menschen nun mal so sind, tun sie so, und ich tue vernünftig daran, auf diese Art und Weise zu reagieren."*

Natürlich haben andere wiederum ihre Gedanken über uns. Wir sind auch *dritte Person* für andere, Objekt für die Erwartungen anderer Menschen. Bei dieser Vorgehensweise in der dritten Person ist es dann auch nützlich, die Vorstellungen anderer über uns zu kennen, weil sie das zu erwartende Verhalten uns gegenüber bestimmen. Kennen wir diese Vorstellungen, dann sind wir besser in der Lage einzuschätzen, ob wir unsere eigenen Erwartungen erfüllen können. So sind wir füreinander Objekte geworden, Objekte unserer realistischen oder unrealistischen Erwartungen. Unsere Alltagspsychologie besteht dann vor allem in der Kunst, die gegenseitigen Erwartungen zu sondieren und sich aufeinander einzustimmen. Unsere Menschenkenntnis steht dann oft im Dienst unserer psychologischen Privatpolitik, und es ist größtenteils eine Politik des aufgeklärten Eigennutzes, die auf die Befriedigung unserer persönlichen Bedürfnisse gerichtet ist. Eigentlich dürfen wir in bezug auf unsere alltägliche Psychologie noch nicht von Kenntnissen sprechen, denn wir wissen noch nicht, ob die Ideen, die wir über andere Menschen und die andere über uns haben, wohl richtig sind. Dafür brauchen wir die systematische Forschung, auf die sich die wissenschaftliche Psychologie spezialisiert hat.

Wir könnten in dieser Psychologie der dritten Person noch einen Schritt weiter gehen: Wir können die Ideen, die andere über uns haben, nicht nur zu ergründen versuchen, sondern sie sogar übernehmen. Wir kennen uns selbst gleichsam durch die Augen des anderen, für den wir als dritte Person existieren. Das bringt uns dann eine Form der *indirekten Selbsterkenntnis*. „Indirekt", weil es Kenntnisse aus zweiter Hand sind, Kenntnisse der anderen über uns, Kenntnisse in der dritten Person also. Innerhalb dieser indirekten Selbsterkenntnisse sind wir Objekt für uns selbst geworden. Wir betrachten uns selbst als Objekt. Der Ursprung dieser indirekten Selbsterkenntnisse ist also von der Art und Weise unabhängig, wie wir uns als Subjekt erleben. Daher kann es dann auch geschehen, daß unser *Selbsterleben* und die daraus hervorgehende direkte Selbsterkenntnis mit unserer indirekten Selbsterkenntnis nicht übereinstimmen. So können wir mit uns selbst in Widerspruch geraten. Dann scheint es manchmal notwendig, um „der guten Beziehung mit uns selbst" willen mit uns selbst in eine Art von Verhandlungsverfahren einzutreten. Jedoch können diese indirekten Selbsterkenntnisse uns manchmal dabei helfen, unser Selbsterleben aufzuklären. Darauf beruhen zum Beispiel viele Formen der verbalen Psychotherapie.

Der Mensch als Subjekt

Die Menschenbilder, die wir in der kontemplativen Psychologie und eben-so in manchen Formen der Psychotherapie finden, haben einen anderen Ursprung. Sie entstammen *der Art und Weise, wie Menschen sich selbst im totalen Feld ihres Wirklichkeiterlebens erfahren.* Hier steht der Mensch in der ersten Person im Zentrum. Menschenkenntnis basiert hier auf *direkten Selbsterkenntnissen*, das heißt: auf Kenntnissen, die der direkten Selbst-beobachtung entstammen. Diese Form der Selbsterkenntnis bedeutet ein Wissen aus erster Hand. Sie stützt sich nicht auf „Hörensagen", sondern auf direkte Wahrnehmung. Sie bedeutet Kenntnis im Sinn von *bekannt sein mit* und ist nicht an Konzeptionen gebunden (siehe weiter darüber in Kapitel 4). Dennoch dürfen wir auch hier nicht ohne weiteres von „Kenntnissen" reden, denn auch hier wissen wir nicht, ob wir uns auf unse-re Selbstbeobachtung verlassen können. Dafür brauchen wir die systemati-sche Selbsterforschung, auf die die kontemplativen Traditionen speziali-siert sind.

Direkte Selbsterkenntnisse umfassen nicht nur Kenntnisse der *spezifi-schen,* an unsere Person oder Lebenssituation gebundenen Erscheinungen. Denn vieles von dem, was wir bei uns selbst beobachten können, ist gar nicht so uneingeschränkt persönlich, wie wir oft selber denken. Andere Menschen machen bei sich selbst oft dieselben Beobachtungen. Direkte Selbsterkenntnisse umfassen also auch Kenntnisse über *allgemein mensch-liche* Erscheinungen. Verliebtheit oder Wut zum Beispiel kennen wir alle aus erster Hand. Wir kennen es als Erscheinung der ersten Person, als per-sönliche Erfahrung. Wir glauben auch, daß es allgemein menschliche Erscheinungen sind und daß andere Menschen ähnliche Erfahrung damit haben. Unsere direkten persönlichen Selbsterkenntnisse umfassen also mehr als nur uns selbst. Sie sind manchmal auch auf andere Menschen anwendbar und sind in diesem Sinn auch Kenntnisse über andere. Unsere Selbsterkenntnisse vertiefen also auch unsere Kenntnis über andere Menschen. Jedoch ist es dann eine *indirekte Kenntnis über andere.* Sie wurde früher gelegentlich „empathische Kenntnis" genannt. Sie ist eine Form der Kenntnis der ersten Person, in der wir den anderen ‚als wäre er wir' betrachten. Die Menschenkenntnis, zu der sie uns führt, ist in diesem Fall also eine Extrapolation unserer eigenen Selbsterkenntnis.

Unsere direkten und indirekten Formen der Selbsterkenntnis können in unserem Selbstbild Gestalt annehmen, das heißt in der Gesamtheit der Vorstellungen und Auffassungen, die wir über uns selbst gebildet haben. Dies Selbstbild bietet, gerade wo es um allgemein menschliche Erscheinungen in uns selbst geht, wieder die Basis für die Entwicklung eines *Menschenbildes*. Unsere direkte und indirekte Kenntnis über andere kann wiederum Form annehmen *im Bild über den anderen*. Und auch dies Bild kann wieder die Basis für unser Menschenbild darstellen.

Zwei asymetrische Menschenbilder

Praktisch gibt es also *zwei Quellen* für die Entwicklung unseres Menschenbildes: *unsere direkten Kenntnisse der ersten Person* und *unsere direkten Kenntnisse der dritten Person*. Anders gesagt, in der konventionellen wissenschaftlichen Psychologie und in der ‚Alltags-Psychologie‘ hat sich das Menschenbild, gerade wegen ihrer Vorgehensweise in der dritten Person, vor allem auf der Grundlage des Bildes über die andere Person gestaltet. Auch unser Selbstbild wird mittels indirekter Selbsterkenntnis dadurch bedingt. In der kontemplativen Psychologie hingegen bildet sich das Menschenbild in hohem Maß auf der Grundlage unseres Selbsterlebens. Auch das Bild über den anderen wird dort mittels indirekter Kenntnis über den anderen gestaltet.

Da die Art und Weise, wie wir *uns selbst* direkt erleben, und die Art und Weise, wie wir *andere* erfahren, grundsätzlich verschieden ist, ist es nicht so sehr erstaunlich, daß die Menschenbilder, die sich aus den beiden Quellen ergeben, auch ganz unterschiedlich sind. In der Art und Weise, wie wir uns selbst erleben, hat unser Geist, d.h. unsere Gedankenwelt und unser Gefühlsleben, einen sehr wichtigen Stellenwert. Auch andere Menschen nehmen in unserem Geist eine wichtigen Platz ein, aber dieser ist grundsätzlich anders als derjenige, den wir selber einnehmen: Wir kennen sie nicht, wie wir uns selbst kennen. Wir wissen natürlich schon, daß auch sie eine Gedankenwelt in sich herumtragen, aber diese Welt gehört nicht zu unserer direkten Erfahrung. Andere Menschen haben durchaus einen Platz in unserer Gedankenwelt und in unserem Wirklichkeitserleben, wie auch wir einen Platz in ihrer Gedankenwelt besitzen, aber ihre Gedankenwelt und ihr Erleben der Wirklichkeit haben keinen Platz in uns.

Diese Asymetrie erklärt dann auch, wie es dazu kommen kann, daß, wenn wir über andere Menschen denken und reden, wir meistens ganz anderer Meinung sind, als wenn wir über uns selbst denken und reden. Wenn wir über andere Menschen reden, dann sind sie für uns *Objekt*, während wir selber *Subjekt* sind. Wenn wir zum Beispiel in unseren Erwartungen, die wir an andere Menschen haben, systematisch enttäuscht werden oder wenn sie unsere (emotionalen) Bedürfnisse nicht befriedigen, dann entwickeln wir leicht ein negatives Menschenbild. Es macht uns dann wenig Mühe, gewohnheitshalber ganz negativ oder geringschätzig über „die Menschen" zu reden. Und meistens meinen wir mit diesem Urteil dann nicht uns selbst oder unseren Gesprächspartner. Wenn Menschen unsere Erwartungen erfüllen, fördert es ein positives Menschenbild. Auch umgekehrt ist es möglich, daß unser Selbstbild unser Menschenbild positiv oder negativ beeinflußt.

Menschenbild als Auftrag

Unser Menschenbild ist ein wichtiges Moment in unserer Einstellung zum Leben. Die kontemplativen Traditionen wissen das und stellen uns daher auch die Frage: Wie real ist unser Menschenbild? Und was passiert, wenn unsere Erwartungen über Menschen – uns selbst eingeschlossen – aus Unverständnis oder Naivität und unsere Wünsche aus Egozentrismus stammen? Würden die Menschen für uns und wir für uns selbst dann keine ungeheure Enttäuschung sein? Und würde unsere Enttäuschung sich dann nicht in Handlungen äußern, die andere wiederum enttäuschen werden und sie in einem negativen Menschenbild bestätigen?

Unser Menschenbild – entweder negativ oder positiv – trägt die Spuren unserer realistischen oder unrealistischen Erwartungen. Es erzählt uns etwas über uns selbst, über den Wert, den *wir* anderen in *unserer* Gedankenwelt und in unserem Gefühlsleben verleihen. Und um diese Erscheinung geht es in den kontemplativen Traditionen, viel mehr als um die sogenannte „Richtigkeit" eines Menschenbildes.

Wenn gesagt wird, daß der Mensch grundsätzlich *gut* oder nach dem Abbild Gottes geschaffen sei, ist dies nicht nur eine Behauptung, der man entweder zustimmen kann oder nicht? Aber es ist ein Appell an uns selbst: Ein Appell, der uns dazu herausfordert, daß wir unsere Erwartungen über uns selbst und andere Menschen und ihre Wirkung auf unser Menschenbild einmal gründlich untersuchen. Es bedeutet also keinen naiven Versuch, die Hartherzigkeit der Menschen zu leugnen, sondern es ist eine Anweisung an unsere *eigene* Hartherzigkeit und unsere *eigene* egozentrischen und unrealistischen Erwartungen, sie ausfindig zu machen und loszulassen. Es besteht dann die Möglichkeit, daß unser Selbsterleben uns etwas ganz Grundlegendes über uns selbst und dadurch über die menschliche Natur zu zeigen beginnt; eine andere Perspektive des Menschen, eine Perspektive, welche die kontemplativen Traditionen zur Blüte zu bringen versuchen. In dieser Perspektive erleben wir weder uns selbst, noch unsere Mitmenschen ausschließlich als *Objekt* unserer Erwartungen und Bedürfnisse, sondern wie ein *Subjekt*, ein Wesen, in dem wir nicht nur Kurzsichtigkeit und Härte, sondern auch Menschlichkeit erkennen können. Wir erleben dann den anderen – soweit möglich – als erste Person, das heißt, wie wir uns selbst erleben. In dem Maß, in dem wir den anderen als Subjekt erleben können, beginnt die Trennung zwischen Subjekt und Objekt etwas von ihrer Schärfe zu verlieren. Wir sind imstande, uns in den anderen *hineinzuleben*. Ein Gefühl der Verwandschaft, der fundamentalen Verbundenheit beginnt das Erleben des anderen Menschen und unser Menschenbild zu färben. In dem Maß, wie wir dazu imstande sind, können wir den Nächsten wie uns selbst lieben. Konkret läuft dies auf eine tiefgehende Veränderung unserer Einstellung zum Leben und unseres Menschenbildes hinaus. Der buddhistischen Tradition zufolge kann diese Art und Weise des Erlebens sogar zu einem Vermögen (*siddhi*) von Telepathie wachsen.

In dem kontemplativen Leben bleibt unsere Selbsterforschung der eigenen Menschlichkeit also nicht bei uns selbst stehen: Es führt zum Vermögen und zur Bereitschaft, auch die Menschlichkeit im Mitmenschen zu erkennen. Es ist keine theoretische Angelegenheit, keine Frage der guten Vorhaben, damit wir uns selbst und andere mal auf eine andere Art und Weise betrachten. Es braucht mehr als nur dies. Erforderlich ist das Praktizieren der kontemplativen Disziplinen, die uns wieder mit unserer eigenen Menschlichkeit in Kontakt bringen, an die wir manchmal kaum noch glauben können. Dann auch der Disziplinen, die uns die Augen öffnen für die Menschlichkeit anderer Menschen und die uns lehren, den anderen als uns selbst zu sehen und ihm entgegenzukommen: nämlich wie einem Wesen, das (genau wie wir) grundsätzlich sanftmütig und gefühlvoll ist. Auch wenn dieses Wesen – wiederum gerade wie wir selber – durch Blindheit, Egozentrismus, Aggression, Lebensangst und Enttäuschung über die Menschen, über sich selbst und möglicherweise über das Leben im allgemeinen beherrscht wird. Nahezu alle große kontemplativen Traditionen bieten derartige Disziplinen an.

Menschenbild und Menschlichkeit

Ist es überhaupt möglich, unsere unrealistischen Erwartungen und das Menschenbild, das dadurch entsteht, loszulassen? Verlangt eine Entwicklung in diese Richtung nicht zu viel? Ja, gewiß, wenn wir ein ganz festes, unveränderliches Menschenbild besitzen, das unserer Meinung nach auf Jahren der persönlichen Erfahrung mit Menschen basiert. Trotzdem gibt es einen Zugang, und diesen Zugang kann man bei dem Menschen in der ersten Person finden, dem Menschen als *Subjekt*: das heißt bei unserem Selbsterleben.

Unser Menschenbild enthält Aspekte, die wir manchmal in anderen Menschen nur schwer erkennen können. Schlimmer noch, manchmal werden diese Aspekte uns gerade bewußt, weil wir sie in dem anderen nicht erkennen. Wenn uns jemand auf eine Art und Weise begegnet, die uns (richtig oder nicht) als hartherzig oder kurzsichtig trifft, dann erfahren wir zur gleichen Zeit unsere eigene (verletzte) Sanftmütigkeit und Einsicht und umgekehrt. Wir sind keine Roboter, sondern Menschen; und Menschen sind nur imstande, Hartherzigkeit zu erkennen und zu leiden, gerade *weil* sie gefühlvolle Wesen sind. Menschen erkennen Unrecht, gerade *weil* sie ein Gefühl für Gerechtigkeit haben. Selbst wenn wir etwas tun, das von anderen wie ein Schurkenstreich erfahren wird, können wir trotzdem manchmal nicht leugnen, daß wir – vielleicht in einer unbeholfenen Art und Weise – trotzdem etwas Gutes anstreben. Wir versuchen doch, obschon nicht immer, das Beste daraus zu machen. Wir beabsichtigen meistens nichts Böses. Und wenn wir doch Böses im Sinn haben und es darauf anlegen, anderen zu schaden, dann weist die Tatsache, daß wir wissen, wie wir das tun können, zu gleicher Zeit wieder auf unser Bewußtsein hin über das, was heilsam ist. Jenes Bewußtsein also gehört unbedingt zu uns; es ist da in guten wie auch in schlechten Augenblicken. Der Wunsch, Chaos, Verwirrung und Leid zu verursachen, impliziert, daß wir eine Ahnung von Harmonie, Klarheit und Freude besitzen, und dies gilt auch andersherum. Beide Seiten kennen wir aus der Erfahrung: Neben unseren meist negativen und destruktiven Augenblicken kennen wir die Momente der Sanftmütigkeit, des Glücks, der Rührung, Zärtlichkeit und Hingabe. Momente der Wertschätzung, der Liebe und des Erbarmens. Momente auch der wahrhaftigen Einsicht und des Verständnisses. Solche Momente sind nichts Zufälliges oder etwas Zusätzliches, sondern sie gehören, trotz aller Negativität, die wir ebenfalls in uns selbst erfahren, zu unserem Wesen, wenn sie vielleicht auch nur ganz kurz dauern und „wenn die anderen Leute es auch nicht sehen". Es ist sehr schwer, wenn nicht unmöglich, das Vorhandensein solcher Momente völlig zu leugnen, wenn wir uns selber anschauen. Diese Momente charakterisieren unsere Menschlichkeit, und sie können in unser Selbst- und Menschenbild aufgenommen werden.

Aber es kann auch geschehen, daß wir unsere Momente der wahrhaftigen Sorgsamkeit und des Verständnisses aus unserem Bewußtsein vertreiben, zum Beispiel weil sie nicht zu unserem Selbst- oder Menschenbild passen, das wir mittlerweile gebildet haben. Vielleicht haben wir auf Grund negativer indirekter Selbsterkenntnisse ein sehr negatives Bild über uns selbst gebildet. In dieser negativen Vorgehensweise über uns selbst, als dritte Person, haben wir begonnen, uns selbst als *Objekt* zu betrachten. Wir sind in uns selbst gespalten. Anstatt zu realisieren, daß die Momente, in denen wir unsere eigene Hartherzigkeit und Kurzsichtigkeit *erkennen, gerade durch diese Erkenntnis* Momente der Sanftmütigkeit und Einsicht sind, werden wir von unserer Hartherzigkeit und Kurzsichtigkeit dermaßen geblendet, daß wir nur noch dafür Augen haben. Unser Mangel an Menschlichkeit und die Enttäuschung darüber können dann allmählich unsere Momente der Einsicht und Sanftmütigkeit verdunkeln. Auf diese Art und Weise verlieren wir immer mehr den Kontakt mit unserer grundlegenden Menschlichkeit, und schließlich glauben wir sogar nicht mehr daran. Wir werden unser eigener Feind, und wir fürchten uns vor diesem Feind. Unser Versuch, uns dieses Feindes zu entledigen, nimmt die Gestalt eines immer bitterer werdenden Kampfes an. Auch wenn dieser Kampf von einem religiösen Mantel getarnt wird – „Harnisch" wäre ein besseres Wort, wenn wir über unseren heroischen Kampf gegen unserer Negativität reden! – dann führt er nur zur Selbstzerstörung. Unsere geistige Gesundheit ist in Gefahr. Und das ist bestimmt nicht der Weg, den die kontemplativen Traditionen uns zeigen. Dieser Weg beginnt mit einem erneuten unbefangenen Blick darauf, wer oder was wir jetzt sind. Darin gibt es Raum für das, was wir angefangen haben, als unsere negative und positive Seiten zu benennen. Wir kehren zurück zu unserem Selbsterleben und erforschen es mit Hilfe der kontemplativen Disziplinen.

Wie das Menschenbild der wissenschaftlichen Psychologie auf die dritte Person zurückgreift, so greift das Menschenbild der kontemplativen Psychologie genauso wie das Menschenbild vieler Psychotherapien zurück auf die erste Person, auf unser Selbsterleben. Hier liegt der Grund, daß im Menschenbild der Psychologie der dritten Person alle psychischen Erscheinungen, die in unserer Selbsterfahrung so wichtig sind und die unser Leben bestimmen, kaum eine Rolle spielen. Über die Möglichkeit und Unmöglichkeit, unsere grundlegende Menschlichkeit zu erfahren, über Liebe und Haß, Hingabe und Selbsterhebung, Einsicht und Selbstbetrug wird dort nicht gesprochen. In der kontemplativen Psychologie stehen aber gerade all diese Erscheinungen, die direkt mit der verborgenen Blüte zu tun haben, im Zentrum.

Richtigkeit oder Effektivität der Menschenbilder?

Das Problem mit den Menschenbildern besteht darin, daß man ihre Richtigkeit nicht beweisen kann. Nur ihre Wirkung ist in unserem Tun und Lassen sichtbar. Zwar entstammen diese Bilder der Erfahrung mit Menschen, aber sie sind gleichsam davon abgehoben, sie haben sich davon losgelöst und haben so den Charakter allgemeiner Ideen angenommen. Und danach spielen sie in unserer Gedankenwelt eine große Rolle, gemeinsam mit ihren Verwandten wie Selbstbildern, Weltbildern und Gottesbildern. Sie sind – um einen philosophischen Terminus zu gebrauchen – zu *metaphysischen* Konstanten geworden. Aber zu gleicher Zeit lenken sie schon unser Handeln. Sie beeinflussen unser Verhalten und die Art und Weise, wie wir Verhalten und Situationen interpretieren und beurteilen.

Für diese psychologischen Auswirkungen haben die kontemplativen Traditionen immer ein Auge gehabt. Sie interessieren sich weniger für die Frage nach der Richtigkeit von Menschenbildern, aber sehr wohl für die Frage, welche Auswirkung der *Glaube an die Richtigkeit* von Menschenbildern für kontemplatives Wachsen besitzt. Und wie wir sehen werden: Von diesen Menschenbildern gibt es ziemlich viele. Gemeinsam mit unseren Weltbildern und Gottesbildern bestimmen sie, wie wir in der Wirklichkeit stehen und sie erleben.

Auch die wissenschaftliche Psychologie benutzt bestimmte Menschenbilder als Ausgangspunkt, Menschenbilder, die sich aus der Art der Forschung in der dritten Person ergeben. Die häufigsten sind das *utilitäre* und das *hedonistische* Menschenbild. Mit diesen Termini meinen wir folgendes: Dem *utilitären* Menschenbild zufolge ist der Mensch ein Sucher von Gewinn und ein Vermeider von Verlust. Alles Denken, Sprechen und Handeln der Menschen wird letztlich durch das Erstreben dessen, was man haben will, und durch das Vermeiden oder Vernichten dessen, was man nicht haben will, geleitet. Dem *hedonistischen* Menschenbild zufolge ist der Mensch ein „Sucher des Genusses": Der Mensch sucht, was Lust schenkt, und vermeidet oder vernichtet, was Unlust schenkt. Alles Tun und Lassen wird letztlich dadurch geleitet. Dieses Menschenbild finden wir sowohl in der *behavioristischen* wie in der modernen *kognitiven* Psychologie als auch in der Tiefenpsychologie von Sigmund Freud. Das Problem dieser Menschenbilder ist, daß sie als Erklärung für *jedes menschliche Handeln* ausgegeben werden. An und für sich ist das Erstreben von Gewinn oder Genuß natürlich eine sehr menschliche Angelegenheit. Menschen tun so etwas gelegentlich. Dieses Streben soll auch durch die Psychologie – die übliche oder die kontemplative – erkannt und anerkannt werden. Aber es ist eine ganz andere Sache zu behaupten, daß *jedes* menschliche Handeln durch dieses Streben erklärt werden kann.

Diese Menschenbilder spielen auch in der Psychologie des alltäglichen Lebens eine große Rolle. Wir können sie als *materialistische Menschenbilder* bezeichnen. In den materialistischen Vorgehensweisen werden alle Aspekte des Lebens gedeutet, als wären sie nur Materie. Materie können wir anfassen, wegwerfen und vernichten. Wenn das Wohl, die Weisheit, die Liebe, der Haß, das Leiden, die Gesundheit, die Jugend, das Alter und so weiter gedeutet werden, als wären sie eine Art der Materie, dann werden wir versuchen, diese „Sachen" zu erwerben und festzuhalten oder sie zu vermeiden und zu vernichten, wie wir es auch mit materiellen Dingen tun. Wir beschäftigen uns dann damit, wie wir schon in der Einleitung gesehen haben, eine Strategie auf einer Ebene anzuwenden, auf der sie nicht wirksam ist, und das ist selbstverständlich eine Quelle des Leidens. Wir vermögen unsere Jugend nicht festzuhalten, und das Leiden können wir nicht in kleine Stücke hacken und vernichten.

Wie wir schon gesagt haben, sind Menschenbilder metaphysische Konstanten. Man kann sie nicht durch Tatsachen widerlegen. Ich möchte dies anhand des hedonistischen Menschenbildes erläutern. Nach diesem Menschenbild können wir das kontemplative Leben immer als eine Lebensform interpretieren, die durch das Suchen von Lust und das Vermeiden von Unlust motiviert wird. Angenommen, unser Freund Jan hätte für sich das kontemplative Leben gewählt, weil er der Meinung ist, daß diese Lebensform ihm helfen kann, die Wahrheit (was sie auch sein möge) zu finden. Im hedonistischen Menschenbild gibt es für eine solche Motivation keinen Raum. Die Erklärung für Jans Verhalten lautet dann auch, daß er diese Lebensform gewählt hat, weil er sich dabei wohl fühlt. Sie befriedigt ihn.

Aus Jans Perspektive liegt die Sache ganz anders. Es gibt ja doch Zeiten, in denen er das kontemplative Leben gar nicht angenehm findet, und er wird hartnäckig behaupten, daß die Suche nach Vergnügen für ihn auch nicht an der ersten Stelle steht. Darum dreht es sich für ihn gar nicht; ihm geht es um Weisheit, um Wahrheit. Der hedonistische Psychologe aber ist mit allen Hunden gehetzt: Er kann hartnäckig behaupten, daß Jan das Suchen nach Wahrheit gewählt hat, weil er es angenehm findet. Jan kann dann weiter erklären, daß seine Grundmotivation für das Praktizieren des kontemplativen Lebens viel mehr mit der Entdeckung zu tun hat, daß nämlich geistige Blindheit und Hartherzigkeit sein Leben und das anderer Menschen beherrschen. Blindheit und Hartherzigkeit, die vielleicht *komfortabel* sind (und dafür hat der Hedonist schon Ohren), aber die uns zu gleicher Zeit völlig unrealistisch machen. Und Jan dürfte noch hinzufügen, daß ihn der tiefe Wunsch nach Wahrheit motiviert, sogar wenn es schmerzhaft ist.

Der hedonistische Psychologe wird dann sagen: „Das weiß ich alles. Wir nennen es ‚zurückgestellte Bedürfnisbefriedigung'. Letzten Endes gehen Sie davon aus, daß die Wahrheit angenehm ist, sonst würden Sie sie doch nicht suchen. Sie sind doch kein Masochist, darf ich hoffen?" Und Jan, jetzt einigermaßen verletzt, verteidigt sich vehement: „Mein Suchen ist nicht an Bedingungen geknüpft! Es geht nicht am Gängelband von Hoffnung oder Furcht, von Lust oder Unlust, von Gewinn oder Verlust. Nur einer, der auf diese Weise sucht, wird finden!" Die hedonistische Interpretation bietet der Authentizität der für sich stehenden Kraft, die das Suchen nach Wahrheit ausmacht, keinen Raum. Sie wird immer wie das Suchen von Lust und das Vermeiden von Unlust interpretiert und damit diesen untergeordnet.

Ähnliches können wir über die utilitäre Psychologie sagen. Ihr Ausgangspunkt ist, daß Jan die Wahrheit sucht, weil er meint, Profit daraus zu ziehen. Und sogar, wenn Jan sagen würde: „Auch wenn es mir schlechter dadurch ginge, würde ich die Wahrheit suchen wollen". Trotzdem würde ein utilitärer Psychologe wiederum behaupten können, daß Jan eigentlich Gewinn darin sieht, daß er sogar im Verlust noch Gewinn sieht.

Faktisch findet hier kein richtiger Dialog statt, da beide Ausgangspunkte keine Berührungsflächen haben. Dennoch spielen diese Ausgangspunkte in dem Dialog zwischen der materialistischen und der kontemplativen Psychologie eine Rolle. In den Augen der kontemplativen Traditionen sind die materialistischen Psychologien profane Psychologien: Sie basieren auf einem Menschenbild, das für eine spirituelle oder religiöse Dimension als authentische Kraft keinen Raum läßt. Das Mißtrauen der kontemplativen Tradition gegenüber der akademischen Psychologie richtet sich zutiefst auch nicht gegen die *Methode* der wissenschaftlichen Psychologie, sondern gegen das materialistische Menschenbild, das mit oder ohne Absicht in vielen ihrer Theorien mitschwingt. Das materialistische Menschenbild wird nicht nur unserer menschlichen Existenz nicht gerecht, sondern der Glaube daran hemmt auch die Möglichkeiten, die Relativität dieses Menschenbildes einzusehen oder sich davon zu befreien.

Menschenbilder als Gradmesser

In den kontemplativen Traditionen haben die Menschenbilder eine ganz andere Funktion. Sie fungieren hier nicht als eine theoretische Annahme, sondern sie sind Gradmesser für die Mentalitätsentwicklung ‚des Menschen auf dem Weg'. Menschenbilder sind hier nicht etwas Unbewegliches, sondern etwas, das sich in Zusammenhang mit der kontemplativen Entwicklung verändert. Das Menschenbild, das wir jetzt haben, ist eine Schöpfung, und es beschreibt deshalb den Ausdruck unseres Geistes, wie er jetzt ist. Es schließt sich einer bestimmten Phase in unserem Selbsterleben und Wirklichkeitserleben an. Es geht nicht darum, eine neue Ideologie anzubieten. Im kontemplativen Leben geht es darum, sich diese Menschenbilder bewußt zu machen, sie zu erkennen und in eine Richtung zu transformieren, die unsere grundlegende Menschlichkeit zur Blüte bringt.

Dabei können wir es nicht vermeiden, den hartherzigen und kurzsichtigen Seiten in uns selbst (und in anderen) richtig ins Auge zu sehen. Und wenn man uns in diesem Augenblick fragen würde, welches Menschenbild wir jetzt hätten, dann könnte es sein, daß es ziemlich negativ aussehen würde. Das ist dann kein Problem, sondern ein notwendiges Stadium auf dem Weg: Es muß einen Raum geben, damit wir unsere Negativität erkennen und erforschen können, denn Negativität ist ein Teil unseres Selbst.

Gerade weil es ein Stadium ist, mißt man dem negativen Menschenbild, das wir in diesem Moment haben, keinen absoluten Wert bei. Wenn wir es dennoch täten, würden wir in Depressivität landen. Weil es etwas Relatives ist, etwas, das zu einem bestimmten Zeitpunkt wieder losgelassen oder in einen breiteren Zusammenhang gestellt wird, wird das Erkennen unserer eigenen Negativität (Sünde oder Sündhaftigkeit oder wie man es sonst nennen möchte) sowohl zu einem inspirierenden als auch schmerzhaften Schritt auf dem kontemplativen Weg. Wenn wir den Mut aufbringen, unserer Negativität ins Auge zu sehen, dann enthüllt sich zugleich auch eine andere Seite, nämlich daß wir das Vermögen besitzen, unsere Negativität anzublicken, und zwar unverschleiert. Diese Klarheit des Geistes gehört offensichtlich auch zu uns.

Wir haben, auch wenn wir das vermutet hätten, kein Herz aus Stein. Ist es nicht gerade so, daß Härte uns verletzen kann, eben weil wir sanftmütig von Geist sind? Ist unser Leiden nicht gerade der Ausdruck unserer frustrierten Lebensfreude? So wird unser negatives Selbstbild und Menschenbild gleichsam in einen weiteren Kontext gestellt, und sie verlieren dadurch ihre deprimierenden Merkmale, ohne daß wir unsere Negativität leugnen. So entsteht ein ganz anderes und viel nuancierteres Selbsterleben, das auch auf unser Menschenbild Einfluß nimmt. Wir entdecken nämlich, daß wir in einer sehr fruchtbaren Art und Weise mit unserer Negativität umgehen können und daß unsere Negativität kein Schicksal ist, sondern eine Herausforderung. Daß sie, wie im Buddhismus gesagt wird, wie Mist ist (Trungpa, 1969). Er riecht übel, aber ist fruchtbar: Geeignet, auf dem Acker des *Bodhi* (dem erleuchteten Zustand des Geistes) verteilt zu werden. In christlichen Termini dürfen wir sagen, daß der Bauer, der diesen Acker bestellt, der nach dem Abbild Gottes geschaffene Mensch ist.

Diese Ansicht unserer menschlichen Existenz tritt jetzt mehr zutage. Das Menschenbild, das sich auf diese Art und Weise während des Fortschreitens auf dem kontemplativen Weg gestaltet, basiert auf konkreter Erfahrung; Erfahrung, die weit über das negative Menschenbild, das wir anfangs oft als ein unabwendbares Schicksal erfuhren, hinausragt.

Der Wert des Dialogs

Wir haben gesehen, daß sich die kontemplative Psychologie und die uns bekannte profane Psychologie sowohl in ihrer wissenschaftlichen als auch in ihrer alltäglichen Form in fundamentalen Aspekten voneinander unterscheiden. Gerade deshalb haben die kontemplativen Traditionen uns etwas zu sagen. Sie haben uns ihre psychologische Einsicht und ihre eigenen Forschungsmethoden zu bieten. Die eine Tradition hat ihre psychologischen Einsichten vielleicht etwas deutlicher durchbuchstabiert als die andere, und die eine Tradition legt vielleicht etwas mehr Wert darauf als die andere, aber in allen Fällen finden wir ganz *universelle Einsichten* über menschliche Erfahrung und menschlichen Geist. Diese Einsichten nennen wir in unserer Kultur „psychologisch". Das ist auch nicht so verwunderlich, denn obschon es in der *Theologie* großer Religionen große Unterschiede gibt, werden Religionen doch immer von Menschen praktiziert. In welcher Kultur oder Epoche auch Menschen geboren sind, sie haben alle zwei Augen und zwei Hände. Sie haben alle einen menschlichen Geist. Es gibt also einen ganz weiten gleichgearteten Grund: Alle Menschen haben mit solchen fundamentalen Erscheinungen wie Lebensangst und Lebensfreude, Erbarmen und Hartherzigkeit, Einsicht und Unwissenheit zu tun. Und bei allen Menschen aller Kulturen kommen Habgier, Neid und Aggression und ihre Gegenteile vor. Die Objekte, auf die man seine Antriebe richtet, sind natürlich verschieden, aber die Psychologie des profanen oder materialistischen Menschen existiert in anderen Kulturen genau so gut wie in unserer Kultur. Daher versuchen alle großen Weltreligionen denn auch irgendwie, diesen profanen Menschen zu transformieren, ihn frei zu machen. Daher findet man das kontemplative Leben auch in allen Kulturen wieder.

Die gemeinsame Frage aller kontemplativen Traditionen ist diese: Was geschieht mit dem Menschen auf seinem kontemplativen Weg, und wie kann er sich vor Fallstricken und Sackgassen hüten? Dazu müssen wir, wie wir es in Kapitel 3 tun werden, den Menschen ganz scharf in der ersten Person zu beobachten beginnen. Wir werden erforschen müssen, wie seine profane, egozentrische Mentalität und die dazugehörige Psychologie entstehen, ineinander greifen und fortleben. Wie hält der Mensch konkret und von Tag zu Tag, ja von Moment zu Moment den Zustand seines „Zerbrochenseins" in Gang? Wie tut er/sie es, und warum?

Natürlich können wir diese praktischen Fragen vermeiden, zum Beispiel, indem wir das Entstehen der profanen Mentalität in eine historische Perspektive stellen. Dann wird es zu etwas, was sich vor langer Zeit ereignet hat und dem gegenüber wir jetzt machtlos sind. In christlichen Termini wird wie folgt artikuliert: Der Mensch wurde einst aus dem Paradies vertrieben, als er in Sünde fiel. Solch eine historische Interpretation erzwingt dann sofort weitere historische Interpretationen, zum Beispiel die, daß Jesus einst, vor ungefähr 2000 Jahren, die Sünde von den Menschen weggenommen hat.

Historische Interpretationen finden wir auch bei anderen Religionen. Trotzdem berühren sie nicht den Kern der Ansicht, die für die Praktizierenden des kontemplativen Lebens von Bedeutung ist. Sie berühren nämlich nicht unsere persönliche und alltägliche Lebenserfahrung. Sie sind eher Ideologien als Instrumente, mit denen wir unserem egozentrischen Wirklichkeitserleben auf die Spur kommen können. Darum liegt im kontemplativen Leben die Betonung viel mehr auf einer psychologischen Interpretation. Innerhalb der christlichen Tradition kann danach der Sündenfall als etwas ausgelegt werden, was wir jeden Augenblick wieder aufs neue vollziehen und im Prinzip auch jeden Augenblick wieder ungeschehen machen können. In dieser Ansicht ist das Königreich Gottes nicht etwas, das weit von uns entfernt ist, sondern etwas, das wir immer wieder weit von uns entfernt halten. Wenn wir imstande sind, Christus in unserem Herzen zuzulassen oder darin zu entdecken, dann wird unsere Sünde wirksam: Unser Herz wird dann so geräumig, daß es in der Lage ist, unsere Sünde auf sich zu nehmen. Soweit eine christliche Formulierung.

Das gleiche Thema kann genauso gut in Begriffe der anderen großen Religionen gefaßt werden. Gerade der interreligiöse Dialog hat dieses während der letzten Jahre ans Licht gebracht.

In kontemplativ-psychologischen Begriffen gesagt: Unsere grundlegende Menschlichkeit ist nie wirklich abwesend, sondern kann zur Blüte gebracht werden; und das, was sie verdunkelt, nämlich unsere Negativität, ist nicht nur *nicht* fundamental, sondern auch handhabbar, überwindbar. Und *darum* dreht es sich bei der Ausübung jeder spirituellen Disziplin. Diese Ansicht liegt dem kontemplativen Weg zugrunde, und wir finden sie in sehr vielen Traditionen wieder, auch wenn sie andere Bezeichnungen dafür verwenden.

Mit der Idee, daß eine derartige Blüte überhaupt möglich ist, gehen die kontemplativen Traditionen regelrecht und wissentlich gegen das profane Menschenbild der materialistischen Psychologie an. Und dadurch gehen sie auch gegen die deprimierende und destruktive Ansicht über den Menschen an, die in der Befriedigung seiner Wünsche und seines Verlangens die letztliche Erfüllung des menschlichen Glücks sieht. Darum sind die kontemplativen Traditionen ebenso provozierende wie auch wertvolle Gesprächspartner für den Dialog mit unserer konventionellen Psychologie in jeder materialistischen Kultur.

Natürlich sind die kontemplativen Einsichten oft eingebettet in die religiöse Denkart und Terminologie der Tradition. So wird zum Beispiel gesagt, daß der Mensch nach dem Abbild Gottes geschaffen sei oder Buddhanatur habe, wie es in der buddhistischen Tradition heißt. Ohne weitere Erläuterung können solche Aussagen leicht zu Mißverständnissen führen, sowohl bei Psychologen als auch bei Laien. Darum auch ist ein Dialog zwischen Theologie und kontemplativer Psychologie sinnvoll. Dieser Dialog kann uns helfen, verschlissene oder scheinbar unzugängliche theologische und religiöse Verpackungen zu durchschauen. So können wir entdecken, ob eine Funktion bestimmte religiöse Ansichten und religiöse Aussagen für das Kultivieren der verborgenen Blüte besitzt, und wenn ja, welche. Auch der Dialog zwischen den großen religiösen Traditionen erweist sich dabei wieder als sehr hilfreich.

Bei dem Dialog mit der Theologie dürfen wir jedoch nicht vergessen, daß kontemplative Psychologie wie übrigens alle Psychologie „anthropozentrisch" ist. Theologie ist selbstverständlich theozentrisch. Eine „theozentrische Psychologie" existiert nicht; das wäre ein Widerspruch in den Begriffen. Die kontemplative Psychologie handelt aber sehr wohl vom Menschen, der seine Wirklichkeit von einer theozentrischen bzw. spirituellen Perspektive aus erlebt. Ich möchte aber darauf hinweisen, daß man den Terminus „anthropozentrisch" nicht mit dem Terminus „egozentrisch" verwechseln soll. Die kontemplative Psychologie ist keine egozentrische Psychologie, aber sie ist, wie wir noch sehen werden, eine Psychologie, die unseren Egozentrismus erforscht und Mittel reicht, um ihn zu transformieren. Ihr geht es um den Menschen auf dem *kontemplativen Weg*. Was man darunter verstehen muß, werden wir im nächsten Kapitel besprechen.

Kapitel 2

Wirklichkeitserleben und die Metapher vom Weg

Einleitung

Oben haben wir regelmäßig über den *Weg* gesprochen. Der Weg oder der Pfad ist eine sehr universelle Metapher, die wir in den großen Welt-Religionen immer wieder vorfinden. Für das reale Fortschreiten auf dem Weg gebraucht man auch den Ausruck ‚Reise‘. In diesem Kapitel betrachten wir, was diese Metapher uns zu sagen hat. Zuerst schauen wir einige grundlegende Bedeutungsaspekte der Metapher an. Danach beschäftigen wir uns mit dem, worauf die Metapher hinweist und was ihren Kernpunkt auszumachen scheint: das immer sich wandelnde *Wirklichkeitserleben*. Zum Schluß weisen wir auf einige Grenzen hin, innerhalb derer die Metapher des Weges sinnvoll ist.

Aspekte der Metapher des Weges

Welche Inhalte schließt die Metapher vom Weg alles in sich ein? Wie ist es möglich, daß diese Metapher so weit verbreitet ist? Weil es sich in dem kontemplativen Leben oder in der Spiritualität um eine *Entwicklung* unseres Menschseins in eine bestimmte *Richtung* handelt. Und dies ist die erste Suggestion, die in dieser Metapher enthalten ist. Die Richtung wird von den kontemplativen Traditionen gezeigt. Sie beanspruchen, uns diesen Weg zeigen zu können. Zweitens suggeriert die Metapher eine *sich ständig ändernde Perspektive* auf die Landschaft, in der der Weg verläuft. Diese Suggestion besprechen wir später unter dem Terminus „Sich änderndes Wirklichkeitserleben“. Drittens steckt in dieser Metapher auch die Suggestion, daß es *Stadien auf dem Weg* gibt und daß Begleitung (bzw. Leitung) und Wegweiser möglich sind. In späteren Kapiteln kommen wir darauf zurück. Zuletzt suggeriert der Gedanke des Weg auch *eine bestimm-*

te Begrenzung: ein Weg hat Seitenstreifen; wir können vom Weg abkommen oder darauf bleiben. Auch suggerieren die zwei Seitenstreifen, daß hier eine doppelseitige Entwicklung vorliegt (siehe unten).

Bezüglich des ersten Punktes, der Vorstellung einer Richtung, stellt sich die Frage: Worauf bezieht sie sich? Man sagt manchmal, daß das Leben an und für sich schon eine Reise sei, ohne darauf zu achten, ob wir in eine religiöse Tradition eingebunden sind oder nicht. Sind wir nicht *sowieso* schon auf dem Weg zum Grabe? Die kontemplativen Traditionen leugnen das natürlich nicht, aber sie haben eine andere Botschaft, nämlich die, daß wir als Mensch noch eine andere Reise machen können, eine Reise, die einen anderen Anfangs- und Endpunkt hat als unsere biologisch bedingte Reise durch die Zeit. Diese Reise kann in zwei Richtungen gehen: Eine Richtung, in der wir immer mehr in den Griff unserer Hartherzigkeit, Kurzsichtigkeit und Lebensangst geraten, und die andere Richtung, in der unsere Sanftmut und Einsicht, Lebensfreude und Lebensweisheit immer mehr unsere Einstellung zum Leben zu bestimmen beginnen.

Der Kern dieser Botschaft ist, daß wir den Ablauf und die Richtung dieser Reise nicht ganz und gar (und vielleicht überhaupt nicht) dem Zufall zu überlassen brauchen. Wir sind imstande, auf eine solche Art und Weise mit unserer Existenz umzugehen, daß die fundamentalen Realitäten unseres Lebens – Geburt, Krankheit, Alter, Tod, der Umgang mit unserer Umgebung, miteinander und mit uns selbst – uns milder anstatt hartherziger machen und uns nicht aus Angst den Kopf in den Sand stecken lassen, sondern uns gerade realistischer und ehrlicher werden lassen. Es ist eine hoffnungsvolle Botschaft. Ob diese Botschaft real ist oder wie sie in der Realität zu gestalten wäre, wollen wir in den kommenden Kapiteln von verschiedenen Seiten betrachten.

Die Gangbarkeit des Weges

Die Entwicklung in Richtung auf Sanftmut und Lebensweisheit hat mit dem Entwickeln einer Grundhaltung zu tun, die unser Leben mit all seinem Glück und Unglück, seiner Freude und seinem Leid in seiner Ganzheit durchdringt. Diese Entwicklung hat auch mit dem Erschaffen oder Zulassen eines bestimmten geistigen Raumes, einer „Großzügigkeit" oder geistigen Offenheit zu tun, die Ausblick bietet und uns selbst und unseren Mitmenschen in die Höhe hebt.

Die reale Möglichkeit, in der eigenen, konkreten Existenz einen solchen Raum zu schaffen und immer weiter zu entwickeln, bildet die Inspiration des kontemplativen Lebens. Diese Inspiration entspringt zum tiefsten nicht dem, was wir als Endziel sehen, und sie entspringt auch nicht unseren Lebensumständen, sondern keimt mit jedem einzelnen Schritt, den wir tatsächlich auf dem Weg machen. Solch ein Schritt zeigt uns doch, daß es einen in der Alltagspraxis gangbaren Weg *gibt* und daß wir auch die Hürden, die uns auf diesem Weg begegnen, nehmen können. Die Metapher ‚den Weg gehen' verweist nicht auf ein Leben der zurückgestellten Bedürfnisbefriedigung, wie manchmal gedacht wird. Eine Motivation, die auf zurückgestellter Bedürfnisbefriedigung basiert, ist einfach nicht kräftig genug, eine wahrhaftige Umwandlung zu bewirken oder zuzulassen. Außerdem leben wir leicht an uns selbst vorbei, wenn wir uns auf ein bestimmtes Ziel fixiert haben. Wir sind dann geneigt, von diesem Ziel zu träumen. Wir richten dann zu wenig Augenmerk auf unser konkretes Arbeitsfeld, das heißt auf *‚uns selbst, wie wir jetzt da sind'*, sondern eher auf uns, wie wir vielleicht gerne sein möchten. Auch wenn der Weg zur Verwirklichung oder Erfüllung, Versöhnung oder Befreiung führen könnte (oder wie eine Tradition diese Gegebenheiten auch benennen möchte), wirkt das Endziel in der Praxis nicht als eine Quelle der Inspiration. Die Inspiration erleben wir in den Fortschritten, die wir machen, wie wir mit unseren günstigen und ungünstigen Umständen im Alltag umgehen.

Wir brauchen die Inspiration, von der wir jetzt sprechen, nicht *per se* in religiöse Termini zu fassen, handelt es sich hier doch um die Entwicklung einer Eigenschaft, die unserem Menschsein innewohnt. Wenn wir diese Entwicklung in religiöse Termini fassen, dann handelt es sich nach den theistischen Traditionen wohl um das Wiederherstellen unserer Beziehung zu Gott oder dem Göttlichen. Den-Weg-Gehen formuliert man dann oft in Termini des Gehorsams gegenüber Gott. Aber in Begriffen der kontemplativen Psychologie können wir diese Entwicklung beschreiben wie ein Sich-Befreien von allen Haltungen, Einstellungen und Meinungen, die uns den Realitäten unseres Lebens und der Wirklichkeit in ihrer Ganzheit gegenüber hartherzig, abwehrend und blind machen. Diese Entwicklung steht in der Ausübung aller großen Religionen im Zentrum, und sie bildet dann auch in der Praxis des kontemplativen Lebens sowohl in ihrer klösterlichen wie weltlichen Form den Brennpunkt.

Auf die Frage, inwieweit eine solche Entwicklung eine Sache der Arbeit an sich selbst oder der Gnade ist, werden wir später zurückkommen. Hier möchte ich nur betonen, daß alle spirituellen Disziplinen des kontemplativen Lebens – die geistigen Übungen, das Verrichten von Arbeit und Studium – gepflegt werden, um unserer grundlegenden Menschlichkeit Raum zu verleihen und sie in unserem Sprechen und Handeln zu kultivieren. Das ist realisierbar. Menschen sind dazu imstande – wie wir in allen Zeiten und Kulturen beobachten können –, auch wenn dies nicht von alleine und nicht ohne Schmerz und Mühe geht.

Die Seitenstreifen des Weges

Die Metapher des Weges enthält auch die Vorstellung, daß es eine gewisse Begrenzung gibt. Ein Weg hat ja zwei Seiten oder Straßenränder, die ihn links und rechts begrenzen. Diese Begrenzung verweist auf die kontemplativen Übungen, die uns gewisse Beschränkungen und eine bestimmte Form der Disziplin auferlegen, die sich auf das Kultivieren unseres Geistes und unseres Handelns bezieht. Hinsichtlich des Geistes geht es vor allem um das Entwickeln von Einsicht oder Lebensweisheit; hinsichtlich des Handelns dreht es sich um das Kultivieren der Barmherzigkeit, des Erbarmens oder der Mitmenschlichkeit. Wir können die zwei Seiten an der linken und rechten Seite des Weges dann auch sehr wohl als die *Seite der Einsicht* beziehungsweise die *Seite der Barmherzigkeit* interpretieren. An anderer Stelle (De Wit 1993, S. 191, und 1991) habe ich den heutzutage einigermaßen altmodischen Terminus „Wohltätigkeit" benutzt, um auf die Seite der Barmherzigkeit verweisen zu können. Der wortwörtliche Inhalt des Terminus „Wohl*tätig*keit" deutet nämlich etwas genauer an, daß es hier nicht um die Barmherzigkeit als Gefühl, sondern um Barmherzigkeit „*der Tat*", um die Barmherzigkeit *im Handeln und Sprechen* geht.

Diese Interpretation von den zwei begrenzenden Seiten betont auch, daß bei einem wirklichen Fortschreiten auf dem Weg von einem *gleichzeitigen* Wachstum in Einsicht und in Barmherzigkeit die Rede ist. Wir können den Weg nicht begehen, ohne daß wir dabei mit diesen zwei Seiten zu tun haben. Wir brauchen zwei Seiten, damit wir auf Kurs bleiben. Konkreter gesagt: Wachstum in wahrhaftiger Einsicht ist mit Wachstum in Mitmenschlichkeit eng verbunden. Und andersherum: Wahrhaftige Sanftmut vermag nichts anderes, als uns Einsicht zu schenken. Warum ist dies so? Schlechthin deshalb, weil Barmherzigkeit einen Menschen dazu bringt, sich der Wirklichkeit zuzuwenden, und weil wir alles, dem wir uns zuwenden, besser als dasjenige anschauen können, von dem wir uns abwenden oder von dem wir fern bleiben wollen. Und auch umgekehrt: Einsicht führt zu Verständnis und Verständnis zu Barmherzigkeit. „Alles verstehen ist alles vergeben", sagt man gelegentlich. Es ist ganz auffällig, daß wir in den großen religiösen Traditionen immer ein Betonen dieser beiden Aspekte – Einsicht und Erbarmen – vorfinden, jedoch nicht als

Gegensätzlichkeit. Unser Handeln und unsere Geisteshaltung wirken ja andauernd aufeinander ein. Wir können nicht das eine ohne das andere oder beides nacheinander praktizieren.

Trotzdem gibt es manche Praktizierende, die Einsicht und Barmherzigkeit gelegentlich als Gegensätze auslegen und sogar manchmal gegeneinander ausspielen, als hätten wir es mit zwei voneinander getrennten Wegen zu tun – mit einem rein „geistlichen" Weg, dem Weg der Einsicht, und dem gegenüber mit einem praktischen Weg, dem der Barmherzigkeit, Nächstenliebe, Wohltätigkeit. Manchmal verbindet man beide Wege durch die Vorstellung einer *vertikalen* (auf Gott gerichteten) und einer *horizontalen* (auf den Menschen gerichteten) Religiosität. Gesellschaftliches Engagement, die Arbeit für eine bewohnbare Welt, werden dann von der Transformation unseres profanen Wirklichkeitserlebens losgelöst – und dadurch einer anderen Ebene zugeordnet. Im günstigsten Fall fordert man den Praktizierenden dazu auf, zu versuchen, diese zwei verschiedenen Dimensionen in einer Art Gleichgewicht zu halten. An anderer Stelle (De Wit, Kontemplative Psychologie, S. 64, 173 u. f.) habe ich ausführlich erörtert, daß das Bild der zwei senkrecht aufeinander stehenden Dimensionen einen gar nicht vorhandenen Gegensatz suggeriert. Die Linien stehen nicht senkrecht aufeinander, sondern laufen parallel. Über diesen Gegensatz hat auch Prof. Kuitert noch ein paar beherzigenswerte Bemerkungen gemacht, nämlich daß die christliche Tradition *aus dem Gleis gerät*, wenn sie über die „grundlegende Frage, in welche Perspektive die Arbeit an der Bewohnbarkeit unserer Welt eingeordnet wird", hinweggeht (Kuitert, 1992, S. 227).

Gerade das Zusammengehen von Einsicht und Nächstenliebe befähigt uns, in Augenblicken, in denen wir handeln und eingreifen müssen, es auch effektiv zu tun, auch wenn die Einmischung schmerzhaft ist und dadurch vielleicht ein paar Tränen fließen werden. Wenn wir versuchen, diese beiden Seiten unabhängig voneinander zu pflegen, dann laufen wir Gefahr, sowohl *kurzsichtige Barmherzigkeit* als auch eine *hartherzige Einsicht* zu entwickeln. Wenn wir aus kurzsichtiger Barmherzigkeit oder *blindem Mitleid*, wie es in der buddhistischen Überlieferung heißt, handeln, dann helfen wir Menschen oft nur vom Regen in die Traufe. Wir verhalten uns dann vielleicht sehr freundlich und großzügig, aber wir tun es in den falschen Augenblicken, so daß dadurch eher Leiden entsteht, als daß dadurch dem Leiden vorgebeugt wird. Hartherzige Einsicht ermöglicht uns vielleicht, die Unzulänglichkeiten, Sünden etc. bei uns selbst und bei anderen scharf herauszuarbeiten, aber wir sind nicht imstande, in einer sorgfältigen und barmherzigen Art und Weise damit umzugehen, die diese Unzulänglichkeiten auftauen läßt. Statt dessen verstricken wir uns in einen immer aggressiver werdenden Kampf gegen *das Böse* in uns selbst und in anderen. Es heißt Öl ins Feuer gießen. Einsicht ohne Erbarmen ist wie ein scharfes Schwert, das von einer rücksichtslosen Hand geführt wird.

Wenn auch Barmherzigkeit und Einsicht sich gleichermaßen entwickeln, wie die zwei Fahrbahnen parallel miteinander gleichauf laufen, gibt es doch einen Unterschied zwischen den beiden: Einsicht ist eine Qualität, die in unserem Geist wächst und für andere in gewissem Sinne verhüllt bleibt. Das Heranreifen an Barmherzigkeit oder Erbarmen ist jedoch für andere bereits sichtbar. Durch das sichtbare Wachstum kann man indirekt wahrnehmen, ob das verhüllte Wachstum an Einsicht real oder illusorisch ist. An den Früchten erkennt man den Baum. Wirksame Wohltätigkeit ist die sichtbare Frucht einer verborgenen Blüte, und zu gleicher Zeit ist diese Frucht der Keim, aus dem die verborgene Blüte entspringt.

Der Weg als ein sich änderndes Wirklichkeitserleben

Einer der Aspekte der Weg-Metapher, den ich oben erwähnte, ist die sich immer wandelnde Blickrichtung auf die Landschaft. Natürlich verändert sich nicht nur unsere Perspektive. Auch in der Landschaft selber geschehen Veränderungen, ob wir auf dem Weg sind oder nicht. Die Landschaft steht dann als Metapher für die Ereignisse in unserem Leben, für die sich kontinuierlich verändernden Situationen, in denen wir uns befinden. Wir haben es also mit zwei Arten der Veränderlichkeit zu tun: Die (von außen wahrnehmbare) Veränderlichkeit unserer konkreten Lebenssituation und die (inwendige) Veränderlichkeit unserer sich verschiebenden Blickrichtung darauf.

Die kontemplativen Traditionen haben vorrangig ihre Aufmerksamkeit auf die sich verschiebende Blickrichtung auf unsere Lebensumstände gerichtet. Diese Perspektive bestimmt ja, wie wir die Ereignisse unseres Lebens *erleben*, während die Perspektiven nicht festgelegt sind. Die Perspektive und auch die Art und Weise, wie sie sich verschiebt, sind für jeden einzelnen verschieden. Wenn zwei Menschen an dem gleichen Ereignis beteiligt sind, dann erlebt jeder das auf seine eigene Art und Weise. Diese Gegebenheit ist nicht neu. An diese Gegebenheit verschwenden wir dann auch keine philosophischen Betrachtungen. Wir alle kennen es aus unserer Alltagserfahrung, auch wenn wir dann noch nicht wissen, wie *weitreichend* diese Gegebenheit von Augenblick zu Augenblick für unser Leben ist.

Wenn wir uns jetzt die Frage stellen, *was* da eigentlich „auf dem Weg reist", dann könnten wir sagen, daß unser *Wirklichkeitserleben* unterwegs ist. Diese Ansicht ist eine wesentliche intuitive Einsicht der kontemplativen Psychologie. Die Zusammensetzung des Wortes „Wirklichkeitserleben" ist ein sehr geeigneter Ausdruck für die kontemplative Psychologie, gerade weil der Wortteil „Erleben" die subjektive Seite unserer Erfahrung beleuchtet und der Wortteil „Wirklichkeit" die objektive Seite nachdrücklich hervorhebt. Die Kombination dieses Wortes bedeutet, daß das, was wir als Wirklichkeit erleben, etwas *Subjektives* ist, das aber als etwas *Objektives* erfahren wird. Genau betrachtet, ist die Wirklichkeit, in der wir leben, eigentlich die Wirklichkeit, wie wir sie *persönlich* erleben. Die Wirklichkeit *bezieht sich immer nur auf uns selbst*, auch wenn wir diese Tatsache in der Routine unseres Lebens regelmäßig aus dem Auge verlieren. Wir erleben unsere Situation dann auch, als ob sie nicht relativ, sondern *absolut* wäre. Absolut in dem Sinn: von uns selbst abgetrennt und objektiv. Folglich können wir statt des Wortes „Wirklichkeitserleben" auch Ausdrücke wie *relative, subjektive* oder *persönliche* (im Sinne von: *personengebundene) Wirklichkeit* anwenden. Auch wenn wir unsere persönliche Wirklichkeit in Worte fassen und anderen Menschen weitergeben, entsteht zwar ein intersubjektives Wirklichkeitserleben, an dem Menschen beteiligt sind, aber es bleibt personengebunden und in dieser Hinsicht auch relativ.

Für viele Menschen – darunter auch Philosophen und Psychologen – ist diese Geschichte damit zu Ende. Sie betrachten die unverkennbare Relativität unseres Wirklichkeitserlebens als eine Tatsache, an der nicht weiter zu rütteln ist. „Jede Erfahrung ist eine gedeutete Erfahrung" lautet dann die Schlußfolgerung. Mit anderen Worten gesagt: Daß wir in einer relativen Wirklichkeit leben, ist in ihrem eigenen Wirklichkeitserleben eine absolute Gewißheit, eine unverrückbare Gegebenheit geworden. Höchstens könnten wir versuchen, die relative Wirklichkeit des anderen einigermaßen zu verstehen, mittels *Hermeneutik* zu begreifen (Hermeneutik ist die Kunst der Auslegung, des Interpretierens oder Deutens.). Die Möglichkeit, daß es einen Standpunkt oder, besser gesagt, einen *mentalen Raum* gibt, in dem unser Wirklichkeitserleben völlig enthüllt ist, so daß ihre Relativität bis ins Detail und auf der Stelle sichtbar ist, diese Möglichkeit erkennt man nur selten (s. z. B. Duintjer, 1988). Auch die Möglichkeit einer Geistesentwicklung, die es uns ermöglicht, den Umfang und die konkrete Auswirkung dieser Relativität in unserem persönlichen Leben zu erkennen und zu überwinden, rückt dadurch aus unserem Gesichtskreis.

Darin liegt dann auch der entscheidende Unterschied zu den kontemplativen Traditionen. Die kontemplativen Traditionen erkennen nicht nur die

Relativität an, sondern sie verkünden auch, daß der Mensch das Unterscheidungsvermögen besitzt und entwickeln kann, damit er die Wirkungen völlig zu entdecken und zu beseitigen vermag. Für die kontemplativen Traditionen bedeutet diese Relativität also keine *absolute* Gegebenheit, mit der wir uns bloß besser abfinden müßten, sondern eine *faktische* Gegebenheit, charakteristisch für den verblendeten Menschen. Sehr viele Disziplinen des kontemplativen Lebens sind auch darauf gerichtet, eine *Klarheit des Geistes* zu entwickeln. Diese ermöglicht es uns, das „Wie" und „Wo" der Relativität in unserem Wirklichkeitserleben aufzustöbern, zu erfahren und zu überwinden. Das Anerkennen der Relativität führt hier auch nicht zu einer „weltklugen" Mutlosigkeit und macht auch nicht Halt vor einem intellektuellen Relativismus, sondern es bedeutet einen Anreiz, den kontemplativen Weg zu gehen.

Wirklichkeitserleben auf unserem Lebensweg

Der Ausdruck *Wirklichkeitserleben* hört sich vielleicht noch theoretisch an. Darum möchte ich versuchen, diesen Begriff mit ein paar konkreten Beispielen zu erläutern. Hierzu können wir in unserer Erinnerung zu einer früheren Phase unseres Lebensweges zurückgehen, z. B. in unsere Jugendzeit. Wenn wir unser kindhaftes Wirklichkeitserleben, soweit wir uns wenigstens erinnern können, anschauen, dann gab es da immer bestimmte Aspekte, die unserem Erleben seinen Wirklichkeitscharakter verliehen. Vertraute und bekannte (nicht notwendig angenehme) Aspekte, die eine Art von Halt für unser kindhaftes Wirklichkeitserleben bedeuteten: Der Geruch unseres Hauses, bestimmte kleine Ecken im Zimmer, in dem wir gespielt haben, vielleicht die Flügeltüren zum Garten, bestimmte Gegenstände wie eine große Vase mit Sonnenblumen auf der Anrichte oder Mamas Knopfdose und natürlich unser wohlbekanntes Spielzeug. Es gab vielleicht auch unseren Teddy, der mit uns ins Bett ging, und *last but not least* unsere Eltern selber, den Klang ihrer Stimmen, die Art und Weise, wie sie sich bewegten und uns an der Hand gehalten haben. Und um dies alles herum die unmittelbare Umgebung der Wohnung mit dem Gehsteig als Grenze, die wir nicht ohne Begleitung übertreten durften. Diese Aspekte bildeten insgesamt die Wirklichkeit, in der wir damals lebten. Manche waren so bedeutsam für uns, daß unsere Wirklichkeit eingestürzt wäre, wenn sie verschwunden wären. Diese unterstützenden Elemente bildeten dann auch das Objekt unserer Ängste und Freuden, unserer Hoffnung und unserer Befürchtungen. Wenn Papa oder Mama zu lange von zu Hause wegblieben, konnte uns manchmal der Schrecken in die Knochen fahren vor lauter Angst, daß sie niemals wiederkommen würden. Wir fühlten uns dann in unserer Existenz bedroht. Oder wenn uns der Teddy abhanden gekommen war, konnten wir nicht einschlafen. Alle diese zum Kind gehörenden Sicherheiten und Unsicherheiten bildeten gemeinsam die Erfahrungswelt, die wir als wirklich erlebt haben, nämlich unser kindhaftes Wirklichkeitserleben.

Schauen wir es anhand eines klassisch niederländischen Beispiels noch mal an. Wie die meisten niederländischen Kinder habe ich an „Sinterklaas" (Sankt Nikolaus) und „Zwarte Piet" (seinen Knecht Ruprecht) geglaubt. Und diese Gegebenheit verursachte rund um den 5. Dezember ein bestimmtes Erleben meiner Wirklichkeit. Alles wurde davon durchdrungen, und alles stand in diesem Zeichen. Jetzt existiert dies kindhafte Wirklichkeitserleben für mich nicht mehr, weil ich nicht mehr daran glaube. Ich bin nicht mehr von diesen beiden beeindruckt, weil mir bewußt geworden ist, daß sie kostümierte Menschen sind. Mein Bewußtsein der Wirklichkeit in bezug auf das, was real und irreal ist, hat sich geändert. Die Existenz dieser kostümierten Menschen ist viel realer als die Existenz Sankt Nikolaus' und Ruprechts. Zumindest in dieser Hinsicht bin ich und sind die anderen Erwachsenen realistischer geworden, und es zeigt sich in unserem Verhalten gegenüber Sankt Nikolaus und Ruprecht, wenn wir das Spiel nicht mehr mitspielen wollen.

Die Frage der kontemplativen Psychologie heißt dann natürlich: Wie viele Nikolaus- und Ruprechtgestalten hegen und pflegen wir im übertragenen Sinn? Vielleicht denken wir, daß eigentlich jeder Tag der 5. Dezember ist, jedesmal mit anderen, aber genauso mächtigen Illusionen wie denjenigen, die in unserem kindhaften Wirklichkeitserleben rund um den 5. Dezember eine Rolle gespielt haben, nämlich: Illusionen über Geburt, Erziehung, Zusammenleben, Krankheit, Alter und Tod. Und nicht zu vergessen: Illusionen über uns selbst. Auch die Tatsache, daß jemand ein wissenschaftlich gebildeter Psychologe, Theologe oder Philosoph ist, ist keine Garantie dafür, daß er in seinem alltäglichen Leben (einschließlich des Berufslebens) nicht so manchen Illusionen verhaftet ist. Illusionen, die unser Wirklichkeitserleben bestimmen, verbunden mit allen emotionalen Reaktionen und Verhaltensweisen, die in ihrem Kielwasser mittreiben.

Auf jeden Fall wissen wir, daß die Welt unserer Kinderzeit vergangen ist. Wir leben nicht mehr in ihr. Aber trotzdem, als diese Welt noch existierte, war sie für uns uneingeschränkt wirklich, konkret und wahr. Wenn wir jetzt zurückblicken, sind wir uns ohne Mühe der Tatsache bewußt, daß es eine *relative Wirklichkeit* gewesen ist, bezogen auf unseren kindhaften

Erlebnismodus. Die Elemente, an denen wir uns festklammerten, damit wir unser Gefühl für die Wirklichkeit aufrecht erhalten konnten, besitzen jetzt für uns nicht länger diese Bedeutung. Unser Teddy beruhigt uns nicht mehr, und die Hand unserer Mutter ist schon längst durch andere Formen des Haltes ersetzt worden. Auch wenn wir auf unsere Pubertät oder unsere Adoleszenz zurückblicken, dann sehen wir, daß sich die stützenden Elemente, die Bausteine unseres Wirklichkeitserlebens, immer verändert haben. Auch diese Wirklichkeit war eine relative.

Und das Ende dieser Entwicklung ist natürlich noch nicht abzusehen: Was wir jetzt als wirklich erfahren, wird sich irgendwann wieder verflüchtigen. Dann wird es wieder andere Aspekte geben, auf die wir unser Gefühl der Wirklichkeit zurückführen. Auch die Wirklichkeit, in der wir jetzt von einem Tag auf den anderen leben, ist auf die Weise des Erlebens bezogen, die uns *jetzt* eigen ist. Das Problem besteht darin, daß wir jetzt schwer einzusehen vermögen, wo diese Relativität genau steckt und *wie umfassend* sie ist.

Das Wirklichkeitserleben auf dem kontemplativen Weg

Warum sind die oben genannten Beispiele, die die Relativität unseres Wirklichkeitserlebens auf unserem Lebensweg veranschaulichen, so wichtig? Diese Relativität wird auf dem kontemplativen Weg zur Sprache gebracht. Gerade deshalb interessieren sich die kontemplativen Traditionen für die Entwicklung unseres Wirklichkeitserlebens. Aber es handelt sich dabei nicht um die Umformung unseres kindhaften Wirklichkeitserlebens in eine mehr erwachsene Form. Es handelt sich darum, daß unser Wirklichkeitserleben sich in eine Richtung entwickeln könnte, die uns geistig vertrocknen läßt. In eine Richtung, die uns hartherzig und abwehrend macht, die Kurzsichtigkeit und Lebensangst wachsen läßt und durch die endloses Leid für uns selbst und unsere Mitmenschen verursacht wird. In den kontemplativen Traditionen handelt es sich aber darum, daß wir uns auch in die entgegengesetzte Richtung entwickeln können, nämlich in die Richtung einer inneren Blüte, deren sichtbare Früchte in unserem Handeln und Reden gerade diejenigen sind, welche die kontemplativen Traditionen zur Reife zu bringen versuchen. Wenn wir in diese Richtung gehen – im Kontext einer religiösen Tradition oder nicht –, dann befinden wir uns auf dem Weg des kontemplativen Lebens.

In der Ausdrucksform des kontemplativen Lebens handelt es sich hier um das Transformieren unseres *profanen Wirklichkeitserlebens* zu einem *sakralen Wirklichkeitserleben.* Diese Entwicklung wird in vielen Traditionen ein *fortschreitendes Bekehren* genannt. Diese Umformung bezeichnet man als eine Transformation von einer *materialistischen* zu einer *spirituellen* Einstellung zum Leben. In einer philosophischen Ausdrucksform spricht man auch manchmal von *Schein* und *Sein*, oder wie Lacan von dem *Imaginären* (L'imaginaire) und dem *Wirklichen* (Le réel). Es ist die Wesensart des Scheins, daß er sich für das „Sein" ausgibt (siehe hierzu z.B. Ysseling, 1990). Die diesbezügliche kontemplative Transformation bedeutet, daß wir uns vom *Schein* befreien, also von Einbildung, Selbstbetrug und Illusionen (siehe auch Burms, 1990), indem wir lernen, sie als das zu betrachten, was sie wirklich sind.

Wieder eine andere – philosophische wie kontemplative – Ausdrucksweise ist eine, in der die Termini *relative Wirklichkeit* und *absolute Wirklichkeit* oder schlechthin *das Relative* und *das Absolute* benutzt werden. Das Weitergehen auf dem Weg bedeutet dann, daß wir unsere relative Wirklichkeit als solche erkennen und loszulassen lernen. Dadurch geraten wir schrittweise immer mehr in eine *absolute Wirklichkeit.* In psychologischen Termini sprechen wir über *egozentrisches Wirklichkeitserleben* und über *egoloses Wirklichkeitserleben.* Diese Termini wenden wir auch im kontemplativen Sinn an: Wir können unser egozentrisches Wirklichkeitserleben nur dann als solches erkennen, wenn wir es von einer egolosen Perspektive aus betrachten.

Allerdings könnte von allen diesen Ausdruckspaaren leicht die Suggestion ausgehen, daß wir das eine verlassen und das andere erreichen sollten. Aber eigentlich gehen wir nicht irgendwohin. Im *kontemplativen Sinn* bezeichnen diese Ausdruckspaare dann auch nicht zwei getrennte Bereiche. Sie bilden keinen Gegensatz, sondern sie sind vielmehr für einander *komplementär.* Sie bedingen einander ebenso, wie z.B. Derrida es hinsichtlich des Begriffspaares „Behagen" und „Unbehagen" beschreibt (Bennington & Derrida, 1992, S. 132–133). Auch das *Relative* und das *Absolute, Schein* und *Wirklichkeit* sind also, wie auch in der Madhyamika-Philosophie des Buddhismus (siehe z.B. Inada, 1970) gesagt wird, *relative Begriffe.* Das ist eine typisch kontemplative Einsicht, und deswegen ist es wichtig zu wissen, was mit der Transformation unserer relativen Wirklichkeit in eine absolute Wirklichkeit gemeint ist. Man meint damit, daß unser Wirklichkeitserleben, das uns anfangs als absolute Wirklichkeit *erschien*, sich später als die relative Wirklichkeit erweist. Und die typisch kontemplative Wendung ist dann (siehe auch De Wit 1991, S. 52): In dem Moment, in dem wir unsere relative Wirklichkeit nicht länger als die absolute Wirklichkeit betrachten, sondern sie sehen, wie sie ist – in diesem

Augenblick leben wir gerade in der absoluten Wirklichkeit. Die oben genannten Ausdruckspaare verweisen also *nicht auf zwei getrennte Wirklichkeiten*, sondern auf dieselbe Wirklichkeit, die von zwei verschiedenen Perspektiven aus betrachtet wird. Die verborgene Blüte führt zu einer Veränderung der Perspektive. Die Übung der kontemplativen Disziplinen ist darauf gerichtet, diese Veränderung zu bewirken.

Welche Termini wir auch immer für die geistige Transformation, den Angelpunkt der kontemplativen Traditionen, anwenden, sie benennen immer einen Wandel, der in unserem Erleben der konkreten Ereignisse unseres Lebens stattfindet; einen Wandel, der unsere grundlegende Menschlichkeit *zur Blüte* bringt. Die Vorstellung der aufeinanderfolgenden Stadien, die von der Metapher des Weges suggeriert wird, bedeutet also *eine Aufeinanderfolge der unterschiedlichen Formen des Wirklichkeitserlebens*, die uns immer weiter von der Entwicklung wegführen, die auf unsere Lebensfreude, unsere Barmherzigkeit und Klarheit des Geistes erstickend wirkt.

Solch eine kontemplative Entwicklung ist selbstverständlich nichts Geringes. Denn unser Wirklichkeitserleben umfaßt doch *alle* Aspekten unseres Lebens. Es umfaßt unser Gefühlsleben, unsere Gedankenwelt, unsere Erwartungen und Erinnerungen, unsere geistigen Werte, unser Selbstbild, Menschenbild, Weltbild und Gottesbild. Alle diese inneren Aspekte gehören ebenso dazu wie auch unsere äußeren Lebensumstände. Und weil wir unser Wirklichkeitserleben als etwas Reales erfahren, erscheint uns das Loslassen dieses Erlebens wie das Loslassen der Wirklichkeit selber, wie eine Form des geistigen Selbstmordes, der nur noch zu unserem Untergang oder zur Psychose führen kann. Darum neigen wir oft dazu, eher unsere äußeren Umstände als deren Erlebensmodus zu verändern. Wir sind dann eher dazu geneigt, die Objekte unserer Aggression oder Habgier zu vernichten bzw. zu erwerben, als unsere Aggression oder Habgier aufzugeben. Dies erscheint uns dann als die einzige Möglichkeit, unser Leben weiter zu leben. Aber das führt zumeist dazu, daß wir uns jahrelang an bestimmten Erlebensmodi festklammern, selbst wenn wir es mit dem Verstand schon besser wissen und begreifen, daß dieser Erlebensmodus uns selbst oder anderen schadet. Die Kraft oder die Motivation, um dieses destruktive Wirklichkeitserleben loszulassen, fehlt uns oft, gerade weil wir nicht imstande sind, seinen illusorischen, relativen Charakter zu durchschauen.

Wie schon vorher gesagt wurde, handelt es sich für die kontemplativen Traditionen primär um die Transformation unseres Wirklichkeitserlebens und nicht um die Transformation der Wirklichkeit selber. Beide stehen für sich, und sie beziehen sich aufeinander. Damit ist folgendes gemeint. Je transparenter unsere Perspektive auf unsere Wirklichkeit wird, desto mehr geistige Freiheit entwickeln wir, mit unseren Umständen umzugehen. In dieser Freiheit ist ein Element zunehmender Selbstlosigkeit eingeschlossen. Denn auch unsere Wünsche, Bedürfnisse und Interessen sind transparenter geworden. Auf diese Art und Weise entsteht Raum, in dem wir uns unseren Lebensumständen weniger zwanghaft und unbefangener stellen können. Diese selbstlose Unbefangenheit öffnet Möglichkeiten.

Möglichkeiten wozu? Es sind die Möglichkeiten, etwas an unserer Wirklichkeit zum Wohlergehen aller zu verändern. Auf diese Art und Weise manifestiert sich die *Unbefangenheit* in der Welt als *Anteilnahme*. Je weniger wir der Welt zugehören, desto mehr sind wir in der Lage, in der Welt etwas Heilsames zustande zu bringen. Es bedeutet auch, daß unsere kontemplative Entwicklung immer weniger durch das, was uns *passiert*, sondern vielmehr durch unseren unbefangenen *Umgang* damit vorgezeichnet wird.

Trotzdem bleibt es wahr, daß Lebensumstände, gerade während der kontemplativen Entwicklung zu Unbefangenheit, sowohl hilfreich als auch störend sein können. Wir sollten vor dieser Tatsache nicht unsere Augen schließen. Und die kontemplativen Traditionen tun dies denn auch nicht. Ebenso wie eine Mutter nicht versuchen wird, ihrem neugeborenen Baby das Laufen beizubringen, so wird ein fähiger Mentor von seinem neuen Schüler nicht das Unmögliche verlangen. Diese Art von Erwägungen definieren die konkrete Form der Begleitung auf dem Weg. Die Entwicklung jedoch, auf die der Weg verweist, führt schließlich zu einer bedingungslosen Lebensweisheit und Barmherzigkeit, zu einer Form der Weisheit und Mitmenschlichkeit, die sich frei manifestieren kann und die *ungeachtet der Umstände immer fruchtbar ist*. Keine wankelmütige Weisheit, keine eingeschränkte Barmherzigkeit, sondern eine, die sich durch die Umstände nicht aus dem Feld schlagen läßt und die gerade durch diese wachgerufen wird und Wirkung zeitigt.

Der Strom der Erfahrung

Im nächsten Kapitel wollen wir die kontemplativ-psychologischen Merkmale eines profanen bzw. spirituellen Wirklichkeitserlebens erforschen. Und dann werden wir natürlich auch betrachten, wie das eine Wirklichkeitserleben sich aus dem anderen entwickeln kann. Diese Fragen sind von elementarer Wichtigkeit. Weil wir *von* wie auch *in* unserem

Wirklichkeitserleben handeln und sprechen, sind die Folgen für uns selbst, für unsere Mitmenschen und für unsere Umgebung weitreichend. Aber dem geht noch eine ganz praktische Frage voraus, nämlich: Wie kommt unser (sich immer veränderndes) Wirklichkeitserleben – gleich, ob es profaner oder spiritueller Natur ist – tatsächlich von Augenblick zu Augenblick zustande?

Die Antwort auf diese Frage entspringt in den kontemplativen Traditionen nicht einer theologischen oder philosophischen Sichtweise, sondern der in der Praxis der Kontemplation gewonnenen Erkenntnis. Diese Antwort beginnt bei einer sehr konkreten Wahrnehmung, nämlich: Die Form oder der Inhalt unseres Wirklichkeitserlebens kommt durch die Zusammenarbeit von sechs Erfahrungsquellen zustande. Von diesen sechs Quellen sind fünf mit unseren Sinnesorganen verbunden. Diese fünf stellen gemeinsam den Strom der *sinnlichen Erfahrung* dar. Die sechste Quelle, die wir unseren Geist oder unsere Psyche nennen können, gibt den Strom unserer *mentalen Erfahrung* her.

Was wir hören, sehen, riechen, schmecken oder physisch fühlen, alle diese sinnlichen Erfahrungen vermischen sich von Moment zu Moment mit unserer mentalen Erfahrung, das heißt mit dem, was wir denken, meinen, fühlen, wollen, mit unserer Hoffnung und Furcht, mit unseren Erinnerungen und Phantasien, unserer Einbildung und mit allem anderen, das wir in Betracht ziehen können und das uns durch den Kopf geht. Diese sechs Ströme der Erfahrung fügen sich kontinuierlich zu unserem momentanen Wirklichkeitserleben zusammen, ohne daß wir uns bewußt sind, welcher Anteil aus welcher Quelle hervorgeht. So entsteht eine illusorische Wirklichkeit, die wir nicht mehr als solche erkennen (siehe auch Kaufmann, 1971).

Zum Beispiel: Wenn wir das *Geräusch* eines Autos hören, dann haben wir oft *die Erfahrung*, daß ein Auto vorbeifährt. Faktisch hören wir nur das Geräusch, aber wir ergänzen es mental mit dem Bild eines Autos. Dies mentale Bild kann so kräftig sein – zum Beispiel wenn wir das Geräusch als das eines Lkw erkennen –, daß es fast so ist, als ob wir den Wagen auch wirklich vorbeifahren *sehen*, obwohl es tatsächlich nur das Motorgeräusch gibt. Genauso kann sich der mentale Strom, ohne daß wir uns dessen bewußt sind, mit den sinnlichen Strömen vermischen: „Selbst das Sehen eines Bekannten, dieser so einfache Vorgang, bedeutet zum Teil eine geistige Aktivität. Wir statten die physische Erscheinung des Menschen, den wir sehen, mit all den Vorstellungen aus, die wir von ihm haben, und in dem Gesamtbild, das wir uns machen, spielen diese Vorstellungen sicherlich die Hauptrolle. Sie füllen schließlich so vollkommen die Wangen aus, sie halten sich so eng an die Linie der Nase, sie verstehen es so gut, dem Klange der Stimme eine Nuance zu geben, als ob sie nur eine durchsichtige Hülle wäre, so daß es jedesmal, wenn wir dieses Gesicht sehen und diese Stimme hören, eben jene Vorstellungen sind, die wir wiederfinden und auf die wir horchen." (Proust, 1981, S. 32–33)

Den Strom der mentalen Ereignisse können wir gut wahrnehmen, wenn wir den Strom der sinnlichen Erfahrung gleichbleibend halten, zum Beispiel wenn wir eine physisch monotone Arbeit erledigen oder wenn wir stillsitzen, so daß die Lage unseres Körpers und unserer Sinnesorgane mehr oder weniger gleichbleibend und ruhig ist. Was sich dann lediglich noch bewegt, ist unser Gedankenfluß, und dies gibt uns die Gelegenheit, diesen Strom mehr oder weniger *in vacuo* zu betrachten. Und dadurch können wir etwas lernen, nämlich das, was unser Geist kontinuierlich auf die Bühne bringt und wie dies an dem Entstehen unseres Wirklichkeitserlebens mitwirkt. Die Möglichkeiten, auf diese Art und Weise zu lernen, bilden dann auch die Basis vieler kontemplativer Disziplinen oder geistiger Übungen. In den Kapiteln 7 und 8 wollen wir darauf zurückkommen.

Eine Metapher: Der Film der Erfahrung

Was wir mit dem Terminus ‚Wirklichkeitserleben' meinen, können wir am Beispiel eines Films veranschaulichen. Wenn wir einen Film anschauen, gleitet ein visueller Strom von Bildern und beinahe immer auch ein auditiver Strom von Stimmen und Geräuschen, oft auch von Musik, an uns vorbei. In dem Maße, wie wir uns am Film beteiligen, durch ihn gefesselt werden – angenommen, daß der Film gut gemacht ist und uns ergreift –, unterscheiden wir diese Ströme nicht mehr voneinander, und gerade durch diese Tatsache entfaltet sich eine Wirklichkeit, in der wir anfangen, anderthalb Stunden zu leben. Der Filmregisseur hatte während der Aufnahme diese Erfahrungsströme getrennt gesehen. Seine Kunst besteht gerade darin, daß er diese Ströme derartig miteinander zusammenfließen läßt, daß sie für den Zuschauer wie ein einziges Wirklichkeitserleben wirken. Er weiß z. B., daß das Bild eines uralten, kleinen Autos, das langsam auf einem beschatteten Weg in die Richtung eines verlassenen Landhauses fährt, durch Hinzufügung verschiedener Arten Musik entweder den Anfang eines komischen oder eines Horrorfilmes darstellen kann. Durch seine Kunst ist er imstande, uns vergessen zu lassen, daß wir in einem Saal mit anderen Menschen sitzen, daß wir den Klängen lauschen und bewegende Bilder anschauen. Er ist in der Lage, in uns eine bestimmte Art des *Unterschei-*

dungsvermögens außer Kraft zu setzen, und wir als Zuschauer sind nur all-zu gerne bereit mitzugehen, denn wir wollen unsere Eintrittskarte nicht umsonst bezahlt haben: Wir wollen ‚gefesselt' werden. Gerade weil der Regisseur sein eigenes Unterscheidungsvermögen anwendet, ist er imstan-de, unser Unterscheidungsvermögen hinters Licht zu führen. Er kennt die mentale Wirkung, die der Zuschauer den angebotenen visuellen und audi-tiven Eindrücken beimißt, und er weiß sie derart aneinanderzufügen, daß der Zuschauer sie wie eine ganzheitliche Wirklichkeit erlebt.

Auf annähernd diese Art läuft es bei unseren sechs Quellen oder sechs Strömen der Erfahrung ab. Unsere sinnliche Erfahrung, das, was über unsere Sinnesorgane zu uns kommt, fließt zusammen und vermischt sich mit den Daten aus unserer mentalen Quelle. Anders als bei dem Herstellen eines Filmes sind wir unser eigener Regisseur und Zuschauer zugleich. Außerdem ereignet sich das Herstellen und das Wahrnehmen des Produktes hier mehr oder weniger im selben Moment. Der Film wird nicht vorher in einem Studio gedreht, sondern mehr oder weniger auf der Stelle mit dem vorhandenen Material improvisiert. Schon geht der ‚Regisseur', auch in diesem Fall kaum sichtbar und schnell, so sehr seinen eigenen Weg, daß wir uns seiner Tätigkeit nur ganz selten bewußt werden. Wir sind durch unser selbstgebasteltes Wirklichkeitserleben zu sehr gefesselt oder gefan-gen, als daß wir für unseren eigenen Regisseur ein Auge haben können. Denn der Raum oder die Distanz (griechisch: *anachorese*), aus der wir den Regisseur in seiner Aktivität wahrnehmen können, fehlt uns. Um es kon-kret zu sagen: Die dazu benötigte Aufmerksamkeit oder das Unter-scheidungsvermögen, das man dafür benötigt (siehe dafür Kapitel 8), funk-tioniert nicht.

Der Gedankenstrom als innerer Reporter

Auch wenn wir in unserem Wirklichkeitserleben befangen sind und die Distanz, die Unbefangenheit vermissen, so können wir die Wirkung einer anderen Art der Distanz erfahren, nämlich die Distanz intellektueller oder begrifflicher Art. Diese Art der Distanz bringt uns allerdings keine Unbefangenheit, sondern sie bindet uns noch stärker in unseren mentalen Strom ein. Die Art der Distanz, auf die wir jetzt abzielen, wird durch den inneren Kommentar geschaffen, der uns meist bei unseren Erlebnissen begleitet. Scheinbar ist in unserem Geist ein ‚innerer Reporter' tätig, der uns erzählt und erklärt, was wir sehen, hören und weiter erfahren. In der Psychotherapie wendet man heutzutage auch den Terminus ‚Selbstsprache' an. Wenn wir bei der Metapher des Filmes bleiben, könnten wir sagen: Wir erleben die Wirklichkeit wie einen Dokumentarfilm oder wie eine Nachrichtensendung, wobei es eine Stimme oder Untertitel gibt, die unsere Erfahrungen von einer distanzierten Position aus erläutern.

Diesen inneren Reporter kennen wir alle sehr gut; er oder sie hat fast ununterbrochen das Wort, informiert, beurteilt, warnt und liest uns die Leviten. Er redet uns mal mahnend, dann wieder aufmunternd zu. Und dies alles mit einer Dringlichkeit, als würde er unsere Interessen wahren. Bald ist er aktiv und bezieht sich auf die Situation, in der wir uns tatsächlich befinden, bald bezieht er sich auf Situationen, in denen wir uns *nicht* befinden, mögliche wie unmögliche Situationen, zukünftig erwartete wie vergangene Situationen. Dieser sogenannte Reporter ist natürlich eine Metapher für den inneren Kommentar, der in der Form eines fortdauernden Gedankenstroms vom frühen Morgen bis zum späten Abend (und sogar in unseren Träumen) unseren Geist erfüllt. Es ist dieser Kommentar, es sind „jene Vorstellungen, die wir wiederfinden und auf die wir horchen" (Proust, 1981, S. 32).

Diese Distanz, die in der Form eines inneren Kommentars über unsere aktuelle Erfahrung scheinbar durch einen mentalen Strom erhalten wird, ist aber eine Scheindistanz, weil sie – ungeachtet dessen Inhalt – *in unsere augenblickliche Situation eingebettet ist*. Auch wenn dieser Kommentar unsere vergangene, heutige oder zukünftige Situation *zum Thema* hat (siehe Kapitel 4), gehört er immer zu unserem aktuellen Erfahrungsstrom und färbt ihn zur gleichen Zeit. Er verleiht – in der Form der scheinbar distanzierten Untertitel bei weiteren Erfahrungen – unserem Wirklichkeitserleben gerade seinen subjektiven Charakter. Für den einen Menschen dürfte eine bestimmte Situation durch den Kommentar ein Anlaß zu Gereiztheit sein, während dieselbe Situation für einen anderen Anlaß zu Freude bedeutet. Wenn wir jemandem gegenüber einen aggressiven inneren Kommentar am Laufen haben, dann meinen wir einen Feind wahrzunehmen. Wenn wir aber für jemanden freundliche Untertitel schaffen, meinen wir einen Freund zu sehen. Ergo sind wir der Meinung, daß dieser Feind oder Freund sich außerhalb von uns befindet und eine objektive Existenz hat. Aber derjenige, der für den einen ein Freund ist, dürfte in den Augen des anderen ein Feind sein. Schlimmer noch, auch in unserem eigenen Erleben bleibt die Bewertung nicht stabil. Wir sind kontinuierlich mit ‚Anpassung' beschäftigt. Wenn wir zum Beispiel jemanden wiederzuerkennen glauben, dann taucht in unserem Geist die ganze Geschichte auf, die wir mit dieser Person verbinden, und wir erfahren diese Person dann auch in diesem Zusammenhang. Und wir würden dieser Person auch im

Kontext von Freund oder Feind begegnen. Sie ist für uns jemand, von dem wir denken, daß er oder sie derartig *sei*. Erweist es sich dann aber, daß wir eine andere Person vor uns haben, als wir gedacht hatten, dann verändert sich unser Wirklichkeitserleben über dieselbe Person erneut.

Unmittelbare Selbsterkenntnis

Die gerade erwähnten Beispiele sind uns genügend bekannt, aber es wird schon problematischer, die Einflußnahme unseres Kommentars auf unsere Erfahrung zu definieren, wenn wir nicht jemanden in unserer Umgebung, sondern uns selbst anschauen. Auch dann taucht in unserem Geist ein gut oder schlecht dokumentierter Kommentar auf, wodurch wir uns selbst auf eine bestimmte Art und Weise ‚sehen‘ und begegnen. Die Frage ist aber: „Sind wir die, die wir zu sein denken?“ Wenn ja, dann sind wir imstande, uns selbst nie zu täuschen. Wenn nein, wie stellen wir dann fest, ob und in welchem Maß und in welchen Augenblicken wir uns täuschen? Diese Frage ist keineswegs harmlos, denn durch die Antwort ist unsere Umgangsweise mit uns selbst bedingt! Sollten wir andere fragen und sie in unsere Selbstforschung einbeziehen? Diese Aktivität könnte gewagt sein. „Ich denke, daß ich so bin, aber du denkst, daß ich anders bin. Dies kommt, *weil ich denke, daß du so geartet bist, daß du mich nicht anders sehen kannst, als ich denke, daß du mich siehst*“. Über dieses Thema könnten wir bis tief in die Nacht hinein endlose Gespräche führen, mit dem Ziel, ein gemeinsames Wirklichkeitserleben zu gestalten, in dem unser Selbstbild und unser Bild vom anderen einen zufriedenstellenden Platz haben.

Aber haben wir je *unmittelbar* uns selbst und die Aktivität unseres Geistes *betrachtet*, oder haben wir allein oder gemeinsam mit anderen nur über uns selbst *gedacht* und spekuliert und uns mit dem Ergebnis unserer Spekulationen identifiziert, mit anderen Worten: Uns identifiziert mit dem, der wir gedacht hatten zu sein? Haben wir den Kommentator – unseren Gedankenstrom – selber mal betrachtet, anstatt dem Kommentar zuzuhören und uns in dem Strom mitführen zu lassen?

Wie wirklich ist unser Wirklichkeitserleben?

Noch schwieriger wird es, wenn wir dem Einfluß unseres Gedankenstroms auf die *Totalität unserer Erfahrung* auf die Spur kommen möchten. Wie sieht unser Verhältnis zur Wirklichkeit in ihrer Totalität aus? Wie real ist unser Wirklichkeitserleben von einem Moment auf den anderen? Erleben wir die Wirklichkeit als Freund oder Feind, als bedrohlich oder angenehm, als bezwingbar oder als überwältigend? Ist sie verdorben oder heilig, und was könnte an einem solchen Erleben wahrhaftig sein? Erzählt unser Wirklichkeitserleben uns etwas über die Wirklichkeit oder über uns selbst? Oder sagt es etwas über beide aus, aber dann in welchem Umfang? Darüber tappen wir im dunkeln. Es sind jedoch wichtige Fragen, weil unser Wirklichkeitserleben auf unser Sprechen und Handeln, auf unseren konkreten Umgang mit der Welt und den Mitmenschen fortwirkt.

Das Problem liegt, wie von den kontemplativen Traditionen unermüdlich betont wird, darin, daß wir die genauen Konturen unserer *Blindheit* oder unserer *Finsternis* nicht erkennen. Es gibt durchaus in unserer Erfahrung Augenblicke, in denen wir uns ganz kurz ein wenig unserer Blindheit bewußt werden. Momente, in denen wir aus unserer Selbsttäuschung oder Illusion erwachen. Klar, die Garantie, daß wir nachher nicht abermals in einen neuen Film mit Untertiteln hineinfliegen, besitzen wir nicht. Wie viele Illusionen wir noch in Gang halten, ist uns genauso unbekannt. Jedoch können wir „das Erwachen" kultivieren. Dadurch werden wir immer besser vertraut mit dem typisch menschlichen Vermögen der Unterscheidung, mit dem Vermögen zu erwachen in einem Raum, in dem wir einen klaren Blick auf die Art unseres Wirklichkeitserlebens haben. Und es ist genau dies Vermögen, das die kontemplativen Traditionen zu kultivieren versuchen.

Von der Ansicht der kontemplativen Traditionen aus bildet das wesentliche Merkmal des nicht erleuchteten Menschen der Umstand, daß er blind ist, und zwar in dem Sinn, daß er nur an die Realität seines selbstgeschaffenen Wirklichkeitserlebens glaubt. Er erlebt diese Wirklichkeit nicht als eine relative, sondern als eine absolute. Und aus diesem Grunde erkennt er auch nicht die Möglichkeit – und noch weniger die Notwendigkeit –, sich von oder aus ihr zu befreien. Abgesehen vielleicht von den oft unerwünschten Momenten, die einen Hauch dieser Relativität aufblitzen lassen. Und gerade diese Momente bilden die Grundlage des Geschehnisses, das wir später im Rahmen der Bekehrung besprechen werden.

Kurzum, unser Wirklichkeitserleben ist von einem unbekannten Ausmaß von Blindheit oder – anders gesagt – von Selbsttäuschung, geprägt. Blindheit oder Selbsttäuschung gehören zu den wichtigsten Themen der kontemplativen Traditionen. Sie sprechen dann auch in allerlei Tonarten und Termini über Finsternis, Verwirrung, Blindheit, Unwissenheit und über deren Gegenteile: Licht, Klarheit des Geistes und Einsicht. In der *Tenach* (dem alten Testament) der jüdischen Tradition heißt es das „Öffnen der

Augen". Im neuen Testament benutzt Paulus (Eph. 1:18) den Ausdruck ‚Das erleuchtete Auge unseres Geistes'. Im Islam lobt man Allah mit den Worten: ‚Er, der dich aus den Finsternissen zum Licht führt' (Sura 33:43). In der hinduistischen Tradition wird über das Öffnen ‚des dritten Auges' gesprochen. In den buddhistischen Sutras wird das Erwecken des geistigen Unterscheidungsvermögens manchmal mit dem Ausdruck ‚Das Öffnen des Auges der Weisheit' bezeichnet (siehe auch: Dalai Lama, 1981). Dieses Licht oder dieses geöffnete Auge verschafft uns, wenn es vollkommen entwickelt ist, in jedem Augenblick Einsicht in das *Maß*, *wie* unser Wirklichkeitserleben unsere *eigene* Schöpfung ist. Dadurch ist die Unwirklichkeit unseres Wirklichkeitserlebens sichtbar und die Befangenheit in dieser Unwirklichkeit durchbrochen. Dann ist der Bann gebrochen und die innere Befreiung eine Realität.

Begleitung

Selbstverständlich ist ein in geistiger Hinsicht offenes Auge bei der Begleitung von Menschen auf dem kontemplativen Weg wesentlich. Über dieses Thema werden wir in den anderen Kapiteln ausführlich sprechen. Unser kontemplativer Begleiter ist in seiner Tätigkeit fortwährend und sorgfältig darauf gerichtet, Raum zu schaffen, damit wir die vermeintlich notwendigen Krücken unseres Wirklichkeitserlebens loslassen können, ohne daß wir dadurch in eine schwer handhabbare Panik geraten. Nicht immer ist es ohne Schmerz möglich, aber doch so, daß niemand völlig seine Fassung verliert.

Es ist grausam, einem Kind, das die Position seiner Mutter in seinem eigenen Wirklichkeitserleben als absolut betrachtet und diese Position bei weitem nicht zu relativieren vermag, zu sagen: ‚Weiß du, daß in zehn Jahren von dieser Position fast nichts mehr übrig ist?' Wir würden so etwas als Erzieher nie tun; ein Kind wird dadurch nur ängstlich und mehr dazu geneigt, sich krampfhaft an dem, was es zu besitzen glaubt, festzuklammern. Vielmehr begleiten wir ein Kind auf solche Weise, daß es schrittweise über seine kindhafte Welt hinauswächst. Auf diese Weise entsteht Raum für anderes, so daß sich schrittweise ein Wirklichkeitserleben entwickeln kann, das sich dem unseren – welchen Wert es auch hat – annähert. Denn wieviel Unbefangenheit geht in der Erziehung verloren, indem wir unser eigenes Wirklichkeitserleben selber absolut setzen und meinen, auch unsere Kinder darin einführen zu müssen?

Bezüglich der Sorgsamkeit hingegen handelt ein kompetenter Begleiter auf dem kontemplativen Weg so, wie ein guter Elternteil mit ihrem oder seinem Kind umgeht, jetzt aber nicht in der Absicht, das eine Wirklichkeitserleben durch ein anderes auszutauschen, sondern um das Wirklichkeitserleben des Schülers transparent zu machen.

Ich möchte sofort dazu sagen, daß eine derartige Entwicklung nicht ganz und gar in der Hand des Begleiters liegt. Es ereignet sich natürlich, daß wir, wenn unser Wirklichkeitserleben sich verändert, an Punkte gelangen, wo ganz bestimmt eine Erschütterung entsteht, ein inneres Zusammenstürzen, eine *contritio cordis*'. Dann könnte es entscheidend sein, auf eine bestimmte Art und Weise eine (vorübergehende) Stütze zu bieten, die diese *contritio* tragbar macht. Es kann dem vorbeugen, daß der Schüler davonläuft und sich in Blindheit und Defensive verstrickt, und es kann dazu anregen, daß er oder sie in Realismus und Sanftmut heranreift. In Kapitel 10 kommen wir auf dieses Thema zurück.

Das Risiko der Metapher vom Weg

Am Schluß sollte ich auch etwas über das mit der Metapher vom Weg zusammenhängende Risiko sagen. Sie ist eine wundersam schöne Metapher, und gerade weil sie so schön ist, könnte sie sich leicht zu einer neuen Stütze in unserem Wirklichkeitserleben umgestalten. Durch diese Metapher wird in ein derartig kräftiges Sinnbild so viel konzentriert, daß wir in Versuchung geraten könnten, diese Metapher selbst zu verabsolutieren. Ich möchte die Schwachstellen dieser Metapher jetzt beleuchten.

Diese Metapher suggeriert nämlich, daß der Weg einen Anfang hat und zu einem Endpunkt oder Ziel führt. In dieser Vorstellung befindet sich eine gewisse Geradlinigkeit, welche wir in unserer eigenen Erfahrung nicht immer vorfinden. Eine Schwachstelle dieser Metapher liegt auch darin, daß sie eine strenge Auslegung der folgenden Stadien fördern dürfte: „In welchem Stadium befinde ich mich eigentlich ... ich könnte vielleicht mal in der Literatur meiner Tradition Auskunft holen". Dies kommt bei Praktizierenden in vielen Traditionen vor und ist aus dem Wunsch geboren, sich selber Sicherheit zu verschaffen, eine neue Stütze für das Wirklichkeitserleben dieses Augenblickes zu finden und eventuell auch sich selbst im Vergleich zu den anderen zu bewerten. Dadurch schauen wir nicht mehr unbefangen die Gesamtheit unserer Erfahrung an, sondern nur die Aspekte, die uns für einen Vergleich als relevant erscheinen. Und dies verhindert tatsächlich einen weiteren Fortschritt auf dem Weg.

Auch suggeriert die Metapher irgend etwas, das an unsere westliche Fortschrittsgläubigkeit denken läßt. In seinem wunderschönen kleinen Buch ‚Inspelen op genade‘ (‚Sich auf Gnade einspielen‘) geht der Zisterzienzer-Abt André Louf darauf ein. In diesem Buch sagt er, daß das alte humanistische Fortschrittsideal der Renaissance von einer ganz anderen Ordnung ist als der christliche Weg. Dieser Weg geht über Ideen wie gesellschaftlichen Aufstieg oder Karriere hinweg. Obwohl viele Traditionen ein solches Bild anwenden – man denke nur ans Erklimmen des Carmelberges oder an das Besteigen einer Leiter, wovon die Benediktinische Tradition spricht –, betont man zu gleicher Zeit, daß dieses Steigen ‚humiliando‘ (dies heißt: durch das Üben von Demut) erfolgen soll. Der Praktizierende einer kontemplativen Disziplin erlebt das Fortschreiten auf dem Weg eher wie einen Abstieg nach unten. Praktizierende in der buddhistischen Tradition sagen manchmal, daß man den spirituellen Weg zurücklaufend gehe. Das Bewußtsein einer verkehrten Richtung und das Gefühl, nicht voranzukommen, sondern eigentlich eher rückwärts zu gehen, entstehen gerade, indem wir fortschreitend auf dem Weg unseren Egozentrismus und unsere Blindheit allmählich besser wahrnehmen. Unsere naiven Ideen und Ambitionen von Selbstverbesserung (wenn auch nicht Selbsterhebung) werden dadurch enttäuscht. Es scheint, als ob wir uns immer weiter von dem entfernen, was wir als Ideal gepflegt haben und was wir von dem Weg erwarten.

Gerade unsere Ideale und Erwartungen dienen schnell als neuer Halt und werden dadurch eine Barriere für weitere kontemplative Entwicklung. Unsere Gedanken über das Ziel – Heiligkeit, Vollkommenheit oder Erfüllung – können dann wieder ein neues Thema werden, um das herum wir alles modellieren und abwägen. Dadurch sind wir nicht mehr frei, uns selbst unbefangen anzuschauen, denn wir sehen dann vielleicht Dinge, die nicht zu unserer Reiseplanung oder unserem Reiseziel passend erscheinen. André Louf beschreibt es folgendermaßen: ‚Gehorsam, Askese, sogar Gebet können vom lebendigen Gott ablenken, wenn sie dem Vollkommenheitsideal, das sich kaum wesentlich von einer profanen Ethik unterscheidet, untergeordnet werden‘ (Louf, 1983, S. 72). Wir sind dann doch wieder auf die Leiter der spirituellen Ambition und des spirituellen Erfolgs gestiegen. Chögyam Trungpa hat für diese Verirrung oder das Pervertieren der Spiritualität den Terminus *‚Spiritueller Materialismus‘* eingeführt (Trungpa, 1996). Ein provozierender Terminus, gerade weil wir geneigt sind, die Spiritualität und eine materialistische Einstellung zum

Leben als miteinander unvereinbare Gegensätze zu betrachten. Und man kann sie auch nicht miteinander vereinen. Aber es nimmt die Tatsache nicht weg, daß wir imstande sind, authentische Spiritualität zu pervertieren, indem wir sie auf materialistische Weise auffassen, indem wir sie nämlich als eine Sache betrachten, die wir uns aneignen sollten, um uns zu bereichern. Wir sind dann bei der utilitären Geisteshaltung gelandet (siehe Kap. 1), womit wir uns in unserem Leben durch das Streben nach – wie es uns erscheint – eigenem Nutzen führen lassen. Aufgrund einer Kosten-Nutzen-Analyse treffen wir unsere Entscheidungen: ‚Es soll sich lohnen‘. Je mehr diese Geisteshaltung sich zum Fundament menschlichen Handelns entwikkelt, desto leichter kann die Ökonomiewissenschaft das Verhalten dieses Menschen charakterisieren, wie zum Beispiel G. J. Becker (1968) gezeigt hat.

Im Kielwasser einer materialistischen Grundhaltung zur Spiritualität schwimmt auch ganz mühelos der spirituelle Ehrgeiz mit. Die Metapher vom Weg vermittelt den Eindruck, dazu Raum zu geben. Und gerade dies ist eine Schwachstelle neben der früher erwähnten Geradlinigkeit, die sie scheinbar suggeriert. Wir können den kontemplativen Weg als eine Rennbahn verstehen, auf der Ruhm und herrliche Preise zu erobern sind. Spiritueller Ehrgeiz und sein Ergebnis – spiritueller Hochmut – wirken nicht nur am Anfang, sondern im Grunde auch während des ganzen kontemplativen Weges mit. Es gibt Momente, in denen uns etwas über den Weg unseres Wirklichkeitserlebens klar wird. Gelegentlich sind wir dann nicht imstande, dieser Verlockung, die erworbene Einsicht wie eine Feder auf unsere Kappe zu stecken, zu widerstehen. Gelegentlich machen wir es auch nicht so öffentlich, sondern behalten unsere Einsicht wie Schnupftabak in einer Büchse verborgen. Und in den Augenblicken, wenn niemand es sieht, öffnen wir sie, um kurz deren Inhalt zu genießen. Und so nähren wir unseren spirituellen Hochmut.

Wenn wir einen Anfang damit machen, unseren Hochmut über unsere Fortschritte auf dem Weg zu entdecken, dann ist es vielleicht einmal ein Schock für uns. Aber je öfter wir es sehen, desto mehr erweckt es unseren Sinn für Humor: Es ist so naiv, so etwas Kindisches auch, all diese spirituelle Wichtigtuerei. Und zu gleicher Zeit beginnen wir deren Ernst zu erblicken: Wie gefährlich das Nähren unseres spirituellen Hochmuts eigentlich ist und wie sehr es die verborgene Blüte ausdörrt. Dann beginnen wir langsam unserem Hang zur Hybris zu entwachsen und eine ganz natürliche und wahrhaftige Demut zu entwickeln. Eine Demut, die nicht aus Schuldgefühl oder Selbstvorwurf, sondern aus Selbstverständnis geboren wurde. Dies Selbstverständnis bedeutet hier eine geistige Klarheit, daß die Früchte unserer kontemplativen Übungen schon *in* uns sind, doch nicht unser *Eigentum*. Es wird uns nicht wundern, daß in den kontemplativen Traditionen selber sehr viele Mittel gegen die Entwicklung des spirituellen Hochmuts gefunden werden können.

Zum Schluß schließt die Metapher vom Weg die Suggestion in sich, daß es sich hier um einen schon geebneten Weg handelt. Das hat seinen Grund in der Tatsache, daß unsere heutige Vorstellung von einem Weg ganz anders ist als die, die man im Zeitalter des Entstehens dieser Metapher hatte. Es gab zu jener Zeit kaum Wege, wie wir sie heutzutage kennen. Auf Reisen gehen hatte die Bedeutung: sich in Gefahr begeben. Und deshalb auch: das Vertraute zu verlassen, ohne die Sicherheit, es je wieder zu sehen. Während der Reise holte man sich Auskunft ein über das, was mehr oder weniger in der unmittelbaren Perspektive lag. Diesen Unsicherheits- und Risikoaspekt drückt die Metapher vom Weg nicht so gut aus wie die Metaphern einer Reise oder der Besteigung eines Berges, welche zum Beispiel in der Tradition des Carmeliterordens benützt werden. Auch das kontemplative Leben ist ein riskantes Geschehen, denn es läuft auf das Verlassen unseres wohlbekannten, vertrauten und herkömmlichen Wirklichkeitserlebens hinaus. Die Instruktionen für die Reise, wie sie durch die Traditionen gegeben werden, brauchen auch nicht viel weiter zu reichen als das, was unmittelbar vor uns liegt. Oder wie in Psalm 119:105 gesagt wird: „Dein Wort ist meines Fußes Leuchte, und ein Licht auf meinem Wege".

Kapitel 3

Entwicklung des Ego[1]

Einleitung: Selbsterleben und Ego

Die Unruhe unseres eigenen Herzens, erwachsend aus der Unsicherheit über unsere Existenz und aus der Unkenntnis darüber, wer oder was wir sind, bildet ein zentrales Thema in der Psychologie des kontemplativen Lebens. In vielen Tonarten und Variationen sagt man innerhalb der kontemplativen Traditionen, daß unsere geistige Blindheit und Hartherzigkeit mit unserer *egozentrischen* Geisteshaltung zusammenhängen. Diese Geisteshaltung verhindert, daß unsere grundlegende Menschlichkeit sich zur vollständigen Blüte entfalten kann. Angeblich stimmt also etwas nicht mit dem Rang, den das ‚Ich‘ oder *Ego* in unserem Wirklichkeitserleben einnimmt. Das Thema hat viele Seiten, und wir werden es in diesem Kapitel weiter erkunden. Bevor wir die kontemplativ-psychologische Bedeutung des Terminus *Ego* und der Entwicklung des *Ego* in Einzelheiten betrachten, wollen wir zunächst hier mit Hilfe eines verwandten Begriffes, nämlich des *Selbsterlebens*, eine vereinfachte Umschreibung geben. Der letzte Terminus verweist auf alle die Phänomene, die – wie wir es im ersten Kapitel genannt haben – in der *ersten Person in Erscheinung treten*. Dies heißt also die mentalen Phänomene, die nicht direkt für andere sichtbar sind, weil sie sich in dem Bereich ereignen, den wir unsere ‚innere Landschaft‘ nennen können. In dieser Landschaft ist alles mögliche zu entdecken: unsere Gedanken und Emotionen, unsere Erwartungen, Erinnerungen und Träume, unsere Vorstellungen und Bilder und alles andere, was wir bloß denken können. Auch unser *Ich* oder *Ego*, wie es in der kontemplativen Psychologie aufgefaßt wird (De Wit, 1993, 4.4.2.), befindet sich da. Das

---

1 Der Autor schreibt an späterer Stelle: *Ego also ist kein Ding ...* (sondern ein Prozeß), und deshalb vermeidet er den Artikel *das (Ego)*. Da im Deutschen *das* aber nicht *Dinge* bezeichnet, sondern Substantive von *neutralem* grammatischen Geschlecht (das Mädchen, das Kind), wird hier und im weiteren der Artikel verwendet. Die wörtliche Übersetzung *Die Entwicklung von Ego* erweckt zudem den unzutreffenden Anschein, Ego sei ein persönlicher Eigenname. (Anmerkung des Lektorats)

‚Ich' oder Ego lebt in dieser mentalen Domäne wie auch die damit zusammenhängenden Phänomene wie unser Selbstbild, unsere Eigenliebe, unser Selbsthaß und so weiter.

Der kontemplativ-psychologische Terminus ‚Selbsterleben' verweist also auf eine *mentale Domäne*, in der unter anderem unser *Ich* eine Rolle spielt. In dieser Domäne kann das ‚Ich' oder Ego mehr oder weniger präsent sein und unser Selbsterleben färben. Und es ist möglich, daß es, wie wir erkennen werden, in unserem Selbsterleben sogar *abwesend* ist. Der Terminus ‚Selbsterleben' hat also eine viel umfassendere Bedeutung und sicher nicht dieselbe Bedeutung wie das Erleben unseres ‚Selbst' oder unseres ‚Ich'. Mit ‚Selbsterleben' meinen wir nicht etwas Ähnliches wie das ‚Ich-Erleben' oder ‚Ich-Bewußtsein', sondern das Erleben unserer mentalen Domäne mit allem, was darin von Augenblick zu Augenblick stattfindet. Soviel für eine erste Beschreibung der Begriffe ‚Selbsterleben' und Ego in der kontemplativen Psychologie. Wir werden sie im folgenden noch benötigen.

Den kontemplativen Traditionen zufolge existieren wegen unseres Ego in der Art und Weise, wie wir uns selbst (und unsere Umgebung) erleben, vielerlei blinde Flecken. Diese blinden Flecken bewirken eine Lebensführung, die unabsehbar psychisches und soziales Leiden mit sich bringt. Keine geringe Angelegenheit also. Wir kennen uns selbst nicht, und außerdem sind wir uns dieser Tatsache nur selten bewußt. Dadurch schlagen wir auf unserem Lebensweg, ohne uns dessen bewußt zu sein, immer wieder die Wegrichtungen ein, die uns selbst und unserer Umgebung Schaden zufügen. Sie können münden oder, besser gesagt, versanden in einem destruktiven Dunkel und in einer Lebensangst, die anscheinend nur noch durch Träumereien gelindert werden können. Auch wenn diese Träume die Weisheit, die Güte und das spirituelle Wachstum zum Thema haben, verdüstern sie dennoch unsere Sicht, weil wir von Träumen nicht leben können. Sie dörren uns geistig aus. Wenn sie mit der Realität konfrontiert werden, machen sie uns nur noch ängstlicher und härter. In diesem Kapitel werden wir die Art und die Wurzel dieser blinden Flecken in unserem Selbsterleben weiter erforschen.

Für diese Erforschung sollten wir kurz zum Inhalt des vorigen Kapitels zurückgehen, nämlich zu unserem Wirklichkeitserleben, das unser Selbsterleben enthält. Wir sind Teil unserer Wirklichkeit. Wir haben gesehen, daß unser Wirklichkeitserleben weder völlig objektiv noch völlig subjektiv ist, und auch, daß es nicht gleichbleibend ist. Man könnte es gewissermaßen gut mit einem lebendigen Gewebe vergleichen, mit etwas Wachsendem oder Blühendem, das auch absterben oder verkalken kann, wodurch die

Geschmeidigkeit und das ganze Leben aus ihm wegfließen. Unser Wirklichkeitserleben verwandelt sich kontinuierlich. Mit dieser Verwandlung ist nicht die Tatsache gemeint, daß bestimmte Situationen in unserem Leben sich ereignen und wieder dahinschwinden, sondern daß die *Art und Weise*, wie wir unsere Lebenssituation erleben, sich andauernd wandelt. Es ist wahr, daß unser Kinderspielzeug aus unserem Leben verschwunden ist, aber darum handelt es sich in der kontemplativen Psychologie nicht, wenn wir über das sich verschiebende Wirklichkeitserleben sprechen. Hier meint es eine Verschiebung, die dazu führt, daß bei genauerer Betrachtung unser Kinderspielzeug eine andere *Erlebnisqualität* für uns bekommen hat. Diese Verschiebung bezieht sich auf das Entstehen einer immer anderen Blickrichtung auf die vielleicht gleich aussehende Welt der Erscheinungen.

Wie schon gesagt wurde, besitzt unser Wirklichkeitserleben einen Aspekt der Blindheit. Eigentlich ist das Wort ‚Düsternis‘ mehr angebracht. Eine wohlbekannte kontemplative Metapher lautet, daß wir uns selbst wie eine Raupe in dem Kokon unseres Wirklichkeitserlebens einspinnen. Wir beginnen in einer vermeintlich wohligen, aber in Wirklichkeit beengenden Einschränkung zu leben. Viel Licht dringt nicht ein, aber immerhin ist die Situation – gerade durch ihre Eingeschränktheit – überschaubar. Wir haben wenigstens das Gefühl, daß wir sind, wo wir sind, und wissen, was wir erwarten können. Wenn dieser Kokon beschädigt oder nur berührt wird, entsteht im Inneren eine große Panik. Der Bewohner wird gewahr, daß die Welt größer ist – und vielleicht sehr viel, schwindelerregend viel größer als der Kokon, in dem er wohnt. Auch erkennt er, gerade weil er in einem Kokon wohnt, daß er keinerlei Einfluß auf diese Welt hat. Eingekapselt wie er ist, hat er nicht das Vermögen, Kontakt aufzunehmen oder sich einzuleben in das, was außerhalb ist. Er kann nicht wie ein verletzlicher Schmetterling nachgeben und mit dem Wind tanzen, und er kann nur hoffen, daß der Kokon, irgendwo im Schutz eines Blattes eingesponnen, den stürmischen Böen gewachsen ist. Scheinbar ist die einzige Möglichkeit, sich selbst zu erhalten, diejenige, daß er die Fäden des Kokons verstärkt. Konkret bedeutet es, daß wir anfangen, neue Gedankengespinste zu machen mit der Absicht, unsere *persönliche Wirklichkeit*, wie wir sie auch genannt haben, intakt und wohnlich zu erhalten.

Wenn wir einen philosophischen Fachausdruck anwenden möchten, dann könnten wir sagen, daß unser Wirklichkeitserleben *solipsistisch* ist. Mit diesem Ausdruck ist gemeint, daß mein Wirklichkeitserleben allein (*solus*) existiert, solange ich selbst (*ipse*) existiere. Mit anderen Worten: Es existiert und zerfällt mit uns. Nicht nur unsere Freunde und Feinde, das Begehrte und das Verabscheuenswerte, kommen und gehen mit uns, sondern auch unser ganzes Wirklichkeitserleben (einschließlich unseres Selbsterlebens) entsteht und verschwindet mit uns. Deswegen können wir genau wie die kontemplativen Traditionen auch nicht die psychologische Frage vermeiden, wer der Schöpfer oder was die schöpferische Kraft unserer ‚solipsistischen' Welt ist. Wir leiden ja doch unter (und in) dieser durch uns selbst kreierten Welt, diesem beklemmenden Kokon, der schleichend unsere Lebensfreude erstickt. Woher kommt diese Welt, wie und warum entsteht sie? Was meinen wir, wenn wir sagen, daß Menschen selbst diese Welt kreieren? Wie findet dies konkret statt? Welcher dahin führende psychologische Prozeß ist im Gang?

Eine kontemplative Sichtweise des Ego

Bevor wir eine konkretere, psychologische Analyse des Ego vornehmen, wollen wir zuerst genauer betrachten, wie dieser Ausdruck in einem spirituellen Zusammenhang meistens verwendet wird. Mit dem Ausdruck *Ego* ist etwas anderes gemeint als eine rein grammatikalische Kategorie. Ego ist nicht dasselbe wie das Pronomen ‚Ich', das von Menschen verwendet wird, um auf sich selbst hinzuweisen. Wenn jemand dieses Pronomen benützt, bedeutet es nicht, daß er auch ein Ego hat. Und andersherum gibt es auch Sprachen, in denen dieses Pronomen gar nicht existiert; aber dies bedeutet nicht, daß die Menschen, die diese Sprache sprechen, auch kein Ego hätten.

In spirituellem Zusammenhang verwendet man die Bezeichnung *Ego* – wenn sie auch oft anders verwendet wird –, um auf eine bestimmte Geisteshaltung zu verweisen: auf eine *egozentrische*, wenn nicht *egoistische Geisteshaltung*. Man sieht diese Mentalität oft als Ursache der Blindheit und der Hartherzigkeit an, und darum soll sie überwunden werden. Das Ego ist das, was jeden von uns dazu anspornt, sein eigenes Königreich zu gestalten, zu verteidigen und zu erweitern. Dies Ego hält die Selbstüberhebung für Selbstentfaltung, die Impulsivität für Spontaneität, und es verwechselt die Macht, eigene Bedürfnisse zu erfüllen, mit Freiheit. Deswegen spricht man in vielen Traditionen, wenn vom spirituellen Weg die Rede ist, dann auch über ein *Transzendieren des Ego*. In manchen christlichen Traditionen verwendet man dazu den Ausdruck ‚Ego-Kreuzigung'. Ego verweist hier auf den verstockten *Sünder*, nämlich das Zentrum unseres Dünkels und unseres Egoismus. In den hinduistischen Traditionen spricht man auch über *jivanmukta*, das heißt die Befreiung (*mukta*) vom Ego (*jiva*), das Übersteigen des *unwahrhaftigen Selbst* und das Entdecken des wahren *Selbst* (*Brahman*). Im Buddhismus spricht man über die Verwirklichung der Egolosigkeit (*anatman*), über das Durchschauen der *Illusion des Ego* (*atman*). Die chassidische Tradition des Judentums betrachtet ‚*Bittul*‘, das Auslöschen des Selbst, als die Vorbedingung für die höchste ‚*Unio Mystica*‘, die ‚geheimnisvolle Vereinigung‘ (Mindel, 1985, S. 12).

Ist es wirklich möglich, uns von unserem egozentrischen Wirklichkeitserleben zu befreien? Den kontemplativen Traditionen zufolge ist es das. Dabei verweisen sie auf gewisse Erfahrungsmomente, Momente, in denen unser innerer Kommentar mit allen seinen Bildern und Phantasien über die Wirklichkeit kurzzeitig schweigt und worüber Augustinus in einem berühmt gewordenen Abschnitt sagt: „Schwiege für einen Menschen der Aufruhr des Fleisches, schwiegen ihm die Bilder von Erde, Wasser und Luft, schwiegen die Himmel und schwiege selbst die Seele und überstiege sie sich, ohne noch an sich zu denken, schwiegen Traumgesichte und Visionen, schwiege jede Zunge und jedes Zeichen und schwiege gänzlich alles, was vergänglich ist…und wenn dies anhielte und wenn jedes Sehen, das gänzlich anders ist, weggenommen würde und wenn dieser eine Blick des Sehenden hineinrisse in die inneren Freuden, ihn verschlänge und aufbewahrte, so daß das ewige Leben so wäre wie dieser Augenblick der Einsicht, die uns stöhnen machte, wäre das nicht das: *Tritt ein in die Freude deines Herrn?* (Augustinus, Bekenntnisse, Neuntes Buch, S. 242)

Den Augenblick, in dem unser inneres Gespräch, das uns selbst verstummen läßt, und alle Konzeptgebilde, alle begrifflichen Zusammenhänge, durch die wir uns selbst und unsere Wirklichkeit festlegen, sich in nichts aufgelöst haben, charakterisiert man durch vielerlei Ausdrücke wie: Nacktheit, Unbefangenheit, Offenheit, Aufrichtigkeit, Ganzheit. Aber aus der Perspektive des Ego betrachtet, assoziiert man derartige Augenblicke mit Tod und Untergang. In der mystischen Tradition des Islam nennt man das Ende eines kontemplativen Weges ‚*Fanaa*‘, was buchstäblich übersetzt ‚Untergang‘ bedeutet. Im Buddhismus sagt man: ‚Vom Blickwinkel des Ego aus betrachtet, ist das Erlangen von Erleuchtung äußerster Tod, der Tod des Selbst, der Tod von *mir* und *mein*, der Tod des Beobachters. Es ist die letzte, die endgültige Ent-Täuschung‘ (Trungpa, 1989, S. 17). In der Tradition des Zen bezeichnet man die Erleuchtung auch als ‚*Taishi*‘, als Großen Tod (Nishitani, 1982, S. 21). In den Worten eines bekannten Zen-Vierzeilers:

Stirb, während du lebst,
Sei völlig tot,

Tu dann, was du willst,
Alles ist gut.

Die zwei letzten Zeilen dieses kleinen Gedichtes sind aufschlußreich, weil sie zeigen, daß diese Momente des ‚Ego-Sterbens‘ zu gleicher Zeit auch mit Lebensfreude zu tun haben, deutlicher gesagt: Es sind Momente des wahrhaftigen Lebens. In der Terminologie des Mahayanabuddhismus hieße es: Die Momente der Egolosigkeit sind zur gleichen Zeit die Momente, in denen unsere *‚Buddhanatur‘* wirken und sich entfalten kann. Diese Doppelseitigkeit finden wir in den kontemplativen Traditionen immer aufs neue wieder. Im Vajrayanabuddhismus zum Beispiel finden wir diese Doppelseitigkeit in Darstellungen wieder, in denen der Zustand der Erleuchtung wie eine nackte königliche Person oder wie ein königliches Paar, auf einer Leiche tanzend, abgebildet wird. Sie tanzen auf der Leiche des Ego (siehe auch De Wit, 1991, 1991 a). Gerade durch den ‚Untergang‘ des Ego wird ein geläuterter Moslem „derartig auf Gott konzentriert, daß Er (Gott) ‚das Ohr wird, mit dem er hört, das Auge, mit dem er sieht, die Zunge, mit der er spricht, das Herz, mit dem er wahrnimmt‘, wie man es in einem berühmten ‚Hadieth Kudsi‘ artikuliert hat" (De Bruijn, 1987, S. 200). Und dann gibt es natürlich den wohlbekannten Abschnitt in der Bibel, der die Befreiung vom Ego nicht nur als eine Möglichkeit, sondern sogar als Gegebenheit verkündigt: „Ich bin mit Christus am Kreuz gestorben, darum lebe nun nicht mehr ich, sondern Christus lebt in mir"(Paulus, Galaterbrief, 2:20). In christlichen Termini ausgedrückt, dürfte man sagen: Diese Momente schaffen den Raum für die Wirkung des Heiligen Geistes.

Aber auch außerhalb der religiösen Traditionen besitzt man diese Erkenntnis. In der achten der *Duineser Elegien* artikuliert Rainer Maria Rilke die Doppelseitigkeit zwischen *Wir*, dies heißt Ego, und dem Raum der verborgenen Blüte wie folgt:

Wir haben nie, nicht einen einzigen Tag,
den reinen Raum vor uns, in den die Blumen
unendlich aufgehn. Immer ist es Welt
und niemals Nirgends ohne Nicht: das Reine,
Unüberwachte, das man atmet und
unendlich *weiß* und nicht begehrt. Als Kind
verliert sich eins im Stilln an dies und wird
gerüttelt. Oder jener stirbt und *ist's*.

Den oben stehenden Text könnte man so verstehen, daß der Terminus Ego eine ziemlich negative Resonanz besitzt. Dieser Begriff verweist ja doch auf die psychologische Basis für Egozentrismus und Egoismus. Das Ego bildet die Basis unserer profanen bzw. nicht erleuchteten Mentalität und dadurch die Ursache der Blindheit, der Lebensangst und des Streits. Als solche erstickt es die Blüte unserer grundlegenden Menschlichkeit. Trotzdem meinen die kontemplativen Traditionen, daß das Ego nur *scheinbar* etwas Negatives ist, wie auch der Inhalt eines Alptraums nur scheinbar etwas Negatives ist. Deswegen ist das Ego kein Zustand des Geistes, gegen den wir kämpfen müßten, sondern ein Zustand, aus dem wir aufzuwachen versuchen sollten.

Die psychotherapeutische und die kontemplative Sichtweise des Ego

Mit dieser Überschrift ist schon angedeutet, daß der kontemplative Inhalt des Terminus Ego ein ganz anderer ist als der Inhalt, den man in der klinischen Psychologie und Psychotherapie diesem Terminus meist zuschreibt. Da sagt man oft, daß ein Mensch ein stabiles Ego besitzen müßte, damit er auf eine gesunde Weise funktionieren könnte. Den Begriff Ego verbindet man dann mit dem Leitgedanken, daß der Mensch auf sich selbst vertrauen müßte, nämlich darauf zu vertrauen, daß er oder sie existieren darf.

Über diese Art des Vertrauens äußern sich die kontemplativen Traditionen auch in wertschätzendem Sinne, nur sie verwenden dafür nicht den Terminus Ego. Warum nicht? Nach diesen Traditionen bedeutet diese Art des Vertrauens von Grund auf nicht ein Vertrauen zu dem, was wir im Alltag als ‚wir selbst‘ bezeichnen, sondern es soll als davon getrennt betrachtet werden. Es ist ein Vertrauen zum grundlegenden Ursprung unseres Daseins oder, etwas weniger anspruchsvoll formuliert, das Vertrauen zu uns selbst als menschlichem Lebewesen, Vertrauen zu unserem Menschsein und unserer menschlichen Ausstattung. Dies bedeutet etwas ganz anderes als das, was die kontemplativen Traditionen Ego nennen. Mit dem Terminus Ego haben die kontemplativen Traditionen gerade die Aspekte im Sinne, die unser Selbstvertrauen und unsere Selbstakzeptanz untergraben und uns so zu ängstlichen und befangenen Lebewesen formen. Es ist sehr wichtig, diesen inhaltlichen Unterschied nicht aus dem Auge zu verlieren, wenn wir im kontemplativen Sinne von Ego sprechen hören. Dann wird es auch klar, daß folgende Aussage irreführend ist, nämlich: „Menschen hätten es für ihre geistige Entwicklung nötig, erst ein stabiles Ego zu entwickeln, bevor ein spiritueller Prozeß des Loslassens dieses Ego in Gang kommen könnte." Und zwar deswegen irreführend, weil in dieser These der Begriff Ego, zweimal erwähnt, sich auf zwei verschiedenartige Inhalte bezieht. Das erste Mal bezieht er sich auf das Ego, wie es von der Psychotherapie definiert wird, und das zweite Mal auf das Ego, wie man es in den kontemplativen Traditionen betrachtet. Das stabile Ego, von dem die Psychotherapie redet, ist *nicht* gleich dem Ego, das in den kontemplativen Traditionen erwähnt wird. Wenn diese These richtig wäre, würde sie bedeuten, daß es gesund wäre, zuerst eine beachtliche Portion an Egoismus, Blindheit, Arroganz und Lebensangst zu entwickeln, bevor wir mit dem Prozeß des Loslassens dieser so entwickelten Eigenschaften anfangen könnten. In diese Richtung zu gehen, dazu möchte die klinische Psychologie uns doch nicht ermutigen. Oder diese These würde bedeuten, daß wir zuerst ein solides Maß an grundlegendem Vertrauen zu unserer eigenen ‚Daseinsberechtigung' entwickeln sollten und danach dieses Vertrauen wieder loslassen müßten. Zu diesem Ziel möchten die kontemplativen Traditionen uns gewiß nicht hinführen.

In beiden Überlieferungen (der psychotherapeutischen und der kontemplativen) haben die Auffassungen des Begriffs *Ego* fast konträre Bedeutung – wenn wir auch in einigen Formen der Psychotherapie und der Anthropologie, die auch einen Blick für Spiritualität haben, Ansichten des Ego finden, die der kontemplativen Auslegung sehr nahe stehen.

Wenn manche kontemplativen Traditionen meinen, daß das *Ego* ‚gekreuzigt' oder ‚gedemütigt' werden sollte, hat es nicht so sehr einen moralischen, sondern vielmehr einen psychologischen Grund. Das Ego soll transzendiert werden, nicht weil es *schlecht* ist – durch solch eine moralische Verurteilung kommt keiner voran –, sondern weil das Ego in geistiger Hinsicht destruktiv wirkt: Das Kultivieren des Ego führt nicht zur inneren Blüte, es erstickt sie sogar. Eine Mentalität, die Selbstüberhebung für Selbstentfaltung hält, gründet ja auf der Idee, daß wir versuchen sollten, *on top of things* (*ganz nach oben*) zu kommen, daß wir eine starke Position erwerben müßten, mit der wir unsere Angelegenheiten andauernd kontrollieren können, dies alles unter Einbeziehung unserer eigenen Emotionen, ja sogar von uns selbst, unser eigenes verflixtes Ego inbegriffen! In diesem Fall, daß wir mit einer derartigen Mentalität einen kontemplativen Weg begehen, entsteht ein erbitterter Kampf in uns – und gegen uns selbst. In diesem Kampf bedrängen wir uns selbst mit Hölle und Verdammnis im Namen der spirituellen Entwicklung, und dieser Kampf ist eigentlich nichts anderes als ein Unterfangen des Hochmuts durch Selbstentwürdigung.

Ego und Egolosigkeit

Wo kommen das Ego und das dazugehörige egozentrische Wirklichkeits-erleben eigentlich her? Haben die kontemplativen Traditionen vielleicht eine Antwort auf diese Frage aufzuweisen, eine Antwort, die aus psycholo-gischer Sicht etwas genauer und relevanter ist als ein Verweis auf den ‚Sündenfall‘ oder auf vergleichbare theologische Begriffe? Dies ist tat-sächlich der Fall. Wir werden das Entstehen und die Entwicklung des Ego Schritt für Schritt verfolgen, nicht indem wir über eine Antwort *nachden-ken*, sondern indem wir – so gut es eben geht – versuchen, unbefangen unser Selbsterleben, unseren Geist *anzuschauen*. Wir treten dann in die Fußstapfen derjenigen, die in den kontemplativen Traditionen mittels meditativer Disziplinen leibhaftig die Art ihres Geistes gründlich beobach-tet und erforscht haben. Was erblicken wir eigentlich, wenn wir unsere Aufmerksamkeit auf unseren Geist lenken? Wir registrieren da, wie schon früher besprochen, eine fortdauernde Aktivität in der Form eines durch-gängigen Kommentars oder einer Untertitelung, einen Gedankenfluß, der sich mehr oder weniger wie ein Geruch in der Atemluft unwillkürlich und fast ununterbrochen mit unseren sinnlichen Erfahrungsprozessen ver-mischt. So entsteht unser solipsistisches Wirklichkeitserleben.

Dieser Gedankenfluß bildet eine Gedankenwelt, und wenn wir die etwas genauer anschauen, sind wir in der Lage zu beobachten, daß in dieser ima-ginären Welt eine gewisse Person mehr oder weniger die Zentralfigur ist, eine Person, die auf den Namen ‚Ich‘ hört. Wenn wir unser Gedankengut beobachten, dann begegnen wir diesem ‚Ich‘ sehr häufig. Menschen den-ken oft und viel über sich selbst und andere nach, über sich selbst und die Welt um sie herum, über sich selbst und ihre Vergangenheit und Zukunft, über sich selbst und ihren Körper und Geist. Praktisch alle Aspekte unserer Erfahrung können in unseren Gedankenfluß mit dem Denken an uns selbst aufgenommen und verbunden werden. Während der so gebildete egozen-trische Gedankenfluß sich mit der sinnlichen Erfahrung vermischt, entsteht unser egozentrisches Wirklichkeitserleben.

Nicht nur der Kokon unserer Gedankengespinste nimmt uns den Blick weg, sondern die *egozentrische Struktur* unserer Gedankenwelt wirkt zusätzlich verzerrend und trägt noch eine Extraportion Verwirrung bei. Diese Verwirrung hat weitreichende Folgen, denn dieses in unserer Gedankenwelt eine prominente Rolle spielende Ich oder Ego bietet einen beständigen Bezugspunkt, den wir sehr schätzen. Nicht weil es uns ange-nehm ist – wir können schließlich in sehr negativem Sinne über uns selbst denken –, sondern einfach, weil es uns Halt bietet. Wir möchten es um nichts in der Welt entbehren. Wir möchten sogar unser Leben dafür opfern, und, wenn es nötig sein sollte, mit Feuer und Schwert anderen Leuten das Leben dafür nehmen. Es ist die Wurzel unserer Aggression und Habgier.

Wir haben uns so sehr an diese Gedankenwelt geklammert und gewöhnt, daß wir es unvorstellbar finden, daß dies ‚Ich‘ in unserem Selbsterleben *keine* Rolle mehr spielen würde. Was dürfte von unserem Gedankengut und unserem Gefühlsleben noch zurückbleiben, wenn dieser Hauptdarsteller sich als ein Statist entpuppen würde, der nur im ersten Akt unseres Lebens eine Rolle spielen dürfte, um sich danach von der Bühne zu entfernen? Kommen wir dann um, beenden wir unsere Existenz, können wir dann noch weiterkommen? Oder dürften dann die oben zitierten Worte von Paulus "…darum lebe nun nicht mehr ich, sondern Christus lebt in mir" für uns bedeutsam werden? Oder, ausgedrückt in kontemplativ-psychologischen Begriffen: Nicht mehr das Ego, sondern grundlegende Menschlichkeit lebt in meinem Selbsterleben.

Die Idee, daß wir neben egozentrischen Erfahrungsmomenten auch Momente kennengelernt haben, in denen unser egozentrisches Erleben nicht anwesend ist, macht vielleicht einen sehr abstrakten und erhabenen Eindruck. Trotzdem handelt es sich hier um etwas ganz Konkretes und Vertrautes, wenn man es auch nicht einfach in Worte fassen kann, gerade weil es etwas ganz Subtiles ist. Wir leben leicht daran vorbei. Ein Beispiel könnte hier vielleicht helfen. Stellen wir uns mal vor, daß wir mit etwas beschäftigt sind, für das wir unsere Aufmerksamkeit brauchen, zum Beispiel Klavier spielen oder ein kleines Regal streichen. Wenn wir wirklich ganz ‚drin‘ sind, wenn wir wirklich bei dem sind, was wir tun, dann vergessen wir uns selbst. Das heißt, wir beschäftigen uns dann (so lange es dauert) nicht mit uns selbst und nicht mit der Frage, ob wir ein guter Klavierspieler oder Anstreicher sind. Nicht wir, sondern die Situation oder die Beschäftigung selber steuert unser Handeln, unser Wahrnehmen. „Faktisch verweile ich dann in der Welt der Gegenstände. Sie sind es, die eine Einheit meines mehrfachen Bewußtseins (d.h. meiner Bewußtseinsmomente) zustande bringen, die sich mit Werten, mit anziehenden oder abstoßenden Eigenschaften melden; aber ‚*Ich*‘, ich bin verschwunden, ich bin zunichte gegangen. Für ‚*mich*‘ gibt es keinen Platz auf diesem Niveau. Das ist keine Wirkung des Zufalls oder des vorübergehenden Mangels an Aufmerksamkeit, sondern der Struktur des Bewußtseins selber", so hat Sartre (1978, S. 54) es formuliert. Die Psychologen der Phänomenologischen Schule sagen das so, daß wir mit unseren Aktivitäten *zusammenfallen*. In der kontemplativen Psychologie würden wir eher sagen, daß in dieser Situation die Trennung zwischen der Handlung und dem Handelnden *sich noch nicht vollzogen hat.* In der buddhistischen Psychologie nennt man diesen Erfahrungsmodus die *dreifache Reinheit*: Die mentale Unterscheidung (und die psychologische Trennung) zwischen der handelnden Person, der Handlung selber und dem ‚Behandelten' spielt in der direkten Erfahrung (noch) keine Rolle.

Charakteristisch für solche Erfahrungsmomente sind die Effektivität und die Flexibilität wie auch die Abwesenheit der Unsicherheit, mit der Menschen dann handeln. Die Noten auf dem Papier, unsere musikalische Einsicht, unsere Achtsamkeit, unsere Hände und die Klaviatur arbeiten in einer effektiven Ganzheit zusammen. Nicht *wir*, sondern *sie* musizieren miteinander. *Wir* würden nur im Wege stehen. *Wir* würden uns nur über eine bestimmte, später kommende Tonfolge aufregen, wenn wir fürchten, daß wir diese Tonfolge nicht ohne Fehler spielen könnten. Oder wenn es gut geht, könnten wir uns in die Brust werfen und so den Kontakt mit dem Klavier verlieren. Genauso bestimmen die Oberfläche des Regals und die Dicke der Farbe, die Steifheit des Pinsels unsere Achtsamkeit und unsere Erfahrung mit all diesen Qualitäten, die Art, wie wir streichen. *Wir* sind Außenstehende, wir haben höchstens das Zusehen.

Und dann kommt der Moment, in dem diese klare, wirksame und intelligente Ganzheit des bewußten Erfahrens und Handelns auseinanderbricht: Aus heiterem Himmel überfällt uns die Furcht, daß uns vielleicht die Kontrolle über die Situation abhanden gekommen ist! *Wir* haben nicht mehr auf uns selbst geachtet! *Wir* sind uns selbst abhanden gekommen! Und eine subtile Panik steigt in uns hoch: Sind wir noch imstande, *uns selbst* wiederzufinden? In diesem Moment der Verwirrung und Unsicherheit fragen wir uns: ‚Wo bin ich?' oder: ‚Welchen Platz habe *ich* in dieser Situation?

Viele kontemplative Traditionen sprechen mit Nachdruck davon, daß dieser Moment etwas Schlagartiges besitzt, so etwas wie eine Spaltung, sogar etwas wie eine Einmischung bedeutet, die sich angeblich unwillkürlich vollzieht. Zunächst ist diese Spaltung oder dieser Bruch noch nicht viel mehr als ein Bewußtsein von einem ‚dies' gegenüber ‚das andere', von einem psychologischen Dualismus von ‚Ich hier' und ‚das andere da'. In dieser Weise haben wir einen festen Punkt erarbeitet. Es bedeutet die Geburt oder, noch besser gesagt, die Konzeption des *Ego*, den Startpunkt der *Ego-Entwicklung*. Wir werden uns diese Entwicklung genauer ansehen.

Eine kontemplativ-psychologische Auffassung des Ego

In den christlichen Traditionen spricht man über das Entstehen des Ego und unseres egozentrischen Wirklichkeitserlebens meistens in Termini von Sündenfall, Ungehorsam Gott gegenüber und von der Vertreibung aus dem Paradies. Es sind natürlich typisch religiöse und theologische Begriffe, aber sie haben auch eine kontemplativ-psychologische Bedeutung. In dieser bezieht sich der Ausdruck ‚Sündenfall‘ auf das Entstehen eines egozentrischen Wirklichkeitserlebens, das die Auswirkung einer bestimmten Bewegung unseres Geistes ist. Das Paradies verweist dann auf einen bestimmten Zustand des Seins, der existiert, bevor sich die mentale Bewegung anbahnt, die zum Ego führt. Und über dieses Thema sprechen auch die anderen kontemplativen Traditionen, selbstverständlich auch wieder in ihrer eigenen Begrifflichkeit (siehe z. B. Trungpa, 1996, S. 131 u. a.).

Die Fragestellung der kontemplativen Traditionen ist dann auch: *Wie* gestalten wir diese Bewegung, die zu unserem egozentrischen Wirklichkeitserleben führt?

Wir werden die Entwicklung des Ego hier in Begriffen von vier aufeinanderfolgenden Bewegungen beschreiben. Beginnen wir damit, den Zustand des Geistes, der vor dem Ego liegt, zu erkunden. Bevor diese mentalen Bewegungen beginnen, existiert eine totale Offenheit, ein offener Raum, in dem alle Erscheinungen ihrer eigenen Natur gemäß, mit einer bestimmten Gleichwertigkeit, ohne Kommentar, ohne die vermeintliche Distanz des mentalen *Reporters* (siehe auch Kapitel 2) aufeinander einwirken. Über dieses Thema haben wir anhand von Beispielen wie Klavier spielen oder ein Regal streichen schon gesprochen. Diese Offenheit ist „...wie bei einem geräumigen Saal, wo man frei umhertanzen kann ohne die Gefahr, etwas umzuwerfen oder über etwas zu stolpern, weil es ein ganz und gar freier Raum ist. Wir *sind* dieser Raum, wir sind *eins* mit ihm, mit *Vidya* (Wissen), Intelligenz und Offenheit“ (Trungpa, 1996, S.133). Wir alle kennen diese Momente des Offenseins. Es sind die Momente, die, wie schon vorher besprochen, aus der Perspektive des Ego bodenlos und ein bedrohliches Chaos sind, aber die aus ihrer eigenen Perspektive so klar wie Wasser, wahrhaftig und voller Freude sind. Diese Momente bilden die zugrundeliegende Basis, auf der und gegen die sich die Ego-Entwicklung abspielt.

Der dualistische Bruch

Die erste Bewegung wird dadurch gebildet, daß unser Geist sich sozusagen wieder sich selbst zuwendet, sich auf sich selbst zurückzieht und sich dadurch von allem anderen trennt, das sich im offenen Raum der Erfahrung manifestiert. Durch diese einzige mentale Bewegung entsteht in unserer Erfahrung die oben schon erwähnte Dualität des ‚Ich‘ und ‚des anderen‘. Man könnte es aus psychologischer Sicht als einen Moment des inneren Verkrampfens oder Zurückschreckens charakterisieren. Aber warum erschrecken wir, was ist passiert? ‚Tatsächlich ist gar nichts passiert. Wir sind in diesem Raum bloß zu aktiv geworden. Weil er so geräumig ist, inspiriert er uns, in ihm rundherumzutanzen; aber unser Tanzen wurde ein wenig zu heftig, wir haben angefangen herumzutoben, mehr als nötig war, um den Raum zur Geltung kommen zu lassen. In diesem Moment wurden wir *selbst*-bewußt, bewußt der Tatsache, daß ‚Ich‘ in diesem Raum herumtanzte. In solch einem Augenblick existiert der Raum nicht länger als solcher. Er wird fest. Anstelle des Eins-Seins mit dem Raum erleben wir den erstarrten Raum als einen separaten Gegenstand, als etwas Greifbares. Dies ist die erste Erfahrung der Dualität: Der Raum und Ich‘ (Trungpa, 1996, S. 133).

Hingerissen durch unsere eigene Energie – unser Tanzen, unser Klavierspielen – verlieren wir das Bewußtsein vom Raum, und dann schnellt urplötzlich die Angst hoch, ‚ich‘ könnte die Kontrolle verloren haben. Angst ist ein schlechter Berater, und durch sie erkennen wir nicht, daß wir erstens diese Kontrolle niemals wirklich gehabt haben, zweitens, daß wir sie auch nie erwerben können, und drittens, daß wir sie zum Tanzen und zum Leben auch gar nicht brauchen. So begeben wir uns mental in eine genauso verhängnisvolle wie in jeder Hinsicht ausweglose Sackgasse, weil dies Ego nicht das Fundament unserer Existenz, sondern die Schöpfung unserer Angst und Verkrampfung ist. Diese Angst erzeugt kein Vertrauen in die Art des grundsätzlich offenen Raumes. Und dieser Raum ist kein anderer als der Zustand der totalen Unbefangenheit des Geistes. Diesen offenen Raum erfährt man jetzt als eine undurchsichtige, außerhalb des ‚Ich‘ existierende Umgebung (siehe Fortman, 1974, I, S. 349). Und darum beginnen wir die Suche nach einem Halt.

Ego-Identifizierung

Weil wir in diesem offenen Raum keinen Halt finden können, wird die Suche nach diesem Halt zum endlosen und immensen Projekt, an dem wir kontinuierlich arbeiten müssen. Wir haben das Gefühl, daß wir, um überhaupt ‚dasein‘ zu können, *‚ein jemand‘* sein sollen. Aber wer? Es ist, als ob wir unsere Existenz als ‚Ich‘ gestalten und beweisen müssen. Dasein – Mensch sein, Geschöpf sein – ist nicht mehr gut genug. Unsere ständigen Versuche, einen Halt zu finden oder zu gestalten, werden selber unser Halt. Diese Versuche bilden einen zweiten Schritt in der Ego-Entwicklung. Sie richten sich darauf, dem noch abstrakten, kahlen ‚Ich‘ *body* (d. h. Substanz) zu verleihen. Eine nächste mentale Bewegung sorgt dafür. Sie trennt unser Erfahrungsfeld in einerseits dasjenige, was ich bin oder zu mir gehört, und andererseits in dasjenige, was ich nicht bin, was nicht zu mir gehört. In konkretere Worte gefaßt: Die Bewegung des Geistes nach dem dualistischen Bruch bedeutet, sich kontinuierlich mit bestimmten Erscheinungen zu identifizieren und diese Erscheinungen ‚Ich‘ zu nennen. Dies ereignet sich immer wieder in anderer Weise. Darum sehen wir auch, daß das, was wir ‚Ich‘ nennen, etwas Wechselhaftes ist. Im einen Moment identifizieren wir uns mit unserem Körper, wenn wir zum Beispiel sagen, ‚ich habe mich gestoßen‘. Im anderen Moment identifizieren wir uns mit dem dadurch hervorgerufenen Gefühl und sagen ‚ich habe mir weh getan‘. In wieder einem anderen Augenblick identifizieren wir uns mit einer bestimmten Emotion, zum Beispiel wenn wir sagen ‚ich ärgere mich, daß ich mir weh getan habe‘. Bedeutet es, daß der, der sich stößt oder der einen Schmerz erleidet oder sich deswegen ärgert, derselbe ist, oder nicht? Wenn ich sage: ‚Ich stoße mich‘, dann bedeutet dies eigentlich, daß mein Körper sich stößt, aber es ist nicht mein Körper, der sich darüber ärgert.

Sogar mit unseren Emotionen identifizieren wir uns nicht immer. Manchmal sind sie für uns Objekte, wie z. B., wenn wir sagen: ‚Ich wurde von meinen Emotionen überwältigt‘. In diesem Fall sind diese Emotionen für uns gewissermaßen zur Außenwelt geworden, und dann zieht unser ‚Ich‘ sich sozusagen auf eine andere Stelle zurück. Diese Stelle könnte unser Körper sein, unsere Empfindungen und Wahrnehmungen, unsere Gedankenwelt selber und auch unser Bewußtsein. Die Reichweite des Ego ist variabel: Je nach der Situation dehnt es sich und schrumpft wieder. Hier sehen wir also, daß dasselbe Etwas, auf das der Ausdruck ‚Ich‘ hindeutet, nichts Beständiges, sondern immer etwas anderes ist. In dem einen *sind* wir unser Körper, im nächsten Augenblick ist unser Körper ein Objekt für uns oder unsere Emotionen. Die Bedeutung des kleinen Wortes ‚Ich‘ verschiebt sich also kontinuierlich und ändert sich von Moment zu Moment.

Wir vollbringen diese mentale Bewegung der Ego-Identifizierung ganz schnell und in jedem Augenblick unserer Erfahrung. Jedoch dadurch entsteht der suggestive Eindruck der Kontinuität und Stabilität, nämlich das

Gefühl, daß dies ‚Ich' immer da und auch etwas Beständiges ist, obwohl es auch wieder niemals dasselbe ist. Wir können es vergleichen mit dem Gehen auf Eisschollen. Wir sollten nicht zu lange auf einer Scholle stehen bleiben, denn dann sinkt sie unter unseren Füßen weg. Wir müssen schnell von der einen auf die andere Eisscholle springen, damit wir die Suggestion des festen Bodens unter den Füßen aufrechterhalten.

Diese ersten zwei mentalen Bewegungen – der dualistische Bruch und die Ego-Identifizierung – begründen gemeinsam das Erscheinen des *Ego* als eines Dings oder Objekts in unserem Wirklichkeitserleben. Und um diese Gegebenheit herum befindet sich die Welt der Erscheinungen. Diese zwei Bewegungen gemeinsam können wir dann auch als *Objektgestaltung* bezeichnen, nämlich als mentale Bewegung, die in unserem Selbsterleben das ‚Ich' als Ding entstehen läßt. Dieses besondere Ding nennen wir dann oft in etwas gehobener Sprache: *das Subjekt*.

Folgendes Bild soll die zwei Bewegungen zusammen etwas veranschaulichen. In dieser Metapher repräsentiert der Schwimmer unseren Geist und der Ozean unsere Erfahrung. Wenn der Schwimmer – in den unübersehbaren Ozean der Erfahrung gefallen – denkt, nicht schwimmen zu können, klammert er sich an alles, was er bloß finden kann. Er klammert sich an das, was er als ein Stück Treibholz *betrachtet*. Aber faktisch klammert er sich an seinen eigenen Gliedern fest, und dies macht ihm das Schwimmen äußerst mühevoll. Aus Angst, daß er nicht schwimmen könnte, klammert er sich an sich selbst fest und erlebt, daß er tatsächlich kaum schwimmen kann, wodurch seine Angst sich weiterhin steigert und er sich aufgrund dessen noch kräftiger festklammert. (In dieser Metapher steht das Treibholz für das *Ego* und das Anklammern für die Geburt des *Ego*). Ertrinken tut der Schwimmer nicht, weil er in Wirklichkeit schwimmen kann. Wenn ihm das Wasser bis zum Halse steht, läßt er auch gezwungenermaßen sein ‚Treibholz' (das heißt: sein Ego) los. In diesem Augenblick gibt es die Möglichkeit, daß er über seine Situation zur Einsicht kommt und sich bewußt wird, daß er schwimmen kann, daß er kein Treibholz braucht, daß seine Angst keinen Grund hat und daß das Holz gar nicht existiert. Aber es könnte auch sein, daß er meint, gerade sehr klug mit seinem vermeintlichen Treibholz umgegangen zu sein. Er hat es doch mal wieder geschafft, indem er das Treibholz kurz losgelassen und sich nachher auf eine andere Art wieder daran festgeklammert hat! Es ist ihm wieder gelungen, sich am Schwimmen zu halten, dank der Schwimmfähigkeit des Holzes und dank seiner Fähigkeit, daraus seinen Vorteil zu ziehen!

Diese Metapher macht uns klar, daß das Ego eine *mentale Aktivität* ist, die als ein Ding erlebt wird. Der Schwimmer ist unser Geist, der, wenn er in die Richtung auf Ego-Entwicklung geht, sich an sich selbst festklammert. Und der Ozean stellt hier im Hinblick auf das Ego (das Treibholz) die Welt der Erscheinungen dar.

In der kontemplativen Psychologie sind Objekt und Subjekt keine festen Größen, aber sie sind das immer wiederholte Ergebnis, wie wir den offenen Raum in ‚Ich hier‘ und ‚das da‘ entzweispalten. Diese mentale Bewegung können wir auch als eine Bewegung charakterisieren, die alle Erscheinungen, innere wie äußere, auf Objekte, auf Dinge zu reduzieren versucht; Objekte und Dinge, an denen wir einen Halt finden können. Diese Bewegung ruft die Suggestion des *Ich‘ als Ding* in Verbindung mit den anderen Dingen in der Wirklichkeit hervor.

Das „Ankleiden“ des Ego

Trotzdem ist das Ego in dieser Phase noch sehr labil und nackt. Die dritte mentale Bewegung ist dann eine solche Tätigkeit, in der wir sozusagen dieses nackte Ego anzukleiden beginnen. Wie tun wir dies? Indem wir in der Form eines andauernden Gedankenflusses *über uns selbst* – in bezug auf das, was wir als „*nicht wir selbst*“ betrachten – eine große mentale Aktivität erzeugen: Wie eine Art der inneren Verwaltung, in der wir aufzeichnen, wer, was oder wie wir sind und wie uns zumute ist. Diese Verwaltung wird durch das innere Gespräch, das wir mit uns selbst führen, gebildet (siehe auch Kapitel 2). Auch wenn wir gelernt haben, es nicht laut zu tun, reden wir nicht viel in uns selbst? Wir ermahnen und ermutigen uns selbst, wir erklären uns Dinge und bilden allerhand Meinungen über uns selbst. Es ist nicht klar, ob wir in diesem Prozeß die Zuhörer dieses inneren Dialogs sind oder derjenige, der spricht. Wir erleben eine Art der geistigen Zwiespältigkeit, als ob wir im Inneren zu zweit wären. Warum würden wir uns selbst etwas sagen wollen, wenn derjenige, der es sagt, derselbe ist wie der Zuhörer? Wir wissen ja doch schon, was wir zu hören bekommen. Es gibt keine wirkliche Dringlichkeit, dies zu tun.

Aber von unserem Streben nach einem gediegenen Ego aus betrachtet, bedeutet es für uns buchstäblich und in übertragenem Sinn eine Notwendigkeit – die Notwendigkeit, den offenen Raum sozusagen mit etwas auszufüllen, von dem wir angeblich einen Halt in der Form unseres durchlaufenden Kommentars beziehen können. Es hat den Anschein, daß dieser Kommentar die Welt und unseren Platz darin darlegt und definiert. Deswegen auch scheint das Aufzeichnen einer inneren Verwaltung über uns selbst ganz sinnvoll. Aber zugleich *erzeugt* dieser Kommentar auch eine Welt: unser Wirklichkeitserleben. Mit Hilfe dieses Kommentars fangen wir an, dieses noch nackte Ego mit allerlei Ideen anzukleiden. Mit Ideen über dieses ‚Ich‘, mit Ideen also über uns selbst. In dieser Tätigkeit verfügen wir über eine reichhaltige Auslese und eine große Freiheit. Es gibt genau so viele Ideen über uns selbst oder über andere, wie wir uns nur ausdenken können: richtige Ideen, törichte Ideen, erfreuende und entmutigende Ideen, oberflächliche, tiefsinnige, philosophische, psychologische, gesellschaftliche Ideen. Ideen, die wir aus unserer Lebensgeschichte oder unseren Zukunftserwartungen ableiten. Kurzum, wir können unser kahles *Ego* mit einer *Definition dessen, wer wir zu sein denken*, ankleiden. Wir gestalten dann ein *Selbstbild*, wie wir es in Kapitel 1 erwähnt haben. Unser Selbstbild ist das, was wir in unserer Buchführung über uns selbst protokolliert haben. Es verhilft uns zu einer gewissen Beständigkeit, einer gewissen Struktur und einem Gefühl, den Überblick zu haben.

Ego-Identifizierung mit dem Selbstbild

Und dann gibt es noch eine vierte, sehr ingeniöse und subtile mentale Bewegung in der Entwicklung des unterdessen nicht mehr so kahlen, schon angekleideten Ego. Diese Bewegung steigert insbesondere seine Stabilität; sie überträgt dem Treibholz eine bessere Schwimmfähigkeit. Um diese Bewegung richtig zu umschreiben, wiederholen wir noch einmal kurz die drei vorausgehenden Schritte.

Die erste mentale Bewegung in die Richtung der Ego-Entwicklung machte die Spaltung aus und dadurch die Aufgliederung des offenen Erfahrungsraumes in ‚Ich hier‘ und ‚das da‘. Sie bringt einen dualistischen Erfahrungsmodus zustande, nämlich unsere Zerbrochenheit. Die zweite Bewegung ist die Ego-Identifizierung, das Festklammern an bestimmte Aspekte im fließenden Strom der Erfahrung, damit sie als vorläufige Basis für dieses ‚Ich‘ zu gebrauchen sind, so daß wir sagen können: dies bin ‚Ich‘ und das bin ‚Ich‘ nicht. Gemeinsam wandeln diese zwei Bewegungen unser Wirklichkeitserleben in das Erleben von *identifizierbaren Dingen* um. Auch das Ego erlebt man danach als eine innere Entität oder als ‚Ding‘, als etwas, das mit den Sachen um uns herum in Beziehung steht. Die dritte mentale Bewegung bildet die Aktivität, in der wir eine Erzählung, unser Selbstbild, über uns selbst entwerfen. Je älter wir werden, desto mehr Erzählung haben wir, desto mehr können wir auch, glücklicherweise vielleicht, vergessen. Allerdings entsteht ein Bild, das wir für ein getreues Bild von uns selbst halten.

Durch diese drei mentalen Bewegungen eröffnet sich jetzt die Möglichkeit einer vierten, die sich folgendermaßen bildet. Die dritte Bewegung hat eine neue Erscheinung in unseren Bereich der Erfahrung gebracht, nämlich unser Selbstbild, eine mentale Struktur, die wir – abgesehen von vereinzelten, regelmäßig wiederkehrenden buchmäßigen Anpassungen – ziemlich beständig halten können. Dies Selbstbild gehört jetzt zum Bereich unserer Erfahrung. Und warum würden wir uns – auf der Suche nach einer stabilen Konzeption darüber, wer oder was wir sind – dann nicht mit dieser Konstruktion identifizieren? Die vierte mentale Bewegung ist genau diese: Sie hat zum Inhalt, daß wir uns mit dem Selbstbild identifizieren. Von diesem Moment an sind wir, wer wir *denken* zu sein. Wir betrachten unser Selbstbild, als wäre dies *wir selbst*. Von diesem Standort aus verkehren wir mit der uns umgebenden Welt.

Diese vier mentalen Bewegungen führen im Sinne der kontemplativen Psychologie zum Entstehen und Fortbestehen des Ego. Wir sollten diese Bewegungen aber nicht als eine nur einmal in unserem Leben sich ereignende mentale Aktivität betrachten, wonach wir für immer und ewig daran haften bleiben müßten. In der kontemplativen Psychologie, und sehr stark betont in der buddhistischen Psychologie, betrachtet man diese Bewegungen als eine *Aktivität*, die sich fast immer in jedem Moment der Erfahrung *erneut* vollzieht. Hier handelt es sich um ganz schnelle, meistens unbemerkte und oft eingefleischte mentale Bewegungen. Trotzdem können sie in der Meditationsübung wahrgenommen werden. Ego also ist kein *Ding*, obwohl wir es fast immer als solches erleben, sondern eine mentale *Aktivität*, die durch ihre Kontinuität die Suggestion der Beständigkeit bewirkt. Deswegen auch verwenden wir hier kein Geschlechtswort; wir reden nicht über *das* Ego, sondern über *Ego*. (Siehe dazu die Fußnote auf Seite 88, Anmerkung des Lektorats)

Die Hartherzigkeit und Verletzbarkeit des Ego

Endlich wissen wir dann, wer wir sind. Es ist in unserem mentalen Notizheft protokolliert. In diesem Heft ist des *Egos* Formulierung seines Selbstverständnisses – *des indirekten Selbstverständnisses*, worüber wir im Kapitel 1 gesprochen haben – niedergeschrieben. Es enthält eine beeindruckende mentale Leistung, aber zugleich eine Leistung, die uns ganz weit vom offenen Raum weggeführt hat, über den Augustinus und viele andere uns in den kontemplativen Traditionen berichten. Gravierender noch: *Ego* als Resultat der vier mentalen Bewegungen verdüstert den Blick auf den und den Zugang zum offenen Raum, in dem gerade der illusionäre Charakter von *Ego* sonnenklar sein würde. Es führt zu dem, was wir im nächsten Kapitel erörtern werden, nämlich zur *Wahrnehmungsverwirrung*.

Wenn wir uns mit unserem Selbstbild identifizieren, entsteht außerdem augenblicklich eine neue Art der Verletzlichkeit; vielleicht wäre das Wort ‚Reizbarkeit‘ besser, denn wer unser Selbstbild berührt, berührt *uns*. Wenn in unserem Notizheft geschrieben steht: „Ich bin eine geduldige und charmante Person", und wir hören jemanden – vielleicht hinter unserem Rücken – sagen: „Du sollst dich ein wenig in acht nehmen vor ihm, denn er geht immer ganz schnell in die Luft, er ist ein grober Kerl", dann wird nicht nur unser Selbstbild gekränkt, sondern wir fühlen uns persönlich verletzt: *wir* sind verletzt. Wir können, mal auf Rache sinnend, mal innerlich beunruhigt, tagelang darüber maulen. In uns selbst vertieft, verpassen wir den Sommerwind, der den Klatschmohn in unserem Garten bewegt, und den heiteren, hingebungsvollen Blick unserer kleinen Tochter, die uns gerade zum Mitspielen einlädt.

Wenn wir das Selbstbild, mit dem wir uns identifizieren, weiter ausarbeiten und nuancieren, so daß schließlich nahezu alle Aspekte unseres Erfahrungsgebietes damit verbunden sind, kann kaum noch etwas geschehen oder gesagt werden, ohne daß unser Selbstbild und dadurch wir selber zur Diskussion gestellt sind. Alles beginnt Bezug auf uns zu nehmen! Zum Guten oder Bösen, als Bestätigung oder als Kränkung. Unser egozentrisches Wirklichkeitserleben ist eine Gegebenheit geworden.

Das Ausmaß unseres egozentrischen Wirklichkeitserlebens kann sich also immer weiter ausweiten. *Ego* kann sich wie eine Art Gewebe immer weiter über das Gebiet unserer Erfahrung verzweigen. Andauernd annektiert *Ego* mehr und mehr Gebiete zu seinem Hoheitsgebiet. Immer weiter dehnt sich das psychologische Gebiet aus, von dem wir denken, es kontrollieren zu müssen, um die Existenz unseres Ego abzusichern. Es hat Auswirkung auf unser Sprechen und Handeln. Immer mehr Aspekte unserer Erfahrung bekommen Relevanz für unser Ego, für unseren Eigennutz. Nur dann, wenn unser Ego nicht zur Diskussion steht und nicht oder kaum bedroht wird, können wir noch offen und uneigennützig sein. Mit anderen Worten gesagt: Unsere grundlegende Menschlichkeit kann sich nur unter bestimmten Bedingungen offenbaren, und *Ego* diktiert diese Bedingungen. Es gibt nur noch sporadische Momente, in denen *wir über uns selbst hinauswachsen*. Unsere *grundlegende Menschlichkeit* hat sich in eine *bedingte Menschlichkeit* gewandelt. Wenn wir zum Beispiel die Meinung entwickelt haben, daß wir unserem Sicherheitsgefühl zuliebe ungefähr hunderttausend Mark auf der hohen Kante haben müssen, dann wird unsere Generosität, unsere Bereitschaft, Geld für einen guten Zweck zu schenken, sich erst manifestieren, wenn diese Bedingung erfüllt ist. In dieser Weise werden wir Freundschaft und Sorgsamkeit Menschen gegenüber nur dann aufbringen können, wenn sie unser Ego nicht zu viel und am liebsten gar nicht bedrohen. Die Ego-Entwicklung erstickt die verborgene Blüte und dadurch auch die Entwicklung von deren Früchten.

Die Gefangenschaft im Ego

Das Ego, dessen Entwicklung wir hier beschrieben haben und für die die kontemplativen Traditionen ein lebhaftes Interesse zeigen, ist wie ein Bauwerk, das in unserem Herzen errichtet wird. Keiner darf hineingehen. Warum nicht, das wissen wir eigentlich nicht. Wir wissen eigentlich nicht, was sich hinter den Mauern dieses Bauwerks, das heißt hinter unserem Selbstbild, befindet, auch wissen wir nicht, ob da in Wirklichkeit etwas zu finden wäre. Wir wissen nicht, ob das Bauwerk unsere Lebensfreude und unsere Zärtlichkeit schützt oder ob es gerade unsere Lebensangst und Härte einsperrt, so daß sie uns nicht zu sehr zur Last fallen. Wir wissen nicht, ob ein Lamm oder ein Wolf darin wohnt. Könnte es so sein – wie in vielen kontemplativen Traditionen behauptet wird –, daß darin der gleiche offene Raum angesiedelt ist wie derjenige, in dem wir lebten, bevor das Bauwerk *Ego* errichtet wurde? Was könnte es anderes sein?

Wie auch immer, die Entwicklung des Ego richtet sich auf das Erbauen eines uneinnehmbaren Bollwerks, in dem wir nur ganz selten jemanden dulden; und wenn, dann nur mit unserer unterschriebenen und versiegelten Bescheinigung.

Aber die Verschlossenheit unseres Ego, die Unzugänglichkeit dieses mentalen Bauwerks hat auch eine Schattenseite: Keiner ist imstande, da herauszukommen. Je mehr das Ego sich angeblich kräftiger und unverletzlicher entwickelt, desto mehr wird es auch immer ein Kerker. Es ist eine nicht beabsichtigte und bestimmt nicht bewußt gewollte Nebenwirkung der Ego-Entwicklung, daß wir unsere grundlegende Menschlichkeit im Kerker eingeschlossen haben. Wir empfinden einen tiefgründigen Unfrieden und sehen nicht ein, daß wir selber diese Gefangenschaft schaffen, daß es unseren persönlichen „Sündenfall" bedeutet. Wie wir schon in Zusammenhang mit der Metapher des Kokons besprochen haben, bewirkt die Undurchdringlichkeit des Ego zur gleichen Zeit, daß wir unser Abgetrenntsein nur noch bitterer erfahren. Immerhin ist es mit großem psychologischen Komfort ausgestattet. Denn für jegliche schwierige Lebenssituation haben wir im Nu unsere Interpretation präsent, damit wir sie unschädlich machen können. Aber in unserem Bauwerk riecht es äußerst faul, und es herrscht Finsternis. Kein Fenster kann aufgemacht werden, keine frische Luft kann hereinkommen, und darunter leiden wir sehr.

Natürlich ist die konkrete Ego-Gestalt jedes einzelnen Menschen verschieden, weil jeder beim Aufbau seines Ego unterschiedliches mentales Material verwendet. Auch die Komplexität des Bauwerks ist sehr unterschiedlich. Manche halten sich eine kleine Hütte. Gerade weil die so klein ist, kann sie leicht aus Beton gebaut werden. Andere entwerfen große Paläste mit hohen, stolzen, weit in den Himmel emporragenden Zinnen und mit umfangreichen, viel Boden beanspruchenden Nebengebäuden. Kurzum eine sehr imponierende, aber auch sehr verletzliche Konstruktion: Man braucht eigens Vorkehrungen gegen Einsturzgefahr und gegen mögliche Eindringlinge. Man muß Wächter aufstellen für die Überwachung des Bauwerks, so daß keiner hineinkommen kann, der alles durcheinanderbringt oder etwas stiehlt. In allen Fällen isoliert uns das Ego gemeinsam mit unserer egozentrischen Gedankenwelt von der direkten nackten Erfahrung. Marcel Proust sagt es so: „Und war nicht die Welt meiner Gedanken selbst wie eine solche Hütte, in deren Tiefe ich sogar auch dann verborgen blieb, wenn ich einen Blick auf die Dinge warf, die sich draußen zutrugen? Sobald ich einen Gegenstand außerhalb von mir wahrnahm, stellte sich das Bewußtsein, daß ich ihn sah, trennend zwischen mich und ihn und umgab ihn rings mit einer geistigen Schicht, die mich hinderte, seine Substanz unmittelbar zu berühren; vielmehr verflüchtigte diese sich jedesmal, wenn ich den direkten Kontakt damit suchte, so wie ein glühender Körper, den man an etwas Feuchtes hält, niemals die Feuchtigkeit selbst berührt, weil dazwischen immer eine Zone von Dampf liegt." (Proust, 1981, S. 128).

Eingeschlossen im Bollwerk des ‚Ego', sehnen wir uns unsäglich und tief nach dem offenen Raum, nach der Verspieltheit und Freiheit. Und wir vermuten, daß sie außerhalb unseres Bauwerks existieren. Diese Sehnsucht bedeutet unseren natürlichen und ursprünglichen Wunsch, das Leben blühen zu sehen. Thomas von Aquin nennt es das ‚desiderium naturale' (das ‚natürliche Verlangen'). Jetzt, da unsere Zerrissenheit eine psychologische Tatsache geworden ist, manifestiert diese Sehnsucht sich als der Wunsch, uns wieder zu vereinen. Gleichzeitig mit dem Aufkeimen des Ego erwacht also die Sehnsucht, diese Trennung wieder ungeschehen zu machen. Sie verstärkt unsere Unruhe in dieser Umbruchsituation. Sie motiviert uns zu Ausbruchsversuchen in zwei Richtungen.

In der einen Richtung haben diese Ausbruchsversuche den Charakter von Bemühungen, unsere konkrete Alltags- und Lebenssituation zu verwandeln oder zu zerstören: einen anderen Job, einen anderen Partner, einen anderen Lebensstil. Wir tendieren dahin zu denken, daß zur Erneuerung unserer ursprünglichen Lebenswärme sich etwas in unserer Umgebung ändern sollte – diese Lebenswärme, deren Existenz wir doch noch immer vermuten, wenn wir auch nicht mehr wissen, wo wir sie finden können.

In die andere Richtung gehend, bemühen wir uns, unser Ego zu verändern oder zu zerstören: Wir suchen ein anderes Selbstbild, einen anderen Seinszustand, wir versuchen, ein anderer Mensch zu werden. In welche Richtung wir auch gehen, diese Versuche sind fundamental wirkungslos, gerade weil sie in jedem Moment das dualistische Wirklichkeitserleben des Ego von neuem wiederherstellen. Faktisch basieren diese Versuche auf dieser Gegebenheit, sie sind deren Äußerung. Diese Versuche haben dann auch eine ganz entgegengesetzte Wirkung: Der Kampf gegen mich selbst oder äußere Umstände verstärkt nur die Voreingenommenheit gegen und den Glauben an die Existenz von *selbst* und *nicht-selbst*, nämlich vom Bollwerk des Ego und dem, was außerhalb dessen ist. Und dieser Glaube verschärft den Schmerz unseres Gefangenseins und intensiviert eine aggressive und defensive Lebenshaltung.

Die Entwicklung einer egozentrischen Emotionalität

Auch wenn die ‚Bauart‘ des Ego bei jedem Menschen verschieden ist, liegen ihr allgemeine psychologische Baupläne zugrunde. Einige davon haben wir mit Bezeichnungen von mentalen Bewegungen beschrieben, die zu einem mehr oder weniger gediegenen Ego führen. Aber es gibt noch mehr mentale Bewegungen. Sie bilden auch die Basis für die Entwicklung einer egozentrischen Emotionalität. Wie sieht ihr Ablauf aus?

Für eine Antwort auf diese Frage möchte ich zur zweiten Bewegung, zum Prozeß der Identifizierungen des Ego in seiner Entwicklung zurückkehren. Während dieses Prozesses versteht man äußere und innere Erscheinungen als scharf konturierte Gegebenheiten, mit denen wir uns mal identifizieren, ein andermal nicht. Mal identifizieren wir uns mit unserem Körper, mal mit unseren Wahrnehmungen, unseren Emotionen, Gedanken oder mit unserem Bewußtsein. Aber in all diesen Beispielen entsteht ein dualistisches Wirklichkeitserleben, wodurch das Ego, als sei es ein seinem Wesen nach Ganzes, seiner Welt gegenüber abgegrenzt wird.

Gegenstände können einander anziehen, einander abstoßen oder sich aneinander vorbei bewegen, ohne sich gegenseitig zu beeinflussen. In Analogie mit diesem Geschehen beginnt zwischen dem Ich als Gegenstand und den anderen Gegenständen ein Spiel des Anziehens, Abstoßens oder des Unbeteiligtseins. Es ist, als ob das Ego an jede Situation mit dieser Frage herangeht: Werde ich diese Situation an mich heranziehen, sie von mir wegschieben oder sie negieren? Ist diese Situation wichtig für mich, weil ich etwas an mich reißen kann oder weil ich von ihr bedroht werde, oder hat sie keine Wichtigkeit für mich? Um es in psychologischen Termini zu sagen: Mit der Erscheinung des Ego in unserem Selbsterleben beginnen die Habgier, die Aggression und die Gleichgültigkeit in Hinsicht auf die Umgebung des Ego ihre Rolle zu spielen. In der buddhistischen Psychologie nennt man diese drei Emotionen *Vergiftungen* (im Sanskrit: *klésas*), weil sie unseren Geist vergiften. Sie bilden die grundlegenden Emotionen einer Mentalität, in der das Ego anwesend ist. Die Emotionalität des profanen Menschen hat sich eingenistet.

Nun gibt es einen interessanten Aspekt bei Emotionen (und bei Gedanken, wie wir in Kapitel 4 ausführlicher sehen können), nämlich, daß sie auf etwas ausgerichtet sind. Diese Gegebenheit nennt man auch den *intentionalen* Charakter der Emotionen. Oder man sagt auch, Emotionen haben ein Objekt. So kann ein Mensch oder eine Situation das Objekt unserer Aggression oder unserer Leidenschaft sein. Wir haben auch gesehen, daß wir uns nicht immer mit unseren Emotionen oder Gedanken identifizieren, wenn wir etwa sagen: „Ich wurde von meinen Emotionen hingerissen, der Gedanke kam in mir hoch". In diesem Augenblick erleben wir unsere Emotionen und Gedanken, als wären sie außerhalb von uns. Vom Ego-Blickpunkt aus gesehen, gehören sie zur Außenwelt, sie sind dann selber zum Objekt geworden. Emotionen *haben* nicht nur ein Objekt, oft können sie selber wieder Objekt *sein*.

In unser Selbsterleben tritt, wenn wir unsere Emotion zum Objekt machen, aufs neue eine dualistische Spaltung, eine weitere Teilung und Komplikation in Erscheinung, nämlich: Ich und meine Emotion. Dann kann ich mich fragen, was ich von meiner Emotion halte, wie soll ich mich ihr gegenüber verhalten? Wiederum manifestieren sich die drei Vergiftungen: „Werde ich meine Emotion kultivieren (ausagieren), bekämpfen (unterdrücken) oder negieren (verneinen)? In diesem Augenblick entstehen *Emotionen über Emotionen*. Diese innerliche Teilung und Komplikation kennen wir alle: „Ich habe meinen eigenen Wutausbruch genossen" oder „Es hat mich geärgert, daß ich mich so sehr nach ihr sehnte". Diese mentale Bewegung, in der wir die inneren Erscheinungen zum Objekt von anderen inneren Erscheinungen machen (Emotionen über Emotionen, Gedanken über Gedanken, Gedanken über Emotionen und umgekehrt), öffnet weitgehende Perspektiven für den Aufbau des Ego. Wir sind imstande, unser geistiges Leben – unsere Gedankenwelt, unser Gefühlsleben – soviel wir wollen oder leisten können, zu komplizieren.

Wir bekommen es also hier zu tun mit der Erscheinung der *widersprüchlichen Emotionen*: Dann und wann finden wir es sogar angenehm, erbost zu sein, und manchmal ärgern wir uns über die Tatsache, daß wir etwas angenehm finden. Auf diese Art und Weise werden wir Menschen voller Widersprüche. Unser Gefühlsleben ist nicht ohne weiteres eine eindeutige Angelegenheit, sondern es gibt Emotionen über Emotionen über Emotionen. Wir können immer wieder etwas dazu bauen; gelegentlich sind wir irgendwie gereizt, haben aber vergessen, wodurch. Wir bedauern es dann wieder, obschon wir dies unsererseits eigentlich kindisch finden usw. Wir können auf diese Weise mehrere ganz vielschichtige Gefühlsleben und Gedankenwelten entwickeln, die alle mehr oder weniger dauerhafte emotionale Reaktionsmuster in bezug auf andere Emotionen besitzen. Manchmal treten diese Reaktionsmuster derartig automatisch und schnell auf, daß die veranlassende Emotion gar nicht mehr in unser Bewußtsein dringt. Nach und nach wissen wir uns keinen Rat mehr, wir sind von der Fährte abgekommen. Wir verirren uns in dem Bauwerk des Ego. Unsere Buchführung ist hoffnungslos verwirrt. Wenn wir einen gewissen Unfrieden in uns spüren, erinnern wir uns in einem bestimmten Augenblick nicht mehr, woher er zum Vorschein gekommen ist. Dieser Unfrieden ist sozusagen die als letzte aufgerichtete, sichtbare und äußere Mauer des Ego. Wir leiden darunter und fragen uns: „Ist es nicht an der Zeit, uns einer Psychotherapie zu unterziehen?"

Psychologische Forschung hat erwiesen, daß Menschen mit einem großen Sprachschatz und einer reichen begrifflichen Ausdrucksfähigkeit (sie sind dadurch imstande, eine detaillierte mentale Buchführung zu gestalten) auch viel mehr Kolorit in ihrer Emotionalität zur Verfügung haben. Also gibt es einen Zusammenhang zwischen dem von uns verwendeten begrifflichen Rahmen und den Emotionen, die wir zu differenzieren vermögen. Mit Hilfe dieses begrifflichen Rahmens und der Möglichkeit, Emotionen als Objekt anderer Emotionen und Gedanken zu betrachten, sind wir imstande, ein besonders barockes Gefühlsleben zu gestalten. Auch damit können wir uns wiederum identifizieren, es in unser Selbstbild aufnehmen, zum Beispiel wenn wir ein wenig stolz auf unsere nuancierte Emotionalität sind und auch auf unser Vermögen, solch ein anspruchsvolles Geschehen im Griff zu haben.

Man könnte in der Art und Weise, wie wir hier über das Gefühlsleben sprechen, fast etwas Abwertendes spüren. Das ist aber nicht berechtigt, weil es sich um eine ganz einschneidende Angelegenheit handelt: Nämlich um die Entwicklung der Emotionalität des Ego, und dies heißt, um die Entwicklung von ‚Egos‘ emotionalen Beziehungen mit seinen ‚Objekten‘. Trotzdem kann man in vielen kontemplativen Traditionen wiederfinden, daß diese innere Entwicklung nicht *hundertprozentig* ernst genommen wird. Diese Entwicklung ergibt sich zwar, und man soll sie in diesem Sinne auch respektieren – das wird auch immer wieder betont –, aber wir brauchen uns dadurch nicht einschüchtern oder gängeln zu lassen. Dies würde einen Schritt zu weit gehen. Unterm Strich ist diese Entwicklung das Ergebnis eines unseligen „*turn of mind*" (Umkehr des Geistes), einer ‚Metanoia‘ oder ‚Bekehrung‘ in die falsche Richtung. Diese Wende deformiert die emotionale Energie unserer grundlegenden Menschlichkeit in egozentrische Emotionen und erwürgt auf diese Weise jedes geistige Wachstum.

Mit anderen Worten gesagt: Es gibt Tränen und Krokodilstränen, Tränen, die wir aus Anteilnahme fließen lassen, und Tränen, die wir vergießen, weil unser Ego beleidigt ist. Augustinus geht so weit, daß er sich fragt, ob man die Tränen auf Grund eines gekränkten Ego eigentlich fließen lassen dürfe. Wenn er seine Mutter verliert, fragt er sich, ob die aufquellende Tränenflut nicht eher der Ausdruck einer gewissen geistigen Unreife sei, eines sich Festklammernwollens an einem Teil des Egoterritoriums, wozu seine Mutter gehörte, so daß die Tränenflut eigentlich mehr aus Selbstmitleid als aus Liebe zu seiner Mutter aufgequollen wäre. Er hat sich die Frage gestellt, ob er durch das Vergießen von Tränen auf Grund des frustrierten Eigeninteresses sich selbst und anderen nicht viel mehr Schäden zugefügt hat. Später weint er dann von ganzem Herzen aus Liebe zu seiner Mutter, um ihre kleinen Sünden und um das Leben, das sie gelebt hatte. Und dies sind ganz andere Tränen.

Die Psychologie der ersten Person und die Ego-Psychologie

Die Entwicklung des Ego führt nicht allein dazu, daß wir unsere Menschlichkeit nicht mehr oder kaum noch erfahren und nicht mehr aus ihr leben, sondern auch dahin, daß wir dies als ganz normal und ganz menschlich empfinden. Dies hat auch Auswirkung im Bereich des Handelns und Sprechens. Auch hier kann unsere grundlegende Menschlichkeit sich nicht mehr *manifestieren*. In dem Bereich des Sprechens werden wir dazu geneigt sein, unsere Position als ,Ich' aufrechtzuerhalten und möglichst zu verstärken, indem wir uns ein wenig anpreisen, andere ein wenig anschwärzen, unseren Ehrgeiz und unseren Neid befriedigen, damit wir auf diese Weise unser kleines Königreich erweitern können. Auch im Handeln bringen wir unsere egozentrische Mentalität zum Ausdruck: Wir eignen uns Sachen an, die nicht zu uns gehören, wir gestalten Situationen, mit denen wir unserem Ego einen Gefallen tun, und wir zerstören die Situationen, die uns mißfallen. Auf diese Art schleifen wir vielerlei egozentrische Verhaltensmuster ein, durch die wir und andere zu leiden haben. Vielleicht haben wir im Umgang mit Menschen die Idee angenommen, daß – für den Schutz des Ego– der erste Schlag doppelt zählt. Wir neigen dann dazu, uns selbst in neuen Situationen unmittelbar in den Vordergrund zu drängen und zur Schau zu stellen, damit wir dominieren. Andererseits können wir auch der Meinung sein, daß wir unser Ego am besten schützen, wenn wir so unauffällig wie möglich durch das Leben schleichen in der Hoffnung, daß keiner seine Pfeile auf uns richtet. Diese Verhaltensmuster sind die äußerlich sichtbaren, bitteren Früchte unserer inneren Entwicklung. Derartig tief können sie eingeschliffen sein, daß sie überleben, auch wenn unser Glaube an ihrer Zweckmäßigkeit schon längst verlorengegangen ist. Deswegen bieten auch die kontemplativen Traditionen nicht nur mentale Disziplinen an, die auf das Erkennen und Loslassen der mentalen Ego-Bewegungen gerichtet sind, sondern sie arbeiten auch mit Disziplinen, die sich auf die Transformation des Handelns und Sprechens richten. Im zweiten Teil dieses Buches werden sie erörtert.

Aus dem Blickwinkel des Ego sind die egozentrische Mentalität, die Emotionalität und deren Art des Funktionierens selbstverständlich. Die sich aus dieser Sicht ergebende Psychologie ist eine Art Ego-Psychologie. Ihrer Ansicht nach sind bestimmte Emotionen ganz selbstverständlich: Der Mensch ist nun mal ein Lebewesen, das…, und dann folgt eine Auflistung der ,Grundlagen' einer egozentrischen Mentalität, worin der Mensch als ein selbstsüchtiges Lebewesen skizziert wird, das auf Befriedigung, persönlichen Komfort und die Erfüllung seiner Ambitionen aus ist. Diese scheinbar selbstverständliche und deswegen gut ins Ohr gehende Psychologie ist aber keine unschuldige Angelegenheit: Sie wirkt weiter, sowohl in unserem privaten als auch im gesellschaftlichen Leben, weil sie auf einem Menschenbild basiert, in dem das Eigeninteresse eine zentrale Stelle als Triebfeder einnimmt. Von diesem Menschenbild aus „…sieht man Egoismus als das normalste Geschehen an, das es in der Welt gibt. Und es hat als gesellschaftliche Energie auch in der Tat materiellen Fortschritt gebracht. Aber eine Gesellschaft, die für das menschliche Handeln keine anderen Kriterien als Eigeninteresse, Nutzen und wirtschaftliche Zweckmäßigkeit anerkennt, wird auseinanderfallen" (Beatrix van Oranje, 1992).

Aus Sicht der kontemplativen Traditionen bedeutet diese Ego-Psychologie nicht weniger als die Psychologie des verstockten Sünders. Diese Ego-Psychologie ist eine ganz andere als die ‚Psychologie der ersten Person', die wir in den kontemplativen Traditionen vorfinden.

Oben haben wir schon registriert, daß der Terminus *Ego* nicht derselbe ist wie das persönliche Fürwort ‚Ich'. Dieses Fürwort ist ein ganz brauchbarer Ausdruck, den wir in diesem Text regelmäßig verwenden, wenn wir auf den Menschen in der ersten Person hinweisen wollen. Dieser Mensch hat eine zentrale Stelle in der kontemplativen Psychologie, eine Psychologie, die also nicht Ego, sondern den egolosen offenen Raum der Erfahrung als Ansatzpunkt nimmt. Die Psychologie der ersten Person ist daher eine egolose Psychologie, die die Dynamik der Erscheinung des Ego in unserem Selbsterleben wie auch die Dynamik des Verschwindens des Ego untersucht. Darum ist die Psychologie, die wir in den kontemplativen Traditionen vorfinden, eine so vollständig andere als unsere herkömmliche, die nicht nur zum größten Teil eine Psychologie der dritten Person, sondern auch fast gänzlich eine Ego-Psychologie ist.

Nicht nur weil die kontemplativen Traditionen sich auf irgendeine Weise auf das Transzendieren des Ego (und seiner Psychologie) ausrichten, sind ihre Psychologien anders. Auch die Perspektive der ersten Person führt zu einer ganz eigenen Sicht auf die Art und Funktion des menschlichen Geistes und der menschlichen Erkenntnis. Deswegen beinhalten auch diese Psychologien ganz eigene Ansichten über das Denken, das Erfahren und bewußte Sein. Und sie liegen an der Basis der kontemplativen Disziplinen selbst. Bevor wir im zweiten Teil dieses Buches die kontemplativen Disziplinen selber betrachten, werden wir diese Art der Psychologie über den Geist und die Erkenntis im nächsten Kapitel genauer betrachten.

Kapitel 4

Geist und Kenntnis in der kontemplativen Psychologie

Einleitung

In den vorhergehenden Kapiteln haben wir uns ziemlich locker und auch in einer oft anderen Weise, als uns vertraut ist, einer Anzahl Begriffe wie zum Beispiel Erfahren, Denken, Gedankenstrom, Unterscheidungsvermögen und so weiter bedient. Das hat seinen Grund in der Perspektive der ,ersten Person‘, die für die kontemplative Psychologie so kennzeichnend ist. Ehe wir im zweiten Teil dieses Buches betrachten, wie die kontemplativen Disziplinen sich mit unserem Geist beschäftigen, sollten wir uns über die Anwendung dieser Art psychologischer Begriffe etwas mehr Klarheit verschaffen. Denn diese Begriffe beziehen sich alle auf *Aspekte unseres Geistes*. Und sie befassen sich auch mit *Kenntnis*. Eine Verdeutlichung dieser Begriffe ermöglicht uns einen Blick auf das, was man in der kontemplativen Psychologie als Geist und Kenntnis charakterisiert. Davon handelt dieses Kapitel.

Wenn wir in unserer Alltagssprache über den Geist, den Verstand, das Bewußtsein, die Einsicht usw. reden, sind diese Begriffe im allgemeinen ziemlich vage abgesteckt. Sicher auch, weil der Begriff „Geist" ziemlich ,flüchtig‘ (nota bene!) und substanzlos scheint. Wir finden es schwierig, den Finger genau auf die Essenz zu legen. Im alltäglichen Leben verwenden wir dieses Wort für ganz verschiedene Inhalte: ,Es kommt mir etwas in den Geist‘, oder: Geistesgegenwart‘, oder ,Der Geist ist willig, aber das Fleisch ist schwach‘ (Matth. 26:41), oder ,Der Geist kam über sie, oder ,Er gab den Geist auf‘ und so weiter. Ein niederländisches Wörterbuch bietet ganz ,begeistert‘ nicht weniger als neun verschiedene Inhaltsaspekte: ,1. Immateriell denkender, fühlender und wollender Teil des Menschen; 2. Lebensprinzip im Menschen; 3 ein Ganzes von Gedanken und Gefühlen; 3. Vernunft und Verstand; 5. ein persönliches, immaterielles Wesen; 6. ein Schemen oder Gespenst; 7. eine Person mit einem lebhaften Geistesleben, ein Denker; 8. ein Erzeugnis eines begabten Menschen;

9. flüchtiger Stoff (Koenen & Endepols, 1960, S. 325). Kurz gesagt, eigentlich zu viel, um es auf einen Nenner zu bringen.

Auch die moderne wissenschaftliche Psychologie ist nicht imstande, uns eine klare Definition zu vermitteln. In dieser *Psychologie* war, erstaunlich genug, die Anwendung des Begriffes ‚Geist‘ oder ‚*Psyche*‘ bis vor kurzer Zeit so gut wie für tabu erklärt. Während der ersten Jahrzehnte dieses Jahrhunderts sind diese Termini als direkte Wirkung ihrer Orientierung auf die Forschung ‚in der dritten Person‘ aus dem Vokabular dieser Psychologie verschwunden. Der menschliche Geist ist ja für keinen anderen als für uns sichtbar. Theologische und religiöse Interpretationen dieser Termini bieten auch oft wenig konkreten Halt. Da spricht man wohl über die menschliche Seele, den Geist, und es gibt auch ganz ausführlich erarbeitete theoretische Gebilde, in denen viele Zusammenhänge zwischen der Seele, dem Verstand, der Intuition, dem Intellekt, dem Geist usw. skizziert werden. Doch hier liegt der Nachdruck nicht bei der kontemplativ-psychologischen Reichweite, sondern bei dem Entwerfen einer zuverlässigen Theologie. Antworten auf die praktische Frage, wie wir als Praktizierende auf dem Weg mit unserer mentalen Domäne und mit dem darin sich bildenden Wirklichkeitserleben umgehen können, kommen in diesen Entwürfen so gut wie nicht vor.

Antworten auf konkrete Fragen finden wir natürlich wohl bei der Psychotherapie, aber hier stellt man diese Fragen mit einem ganz anderen Ziel: Nicht das Heilige oder Heiligsein, sondern das Lösen psychischer Probleme ist hier Ziel und Zweck. So können tiefenpsychologische Verfahrensweisen, die in der Religion angewendet werden, uns oft Anhaltspunkte liefern für eine mehr psychologische Deutung der Ausdrücke und Termini, die dem Anschein nach nur einen theologischen Inhalt besitzen. Die Werke von Carl Gustav Jung (z. B. 1938) und, jüngeren Datums, von Eugen Drewermann (1990, 1991) geben uns die Möglichkeit dazu. Insbesondere wenn eine religiöse Tradition ihre kontemplative Psychologie nicht mehr im Blick hat, könnte die Tiefenpsychologie uns für eine mehr psychologische Ansicht die Augen öffnen. Darin liegt die große Bedeutung von Drewermanns Arbeit für die christliche Tradition.

Aber die Methoden der Tiefenpsychologie beinhalten auch das Risiko, daß sie eine Terminologie einführen, die der kontemplativen Tradition selbst wesensfremd ist. Gerade dadurch können diese Methoden uns den unmittelbaren Blick auf die kontemplative Psychologie der Tradition verstellen. Besonders groß ist das Risiko, wenn wir uns auf die nicht-westlichen bzw. nicht-christlichen Religionen beziehen, die eine Vielfalt an kontemplativ-psychologischen Einsichten besitzen. Ausgerechnet dann besteht die Möglichkeit, daß man meint, den eigenen psychologischen begrifflichen Rahmen in den Einsichten der anderen Religionen bestätigt zu finden. Die nicht in diesen Rahmen passenden kontemplativ-psychologischen Einsichten ignoriert man leicht oder betrachtet sie als bedeutungslos. C.G.Jungs Vorwort für *The Tibetan Book of the Dead* (Evans-Wentz, 1927) ist dafür, wie Reynolds (1989, S. 71 u.f.) nachweist, ein typisches Beispiel.

Deswegen ist es sinnvoll, erst einmal einen anderen Schritt zu tun, nämlich die charakteristische psychologische Interpretation sichtbar zu machen, die von den kontemplativen Traditionen angewendet wird, wenn sie mit Ausdrücken und Begriffen wie ‚Geist' ‚Bewußtsein', ‚Bewußtheit', ‚Denken', ‚(Er)kennen' und ‚Erfahren' umgehen. Wir sollten uns bei den kontemplativen Traditionen selbst darüber informieren: Wie handhaben die Praktizierenden der kontemplativen Disziplinen selbst diese Termini? Und was betreiben sie in Wirklichkeit mit, an oder in ihrem Geist, wenn sie diese Disziplinen ausüben? Was *sehen* sie, wenn sie *mit Hilfe der kontemplativen Disziplinen* ihre Achtsamkeit auf ihren Geist richten? Wie wir schon früher beim Erörtern des Terminus *Ego* gesehen haben, werden wir auch jetzt wieder bemerken, daß die kontemplative Psychologie in ihrer Antwort auf diese Fragen den oben genannten Termini offensichtlich andere Bedeutungen zuweist als die, welche wir in der heutigen akademischen Psychologie gut kennen und vorfinden.

„Geist" in der kontemplativen Psychologie

In den vorigen Kapiteln haben wir verschiedentlich den Terminus ‚mentale Domäne' benutzt. Dieser Terminus liefert an erster Stelle einen Hinweis auf das, was der Begriff ‚Geist' in der kontemplativen Psychologie umfaßt. Auch konnten wir beobachten, daß die kontemplative Psychologie insbesondere eine Psychologie ‚der ersten Person' ist und daß wir laut dieser Form der Psychologie auch imstande sind, unseren Geist zu ‚erfahren' oder ‚anzuschauen'. Unser Geist ist also nicht eine Domäne, über die wir nur denken, spekulieren und phantasieren können, als wäre sie die Rückseite des Mondes, sondern wir vermögen es auch, unsere geistige Aktivität anzuschauen und bewußt zu erfahren.

Die Termini ‚Denken' und ‚Gedankenstrom' haben wir auch in weitem Sinne verwendet. Alles, was in uns vorgeht – was wir bedenken, phantasieren, fühlen, hoffen, befürchten, woran wir uns erinnern –, befindet sich in diesem Strom. Dieser Strom mit allen seinen Turbulenzen ist nicht von unserer Erfahrung isoliert, sondern gehört dazu. Unser Gedankenstrom oder unser Denken ist einer der Ströme neben dem Strom der Sinneserfahrungen. Sie vermengen sich zu unserem von uns so genannten Wirklichkeitserleben.

Was haben wir noch mehr zur Sprache gebracht in bezug auf die Frage: Was meint die kontemplative Psychologie mit dem Wort ‚Geist'? In Kapitel 2 haben wir erwähnt, daß Menschen über eine Art des ‚inneren Wahrnehmungsvermögens' verfügen, wodurch sie in der Lage sind, die Bewegung ihres Geistes scharf zu beobachten. In diesem Zusammenhang haben wir schon ‚das erleuchtete Auge unseres Geistes'(Epheserbrief 1:18) und ‚das Auge der Weisheit' (Dalai Lama, 1981) erwähnt. Auch in unserer Alltagssprache kennen wir den Ausdruck ‚unser inneres Auge'. Das Wort ‚Auge' ist sicherlich eine Metapher für einen Aspekt unseres Geistes. Aber welcher Aspekt ist gemeint? Es hat einiges mit *Aufmerksamkeit*, mit *bewußt sein* zu tun.

Jetzt haben wir schon drei Termini, die sich mit unserem Geist befassen: denken, erfahren und bewußt sein. Ihre kontemplativ-psychologische Bedeutung werden wir weiter analysieren und zuerst die Beziehung zwischen Denken und Erfahren erforschen.

Die Beziehung zwischen Denken und Erfahren

In der kontemplativ-psychologischen Ansicht können wir unser Denken erfahren – die Bewegung unseres Geistes und den Gedankenstrom mit allen seinen Ideen, Emotionen, Wünschen und Verlangen. Und diese Auffassung steht im Kontrast zu den Verfahren der akademischen Psychologie und zur Alltagspsychologie. In diesen Bereichen sieht man das Denken als etwas, das mehr oder weniger *abseits* von unserer Erfahrung oder ihr *entgegengesetzt* ist. An anderer Stelle (De Wit, 1993, 3.6. u.f.) habe ich zur Charakterisierung dieser Ansicht folgende Metapher benutzt: Wir haben oft das Gefühl, daß unser Denken – unser Gedankenstrom – sich sozusagen *hinter* den Kulissen unserer Erfahrung vollzieht. Als ob dieses Denken, isoliert von der Bühne, selber unsere Erfahrung unbehelligt ließe. Wir betrachten es wie eine Aktivität, die sich in einer Art von Privatraum vollzieht. Auf der einen Seite befindet sich dann unsere Erfahrungswelt (darüber haben wir irgendwie unsere Gedanken), und auf der anderen Seite stehen diese Gedanken für sich allein.

Auch in der westlichen Philosophie ist die Ansicht, daß Denken und Erfahren zwei voneinander getrennte Phänomene sind, weit verbreitet. Diese Idee basiert auf der Scheindistanz, die hinsichtlich unserer Erfahrung durch unseren inneren Kommentar erreicht wird. Im vorigen Kapitel haben wir darüber gesprochen. Nach der kontemplativ-psychologischen Ansicht steht dieses Denken, weil es als erfahrbar betrachtet wird, nicht mehr hinter den Kulissen unserer Erfahrung, sondern das, was wir durch unsere Sinnesorgane erfahren, und das, was wir so gerade über unsere Erfahrung denken, stehen gemeinsam auf dem Podium.

Diese Metapher deutet nicht nur an, daß wir unser Denken erfahren können, sondern daß es auch eine zweiseitige Beziehung zwischen Denken und Erfahren gibt: Wir können nicht nur *über unsere Erfahrung denken*, sondern auch *unsere Gedanken erfahren*. Dies bedeutet eine Quintessenz der kontemplativen Psychologie (s. De Wit, 1993, S. 76).[2]

(Un)bewußt sein

Wir wollen jetzt den kontemplativ-psychologischen Terminus ‚(un)bewußt sein' betrachten. Manchmal sagen wir, daß wir uns unserer Gedanken bewußt oder nicht bewußt sein können. Ab und zu bemerken wir auf einmal, daß wir an irgend etwas denken, und ein andermal sind wir dermaßen in unsere Gedanken versunken, daß wir unser Denken gar nicht mehr bemerken. Unser inneres Auge ist sozusagen zugefallen. Geistig sind wir eingeschlafen. Wir haben uns in unseren Gedankenstrom versinken lassen. Geistig sind wir nicht mehr wach. Nachträglich, wenn wir wieder ‚zu uns' kommen, erinnern wir uns meistens nicht mehr, woran wir insgesamt gedacht haben. Vielleicht erinnern wir uns noch, daß wir daran dachten, einkaufen zu müssen, und möglicherweise erkennen wir noch das letzte Glied einer Gedankenkette: Die Erinnerung an jemanden aus der dritten Klasse der Grundschule. Aber wie wir vom einen zum anderen gelangt sind, dessen sind wir uns nicht bewußt.

Nicht nur im Hinblick auf unseren Gedankenstrom kann unser inneres Auge zufallen. Das gleiche Phänomen verläuft auch während unseres Sprechens, Handelns und unserer Sinneswahrnehmung. Es kann passieren, daß wir uns mit etwas beschäftigen – vielleicht reden wir laut mit uns

---

[2]) Anm. des Übersetzers: Im deutschen Text von ‚Kontemplative Psychologie' wird meiner Meinung nach nicht korrekt übersetzt: *„Man kann über Erfahrung **nachdenken** und man kann die eigenen Gedanken erleben (die eigenen Gedanken können also Gegenstand der Erfahrung sein).* Meine obige Übersetzung verdient den Vorzug.

selbst –, aber gar nicht bemerken, womit wir uns beschäftigen. Anscheinend hat ein automatischer Pilot die Führung übernommen. Ein Beispiel: Wir gehen unseren täglichen Weg von zu Hause zu unserem Arbeitsplatz. Es könnte dann passieren, daß wir erst nach der Ankunft realisieren, den Weg mit Ampeln, Zebrastreifen und mit dem Rest (erfreulicherweise unversehrt) zurückgelegt zu haben, daß wir uns aber nicht mehr daran erinnern können. Unsere Sinnesorgane haben offensichtlich richtig funktioniert – wir sind kein Opfer des Straßenverkehrs geworden –, aber wir haben unseren Weg *nicht bewußt* zurückgelegt. Wir waren, wie man es mit einem interessanten Wort wohl sagt, *geistig abwesend*. Oder anders gesagt: nicht ‚dabei‘. Wir haben uns vom Strom unserer Sinneserfahrung mitreißen lassen.

Was kann dieses Phänomen über unseren Geist aussagen? Man könnte es sehr kurz so ausdrücken: Wir sind offenbar fähig, uns bewußt oder unbewußt des sinnlichen oder mentalen Stroms der Erfahrung zu bedienen. Hiermit tritt ein neuer Terminus in unsere Analyse des Geistes ein: ‚*(Un)-bewußt sein*‘. Es ist wichtig, die beide Wörter ‚bewußt‘ und ‚sein‘ getrennt zu schreiben. Ich möchte weiter nahelegen, diesen Terminus in diesem Kontext als *Verb* und nicht als Substantiv zu verwenden. Der Terminus verweist also nicht auf ein Objekt, das wir als ‚das Bewußtsein‘ anführen können, sondern auf eine *Aktivität* oder auf eine *Qualität* in der Erfahrung. Auf gleiche Art und Weise verwenden wir auch die ähnlichen Begriffe wie (Un)Achtsamkeit, (Un)Aufmerksamkeit, (Nicht)Wachsamkeit.

Wenn wir es mit einem Bild aus dem Theater ausdrücken, verweist ‚*unbe-wußt sein*‘ auf die Augenblicke, in denen das Publikum während der Aufführung kurze Zeit einnickt oder in denen es nur Aufmerksamkeit dem Hauptdarsteller widmet und die anderen Schauspieler eigentlich nicht beachtet. ‚Das Leben ist (wie) eine Bühne‘, sagt der niederländische Schriftsteller Jacob Cats. Aber wie wird unser Leben aussehen, wenn wir als schlummerndes Publikum im Saal sitzen? Oder wenn wir in Wirklichkeit in der Hoffnung zur Aufführung gekommen sind, daß die Stühle komfortabel genug sind, um ein Nickerchen zu machen? Darüber haben die kontemplativen Traditionen Wesentliches zu offenbaren! Das Praktizieren von mentalen Disziplinen hat mit all dem zu tun, wie wir weiter sehen werden.

Erfahren und bewußt sein

Jetzt können wir sagen, daß unsere Erfahrungsmodi sowohl bewußt als auch unbewußt möglich sind und daß dies sowohl für die mentale als auch für die sinnliche Domäne Gültigkeit hat. Nicht nur in vielen kontemplativen Disziplinen treffen wir diese Auffassung an, sondern auch in der alten europäischen Bewußtseinspsychologie. Ich möchte jetzt nicht in Einzelheiten darauf eingehen, aber auf ein paar in der Ausdrucksform verwandte Zusammenhänge möchte ich hier hinweisen.

An erster Stelle etwas über die moderne Psychologie, in der man das Erfahren von Ereignissen in der sinnlichen Domäne oft kurz mit dem Terminus *Perzeption* bezeichnet. Man stellt den Zusammenhang mit ‚*bewußt sein*‘ dadurch her, daß man darauf hinweist, daß Perzeption selektiv ist: Nicht alle auf uns zukommenden sinnlichen Eindrücke bekommen gleich viel Aufmerksamkeit. Dabei spielt ein mentaler Prozeß, benannt als ‚selektive Aufmerksamkeit‘, eine Rolle (Gleitman, 1986, S. 219). Der Terminus ‚Perzeption‘ bekommt dadurch scheinbar die Bedeutung von *bewußter Wahrnehmung*. Aber diese Bedeutung ist in der modernen Psychologie nicht gemeint. Denn das Phänomen, daß man, ohne es zu bemerken oder sich dessen bewußt zu sein, seine Aufmerksamkeit andauernd auf irgendetwas richten kann, ist in dieser Psychologie genau so gut bekannt wie einem routinierten Autofahrer. In Situationen des Straßenverkehrs vermag er unbewußt zu ‚antizipieren‘ (es gedanklich vorwegnehmen). Etwas bemerken (bewußt sein) und etwas wahrnehmen (Perzeption) bedeuten in der modernen Psychologie zwei unterschiedliche Vorgänge.

In Wundts alter Bewußtseinspsychologie hatte man einen Blick für diesen Unterschied, und deswegen verwendete Wundt den Terminus *Apperzeption*, um auf „das Richten der Aufmerksamkeit auf einen psychischen Inhalt" (Duijker u.a. 1964, S. 424) zu verweisen. Nach Wundt konnte ein ‚psychischer Inhalt‘ ein Element sowohl unseres Gedankenstroms als auch unserer Perzeption (entstehend aus unserer Sinneswahrnehmung) bedeuten. Für ihn drücken Perzeptionen also mentale Inhalte aus. Wenn wir unsere Aufmerksamkeit auf einen Gedanken oder auf eine Perzeption richten, dann befinden sie sich in dem – wie Wundt es bezeichnet – *Blickpunkt*; sie sind dann bewußt. Was außerhalb des Blickpunktes liegt, befindet sich im *Blickfeld*, und dessen sind wir uns nur vage bewußt. Blickfeld und Blickpunkt bestimmen gemeinsam die Reichweite und den Fokus unserer Bewußtheit bzw. unserer *Apperzeption*. Was sich an Gedanken und Perzeptionen draußen befindet, dessen sind wir uns nicht bewußt. Kurz gesagt, wir können für das bewußte Wahrnehmen der mentalen Inhalte Wundts Terminus *Apperzeption* gut handhaben. Wahrnehmung selber kann, aber muß hingegen keine bewußte Aktivität sein.

Es ist interessant zu beobachten, daß die Terminologie des Bewußtseinspsychologen Wundt der buddhistischen kontemplativen Psychologie sehr nahesteht. Das Wahrnehmen psychischer Inhalte heißt in dieser Psychologie ‚*Manovijnana*‘. ‚*Vijnana*‘ könnte man mit dem Wort ‚Achtsamkeit‘ oder ‚Aufmerksamkeit‘ oder ‚*bewußt sein*‘ übersetzen und den Begriff ‚*Manas*‘ (*Mano* ist eine Deklinationsform) mit dem Wort ‚Geist‘ oder mit dem Begriff ‚das Mentale‘ bzw. ‚Geistige‘. *Manovijnana* bedeutet also einen Moment des bewußten Seins, und es hat psychische Inhalte zum Objekt. Sinnliche Perzeptionen oder Sinneswahrnehmungen bedeuten in der buddhistischen Psychologie die Ereignisse, deren wir uns als *mentale Ereignisse* bewußt werden können. Gerade in diesem Augenblick befinden sie sich im Gebiet von ‚Manovijnana‘, der ‚Apperzeption‘. Die weiteren Zusammenhänge werden wir hier nicht weiter darlegen. Zwei Bücher von Komito („*Nagarjuna's ‚Seventy Stanzas‘. A Buddhist Psychology of Emptiness*‘; 1987) und von Geshe Rabten („*Mind and his Functions*“; 1992) bieten dem, der sich weiter in die buddhistische Psychologie vertiefen möchte, eine anregende Einführung.

Zurück zum Hauptthema: Was will man konkret mit dem Ausdruck *(un)bewußt erfahren* sagen? Ein Beispiel des unbewußten Erfahrens von sinnlich wahrnehmbaren Phänomenen haben wir schon gegeben: Wir können, ohne es zu erkennen, d. h. ohne Aufmerksamkeit, etwas tun, hören oder sehen, wie in dem Beispiel der Fahrt zur Arbeit erwähnt wurde. Ohne es zu bemerken, wurden wir mit dem Strom unserer Erfahrung mitgeführt. Bewußtes Erfahren bedeutet dann das Entgegengesetzte: Wir bemerken den Strom unserer Erfahrung; wir sind nicht abwesend, wir sind dabei.

Aber was bedeutet es, wenn wir hier von bewußtem und unbewußtem Erfahren unseres Geistes, der *mentalen Domäne*, sprechen? Ich möchte zum Anfang zwei Situationen, die wir alle kennen, betrachten: Wir können *in Gedanken (vertieft) sein*, und wir sind imstande, *unsere Gedanken zu sehen* (siehe auch: De Wit, 1993, S. 104).

Wenn wir tief *in Gedanken versunken* sind und wenn wir durch unseren Gedankenstrom mitgeführt werden, bemerken wir oft nicht, daß wir so gedankenvoll sind. Wir leben dann in unserer Gedankenwelt und erleben sie in diesem Augenblick auch als unsere Wirklichkeit. Wir erfahren vielerlei imaginäre Freuden und Kümmernisse. In solchen Augenblicken haben wir alle Hände voll mit dem *unbewußten Erfahren unseres Denkens* zu tun.

Wenn wir aus unserem Gedankenstrom aufwachen, dann bemerken wir, daß wir im Denken versunken waren, und erblicken, wie vorher gesagt, oft noch gerade das letzte Restchen dieses Gedankenstroms. In diesem Augenblick erleben wir – wie wir es bezeichnen wollen – *das bewußte Erfahren unseres Denkens*. Nicht mehr unsere Gedanken erleben wir als die Wirklichkeit, sondern wir erfahren sie (bloß) wirklich als unsere

Gedanken. (Dies Thema wird später noch in diesem Kapitel erörtert.) Praktisch gesprochen, gibt es vielerlei Ausweitungen zwischen bewußtem und unbewußtem Erfahren. Unsere Gedanken z. B. können ganz transparent sein. Wir erblicken sie dann als solche. Häufig aber sind sie wie ein Wolkenschleier, der unsere Erfahrung in ein bestimmtes Licht stellt. Und manchmal sind sie wie ein dichter Nebel, der unseren Blick völlig verdunkelt. Wir leben dann ganz und gar in unserer Gedankenwelt. Man könnte es so sagen: Unser *bewußt sein besitzt ein bestimmtes Ausmaß an Klarheit.* Aber genau so gut könnte man sagen, daß diese Klarheit *eine Qualität der Erfahrung* bedeutet, weil sich sowohl die sinnlich erfahrenen wie auch die mentalen Phänomene immer *mehr oder weniger als bewußt erfahren* ergeben.

Zwei Aspekte von ‚bewußt sein‘

Die kontemplativen Traditionen unterscheiden, wenn es sich um die Tätigkeit von ‚bewußt sein‘ handelt, im allgemeinen zwei zusammenhängende Aspekte: einen mehr statischen und einen mehr dynamischen Aspekt.

Den ersten Aspekt charakterisiert man mit Ausdrücken wie *Aufmerksamkeit, Achtsamkeit, Konzentration* und *Punktgenauigkeit.* Es bedeutet unsere Fähigkeit, unsere Aufmerksamkeit auf irgend etwas ausrichten und sie dann dabei wachhalten zu können. Es ist das Gegenteil von Zerstreutheit, einem unruhigen und chaotischen Zustand des Geistes, und gewährt uns eine gewisse *Stabilität* und *Genauigkeit* in unserem Erfahrungsmodus. Der Grund ist, daß Aufmerksamkeit uns den Raum nimmt, vom Hundertsten ins Tausendste zu kommen. So bildet sie den Raum, damit wir uns der Einzelheiten unserer wirklichen Situation bewußt werden. Viele kontemplative Traditionen betonen dann auch, daß mit dem Kultivieren der Aufmerksamkeit oder Achtsamkeit zugleich eine bestimmte *geistige Ruhe* entwickelt wird. Hier handelt es sich also nicht um eine krampfhaft forcierte Form der Aufmerksamkeit, sondern um Achtsamkeit, die ihren natürlichen Ruhepunkt in sich selbst besitzt. Stabilität, Präzision und Ruhe deuten alle drei auf diesen ersten Aspekt von *bewußt sein.* Wie die kontemplativen Disziplinen uns dabei helfen, diesen Aspekt zu entwickeln, möchten wir in Kapitel 7 besprechen.

Dieser erste Aspekt von *bewußt sein* bildet die Basis für die Entwicklung des zweiten Aspektes, den wir in vorigen Kapiteln schon kurz mit dem Ausdruck *Unterscheidungsvermögen* gekennzeichnet haben. Dieser

Aspekt bedeutet das geistige Vermögen, durch das man Übersicht über und Einsicht in den Zusammenhang der sowohl mentalen als auch sinnlichen Erscheinungen erlangt, die sich in dem Strom unserer Erfahrung ereignen. Dieses Vermögen bildet den beweglichen dynamischen Aspekt von *bewußt sein*. Es besitzt eine Seite, die wir Neugier oder Beteiligung nennen können; nicht eine intellektuelle Neugier, sondern eine, die kleine und gesunde Kinder oft für das zeigen, was sie um sich herum wahrnehmen. Sie schauen mit unbefangener, selbstloser Aufmerksamkeit herum. Deshalb kennzeichnet man diesen Aspekt des bewußten Seins auch mit Ausdrücken wie ‚Offenheit‘, ‚Wachsein‘ oder ‚Klarheit des Geistes‘. Hier handelt es sich um eine intelligente, hellwache Unbefangenheit, die sich nicht durch Vorurteile, Befangenheit oder vorgefaßte Ideen behindern läßt. Und sie bedeutet eine Art des bewußten Seins, die *befreit ist vom Fixiertsein* auf unser vertrautes Wirklichkeitserleben mit seinem unaufhörlichen, inneren Kommentar. Es bedeutet nicht, daß der Gedankenstrom abwesend sein soll. Im Gegenteil: Gerade weil diese hellwache Intelligenz nicht durch den Gedankenstrom lahmgelegt ist, ist sie imstande, seine Auswirkung auf unser Wirklichkeitserleben zu erkennen. Das Unterscheidungsvermögen bringt uns also Wissen und Einsicht, und man kultiviert es durch die Praxis der kontemplativen Disziplinen der Einsicht. In Kapitel 8 werden wir sie erörtern.

Als Sinnbild für diesen Aspekt des bewußten Seins wird häufig ein Vogel benutzt, ein Adler oder ‚Garuda‘, der in großer Ruhe und Stille, fast ohne seine Schwingen zu bewegen, im Himmelsgewölbe schwebt und so über eine perfekte Sicht auf die Welt der Erscheinungen verfügt. Das Sinnbild des Vogels repräsentiert also die Momente, in denen unser *bewußt sein* von Fixierungen befreit ist.

Solche Augenblicke entstehen manchmal spontan, wenn die Intensität unserer Erfahrung sehr stark ist, wie es zum Beispiel unter ergreifenden Umständen geschieht. Unsere Wahrnehmung ändert sich dann als Frucht einer äußerst *energischen Wachsamkeit*. Auf diese Art und Weise erfahren wir jeden Moment schneller und mehr, als es mit unserem durch den üblichen Gedankenstrom konditionierten Bewußtsein der Fall wäre. Es scheint, als ob die Zeit stehenbleibt oder dahinsiecht. Ein guter Filmemacher weiß das: Um diesen Eindruck von Intensität bei uns zu erreichen, verwendet er oft *slow motion (Zeitlupe)*. Und er tut es während bestimmter Ereignisse im Film: bei einem Unfall, einer ersten Umarmung oder bei einer Sterbeszene. So ruft er in uns das wach, was wir auf Grund eigener Erfahrung in solchen einschneidenden Situationen auch kennen. Einschneidende Situationen, in denen unser ‚normales‘ Bewußtsein losgerissen ist, befreit ist und dadurch oft für einen kurzen Augenblick imstande ist, eine Situation bis ins kleinste Detail und mit unbegreiflicher Klarheit zu sehen. Dank diesem Vermögen, diesem freien bewußten Sein, vermochten Menschen ihr Leben zu retten: Während der *Zeitlupenerfahrung* eines drohenden Unfalls fanden sie die Zeit für das vollständige Erfassen der Situation und die lebensrettende Bewegung.

Dieses unterscheidende *bewußt sein*, das von jeglicher Befangenheit befreit ist, können wir das *unkonditionierte bewußte Sein* nennen oder auch die *Intensität* unseres bewußten Seins. Es bildet sowohl den *Keim* als auch die *Frucht* dessen, was die kontemplativen Traditionen zu kultivieren versuchen (s. Kapitel 8). Und wenn es sich schließlich vollständig und in alle Richtungen entwickelt hat, gibt man diesem unkonditionierten bewußten Sein allerlei Namen: Erleuchtung, Erfüllung, Abgrund, Tod, ewiges Leben, Hingabe und so weiter. Darüber sprachen wir bereits in Kapitel 3. Wie wir sie auch bezeichnen, es sind gerade die Augenblicke des einschneidenden, unkonditionierten bewußten Seins, in denen unser inneres Auge – am Anfang vielleicht nur ganz kurz – geöffnet ist. Diese Augenblicke ermöglichen es uns, Illusion und Wirklichkeit zu entwirren und das menschliche Leben unverhüllt zu erblicken. Das in diesem Augenblick tätige Unterscheidungsvermögen ist kein anderes als die *Klarheit des Geistes* unserer grundlegenden Menschlichkeit, von der wir schon in der Einleitung dieses Buches gesprochen haben.

Der Zusammenhang zwischen Stabilität und Unterscheidungsvermögen

Viele Bilder werden verwendet, in denen angedeutet wird, daß diese zwei Aspekte des bewußten Seins zusammengehören. Unterscheidungsvermögen – das Vermögen, unser wahres Gesicht zu sehen, so sagt man manchmal – entwickelt sich nur auf dem Fundament der geistigen Stabilität oder Ruhe. Diese Ruhe entspringt dem Loslassen der Fixierung auf unseren hektischen Gedankenstrom. Diese Ruhe gestaltet den Geist (das Bewußtsein) wie einen Spiegel, wie klares Wasser, wie eine geruhsam brennende Kerzenflamme usw. Ruhe ist, wie manchmal gedacht wurde, kein Ziel, sondern ein Hilfsmittel; ein Hilfsmittel, das zur Einsicht führt. In den Aussprachen der christlichen Wüstenväter gibt es eine Geschichte zweier Mönche, die einen Kollegen besuchen und ihn fragen, welche Fortschritte er wohl mache. In seiner Antwort veranschaulicht er die Bedeutsamkeit der Ruhe für die Entwicklung der Einsicht: ‚Er schwieg

eine Weile, goß Wasser in eine Tasse und sagte: „Schau das Wasser an!".
Es war trübe. Und nach einer Weile sagte er wiederum: „Schau jetzt mal,
wie klar das Wasser geworden ist." Und als sie sich nach vorne über das
Wasser neigten, erblickten sie ihr eigenes Gesicht wie in einem Spiegel.
Und dann sagte er: „So ist es auch mit dem Menschen, der sich in seiner
menschlichen Hektik befindet. Wie wenn er in einem Strudel steckt, sieht
er seine eigenen Sünden nicht. Aber wenn er zur Ruhe kommt, besonders
in der Wüste, dann erblickt er seine Sünden"' (Chadwick, 1958, S. 43). Die
gleiche Idee, aber jetzt in einer optimistischeren Tonart: ‚Rastlos und stru-
delnd wie Wasser, vermag der Geist sich nicht zu stabilisieren. In dieser
Beschaffenheit kann der Geist keinen wahrhaftigen Begriff der innewoh-
nenden Lauterkeit gewinnen' (Namgyal, 1986, S. 33). „Wenn der Geist
gelernt hat, ganz natürlich in einem Zustand der Ruhe zu verweilen, befreit
von Dumpfheit und Aufregung, dann vermag er in aller Klarheit seine wahre Wesensart zu sehen" (ibid., S. 34). Hier sehen wir also das interessante
Paradox, daß, je ruhiger unser Geist ist, unser Unterscheidungsvermögen
desto mehr Freiraum und Beweglichkeit hat.

‚Ruhe' im kontemplativen Sinngehalt des Wortes bedeutet sicher nicht
eine unaufmerksame, interesselose Gelassenheit, woran wir meistens denken, wenn von ‚Ruhe' die Rede ist. Im kontemplativen Sinne bedeutet
Ruhe eine Form der geistigen ‚Stabilitas', eine Form der inneren Standhaftigkeit. Eine Standhaftigkeit, die sich nicht durch unseren turbulenten
Gedankenstrom mitreißen läßt und ihn gerade dadurch sichtbar und
bewußt macht. Deshalb bildet diese Standhaftigkeit zur gleichen Zeit die
Basis der unbefangenen Einsicht. Je weniger unser *bewußt sein* von unserem Gedankenstrom hingerissen wird, desto unbefangener können wir diesen Strom sehen. Und je unbefangener unser Bewußtsein ist, desto energi-
scher und lebhafter beginnen sich unser Unterscheidungsvermögen und
unsere Einsicht zu offenbaren. Diese geistige Ruhe, von der viele kontemplativen Traditionen reden, enthält offensichtlich eine starke Energie.
Wenn diese Wachsamkeitsenergie zu wirken anfängt, erweist sich diese
Ruhe als eine sehr *dynamische Ruhe*, die in einer einzigen Bewegung
sowohl auf die Totalität als auch auf die Details eines jeden Erfahrungsmoments einen Überblick bietet. Diese Wachsamkeit bedeutet das Ende
jeglicher Form der Verzerrung und der Selbsthypnose, die unserem üblichen, fixierten, ‚bewußt Sein' eigen ist.

Soviel zu unserer Erörterung der beiden Aspekte des ‚bewußt Seins': der
Stabilität, des Unterscheidungsvermögens und deren Zusammenhang. Wir
werden später zeigen, wie diese beide Aspekte durch das Praktizieren der
geistigen Disziplinen kultiviert werden.

Die kontemplative Psychologie des Denkens

Wir wollen jetzt den Begriff ‚Denken‘, wie er in der kontemplativen Psychologie verwendet wird, erkunden. Wie man in den kontemplativen Traditionen diesen Begriff verwendet, weicht auch wieder in interessanter Weise von der Vorgehensweise in unserer gebräuchlichen Psychologie ab. Ich möchte hier drei Aspekte erwähnen.

Die umfassende Bedeutung der Bezeichnung ‚Denken‘

Zunächst ist in vielen kontemplativen Traditionen die Bezeichnung ‚Denken‘ dem Ausdruck ‚Gedankenstrom‘ sehr nahestehend. Man verwendet den Ausdruck ‚Denken‘ oft als allgemeinen Terminus für jede mentale Bewegung, für *alles, was uns nur durch den Kopf kreisen kann.* Diese umfassende Definition bedeutet, daß der Ausdruck ‚Denken‘ praktisch synonym ist mit dem Ausdruck *‚mentale Aktivität‘.* Diese umfassende Verwendung schließt sich der Art und Weise an, wie wir uns dieses Ausdrucks in der Alltagssprache bedienen. Wenn wir sagen: ‚Ich bin fortdauernd damit beschäftigt, daran zu denken‘, dann ist keiner erstaunt zu hören, daß unser Gedankenstrom auch Bilder, Wünsche und möglicherweise auch heftige Emotionen umfaßt. In der akademischen Psychologie definiert man den Begriff ‚Denken‘ nicht so umfassend. Hier bezieht er sich lediglich auf eine kognitive Aktivität, die eine andere Qualität als zum Beispiel ‚Fühlen‘ und ‚Wollen‘ hat.

Inhalt und Objekt des Denkens

Der zweite wichtige Aspekt ist die Doppeldeutigkeit des Ausdrucks ‚Denken‘ in unserem Vokabular. Wenn wir Jan zum Beispiel fragen: „Woran denkst du jetzt?“ und er gibt als Antwort: „An meine Arbeitssituation“, dann können wir seine Antwort auf zwei Weisen auffassen. Erstens können wir sie so interpretieren, daß Jan mit seiner Antwort auf eine Situation verweist, die außerhalb von ihm, *außerhalb seiner Gedanken* liegt, eine Situation, die wir, wenn wir sein Kollege sind, in ähnlicher Weise kennen. Diese Situation existiert sozusagen unabhängig davon, wie Jan darüber denkt. Sie ist dasjenige, *worum* Jans Denken *sich dreht.* Diese Situation ist, wie wir es ausdrücken, das *Objekt* dieses Gedankens, das, worauf der Gedanke sich bezieht.

Diese Art des Betrachtens bildet den Ursprung der Grundvorstellung, daß Gedanken allein für sich stehen, getrennt sind von dem, worauf der Gedanke sich bezieht, nämlich von ihrem Objekt. Das Objekt von Jans Gedanken, seine Arbeitssituation, existiert jedoch unabhängig von seinen Gedanken darüber. Ob Jan darüber nachdenkt oder nicht, die Arbeitssituation existiert weiter. Auch wenn wir über unsere *aktuelle* Situation dieses Augenblicks nachdenken, können wir das Gefühl haben, daß unser Denken davon losgelöst ist und die Situation nicht beeinflußt. Wir meinen oft, daß wir nicht eher auf unsere aktuelle Situation Einfluß ausüben können, als wir zum Handeln übergehen. Aber unser Denken ist natürlich auch ein Teil unserer aktuellen Situation. Indem wir über sie nachdenken, *ist* die Situation schon verändert. Wir haben diesen Aspekt schon früher in Bildern aus dem Bereich des Theaters erörtert.

Aber es gibt noch eine zweite Möglichkeit, Jans Antwort zu betrachten. Wenn Jan erzählt, er denke über seine Arbeitssituation nach, können wir seine Aussage auch so verstehen, daß Jan uns über den *Inhalt* seiner Gedanken informiert. Dann erzählt er uns, welche Gedankenkonstruktion ihm jetzt durch den Kopf geht. Sein Gedanke hat eine bestimmte Form, und sie enthält Bilder von seinem Schreibtisch, Unterhaltungen mit seinen Kollegen und so weiter. Der Inhalt des Gedankens befindet sich nicht außerhalb Jans, sondern innerhalb seiner Gedanken. Kurz und gut, wir haben zwei Interpretationsmöglichkeiten: Eine, die auf das *Objekt* eines Gedankens, und eine andere, die auf dessen *Inhalt* verweist. Das Objekt befindet sich *außerhalb* und der Inhalt *innerhalb* des Gedankens.

Das Objekt und der Inhalt eines Gedankens sind also *ganz unterschiedlich*. Häufig, aber nicht notwendig, existiert eine Beziehung zwischen dem Objekt und dem Inhalt eines Gedankens. Die gedankliche Vorstellung, die Jan sich von seinem Schreibtisch und seinem Kollegen bildet, kann eine durchweg genaue mentale Abbildung seines Schreibtisches und seiner Kollegen sein. Wir sagen dann, daß der Inhalt das Objekt des Gedankens *mental repräsentiert*. Oder umgekehrt formuliert: Das Objekt wird in dem Gedanken durch den *Inhalt* des Gedankens repräsentiert.

Nicht jeder Gedankengehalt ist ein mentales Repräsentieren. Zum Beispiel: Wir können an eine nicht existierende Situation denken wie: „Ich dachte an eine sonnige Insel, auf der ich unter schattenspendenden Palmbäumen liege, während sich die Ewigkeit für mich entfaltete". Wenn wir von Jan eine solche Antwort auf unsere Frage bekommen, dann betrachten wir es ohne weiteres als eine Antwort über den *Inhalt* und nicht über das Objekt seiner Gedanken. Wir gehen nicht davon aus, daß dieser Gedanke die mentale Repräsentation eines bestimmten Objektes ist.

Gedankenkonstruktionen haben also nicht notwendig eine Beziehung zu einem Objekt der direkten Erfahrung. Ihr Reichtum an Formen läßt sich dann auch nicht durch diese Objekte bestimmen oder einschränken. Er wird eher durch die Vielfalt unserer Phantasie bestimmt, durch unsere mentale Kreativität und durch das Material in der Form von Erinnerungen in unserem Gedankenstrom. In unserer Besprechung der Ego-Entwicklung haben wir gesehen, daß diese Kreativität auch destruktiv wirken und uns an *Gespenster, Teufel* und schlimmere Sachen glauben lassen kann. Weiter haben wir dort gesehen, daß wir auch Gedankengehalte zusammenstellen können, von denen wir dann zu unrecht behaupten, daß sie doch ein Objekt hätten: unsere egozentrische Gedankenwelt. Wir entwickeln allmählich Angst und Furcht in Hinsicht auf imaginäre Gefahren. Der Kampf gegen die Windmühlen unseres egozentrischen Wirklichkeitserlebens kommt dann erst richtig in Gang.

Gedankeninhalte sind Gedankenformen

In der kontemplativen Bedeutung des Ausdrucks ‚Denken‘ gibt es noch eine dritte Kennzeichnung, nämlich seinen Prozeßcharakter. Auch die Inhalte der Gedanken sind *keine mentale Sachen oder Dinge.* Was sind Gedankengehalte, und wie kommen sie zustande? Es sind kürzere oder längere Phasen oder Momente in unserem Gedankenstrom. In ihm, mit Auge oder Ohr nicht wahrnehmbar, aber doch zum Strom unserer totalen Erfahrung gehörend, entstehen fortdauernd allerlei sehr flexible, immer sich ändernde, *mentale Formationen. Inhalte der Gedanken* sind tatsächlich *Formen der Gedanken.*

In der buddhistischen Psychologie zieht man oft Vergleiche mit einem Wolkenhimmel. Wolken kommen und gehen, sie entstehen und lösen sich wieder ins Blaue auf. Ihre Form wechselt immer, aber sie entspricht einer bestimmten Gesetzmäßigkeit. Eine Wolke löst sich zum Beispiel nicht von der einen Sekunde zur anderen völlig auf, sondern allmählich. Auf diese Weise haben auch unsere mentalen Wolken ihre eigene Dynamik. Übrigens: Sie können von einem zum anderen Augenblick erscheinen und verschwinden, so, wenn unsere Stimmung umschlägt oder wenn uns schlagartig etwas in den Sinn kommt. Diese Dynamik zeigt uns die Natur unseres Gedankenstroms. Eine andere Metapher sagt, daß Gedanken wie eine Art ‚mentale Tonerde‘, eine weiche, gut knetbare, mentale Substanz sind. Sie werden in unserem Geist fortdauernd umgestaltet: Bald ist sie ein kleines Pferd, bald ein Männchen oder ein Aschenbecher und schließlich schlicht ein Pfannkuchen oder eine Teigrolle. Diese Metaphern akzentuieren also, daß *Inhalte* der Gedanken nicht als Dinge, sondern als *Formen* der Gedanken existieren. So weit unsere Erkundung des Terminus ,*Denken*', wie er in der kontemplativen Psychologie benutzt wird.

Die Zusammenhänge zwischen Denken, Erfahren und ,bewußt sein'

Mit Hilfe unserer Bemerkungen über Gedanken, ihren Inhalt (d. h. ihre Form) und über ihr Objekt sind wir jetzt in der Lage, zwei wichtige Unterschiede zwischen dem Denken und dem Erfahren anzudeuten. Der erste Unterschied ist einfach: Erfahrenes hat zwar einen Inhalt (eine Form), aber kein Objekt, während Gedanken einen Inhalt *und* ein Objekt besitzen können. Wenn ich Schmerz erfahre oder einen Radfahrer sehe, dann ist dieser Schmerz oder jener Radler *dasjenige, was* ich erfahre. Das heißt: Es ist der Inhalt meines Erfahrens. Somit können wir zwar sagen, daß wir *über* etwas (nach)denken, aber nicht, daß wir ,über etwas erfahren'. Das Erfahren hat kein Objekt, wie ein Gedanke es hat.

Wenn ich über eine Erfahrung nachdenke, dann ist die Erfahrung Objekt meines Denkens. Und *das, was* ich über diese Erfahrung denke, bildet dann wieder den Inhalt meines Denkens. Ich kann auch einen Gedanken erfahren, und dieser Gedanke bildet erneut den Inhalt meiner Erfahrung. Ein konkretes Beispiel: Wenn ich eine Kohlmeise sehe, dann bildet dies den Inhalt des Erfahrungsmoments. Wenn ich dann auch noch *denke*: „Ha, eine Kohlmeise!", dann ist das ein Gedanke über diese Erfahrung. Die Erfahrung ist dann das Objekt dieses Gedankens, während die mentale Form ,Ha, eine Kohlmeise!' der Inhalt des Gedankens ist. Oder wenn ich mich an ein erfreuliches Erlebnis erinnere, dann bildet diese Erinnerung den Inhalt dieses Erfahrungsmoments. Möglicherweise beginne ich dann, über diese Erinnerung nachzudenken, und dann könnte der Inhalt meines Denkens etwa folgendermaßen aussehen: „Dies war doch ein ganz besonderer Augenblick in meinem Leben". Diese Erinnerung selbst ist dann Objekt dieses Gedankens.

Gerade weil der Inhalt und das Objekt des Denkens zwei unterschiedliche Größen sind, kann die eine die andere *repräsentieren*, das heißt: Der Inhalt eines Gedankens kann eine mentale Darstellung des Objektes sein. Im Fall der Erfahrung liegt es anders. Hier gibt es keine zwei getrennten Größen - Inhalt und Objekt -, sondern ein ungeteiltes direktes ,Gewahr-

Werden', in dem das eine nicht eine Darstellung oder Repräsentation des anderen sein kann. Erfahrungen repräsentieren also nicht. Was wir erfahren, ist keine Darstellung von etwas anderem, wie die Inhalte des Gedankens es sein können. Was wir erfahren, *bietet sich einfach dar*. Es bildet keine Repräsentation, sondern *eine Präsentation* (siehe in diesem Kontext auch Sanders u.a., 1989, S. 111 u.f.). Wenn wir etwas – sinnlich oder mental – erfahren, dann *ist* die Erfahrung einfach *da*; sie ist nicht nur eine Präsentation, sie ist auch *präsent*. Sie repräsentiert nicht etwas anderes, sie stellt nicht etwas anderes dar, sondern sie ist uns unmittelbar in diesem Augenblick gegeben. Gedanken also können Darstellungen sein, aber Erfahrungen – einschließlich der Erfahrung eines bestimmten Gedankens – können es nicht sein.

Ein Beispiel könnte hier helfen, wenn wir uns auf das oben erwähnte Erblicken der Kohlmeise im Baum beziehen. Baum und Kohlmeise bilden dann den Inhalt unserer Erfahrung. Wenn wir uns umwenden und den Baum nicht mehr sehen können, dann können wir dennoch an diese Kohlmeise in dem Baum denken und uns eine Vorstellung davon bilden. Gerade in diesem Augenblick existieren die Kohlmeise und der Baum als Inhalte unseres Gedankens oder unserer Vorstellung. Das Objekt dieses Gedankens – Kohlmeise und Baum – ist dann in der Erfahrung nicht anwesend. So können wir darauf bestehen, daß unsere Vorstellung eine Repräsentation des Objektes ist, wenn die Kohlmeise bis dahin – durch so viel Philosophieren erschrocken – unterdessen nicht weggeflogen ist.

Es gibt noch einen mit dem ersten Beispiel zusammenhängenden Unterschied: Der Ausdruck ‚Erfahren' bezieht sich in der ‚Perspektive der ersten Person' der kontemplativen Psychologie immer auf das, was *im Hier und Jetzt* gegenwärtig ist. *Erfahren* ist immer *hier und jetzt*. In unserer Alltagssprache verwenden wir den Ausdruck ‚erfahren' oft in weiterem Sinn. Wir sprechen dann zum Beispiel darüber, daß wir mit ‚irgend etwas Erfahrung haben'. Wir meinen dann, daß wir in der Vergangenheit von irgendwelcher Gegebenheit Kenntnisse erworben haben. Der Ausdruck ‚Erfahrung' nähert sich dann dem Ausdruck ‚Erinnerung'. Im Sinne der kontemplativen Psychologie jedoch bedeutet ‚Erfahren' das, was wir *jetzt* erleben. Ein Beispicl: ‚Was ich jetzt erfahre, ist, daß ich schreibe, und was Sie jetzt erfahren, ist, daß Sie diese Zeilen lesen, und zwar diesen Satz. Jetzt erfahren Sie das Lesen eines anderen Satzes'. Übrigens – ganz schön, zwischen den Zeilen miteinander Kontakt zu haben!

Wir können weder etwas erfahren, was schon vergangen ist, noch etwas, das erst noch kommen wird. Per definitionem bedeutet ‚erfahren' nur das

Erfahren des *augenblicklich Präsenten*. Mit anderen Worten: Wir können weder Vergangenheit noch Zukunft erfahren. In dieser Hinsicht hat das Erfahren keine *mit Zeit verbundene* Dimension, das heißt keine Erweiterung in der Zeit. Aber mit dem Denken ist es eine etwas andere Angelegenheit. Obwohl der Gedanke selbst auch nur im ‚Hier und Jetzt‘ existiert, besitzt sein Inhalt schon eine mit der Zeit verbundene Dimension. Der Inhalt eines Gedankens kann sich sehr wohl auf eine Erinnerung oder eine Zukunftsperspektive beziehen, das heißt auf eine mentale Vorstellung von etwas, das schon gewesen ist oder noch kommen könnte. Aber noch einmal gesagt: Auch die Erfahrung dieser Erinnerung oder der Zukunftsperspektive findet nur im ‚Hier und Jetzt‘ statt. Es wäre ein Irrtum, wenn man der Meinung wäre, daß die (jetzige) *Erfahrung der Erinnerung* nichts anderes als die (damalige) *Erfahrung der Vergangenheit* wäre. Genau so wenig bedeutet die (jetzige) *Erfahrung einer Zukunftsperspektive* eine (noch nicht vorhandene) *Erfahrung der Zukunft*. In unserer Alltagssprache nehmen wir es nicht so genau und machen in dieser Hinsicht oft keine klare Unterscheidung. Aber wenn wir kurz dabei verweilen, dann sind wir uns darüber klar, daß wir die Vergangenheit und die Zukunft selber nicht erfahren können. Die Vergangenheit existiert nicht (mehr) und die Zukunft (noch) nicht. Allerdings existieren in dem Moment, in dem sie aufsteigen, Erinnerungen und Erwartungen als Inhalte der Gedanken. Und diese Inhalte können wir immerhin (bewußt oder unbewußt!) erfahren. Bei der Erörterung der mentalen Disziplinen des kontemplativen Lebens werden wir bemerken, daß ihr Ausgerichtetsein auf die Erfahrung und auf das Erfahrungswissen (Wahrnehmungswissen; S. auch De Wit 1993, 3.5.1.) eng mit dem Fokus auf das Erfahren des Lebens im ‚Hier und Jetzt‘ zusammenhängt.

Das ‚Ich‘ als ‚Ding an sich‘

Ich möchte kurz bei einer in diesem Kontext oft aufkommenden Fragestellung verweilen: Das Erfahren bedeutet doch, daß es *einen gibt, der erfährt*, und das Denken, daß es *einen gibt, der denkt*? Was müssen wir dann mit dem ‚Ich‘ anfangen? In unserer Alltagssprache haben wir die Neigung, ein Subjekt hineinzuschmuggeln: Wir denken dann, daß es *jemanden* geben muß, der sich bewußt ist, denkt oder erfährt. Wenn mit dem Wort ‚jemand‘ ein ‚menschliches‘ Lebewesen gemeint ist, dann ist natürlich noch kein Mann über Bord.

132

Aber oft meinen wir mit dem Ausdruck *jemand* etwas anderes, nämlich unser ‚Ich‘, unser Ego. Dies existiert natürlich nur innerhalb eines dualistischen Wirklichkeitserlebens. Im Bereich der kontemplativen Psychologie hat der Terminus Ego einen *Inhalt* eines Gedankens zum Gegenstand, aber nicht den Denker. Auch die Annahme, es gäbe einen Denker, ist schon ein Gedanke. Wir erzeugen diesen Denker mit Hilfe des Gedankens: ‚*Ich* denke über etwas‘. Wenn wir (d. h. menschliche Lebewesen) jedoch diesen Gedanken bewußt erfahren, dann bemerken wir, daß er nichts anderes als einen Gedanken enthält. An und für sich beweist er nichts und enthält nichts, weder die Existenz, noch die Nichtexistenz einer Entität des Namens ‚Ich‘ und auch nicht das Existieren oder Nichtexistieren einer Entität, die wir ‚den Denker‘ oder ‚den Erfahrenden‘ heißen könnten. Kurz gesagt, wenn wir die Existenz eines ‚Ich‘ annehmen, dann ist diese Annahme nichts anderes oder nicht mehr als ein Gedanke. Und ein Gedanke an sich ist nicht beweiskräftig, denn wir können denken, was wir wollen.

Im dritten Kapitel wurde schon erwähnt, daß es von der kontemplativ-psychologischen Sicht her keine Annahme des ‚Ich‘ als einer Größe gibt, die unserem Wirklichkeitserleben und unserem Selbsterleben zukommt. Man betrachtet das ‚Ich‘ als eine mentale Konstruktion, die in unserem Erleben präsent oder nicht präsent sein kann. Auch geht man nicht von einem ‚Ich‘ als einer unsichtbaren Ganzheit *hinter* der Erfahrung aus.

Daß ‚Etwas‘ hinter der Erfahrung zu finden wäre oder mindestens angenommen werden sollte, bildet ein beliebtes Thema in der Philosophie. Mehrere Philosophen haben sich nicht nur in bezug auf das ‚Ich‘, sondern generell gefragt, ob nicht doch, abgesehen von der Domäne der Erfahrung, etwas existiert, ob unsere Erfahrung nicht doch ein Objekt besitzt, auch wenn es ein Objekt wäre, das wir an sich nicht erfahren können. Kant nannte dies vermeintliche Objekt ‚*Ding an sich*‘. Die kontemplative Psychologie antwortet darauf, daß wir ein solches Objekt im besten Fall mutmaßen, das heißt uns ausdenken können. Aber wie wir schon früher gesehen haben, existiert solch ein Objekt, psychologisch betrachtet, nur als ein Gedanke. Diesen Gedanken können wir, je nach unserer philosophischen Meinung, in unserem Gedankenstrom mit uns umhertragen oder auch nicht. Aber das ‚*Ding an sich*‘ selber – ob wir dessen Existenz annehmen wollen oder nicht und ob wir jetzt ein Subjekt, ein Ego oder Objekt meinen – haben wir nie erblickt, und wir werden es auch nie erfahren. Denn wenn wir schon ein erfahrendes Subjekt erfahren könnten, dann ist es nicht mehr derjenige, der erfährt.

Denken und ‚bewußt sein'

Am Schluß möchte ich noch etwas über den Einfluß erwähnen, den Denken und *bewußt sein* aufeinander ausüben. Hauptmerkmal unseres Gedankenstroms ist sein scheinbar ununterbrochener Fortgang. Dieser Eindruck entsteht durch seinen ständigen Fluß. Sobald wir morgens aufwachen, scheint der Gedankenstrom sein Fließen zu beginnen, und wir werden durch ihn gefangen, so daß wir an vielem vorbeileben. Vieler Aspekte in unserem Strom der Erfahrung werden wir uns gerade durch den fortgehenden geistigen Kommentar erst gar nicht bewußt. Auch hier ist die Metapher des Filmes, jetzt auf den Gedankenstrom angewandt, wieder hilfreich. Auch im Film, der sich eigentlich aus einzelnen Bildern zusammensetzt, entsteht durch das Tempo seines Abspielens die Suggestion einer kontinuierlichen Bewegung, einer fortdauernden filmischen Wirklichkeit. Diese Suggestion ist so stark, daß sie die Intensität unserer Bewußtheit über das Kino und über den Sessel, in dem wir sitzen, abschwächt. Unser Unterscheidungsvermögen schwindet und wird durch den vom Film eingeschränkten Raum bestimmt. Diese hier besprochene Bewußtseinseinengung führt dazu, daß wir dieses Erleben der Wirklichkeit, eingefärbt durch den Inhalt und die Interpretationen unseres Gedankenstroms, für wirklich halten. Es ist doch in diesem Augenblick das einzige, was wir besitzen, das einzige, dessen wir uns bewußt sind. Das oben erwähnte Zitat von Proust beschreibt ähnliches.

Möglicherweise vermuten wir schon, daß die *Disziplinen der Ruhe* eben diese Bewußtseinseinengung und das Fixiertsein auf unseren Gedankenstrom rückgängig machen, indem sie erst einmal das Tempo unseres Denkens drosseln. Anschließend kultivieren die *Disziplinen der Einsicht* unser Vermögen, die Art unseres Geistes und unseres Wirklichkeitserlebens zu durchschauen. Mit anderen Worten könnte man sagen, daß diese Disziplinen der Einsicht uns durchschauen lassen, wie wir unsere Erfahrung interpretieren. Sie sind nicht darauf gerichtet, daß wir die eine Interpretation durch eine andere, eine schlechtere durch eine bessere ersetzen. Die kontemplativen Traditionen haben bestimmt ein Auge für die Tatsache, daß wir beinahe ununterbrochen unsere Erfahrungen interpretieren. Ihre Disziplinen jedoch richten sich auf das Kultivieren *von unterscheidend bewußt sein*, was imstande ist, *die Anwesenheit und die Wirkung* unserer Interpretationen auf unser Wirklichkeitserleben *von Augenblick zu Augenblick* zu erhellen. In vielen kontemplativen Traditionen sagt man deshalb, daß dies *bewußt Sein* Weisheit zum Ergebnis hat.

Von welcher Art Weisheit ist dann die Rede? Es ist die Weisheit, die uns die verwirrende und schmerzhafte Illusion unseres egozentrischen Wirklichkeitserlebens durchschauen läßt und die uns aus dieser Illusion befreit. In der christlichen Tradition nennt man dieses unterscheidende Vermögen ‚Diakrisis‘. In der buddhistischen Mahayana-Tradition heißt es ‚Prajna‘ (wörtlich: erhabenes Wissen). Mittels ‚Vipashyana‘, der buddhistischen Disziplin der Einsichtsmeditation, erlangt man Weisheit. Prajna zerschneidet unsere Befangenheit in ‚Samsara‘, d. h. in unserem egozentrischen Wirklichkeitserleben, und es legt Samsara für uns bloß. Es zeigt uns die wahre Beschaffenheit von Samsara als eine selbst erzeugte Illusion. Falls man diese Illusion auch wirklich als Illusion durchschaut, verliert sie ihren Einfluß auf uns. Dann erscheint die Welt der Erscheinungen einschließlich aller unserer durchschauten Illusionen für uns auf eine ganz andere Art, nämlich als ‚Nirwana‘. Das egozentrische Wirklichkeitserleben mit seiner dazugehörigen Emotionalität ist zum Erlöschen gebracht und seiner Kraft beraubt worden. Die Selbsttäuschung ist zerbrochen, und dann kommt unsere grundlegende Menschlichkeit zur vollkommenen Blüte und kann sich in der Welt für das Wohlergehen aller Lebewesen manifestieren, wie man es in dieser Tradition sagt.

Die kontemplativen Traditionen beschäftigen sich immer wieder damit, wie durch *unterscheidend bewußt Sein* Weisheit entwickelt wird, auch wenn sie jeweils andere Namen dafür verwenden. Alle betonen, daß das Kultivieren des bewußten Seins einen Weg zur Weisheit, Einsicht oder zur *kontemplativen Kenntnis* bedeutet. Den Charakter der kontemplativen Kenntnis werden wir später erörtern.

So weit diese erste, ziemlich kompakte und noch unvollständige Darstellung der kontemplativ-psychologischen Ansicht in bezug auf das Wirken des menschlichen Geistes. Was unter anderem noch fehlt, ist die Erörterung des Problems, wie unser Erkenntnisvermögen funktioniert. Dieses Vermögen werden wir aus der Perspektive der kontemplativen Psychologie erforschen. Im zweiten Teil werden wir sehen, daß wir dies alles brauchen, um die in den kontemplativen Traditionen anzutreffenden mentalen Disziplinen richtig zu verstehen.

Die Begriffe Kenntnis und Einsicht in der kontemplativen Psychologie

In der kontemplativen Psychologie haben Begriffe wie *Kenntnis, Einsicht, Unwissenheit* und *Verwirrung* ihre eigenständigen Bedeutungen. Sie erhellen einen Aspekt dessen, was in dieser ‚Psychologie der ersten Person‘ als menschlicher Geist bezeichnet wird. Ein wichtiges Thema – neben anderen – im Bereich der mentalen Disziplinen und ihrer Übung ist es, Einsicht in die Eigenart des menschlichen Geistes und der menschlichen Erfahrung zu kultivieren. Auch sagt man, daß diese Einsicht zur gleichen Zeit unseren Geist und unsere Erfahrung transformiert. Aber von welcher Art der Einsicht und Kenntnis ist hier die Rede?

Das bezieht sich auf die Frage nach der ‚*Epistemologie*‘ der kontemplativen Traditionen. Im Altgriechischen heißt dieses Wort ‚Kenntnis‘ ‚*Epistèmè*‘, und ‚Epistemologie‘ bedeutet dann Erkenntnistheorie oder Erkenntnislehre. Diese Theorie oder Lehre stellt dar, was ‚Kenntnis‘ ist und unter welchen Bedingungen man etwas als ‚Kenntnis‘ benennen dürfe. Im dritten Kapitel meines Buches ‚Kontemplative Psychologie‘ (De Wit, 1993) habe ich dieses Thema ausführlich besprochen. An dieser Stelle möchte ich ein paar einführende Bemerkungen zu den Kerngedanken jenes Kapitels machen.

Die zweiseitige Beziehung zwischen Denken und Erfahren – wir können über unsere Erfahrung denken und unsere Gedanken erfahren – suggeriert zwei Modi, durch die wir Kenntnis oder Einsicht erwerben können. Wenn wir *klar über unsere Erfahrung nachdenken*, dann führt dieses Nachdenken unzweifelhaft zu einer Form der Kenntnis. Man könnte sagen, daß wir dadurch ‚weiser‘ werden. Diese Art der erworbenen Kenntnis ist *begriffliches Wissen*, denn wir denken in Begriffen, oder – wie es auch in der akademischen Psychologie heißt – in *Konzepten*. Oben wurde schon erwähnt, daß Konzepte eigentlich die Grundzüge unseres Gedankenstroms bilden.

Jedoch macht dies alles nicht den einzigen Weg zur Kenntnis, zum Wissen oder zur Einsicht aus. Wir könnten auch einmal versuchen, das, was im Kopf umgeht, d.h. unseren Gedankenstrom, *klar zu erfahren*, indem wir unser geistiges Unterscheidungsvermögen einsetzen. Dies vermittelt auch eine bestimmte Art der Einsicht oder des Wissens. Diese Art des Wissens ist keine begriffliche, an Konzepte gebundene Kenntnis. Dieses Wissen oder diese Kenntnis können wir *Wahrnehmungswissen* oder *Kenntnis durch Perzeption* nennen. Es entsteht nicht durch unser Denken, sondern durch das Sehen mit unserem inneren Auge. Es bringt uns eine Form der Kenntnis oder Einsicht, die *nicht-begrifflich* ist, nicht Konzepten oder Begrifflichkeiten untergeordnet. Sie bedient sich nicht der Begriffe, sondern früherer Erfahrungen, der Wiedererkennung. In der buddhistischen Tradition sagt man, daß es eine Form des Kennens oder Wissens ist, wie ein Taubstummer über den Geschmack von etwas Süßem ein Wissen hat. Auch über das Wissen oder die Kenntnis eines Erleuchteten sagt man, daß sie perzeptionsgebunden (wahrnehmungsgemäß) und daher mit Worten nicht vermittelbar ist.

Im Gegensatz zur modernen Psychologie, die nur begriffliches Wissen (begriffliche Kenntnis) als wissenschaftliches Wissen betrachtet, hatte man in der Anfangszeit der westlichen Psychologie diese zwei Formen des Kennens ganz bestimmt erkannt und geschätzt. William James hat sie ‚*knowledge about*' beziehungsweise ‚*knowledge of acquaintance*' genannt. Auf Deutsch könnte es heißen: ‚Kenntnis (Wissen) über' und die zweite Form ‚bekannt sein mit'. In den Worten von James: ‚Ich bin bekannt mit vielen Menschen und Dingen, von denen ich wenig weiß, abgesehen von ihrer Anwesenheit an den Stellen, wo ich sie getroffen habe... Ich könnte sie nicht beschreiben. Ich könnte bestenfalls meinen Freunden sagen: Geh zu dieser oder jener Stelle, und tue dieses oder jenes, und dann wirst du wahrscheinlich dieses Objekt treffen' (James, 1890, S. 221). Auf diese Art können wir sehr vertraute Menschen, die wir durch und durch kennen, oft nur in einer sehr beschränkten Weise beschreiben. Wenn wir auch vielleicht Hunderte von Menschen an ihren Gesichtern kennen, sind wir trotzdem nicht imstande, Hunderte von unterschiedlichen Gesichtern zu beschreiben. Unser begrifflicher Rahmen bleibt einfach dahinter zurück. Wenn man uns dann fragen würde: ‚Wie sieht diese Person aus?', dann würden wir nicht viel weiter kommen als: ‚braune Augen, ziemlich großer Mann, graues, sich kräuselndes Haar.' Vielleicht könnten wir noch etwas über die Nase oder die Gangart äußern, aber danach sind wir mit unserem Latein am Ende. Trotzdem werden wir diese Person inmitten von Tausenden wiedererkennen. Und es bedeutet eine ganz andere Art des Kennens als das begriffliche Kennen (Wissen).

Bertrand Russel hat den Ausdruck von James: ‚*Knowledge about (Kenntnis oder Wissen über)*' später als ‚*knowledge by description*', beschreibende Kenntnis, benannt. Weil diese Form der Kenntnis begrifflich und konzeptgebunden ist, ist sie auch eng verknüpft mit den von der Sprache gebotenen beschränkten Möglichkeiten, etwas zu beschreiben. In ‚Kontemplative Psychologie' (De Wit, 1993, 4.2.) habe ich dieses Thema ausführlicher erörtert.

In fast allen kontemplativen Traditionen finden wir den Unterschied zwischen den beiden Kenntnisformen. In den christlichen Traditionen spricht man oft über das ‚Kennen mit dem Kopf‘ (oder Verstand) und über das ‚Kennen mit dem Herzen‘. In diesem Gegensatz finden wir auch den Unterschied zwischen Denken und Erfahren wieder. Das ‚Kennen mit dem Herzen‘ ist eine Form des Wahrnehmungswissens oder der Kenntnis durch Perzeption, es bedeutet *Bekannt sein mit*. Wissen oder Kenntnis mit dem Verstand bedeutet eine Form des begrifflichen, konzeptgebundenen Kennens, es ist *ein Wissen, eine Kenntnis über*.

Die Rolle des Wissens in den kontemplativen Traditionen

Wenn es zwei Formen des Kennen gibt, dann gibt es erwartungsgemäß auch zwei Methoden, diese Kenntnis, dieses Wissen zu erlangen. Bevor wir dies aber weiter betrachten, möchte ich erst *die Bedeutung* des begrifflichen Wissens und des Wahrnehmungswissens für die kontemplativen Traditionen betrachten. Warum haben diese Traditionen Interesse an Kenntnissen? Die wissenschaftlichen Traditionen (einschließlich der wissenschaftlichen Psychologie) sind nach Kenntnissen (Wissen) auf der Suche mit dem Ziel, die Welt der Erscheinungen *beherrschen* zu können. Aber welchem Ziel dient das Erwerben von Wissen und Kenntnissen innerhalb der kontemplativen Traditionen?

Das durch die kontemplativen Traditionen (einschließlich ihrer Psychologie) erstrebte Ziel ist *nicht*, viel Wissen über die Welt zu erlangen zu dem Zweck, sie beherrschen zu können, sondern zu dem Zweck, den Menschen zu *verändern*. Aber in welcher Hinsicht? In den kontemplativen Traditionen wird nicht darauf abgezielt, Wissen anzuhäufen; in diesen Traditionen handelt es sich darum, unsere Blindheit, Unwissenheit, Finsternis und Verwirrung aufzuheben. Wissen und Kenntnis – sowohl Wahrnehmungswissen wie auch begriffliche Kenntnis – sind dabei nur nützliche Instrumente. Die kontemplative Praxis richtet sich weder auf das Zusammentragen vieler Informationen, noch auf das Heranwachsen zu hochgebildetem oder intellektuellem Rang. So etwas könnte hilfreich, aber auch verwirrend wirken (siehe unten). Was letzten Endes gemeint ist, ist die Beseitigung der Verwirrung und Unwissenheit, die unserem egozentrischen Wirklichkeitserleben eigen ist. Der Mensch, der dies vollbracht hat, ist ein weiser Mensch, der, in dem kontemplativen Sinne des Wortes, *das Leben kennt*.

Verwirrung und Unwissenheit

Welche Art der Blindheit oder Verwirrung ist hier gemeint? Wie könnten wir diese Seinszustände in einem kontemplativ-psychologischen Kontext charakterisieren? Und wie sind unsere Unwissenheit und Blindheit aufgebaut? Existieren davon mehrere Formen?

Zunächst können wir verwirrt sein, weil wir mit unseren Grundbegriffen unlogisch umgehen. Wir machen Fehler in unserer Herleitung und kommen dadurch zu nicht korrekten Schlußfolgerungen. Diese Form der *begrifflichen Verwirrung* kennen wir alle sehr gut. Auch können wir in Verwirrung sein, nicht weil wir die falschen Schlußfolgerungen ziehen, sondern weil uns für ein gutes Verständnis die Begriffe oder die Information fehlen. Ein Beispiel: Um zu verstehen, wie ein Tonbandgerät oder wie der menschliche Geist funktioniert, brauchen wir unzweideutige begriffliche Rahmen. Wenn unserem Wissen etwas Wichtiges fehlt, sind wir nicht in der Lage, über das Gerät oder über den menschlichen Geist stichhaltige Schlüsse zu ziehen. Wir wissen etwas nicht. In dem Buch ‚Kontemplative Psychologie‘ (De Wit, 1993, 3.5.2.) habe ich den Terminus ‚*begriffliche Unwissenheit*‘ dafür gebraucht.

Von jeher hatte die Wissenschaft ein scharfes Auge für begriffliche Verwirrung und für begriffliche Unwissenheit. Ihr Interesse an der *Logik* – die uns lehrt, Folgerungen sorgfältig zu ziehen – und an dem Zusammentragen *vertrauenswürdiger Informationen* mittels empirischer Forschung stammen aus dieser Ansicht.

Außerdem gibt es noch Formen der Unwissenheit und Verwirrung, die nicht im begrifflichen Bereich, sondern im Bereich der Wahrnehmung entstehen. Oben haben wir sie schon kurz angesprochen: Es gibt Situationen, in denen wir etwas nicht gewahr werden; wir waren eine kurze Weile nicht wachsam. Jemand hat das Zimmer verlassen, und wir haben es nicht registriert. Es ist ein Augenblick der Unwissenheit in unserer Wahrnehmung, und das nennen wir *Wahrnehmungsunwissenheit*. Dann gibt es noch ein weiteres sehr wichtiges Phänomen in dem Wahrnehmungsbereich, über das wir schon ausführlich gesprochen haben, nämlich daß wir unsere Gedanken *über* die Situation für *die Situation selber* halten. Wir betrachten das selbst gebastelte Bild der Wirklichkeit als die Wirklichkeit. In einem Bild ausgedrückt: Wir halten die Landkarte für die Landschaft selbst. Ausgedrückt in den obenerwähnten Termini : Wir betrachten *den Inhalt unseres Gedankens als das Objekt*, an das wir denken; wir verwechseln das repräsentierte Objekt mit der mentalen Repräsentation. Diese Form der Verwirrung nennen wir *Wahrnehmungsverwirrung*.

Ausführlichere Erörterung findet man in ‚Kontemplative Psychologie' (De Wit, 1993, 3.5.)

Die kontemplativen Traditionen haben viele Musterbeispiele, mit denen sie die Wahrnehmungsverwirrung veranschaulichen. In der hinduistischen und der buddhistischen Tradition ist vielleicht am besten das Beispiel von der Schlange und dem Tau bekannt. In einem spärlich beleuchteten Zimmer treten wir auf etwas Dünnes und Rollendes, und sofort ist der Gedanke da: ‚Ich trete auf eine Schlange', mit allem, was dazu gehört, Schrecken und Zurückscheuen, denn wir *erfahren* eine Schlange. Aber wenn wir das Licht anknipsen, dann sehen wir, daß da ein Tau auf dem Fußboden liegt, und schlagartig ändert sich unsere Erfahrung. In dem Moment, da wir den Fuß darauf gesetzt hatten, machten wir wirklich die *Erfahrung*, auf eine Schlange zu treten. Unser verwirrtes Wirklichkeits-erleben war eben so. Kurz und gut, hier befinden wir uns wieder bei dem grundsätzlichen Thema der kontemplativen Psychologie, daß die Art und Weise, wie wir unsere Welt der Erfahrungen erleben, auch von der menta-len ‚Einkleidung' abhängig ist.

Die Metapher einer Landkarte, die nicht identisch mit der Landschaft ist, hat eine andere aufschlußreiche Seite. Angenommen, wir sitzen im Auto auf dem Beifahrersitz. Der Fahrer fragt uns: ‚Wo sind wir?' Wir breiten die Karte aus, zeigen eine rote Linie und sagen ihm: ‚Guck mal, irgendwo zwischen Hamburg und Bremen'. Aber wir hätten auch statt auf die Landkarte nach draußen zeigen und sagen können: ‚Hier, schau mal aus dem Fenster'. Es bedeutet eine andere Art der Antwort, vielleicht für den Fahrer weniger aufschlußreich, aber bestimmt nicht falsch. Zwischen den beiden Ant-worten liegen Welten, und in manchen Situationen ist die erste Antwort angemessener als die zweite und umgekehrt. Sollten wir z. B. bei der Frage ‚Wer bin ich?' unser Selbstbild – die durch uns über uns selbst entwickelte Landkarte – in Betracht ziehen, oder wäre es vielleicht besser, ‚aus dem Fenster schauen zu können'? Das ‚Aus-dem-Fenster–Schauen' bildet hier eine Metapher für das Praktizieren der Disziplinen von ‚bewußt sein', der Meditation (siehe Kapitel 7 und 8).

Das von den kontemplativen Traditionen deutlich gemachte Problem liegt darin, daß wir uns nicht bewußt sind, wo und wann wir unsere innere Landkarte heranziehen, daß wir uns nicht darüber klar sind, ob wir jetzt auf die Landkarte oder aus dem Fenster zeigen. Das oben erwähnte und dafür notwendige Unterscheidungsvermögen ist oft nicht wirksam, geschweige denn, daß wir es entwickelt haben. Wir leben in unserer ‚bekleideten' Erfahrung, ohne daß wir deren Umfang erkennen können. In dem Beispiel mit der Schlange und dem Tau können wir es scheinbar noch überschauen.

Aber im alltäglichen Leben ist es oft viel undurchsichtiger. Existieren zum Beispiel unsere Feinde oder Freunde wirklich außerhalb von uns oder nur in unserem Geist? Die Tatsache, daß Jan für die eine Person ein Freund ist und für die andere ein Feind, sollte doch unsere Aufmerksamkeit erregen. Wo befindet sich der Feind? Innerhalb oder außerhalb von uns? Aus der kontemplativen Perspektive gesehen, lautet die Antwort: innerhalb von uns als Produkt und als Objekt unserer Begierde und Aggression. Der Feind existiert nur scheinbar außen, indem wir *den Gedanken*, daß Jan ein Feind sei, auf Jan *übertragen*, auf ihn *projizieren*. Wir bekleiden Jan und dadurch auch uns selbst mit diesem Gedanken; wir sind aggressiv, weil wir Jan sehen. Dieses Phänomen erkennen auch die klinische Psychologie und die Psychotherapie. Han Fortmann hat über die Rolle des Projizierens innerhalb eines religiösen Kontextes eine unübertreffliche Studie geschrieben. Darin macht er die Bemerkung: „Wenn ich mich selbst als einen Verfolgten erfahre, dann muß ich das Bild des anderen, das in mancher Hinsicht immer mehrdeutig ist, in solcher Weise interpretieren, daß er zu meinem Verfolger wird" (Fortmann, 1974, S. 351). Es bedeutet natürlich nicht, daß wir nicht aktiv werden, wenn jemand uns mit einem Messer in der Hand bedrängt und uns zum Schluß auch körperlich bedroht. Schlimmer noch, wenn wir uns in diesem Augenblick in den Gedanken verlieren würden ‚Hier steht mir ein Feind gegenüber!', könnte es den Bruchteil einer Sekunde zu spät sein, selber zum Messer zu greifen. Solch ein Gedanke schlägt eine Lücke in unsere Aufmerksamkeit und Schlagfertigkeit. Sich in bedrohlichen Situationen nicht in derartige Gedanken zu verlieren bildet die Grundlage der Disziplin in den japanischen Kampfsportarten. Ein in diesen Sportarten vollendeter Meister ‚ist von jeder physischen, emotionalen und intellektuellen Behinderung befreit' (Suzuki, 1970, S. 62). Er sieht den *Angriff mit dem Messer*, und er reagiert darauf. Mit *Feinden* beschäftigt er sich nicht.

Eine klassische Metapher vergleicht die Art unserer Wahrnehmungsverwirrung mit einer Emulsion von Wasser und Öl. Wir könnten es auch in modernen Begriffen ausdrücken, indem wir unsere ‚bekleidete Erfahrung' mit einer Art von ‚Bodymilk' vergleichen. Solch eine Creme setzt sich aus zwei klaren Flüssigkeiten zusammen, aus Öl und aus Wasser. Wenn wir die beiden verquirlen, dann bekommen wir eine etwas festere Substanz, die nicht mehr durchsichtig, sondern trübe ist. Tatsächlich besteht sie aus ganz kleinen Tropfen, die alle an und für sich klar sind. Aber weil beide Flüssigkeiten derartig verquirlt sind, sind wir nicht mehr imstande, Öl und Wasser von einander zu unterscheiden, so wie wir unseren mentalen Erfahrungsstrom und unseren sinnlichen Erfahrungsstrom nicht mehr voneinander unterscheiden können. Daher wissen wir nicht mehr, was Bekleidung ist und was nicht. Wir sind dabei, in einer selbst erschaffenen Welt zu verweilen, in der eine Zahl illusorischer Gestalten und Vorfälle auftritt, inmitten derer – in dem Sinne, wie wir schon besprochen haben –, sich auch unser Ego befindet. Zwischen der mit Begriffen bekleideten Erfahrung – dieser ‚Bodymilk‘ – befinden sich unser Selbstbild, unser Weltbild, unser Gottesbild und alle anderen möglichen von uns entwickelten Bilder. Und so lange das Unterscheidungsvermögen nicht wirksam ist, sind wir nicht in der Lage, unser Selbst*bild* von unserer wahren Natur, unser Gottes*bild* von Gott und unser Welt*bild* von der Wirklichkeit zu unterscheiden. Bis dann leben wir in Finsternis. So gut wie alle kontemplativen Traditionen akzentuieren diese Gegebenheit nachdrücklich.

Begriffliche Kenntnis und die Disziplinen von ‚bewußt sein‘

Immer finden wir in den kontemplativen Traditionen wieder, daß uns unsere *Kenntnis über* uns selbst, *über* die Wirklichkeit, *über* Gott *dem Bekanntsein* mit uns selbst, *mit* der Wirklichkeit, *mit* Gott im Wege sein könnte. Wenn wir es in kontemplativ-psychologischer Sprache ausdrükken, bedeutet es, daß unsere begriffliche Kenntnis die Entwicklung der Wahrnehmungskenntnis abzublocken vermag. Wenn wir schon denken zu wissen, wer wir sind, was wirklich ist, was nicht, wer oder was Gott ist, warum sollten wir dann noch weiter und noch genauer schauen? Wozu sollten wir unser geistiges Unterscheidungsvermögen dann noch kultivieren? Besonders in einer Kultur, in der nahezu ausschließlich begriffliche Kenntnis als ‚reale‘ Kenntnis betrachtet wird, existiert die Gefahr der intellektuellen Selbstgefälligkeit. Wir kommen mit unseren Ideen und Annahmen aus, wir brauchen die Wirklichkeit nicht mehr genauer anzuschauen, denn wir *wissen* schon, was wir möglicherweise erblicken könnten (siehe auch De Wit, 1993, S. 87–88). Die Entwicklung eines intellektuellen Verstehens des kontemplativen Lebens verwechselt man dann leicht mit der Erfahrung des kontemplativen Lebens selbst. Es ist eine Form der *Wahrnehmungsverwirrung*, wie wir schon gesehen haben. Sie dörrt faktisch das kontemplative Leben aus. Statt der Bereitschaft, unseren Geist zu zähmen und Weisheit zu entwickeln, entsteht dann leicht intellektuelle Arroganz, nämlich daß wir das kontemplative Leben schon *kennen*, ohne daß wir dieses Leben auch wirklich geführt haben.

Wir kennen es gewissermaßen mit dem Kopf, aber nicht mit dem Herzen. Mit uns hat sich noch nichts getan. Wir treiben uns einigermaßen herum mit spirituellen Termini, denken darüber nach und sind dann der Meinung, daß diese Tätigkeit für sich schon den ganzen kontemplativen Weg bedeute. Eventuell entwickeln wir daraus auch ein Gefühl der Überlegenheit. Wir schauen dann leicht auf Menschen hinab, die wirklich eine kontemplative Disziplin praktizieren, oder auf diejenigen, die ohne viel begriffliche Kenntnis sich eines einfachen Gebets wie ‚Gott, hab Erbarmen mit mir, ich bin ein sündiger Mensch!‘ bedienen. Wir kennen dieses Thema aus dem Gleichnis des Pharisäers und des Zöllnners (Lukas, 18:9–14).

Damit ist aber nicht gemeint, daß begriffliche Kenntnisse der kontemplativen Traditionen wertlos sind. In diesen Traditionen ist begriffliche Kenntnis kein Ziel, sondern *Mittel*. Begriffliche Kenntnisse können uns den Weg zu Wahrnehmungskenntnis zeigen. Wenn wir begriffliche Kenntnis als Hinweis verstehen, kann sie auf dem kontemplativen Weg hilfreich sein. So kann sie ein Fingerzeig sein. Oder wie man es in der buddhistischen Tradition sagt, Kenntnis kann wie ein Finger sein, der uns auf den Mond hinweist. Wenn ein Elternteil seinem Kind das Wort ‚Mond‘ beibringen möchte und auf den Mond weisend sagt: ‚Mond‘, und wenn das Kind wie hypnotisiert nur den Finger anschaut, dann hat das Zeigen keine Wirkung. Das Kind könnte sogar denken, daß der schräg nach oben gerichtete Finger ‚Mond‘ genannt wird. Es glaubt jetzt auch zu wissen, was der Mond ist!

Aber wenn wir das Fingerzeigen als begriffliche Kenntnis verstehen, dann kann sie helfen, den Kopf und das Herz, den Verstand und die Intuition zueinander zu bringen. Deswegen enthalten die mentalen Disziplinen, die wir in den kontemplativen Traditionen vorfinden, sowohl Disziplinen ‚des Kopfes‘ als auch solche ‚des Herzens‘. Im zweiten Teil dieses Buches werden wir diese Disziplinen genauer betrachten.

Teil 2:

Ausübung und Entwicklung

Kapitel 5

Sich auf den Weg machen

Einleitung

Im zweiten Teil dieses Buches wollen wir uns in praktischere Fragen vertiefen. Fragen nach dem *Warum* und dem *Wie*, aus welchem Grund und in
welcher Weise Menschen zu allen Zeiten und in allen Kulturen solche
abwegigen Dingen tun wie das Meditieren, das Praktizieren der Kontemplation, das Beten und noch viele andere ‚seltsame‘ und ‚unsinnige‘ Sachen
wie das Studieren von schwer verständlichen Texten, komplizierten
Liturgien und das Befolgen ungewöhnlicher, potentiell sittlich gehobener,
aber praktisch den ganzen Lebensbereich erfassender Verhaltensregeln.
Und *last but not least*, wie und warum diese Menschen sich auch noch
durch andere (beg)leiten lassen. Seltsam natürlich aus der Perspektive des
Ego und dessen Menschenbild. Das Leben ist schon schwer genug, und
sollte man sich dann auch noch allerlei sonderbare und anspruchsvolle
Praktiken aufbürden? Aber aus der Perspektive der verborgenen Blüte
gesehen, sind alle diese Praktiken, die gemeinsam den Charakter des kontemplativen Lebens bilden, nicht nur nicht sonderbar, sondern sinnvoll,
und sie sind eine Quelle der Inspiration.

Jetzt, da wir uns im ersten Teil dieses Buches einen psychologischen
begrifflichen Rahmen zu eigen gemacht haben, können wir über das
Fortschreiten auf dem Weg, d.h. über die *kontemplativen Disziplinen* und
über *die Begleitung* etwas verständlicher reden. Im ersten Kapitel haben
wir die ‚erste Person‘-Perspektive dieser Psychologie erkundet. Auch das
Arbeitsgebiet der kontemplativen Traditionen haben wir einigermaßen
erforscht. Im zweiten Kapitel wurde die Metapher des Weges besprochen,
die sich auf unser Wirklichkeitserleben einschließlich unseres Selbsterlebens bezieht. Im dritten Kapitel haben wir den Begriff Ego genauer
betrachtet. Wir haben unsere psychologische Einsicht in das Aufkeimen
unseres dualistischen egozentrischen Wirklichkeitserlebens und in die Art
eines nicht dualistischen und nicht durch das Ego dominierten Erlebens
geschärft. Wir haben auch schon angedeutet, daß eine solche Transformation keine Frucht der Phantasie ist, sondern eine in unserer Menschlichkeit wurzelnde Möglichkeit. Zuletzt widmeten wir in Kapitel 4 einer

Reihe von zentralen psychologischen Kategorien Aufmerksamkeit, die von allen kontemplativen Traditionen unter verschiedenen Bezeichnungen verwendet werden: Geist, Erfahren, Denken, *bewußt sein* und Formen des Kennens. Wir haben dort gesehen, wie sich unser Wirklichkeitserleben mit seiner ganzen emotionalen Tönung durch das Zusammenspiel von Erfahren, Denken und bewußtem Sein gestaltet. Kontemplatives Wissen bezieht sich auf das Zunichtemachen unserer Verwirrung und Unwissenheit; auch das haben wir ins Auge gefaßt. Durch all dies haben wir ein Fundament gelegt für das – im psychologischen Sinne – Begreifen dessen, was in diesem zweiten Teil Thema sein wird: Sich auf den Weg zu machen und auf dem Weg fortzuschreiten.

Ansätze zur Bekehrung

Beginnen wir beim Anfang: Wie kommen Menschen dazu, sich – manchmal absichtlich und bewußt, auch manchmal unabsichtlich und ohne Bewußtheit – auf einen spirituellen Weg zu machen? Oft hatte es seinen Grund darin, daß Menschen erfahren, daß ihre egozentrische Einstellung zum Leben in der Tat ein Ursprung des Leidens ist, und sie einsehen, daß es auch anders geht. In den kontemplativen Traditionen beantwortet man diese Frage dann oft mit Ausdrücken wie Bekehrung, Umkehr oder Entsagen. Vielleicht sind es für unsere Ohren altmodische Worte, aber sie haben eine sehr wichtige und nicht immer leicht zu verstehende Bedeutung und Botschaft. Ich möchte sie hier aufs neue betrachten, nicht so sehr aus der herkömmlichen theologischen Perspektive, sondern aus einer Verfahrensweise der kontemplativen Psychologie. Besonders die *schrittweise* Bekehrung, mit anderen Worten die weniger spektakuläre Bekehrung, die einen *Prozeß der Metanoia*, eine Veränderung der Gesinnung beinhaltet, wollen wir hier besprechen. Denn gerade bei einer schrittweisen Bekehrung kann man die kontemplativ-psychologische Dynamik gut beobachten. In den *Hagiographien* (Lebensbeschreibungen der Heiligen) von Antonius, Pachomius und Benedictus und auch in den Biographien der Heiligen in anderen großen Religionen wird eine solche Dynamik beschrieben. Die plötzliche oder unbeirrte Bekehrung, die auch in allen Traditionen erwähnt wird, kommt hier nicht zur Sprache.

Das lateinische Wort ‚*Conversio*', das ‚Bekehrung' bedeutet, wird in der herkömmlichen Art für das christliche monastische Leben verwendet. Aber wir möchten den Terminus ‚*Bekehrung*' in einer viel weiteren, kontemplativ-psychologischen Bedeutung anwenden. Dieser Terminus verweist in diesem erweiterten Sinne dann auch nicht unbedingt auf das ‚sich Bekehren' zu einer religiösen Tradition. Für uns handelt es sich primär um einen innerlichen und existentiellen Prozeß, um ein ‚Kehrtmachen' auf einem bislang als selbstverständlich bejahten Lebensweg, um eine grundlegende Revision des eigenen Wirklichkeitserlebens.

Unbefangenheit

Die schmerzhafte Bewegung des Geistes, die immer wieder das Errichten und das andauernde Pflegen der Egofestung zum Inhalt hat, ist – wie wir schon in vorigen Kapiteln erwähnt haben – nicht die ganze Geschichte. Es gibt noch eine andere Bewegung, die wir mit einem Begriff der christlichen Tradition als Bewegung *der Gnade* bezeichnen dürfen. Im Hinduismus und im Buddhismus verwendet man auch den Ausdruck ‚*adhishthana*', den man meistens mit dem Wort ‚Segnung' übersetzt. Es bedeutet eine Bewegung, die das Ego ganz und gar ins Wanken bringt – nämlich denjenigen, der wir zu sein *denken* und an dem wir uns so sehr festhalten. Wenn ein Mensch diese Bewegung erfährt und erkennt, kann es ein weiterer Grund sein, den spirituellen Weg zu gehen. Laßt uns diese andere Bewegung des Geistes anschauen.

In unserem Leben gibt es immer Momente der Offenheit, die ganz klar einen besonderen Charakter haben. Wie im zweiten Kapitel schon besprochen, erkennen die Menschen diese Augenblicke nur selten, und das trifft natürlich gerade für die Menschen vor ihrer Bekehrung zu. Wir beziehen uns hier auf die Momente, in denen wir unbefangen sind, nicht damit beschäftigt, die Verteidigungsanlage unserer Ego-Burg weiter hochzuziehen; Momente einer Atmosphäre des Friedens, Momente, die aus der Ego-Perspektive ohne Ziel und ohne Grund erscheinen und die möglicherweise manchmal furchterregend, manchmal aber auch klar, warm und freudvoll sind. Solche Momente können uns sowohl beim Warten auf den Bus überrumpeln als auch dann, wenn wir uns mit unserer formalen spirituellen Übung beschäftigen. Sie widerfahren uns und lassen sich nicht erzwingen. Wir sind nicht imstande, sie zu erwecken oder zu manipulieren; es sind Momente, die gewissermaßen nicht die *unseren* sind, sie ereignen sich nicht innerhalb der Ego-Festung. Und zur gleichen Zeit sind es eigentlich sehr gewöhnliche, zu gewöhnliche Momente. Es sind klare Momente, aber oft viel zu klar, friedlich und oft zu friedlich. Sie haben die Farbe der Versöhnung, der Vereinigung, die dermaßen absolut ist, daß wir uns selbst nicht mehr zurückziehen und uns nicht mehr wiederfinden können, und dies ist zugleich – vom Gesichtspunkt des Ego – das Unerträgliche und Furchterregende dieser Momente.

Jede kontemplative Tradition bezeichnet diese Momente mit ihren eigenen Namen. Auch gibt es viele Arten und Weisen, mit denen die Traditionen versuchen, uns darauf aufmerksam zu machen. Ich möchte ein paar Beispiele geben. Eine sehr schlichte und deswegen auch so frappante Andeutung ist z. B. der Moment, in dem wir *niesen* müssen. Betrachten wir mal richtig die Bewegung unseres Geistes, wenn wir spüren, niesen zu müssen: Wir sind mit etwas beschäftigt, und dann fühlen wir ein herannahendes Niesen.... Wir versuchen, uns so lange wie möglich an unserer Tätigkeit festzuhalten, aber dann kommt ein Moment, in dem wir loslassen müssen, in dem wir uns dem Niesen vollständig hingeben müssen. In diesem Moment fällt alles, womit wir uns gerade beschäftigten, für einen Augenblick weg, und es gibt eine vollkommene Offenheit und Vereinigung mit dem Geschehen des Niesens. Nachher sammeln wir uns (geistig) wieder so schnell wie möglich und kontrollieren, ob nichts Schlimmes passiert ist.... Es scheint ein triviales, ist aber zu gleicher Zeit ein sehr klassisches Beispiel aus der kontemplativen Tradition des Buddhismus.

Nicht weniger klassisch ist die Andeutung dieser Momente, wenn man darauf hinweist, was im geistigen Sinne mit uns passiert, wenn wir lachen müssen. In dem Moment des Lachens fällt das sorgenvolle, todernste Gehorchen unseres Ichs einen Augenblick von uns ab. In dem Moment ‚sehen wir die beiden Seiten der Situation, wie sie ist... Sinn für Humor scheint aus einer alles durchdringenden Freude zu entstehen, aus einer Freude, die die Eigenschaft besitzt, sich zu einem völlig offenen Raum zu entfalten, weil sie nicht an dem Kampf zwischen ‚diesem‘ und ‚jenem‘ beteiligt ist... Diese offene Situation hat keine Spur der Beschränktheit oder einer aufgedrängten Erhabenheit‘ (Trungpa, 1996, S. 107). Gerade wenn wir uns ganz ernst und weihevoll mit etwas beschäftigen, kann es passieren, daß wir uns dabei ertappen und dann laut loslachen. Es ist ein absoluter Moment, nicht abhängig von einem Ziel draußen.

Beim Praktizieren der kontemplativen Disziplinen handelt es sich darum, sich einen derartigen souveränen Raum zu erlauben und zuzulassen. G. Bataille, der auch das Lachen als Beispiel benutzt, wenn er auf diese Momente der totalen Unbefangenheit hinweist, benennt die Meditation denn auch als eine ‚operation souveraine‘ – d. h. eine souveräne Tätigkeit – (Bataille, 1981).

Ein anderes Beispiel, das die Eigenart solcher Momente zeigt, ist die Konfrontation mit einem plötzlichen Verlust. Solche Momente zerstören unser eingefahrenes Wirklichkeitserleben. Wir sind bestürzt. Daher sagt man über die Stunde unseres Sterbens, daß sie ein solcher Moment sei. Auch kennen wir alle die wunderbare Atmosphäre nach einer Beerdigung. Wir haben den Verstorbenen begraben und kommen nachher zusammen. Diese Augenblicke haben oft eine sehr spezielle Ausstrahlung, sehr zärtlich und offen. Wir haben uns in die Situation begeben, in der wir jemanden, der uns sehr lieb war, begraben haben, und alles andere hat sich verflüchtigt. Deswegen haben diese Momente oft auch eine außergewöhnliche Leichtigkeit. Manchmal sind wir auch sogar ein wenig lach-lustig – nicht aus banaler Abwehr, sondern aus der Zärtlichkeit des Augenblicks. Nicht nur Momente eines einschneidenden Verlustes, sondern auch Momente des ganz großen Glücks können bewirken, daß alles, was sich vorher ereignet hat, für kurze Zeit wegfällt. Solche Augenblicke nehmen uns aus unserer Alltagsroutine heraus – wie beim Niesen oder Lachen.

Risse in den Mauern der Ego-Festung

Solche Momente haben, verwunderlich genug, die Eigenschaft, daß man sie oft nur schwer *als das, was sie sind*, erkennen kann. Weil diese Augenblicke *außerhalb unseres egozentrischen Wirklichkeitserlebens* bleiben, können wir sie auch von unserer normalen Perspektive aus nicht interpretieren oder fassen. Jedoch gerade weil sie außerhalb bleiben, sind sie zur gleichen Zeit die Basis unserer Bekehrung. Vom Bunker oder von der Hütte des Ego beobachtet, sind diese Augenblicke die Risse in der Außenmauer. Die Risse gehören nicht zum Bunker, sondern sie sind die offenen Stellen darin, Risse, die zugleich auch Licht in das Innerste des Bunkers hineinfallen lassen. Das Bollwerk wird von außen und von innen für kurze Zeit erhellt. Und dadurch sind wir in der Lage, die Konstruktion des Bunkers für einen Augenblick ganz scharf wahrzunehmen. Zur Klarstellung: Die Metapher vom Bunker verweist nicht auf ein vorhandenes Etwas, sondern auf eine mentale Aktivität, darauf, sich kontinuierlich mit uns selbst im Verhältnis zum anderen zu beschäftigen, im Verhältnis zu unserem Platz, unserer Position, unserem Dünkel, unserem Wohlergehen.

Dieses Licht macht einen Augenblick sichtbar, wie das Ego sich andauernd in das Zeitliche, in die ‚Welt‘ verliert. Es zeigt, wie das Ego ‚der Meinung ist‘ – und diese Redensart ist eigentlich schon irreführend – , daß aufgrund seines Verhältnisses zur Welt des Zeitlichen über Herrlichkeit oder Untergang des Menschen entschieden wird. Deshalb beschäftigt sich das Ego so damit. Aber dieses Licht relativiert gerade das ganze

Unternehmen. Seine ganze Trivialität wird ins Licht gerückt und ist dadurch für uns in einer – mal schockierenden, mal befreienden – Art und Weise vollkommen durchsichtig.

Diese Momente des Offenseins oder der Unbefangenheit ereignen sich bei allen Menschen, so sagen es die kontemplativen Traditionen, und sie sind nicht nur wenigen vorbehalten. Sie ereignen sich bei jedem, weil kein einziger Mensch seinen ‚Ego-Bunker‘ für Wasser, Luft und Licht lückenlos undurchlässig zu erbauen vermag. Denn auch innerhalb des Bunkers brauchen wir ein Minimum an Wasser, Licht und Luft, und wir bleiben folglich davon abhängig. Die theistischen Traditionen drücken es oft so aus, daß Gottes Liebe und Licht größer sind als unsere Eigenliebe und unsere Selbstgefälligkeit mit ihrem ganzen Haß und ihrer Blindheit gegenüber Gott. In der non-theistischen Tradition des Mahayana-Buddhismus sagt man, daß wir die Klarheit und die Wärme unserer Buddhanatur nie völlig unterdrücken können. In dieser Hinsicht bedeutet das Instandhalten des Ego einen vergeblichen Kampf, aber trotzdem einen Kampf, den wir unser Leben lang führen und nur unglaublich mühsam aufgeben können.

Mentale Reaktionen auf die Unbefangenheit

Bekehrung bedeutet in ihrer allerersten Phase das Durchdringen der Erkenntnis, daß die oben erwähnten Momente ganz wesentliche Ereignisse sind. Auf diese Momente können wir uns verlassen und uns dafür öffnen. Wir können uns dahin orientieren, anstatt in die Richtung des Ego zu gehen; wir sind imstande zu lernen, uns darauf einzustimmen.

Aber diese Erkenntnis ist nicht etwa selbstverständlich, denn, von der Ego-Mentalität aus gesehen, kann man diese Momente leicht mißverstehen und gewissermaßen auch mißbrauchen. Wenn wir, genau gesagt, diese Momente nicht *als solche* erkennen, sind wir imstande, daraus etwas ganz Besonderes zu basteln. Wir neigen dann dazu, diesen einzigartigen Moment an uns ziehen und ihn uns *aneignen* zu wollen. Wir könnten dann sagen: „Was ich jetzt erlebt habe, ist gewiß etwas sehr Besonderes, vielleicht sogar eine spirituelle Erfahrung!“ Aber auf diese Weise halten wir uns an dieser Erinnerung fest und umhegen sie wie ein Kleinod. Weil jedoch die geistige Bewegung des Festhaltens der Bewegung des Loslassens, die das Wesen dieser Momente verkörpert, völlig entgegenwirkt, erstickt sie de facto diese Momente. Die Erinnerung ist das einzige, was uns noch als Rest bleibt. Und wir schleppen sie vielleicht nachträglich noch in den Ego-Bunker mit hinein. Das ist eine der möglichen Reaktionen des Ego.

Eine zweite mögliche und oben schon kurz angedeutete Reaktion ist diese: Man erlebt solche Augenblicke als regelrecht bedrohlich. Aus der Ego-Perspektive gesehen, sind sie natürlich auch beunruhigend: Sie *verkörpern* die Risse in den Mauern unseres vertrauten egozentrischen Wirklichkeitserlebens. Aufgrund dieser Reaktion erkennt man auch nicht die Offenheit als das, was sie wirklich bedeutet. Wenn wir diese Momente der Offenheit als bedrohlich empfinden, dann erfahren wir sie wie ‚Horror vacui‘, wie Angst vor Leere. Dies ereignet sich nicht, weil diese Momente in Wirklichkeit leer sind – alles andere als das –, sondern weil sie, aus der Ego–Perspektive gesehen, keinen einzigen Halt bieten. In diesem Sinne sind sie ‚leer‘. Wir tendieren dann dahin, uns gegen diese Momente zu sträuben und sie zu bekämpfen.

Eine dritte Reaktion, die der Gleichgültigkeit, verhindert unseren Ausblick auf die wahre Art dieser Momente. Es ist der Versuch, diese Augenblicke aus unserem Bewußtsein zu vertreiben, damit wir zur Ego-Tagesordnung übergehen können. Wir hatten uns vorgenommen, uns nicht aus unserer Fassung bringen zu lassen, und dann versuchen wir, an diesen Augenblicken vorbeizuleben. Aber ganz ruhig sind wir damit auch nicht, wenn wir versuchen, sie als für unser Leben ‚bedeutungslos‘ oder als irrelevante Störung unserer Gemütsruhe zu bagatellisieren.

Diese drei Kategorien des Reagierens kennen wir alle. In christlicher Ausdrucksweise könnte man das die Reaktionen des *verstockten Sünders* nennen (Louf, 1983), eines Menschen, der diese Momente nicht als das bejaht, was sie eigentlich sind.

Aber wie wir schon oben mit ein paar Beispielen verdeutlicht haben, kann es auch passieren, daß diese Momente uns nicht die Zeit oder die Möglichkeit geben, in den beschriebenen drei Weisen auf sie zu reagieren. Dann kann es passieren, daß wir diese Momente der Offenheit durchaus als das gewahr werden, was sie wirklich sind, und dadurch auch Vertrauen in sie bekommen. Wir sind dann bereit zu akzeptieren, daß unser egozentrisches Wirklichkeitserleben grundlegend in Frage gestellt wird. Wir akzeptieren dann, daß unsere egozentrische Einstellung zum Leben ins Licht gerückt wird. Dann sind wir ‚*Sünder in Bekehrung*‘ (Louf, 1983). Wir schätzen die Schönheit, die Zärtlichkeit und die Leichtigkeit dieser offenen Momente, und zugleich und gerade dadurch erblicken wir das Qualvolle des eigenen Ego-Bunkers, das gerade während dieser Augenblicke zum Vorschein kommt.

Gerade beim Erkennen dieser Momente, während dieser sehr jungen Phase des Bekehrungsprozesses, spielt Begleitung eine wichtige Rolle. Nämlich weil sie klar machen kann, daß der offene Raum, von der Ego-

Perspektive aus bodenlos, die Mühe des Erlebens wert und bewohnbar ist, obwohl er bis jetzt nicht als solcher erfahren wurde. Je vertrauter wir jedoch damit werden, desto stärker wird unser Glaube an und unser Vertrauen in dessen ‚Lebbarkeit‘ wachsen. In Kapitel 10 möchte ich auf dieses Thema zurückkommen. Wenn wir einzusehen beginnen, daß diese Momente für unser Leben wesentlich sind – ohne sie dennoch festhalten oder hervorrufen zu wollen –, dann keimt eine vom Ego unabhängige Inspiration, eine ‚egolose‘ Motivation. Aber daneben bleibt noch sehr lang – und zwar den ganzen kontemplativen Weg lang – eine auf unser Ego ausgerichtete Motivation bestehen. Diese Motivation ist der Wunsch nach Selbstverbesserung und Selbstüberhebung, der uns dazu anregt, diese Momente an uns heranzuziehen, sie zu bekämpfen oder zu negieren, kurzum sie auf irgendeine Weise zum eigenen Nutzen zu manipulieren.

Die auf das Ego ausgerichtete Motivation nennt man auch *„spirituellen Materialismus‘* (Trungpa, 1996). Kern dieser Motivation ist, daß jemand vielleicht die kontemplativen Disziplinen zwar äußerlich praktiziert, daß dies aber durch den Wunsch genährt wird, etwas zu gewinnen, etwas zu besitzen, etwas, das unser Ego stärken und ihm einen höheren Rang geben könnte. Jedoch wenden wir uns dadurch gerade von diesen Momenten der Offenheit ab. Wir alle haben mit dieser Realität hin und wieder zu tun.

Vom kontemplativ-psychologischen Gesichtspunkt betrachtet, sind wir imstande, die auf das Ego ausgerichtete Motivation an der Tatsache zu erkennen, daß sie uns sehr labil macht. Sie verursacht Labilität, weil einerseits von einem großen, allerdings pervertierten Eifer die Rede ist, obwohl andererseits jedoch kein wirkliches spirituelles Wachstum eintritt. Dadurch sehen wir uns selbst (und andere) zwischen einer Haltung des *Nihilismus* und einer Haltung des *Fundamentalismus* (siehe z. B. De Dijn, 1991) hin und her schwanken. In beiderlei Gesinnung ist die zugrunde liegende Triebfeder Ehrgeiz in dem Sinne, daß das Ego nach Selbstbestätigung strebt. Die fundamentalistische Haltung bedeutet ein geistiges *Festklammern* an dem, was man als unveränderbar, ewig und absolut betrachtet hat. Es können bestimmte Erfahrungen oder auch Ideen und Formen sein, die uns von den Traditionen angeboten werden. Den Wert einer kontemplativen Tradition mißt man dann an dem Umfang, in dem sie einen unumstößlichen *Halt*, eine Rechtfertigung und eine Stütze für unser Wirklichkeitserleben bietet. Erfahrungen und Ideen schätzen wir dann nur noch, soweit wir sie *besitzen* können, wie wir auch materielle Gegenstände besitzen können. Solange eine kontemplative Tradition diese Möglichkeit anzubieten scheint, befriedigt sie der Ehrgeiz des Ego. Diese materialistische Strategie führt auch dahin, daß wir uns krampfhaft mit den greifbaren äußerlichen Formen der Tradition identifizieren, möglicherweise mit dem stolzen Gefühl, daß wir dann auf das richtige Pferd gesetzt haben. Wir erheben uns selbst, indem wir uns mit etwas in Zusammenhang bringen, das in unseren eigenen Augen unumstößlich hoch erhaben ist.

Wenn dann aber vielleicht von der Tradition selber der Fingerzeig gegeben wird, daß mit einer solchen Einstellung etwas grundlegend verquer ist, dann schlägt sie leicht ins Gegenteil um, in eine Haltung des *Nihilismus*. Wenn unsere egozentrische spirituelle Ambition, unser spiritueller Materialismus, nicht befriedigt werden kann, dann schütteln wir enttäuscht die religiösen Disziplinen von uns ab. Aus der Ego-Perspektive haben sie sich ja doch als wertlos erwiesen. Wir dachten reines Gold zu besitzen, aber es erweist sich als Schrott. Auf diese Art und Weise kommen wir dahin, den ganzen Kram unserer ‚spirituellen Erfahrungen‘ und auch unsere religiöse Tradition (oft auch die der anderen) wegwerfen zu wollen. Weil wir nur dasjenige für wertvoll halten, was wir besitzen können, und weil – bei näherer Betrachtung – deutlich nichts dabei ist, was wir besitzen können, entdecken wir überhaupt nichts Wertvolles mehr darin. Das ist der Kern einer nihilistischen Einstellung, in der Enttäuschung und Mißachtung sich miteinander verbinden. Wir beginnen dasjenige, was uns enttäuscht hat, von uns wegzuschieben und zu verachten. So üben wir Rache für die Enttäuschung, bis wir wieder ein neues spirituelles Objekt für unsere Ambition entdecken, das dem Ego einen Anhalt bieten kann. Und auf diese Weise schwanken wir zwischen Fundamentalismus und Nihilismus, zwischen Glaube und Unglaube an einen geistigen Halt hin und her. De facto aber dienen dieser Glaube und Unglaube und das Hin- und Her-Schwanken selbst unserem geistigen Halt. Und diese Tatsache lähmt die Wirksamkeit unserer unbefangenen Intelligenz, unserer Klarheit des Geistes.

Die Momente der Offenheit aber zerrütten im selben Augenblick auch diese beiden materialistischen Einstellungen, damit unsere Klarheit des Geistes sich wieder frei bewegen kann. Wenn wir aber, diesen Momenten zum Trotz, uns an unsere fundamentalistische oder nihilistische Einstellung zum Leben klammern – und oft vermögen wir nichts anderes –, dann erscheinen diese Momente uns wie eine Drohung. Wir empfinden dann das, was die theistischen Religionen als *Zorn der Götter* oder *Gottes Zorn* benennen. Wir empfinden dann nicht mehr die Zärtlichkeit, die Wärme und die Freiheit solcher Erfahrungsmomente, wir erfahren sie hingegen als eine *Gegenkraft*, die sich scheinbar gegen uns (Ego) richtet und uns zu zermalmen droht. Für das Ego existiert, so könnte man es formulieren, nur ein zorniger Gott oder eine feindliche Wirklichkeit, die unsere (geistigen) Besitztümer und Stützen in Gefahr bringt und die man vielleicht im besten

Falle noch zu manipulieren oder zu beschwichtigen vermag. Wenn man jedoch diese Momente als das erkennt, was sie sind, dann zeigen sie ihre friedvolle Gestalt und wirken als Momente der Bekehrung. Das in diesem Augenblick eintretende (teilweise) Zusammenstürzen oder Sich-Auflösen des Ego-Bunkers erweckt in diesem Fall Hingabe und auch den Mut, uns (Ego) bloßzustellen und nackt im Licht zu stehen. Wir sind uns bewußt, daß wir immer schon nackt dagestanden haben. Auch wenn wir noch gemeint hätten, uns verstecken zu können, wurden wir von unserer Buddhanatur, von den Göttern oder Gott schon während dieser ganzen Zeit gesehen.

Von der Offenheit zum Zweifel

Gestatten wir uns jetzt im einzelnen zu betrachten, was diese Momente der Offenheit – wenn wir ihnen nicht mehr hinterherjagen, sie abwehren oder leugnen müssen – in uns bewirken und wie sie dann Ansätze zu einer Bekehrung sein können. An diesen Momenten gibt es zwei Seiten: dasjenige, was wir klar erblicken, und die Tatsache, daß wir überhaupt klar sehen. Was wir klar erblicken, ist unser Ego. Die Tatsache, daß wir klar sehen, ist eine Eigenschaft dieser Momente selber. In religiösen Termini sagt man, daß diese Klarheit dem Heiligen Geist eigen ist, daß es *Momente der Gnade* sind, dem *Sjechiena* (Hebräisch für die Anwesenheit Gottes) oder unserer Buddhanatur eigen, wenn sie die Chance bekommt, in uns wirksam zu sein. Zunächst aber berührt uns oft das am meisten, was wir erblicken, und wir bemerken nicht die erfreuliche Tatsache, daß wir überhaupt so klar sehen können. Gewissermaßen erkennen wir die Eigenart dieser Momente dann noch nicht ganz, aber ausreichend genug, daß wir wegen der Leuchtkraft dieser Momente imstande sind, das Fiasko des Ego anzuschauen. Wir beginnen an der Möglichkeit zu zweifeln, Einsicht und Lebensfreude *innerhalb* der Mauern unseres egozentrischen Wirklichkeitserlebens zu kultivieren.

Anfangs manifestiert dieser Zweifel sich oft in einer skeptischen und kritischen Haltung uns selbst gegenüber. Das ist aber eine sehr positive Entwicklung, weil das Mißtrauen aus dem Erkennen und der Einsicht geboren ist, daß der Aufbau einer egozentrischen und egoistischen Einstellung zum Leben lauter Leiden und keine Lebensfreude mit sich bringt. Diese Einsicht ist für uns in dem Moment der Offenheit sehr klar. Aber wenn dieser Moment vergangen ist, läßt er in unserem Geist Mißtrauen und Zweifel zurück. Dieses heilsame, aber äußerst unbequeme Mißtrauen tritt oft am prägnantesten zutage, ehe wir den ersten Schritt auf dem kontemplativen Weg machen. Deshalb ist es sehr wichtig (auch bei Begleitung von Menschen in dieser Phase), dieses Mißtrauen oder diese Skepsis nicht zu verdrängen oder wegzuargumentieren, sondern ihnen Raum zu verleihen und sie zu respektieren. Gerade wenn jemand diesen unbequemen Platz erreicht hat, dann ist die Anfechtung sehr groß, sich von diesem spirituellen Mißtrauen durch die Flucht in die materialistischen Haltungen von Fundamentalismus und Nihilismus zu befreien. Indem man dieses Mißtrauen akzeptiert und ihm Raum verleiht, ohne sich dadurch fortreißen zu lassen, kann man der erneuten Suche nach einem Halt vorbeugen. Es bedeutet ja doch eine erste, wenn auch noch einseitige Manifestation der Klarheit des Geistes.

Das hier besprochene Mißtrauen ist meistens sehr umfassend; das Mißtrauen bezieht sich nicht nur *auf uns selbst* und auf die Art und Weise, wie wir bis jetzt versucht haben, unser Leben rund um unser Ego aufzubauen, sondern auch *auf unsere Umgebung*, auf die Ansprüche, Erwartungen und die Versprechungen der Welt: ‚Wenn du lediglich tust, was man von dir erwartet, wenn du einen guten Job, gute Freunde hast, dann wäre es geschafft. Sorge bloß dafür, daß du diese Sachen in Ordnung bringst.' Alle diese Ansprüche und Versprechungen werden meist gemeinsam mit der Suggestion präsentiert, daß sie zum Frieden mit dem Leben, wenn auch nicht zum inneren Frieden führen werden. Auch diese Versprechungen geraten durch obengenannte Momente der Offenheit auf unsicheren Boden. Das Mißtrauen erschüttert also nicht nur unsere eigene Einstellung zum Leben, sondern es erstreckt sich auch auf die Welt mit ihrer Auffassung über das Leben. Die uns umgebende Welt enthält *auch die Religionen*; deshalb gilt dieses Mißtrauen nicht nur den Versprechungen der Welt, sondern auch denen der Religionen. Auch darauf richtet dieser Mensch aufs neue oder zum ersten Mal sein kritisches Auge.

Wenn das Fiasko unseres egozentrischen Wirklichkeitserlebens in den Momenten der Offenheit sichtbar geworden und ein grundlegender und alles durchdringender Zweifel geweckt worden ist, dann kommen allerlei Fragen in uns hoch: „Ja, aber was dann tun? Gibt es andere Menschen, die Ähnliches erfahren und in ähnlicher Weise durchlebt haben, oder bin ich der einzige, liegt es nur an mir? Sollte ich vielleicht einfach einen anderen Job, andere Freunde, einen anderen Partner oder eine neue Religion suchen? Bedeutet es eine Krise meiner Pubertät, meiner Adoleszenz, meines mittleren Alters oder meines jetzigen Lebensalters, oder ist sie grundsätzlicher als das? Gibt es irgendwo Menschen, mit denen ich darüber reden kann, und wenn ja, wo kann ich sie finden?'

Möglicherweise suchen wir dann mit solchen Fragen den Kontakt zu Menschen, von denen wir vermuten, daß sie ‚sich mit Dingen dieser Art beschäftigen‘. Nicht weil wir bei ihnen einen Anhalt suchen oder weil wir gerne zu irgend etwas gehören, sondern weil wir die grundlegend einsame Erforschung unseres Wirklichkeitserlebens weiterführen möchten. Wir reden mit diesen Leuten von einer sehr kritischen Grundhaltung aus. Und dies ist ein sehr gesundes Verfahren. Oft erleben wir uns dann in der Rolle eines ‚Advocatus Diaboli‘, eines ‚Anwalts des Teufels‘. Wir überhäufen die Tradition und denjenigen, der die Ansicht der Tradition in Worte faßt oder verkörpert, mit Fragen. Seit unserer Jugend bis jetzt ist durch unsere Umgebung, unsere Kultur, durch Religionen und die verschiedensten Institutionen schon so vieles versprochen und suggeriert worden, daß wir skeptisch sind. Und gerade unsere Momente der Offenheit machen uns mit großer Intensität klar, daß keine von all diesen Versprechungen ehrlich und wirklich war. Denn Versprechungen, wie schön sie auch sein mögen, besitzen von sich aus nicht die Kraft, unser Wirklichkeitserleben tatsächlich zu transformieren. Deswegen ist die kritische Grundhaltung da, und zu gleicher Zeit existiert mit ihr eine akute Sehnsucht zu ergründen, was echt ist, auch *in* den Traditionen, die (dem Anschein nach) über Themen wie ‚Echtheit‘ reden. Gleichzeitig mit dem Mißtrauen in bezug auf die Versprechungen der Religionen wächst dann auch ein Gefühl einer Art Unumgänglichkeit, diese Religion besser kennenzulernen und zu erforschen. In den ‚*Confessiones*‘ von Augustinus können wir darüber vieles entdecken.

Die ersten Schritte auf dem Weg

Wenn der Kontakt zwischen einer authentischen spirituellen oder kontemplativen Tradition und diesem suchenden, kritischen Menschen zum ersten Mal zustande kommt, dann ist eine der ersten Empfehlungen, mit denen er konfrontiert wird, zur Ruhe zu kommen und zuerst *sich selbst* richtig unter die Lupe zu nehmen und kennenzulernen. Wenn wir für unser Mißtrauen geradestehen und die Authentizität einer Tradition erforschen möchten, dann dürfte man ja doch davon ausgehen, daß wir in dieser Materie ein Unterscheidungsvermögen besitzen müssen, daß wir bei uns selbst anfangen sollten, das heißt bei unserem Wirklichkeitserleben, unserer Gedankenwelt und unserem Gefühlsleben, wie diese sich vom einem Moment zum anderen im Laufe des Tages manifestieren. Dies alles stellt eine der ersten Aufgaben dar, die von so gut wie allen kontemplativen Traditionen herausgestellt wird.

Vielleicht kommt dieser erste Kontakt zustande, indem wir zu einer kontemplativen Gemeinschaft gehen, wo man uns sagt: ‚Komm bitte herein, erfahre einfach den Tagesablauf, das alltägliche kontemplative Leben, das wir hier in dieser Gemeinschaft oder Kommunität führen, und sei bei dir selbst; betrachte dich selbst, wie du dir selbst bei der Beteiligung an den Disziplinen der Arbeit, des Studiums und der Kontemplation begegnest‘. Oder eventuell wenden wir uns an einen spirituellen Lehrer, und er sagt uns: ‚Räume in deinem Tagesablauf ein wenig Zeit ein, um deinen Geist zu erforschen. Hier gebe ich dir eine Meditationsdisziplin, mit der du in der Lage bist, diese Erforschung auch zu realisieren. Übe diese Disziplin. Höre vorläufig auf mit dem Lesen all dieser Bücher über Psychologie und Spiritualität und mit dem Führen von tiefsinnigen lebensphilosophischen Gesprächen. Erforsche jetzt die Bewegung deines Geistes.‘

Selbstverständnis und Selbsterkenntnis als persönliche Glaubwürdigkeit

Indem wir mit Hilfe einer kontemplativen Methode die Bewegung unseres Geistes wahrzunehmen lernen, sind wir imstande, sowohl uns selbst als auch die Bedeutung der Methode kennenzulernen. Dabei schärfen wir auf diese Weise unser Unterscheidungsvermögen. Dieser Prozeß kennt viele Höhen und Tiefen und kann mehrere Jahren in Anspruch nehmen. An anderer Stelle verwendete ich dafür den Ausdruck *persönliche Glaubwürdigkeit* (De Wit, 1993, S. 156 u.f.). Diese persönliche Glaubwürdigkeit bedeutet das Vermögen, unseren eigenen spirituellen Materialismus, d. h. unsere egozentrische Motivation, von der wahrhaftigen Inspiration unterscheiden zu können. Wenn unsere persönliche Glaubwürdigkeit heranwächst, beginnen wir unsere Neigung einzusehen, der Realität zu entfliehen, und den Wunsch, uns selbst zu erhalten. Wir beginnen zu erkennen, daß gerade diese Neigung es uns unmöglich macht, uns selbst und die Tradition objektiv anzuschauen. Aufgrund dieser Neigung würden wir die Wahrheit über uns sclbst oder über die Tradition nicht einmal wiedererkennen, wenn sie vorbeikommt.

Es ist äußerst wichtig, diese Art des Selbstverständnisses weiterzuentwickeln, und es gilt dann auch, diese Entwicklung zu fördern und zu nähren. Je mehr wir lernen, uns selbst mehr Vertrauen entgegenzubringen, also unseren Momenten der Offenheit und Unbefangenheit zu vertrauen, desto besser sind wir imstande, zu bemerken, sobald unser Geist diese schnelle Bewegung in Richtung des ‚Ego-Erschaffens' unternimmt. Dadurch lernen wir besser, diese Bewegung nicht weiter zu nähren. Auf diese Weise entwickelt sich unser inwendig vorhandenes Unterscheidungsvermögen und direkt mit ihm auch die Glaubwürdigkeit unseres Urteils. Das hier Besprochene faßt man in den theistischen Traditionen oft in folgenden Worten zusammen: Dich selbst kennenlernen und Gott kennenlernen ist dieselbe, identische Bewegung. Dieser Lernprozeß entfaltet sich gleichzeitig in beide Richtungen.

Offenheit als Hingabe

Die Entwicklung dieser Form des Selbstverständnisses ist nicht nur für einen weiteren Schritt notwendig, sondern sie ermöglicht auch diesen Schritt: Wir sind jetzt auch besser in der Lage, zu lauschen und wirklich zu hören, was diese Tradition anzubieten hat. In diesem Augenblick könnte sich auch ein persönlicherer Kontakt anbahnen – und dies ist auch angebracht – zwischen dem Begleiter und dem Begleiteten. Auch während dieses Kontaktes prüft man, manchmal unverhüllt, oft noch auf Umwegen, auf allerlei Arten und Weisen den Begleiter. Und auch das sich damit entwickelnde Vertrauen zum authentischen Begleiter (und hiermit zur Tradition) entfaltet sich gleichzeitig mit dem Wachstum unseres Vertrauens zu uns selbst, das heißt zu unserem Selbstverständnis.

Dieser Entwicklung wohnt schon der Keim der *Hingabethematik* inne. Hingabe sowohl im Sinne der *Hingabe an die Offenheit* als auch im Sinne der *Übergabe des Ego*. Wir beginnen zu vermuten, was die Übergabe des Ego zum Inhalt hat: Das öffentliche, nackte Eingeständnis der egozentrischen Bewegung unseres Geistes in jedem Augenblick, in dem sich diese Bewegung ereignet, immer wieder, immer aufs neue. Gerade in dem Augenblick, in dem wir in den Ego-Erfahrungsmodus hineinrutschen, fassen wir uns selbst am Schopf und heben uns sozusagen selbst wieder heraus. Diese Aktivität enthält eine Komponente der Selbstdisziplin. Aber es könnte auch geschehen, daß unser Begleiter uns auf die Pelle rückt. Indem er oder sie es tut, lehrt er/sie uns, wie und wann wir es selber auch tun können. Selbstverständlich kann ein Begleiter dieses ‚Handwerk' nur ausüben, wenn wir bereit sind, uns selbst so, wie wir sind, zu zeigen, wenn wir bereit sind, nackt dazustehen. Grundsätzlich bedeutet es, sich selbst und Gott gegenüber eine Blöße zu geben. Aber im praktischen Sinne ist es ein enthülltes und nacktes Sein unserem Mitmenschen gegenüber: Sich eine Blöße geben *und* die Hingabe unseres Ego im konkreten und realen Umgang mit dem anderen. Das ist nicht leicht. Und als erster Ansatz ist es ein ‚in - Nacktheit - Sein‘ diesem *besonderen* Mitmenschen gegenüber, dem wir angefangen haben zu vertrauen, nämlich unserem Begleiter auf dem kontemplativen Weg. Es bedeutet in diesem Sinne auch eine Hingabe an den Begleiter. Und dieses Vertrauen wiederum basiert auf unserem Wachstum in Selbstverständnis und Selbsterkenntnis.

Diese Art der Hingabe ist eine ganz andere als die Form der Hingabe, die auf der Idee basiert, daß ‚die Tradition oder der Begleiter sowieso weiß, was richtig ist; deswegen überantworte ich mich einfach ihr oder ihm, denn ich bin selber zu diesem Wissen nicht imstande‘. In dieser Form der Hingabe oder besser Übergabe verzichten wir auf das Entwickeln unseres Unterscheidungsvermögens. Man nennt diese Form der Hingabe auch wohl eine *blinde Hingabe* (siehe auch Kapitel 10). Tatsächlich bedeutet es, die Verantwortung für uns selbst auf eine höhere oder als kompetenter betrachtete Instanz zu schieben. Damit ist es eine Form des spirituellen *Eskapismus*[3]. Blinde Hingabe basiert auf der Motivation, daß wir *nicht* sehen müssen, wer oder was wir sind und was unserer Existenz Sinn geben könnte. Blinde Hingabe bedeutet das Bemühen des Ego, die wirkliche Hingabe zu *imitieren*: ‚Ich überantworte mich dir, mach mit mir, was du möchtest, ich habe dazu alles Vertrauen‘. Eine derartige Form der ‚Hingabe‘ ist langfristig nicht robust und auch nicht effektiv genug für solch eine fundamentale Angelegenheit wie die totale Transformation unserer Lebenshaltung. Sie entstammt nicht – und wird dann auch nicht getragen von – einer stabilen, in der Erfahrung erprobten Beziehung.

Die Entwicklung einer solchen Beziehung beinhaltet zuerst ein Zweifeln, ein Abtasten und ein Prüfen unserer Verbindung mit der Tradition und der Beziehung zu dem/der BegleiterIn. Erst aus diesem Zweifeln und Abtasten entwickelt sich ein wahrhaftiges Vertrauen, damit demnächst, wenn wir tief in unsere Ego-Welt einschneidende Schritte machen, es jemanden gibt, der uns in schwierigen Augenblicken beistehen kann, einen Menschen, der uns ermutigt, immer weiter in die Augenblicke der Offenheit hineinzugehen. Jemand, der uns durch sein eigenes Vorbild zeigt, daß Menschen dazu fähig sind, in diesen Augenblicken der Offenheit, in diesem außerhalb des Ego-Territoriums sich befindenden ‚Niemandsland‘ zu

---

3 Diesen Ausdruck könnte man umschreiben als ‚das Bedürfnis, aus einer als heikel betrachteten Situation zu flüchten‘ (Anm. des Übersetzers).

leben. Die Heiligen und die großen kontemplativen Meister der Traditionen haben uns den Weg gezeigt. Von diesem ‚Niemandsland' aus sprechen sie zu uns, und von dort haben sie – um es einmal in dieser Weise auszudrücken – schon die ganze Zeit mit allen ihnen zur Verfügung stehenden Mitteln zu uns gerufen und gewunken: ‚Hier, hier....!'

So weit die Beschreibung der ersten Ansätze von Bekehrung. Im nächsten Kapitel erforschen wir, welche Mittel die kontemplativen Traditionen uns zum Weiterkommen auf dem Weg bieten. Mit dem Thema der kontemplativen Entwicklung, deren Ansatz wir hier besprochen haben, nehmen wir im letzten Kapitel wieder den Faden auf.

Kapitel 6

Die Disziplinen des Denkens

Einleitung in die kontemplativen Disziplinen

Wie handhabt man innerhalb der kontemplativen Traditionen die Ansätze zur Bekehrung, die Anfänge der verborgenen Blüte? Haben sie zur Unterstützung und Weiterführung dieses Prozesses an dieser Stelle etwas zu bieten – und wenn ja, dann was?

Und es ist auch viel: es gibt einen großen Reichtum kontemplativer Disziplinen und Methoden. Auch in diesem Bereich haben die erfinderischen Gaben des Menschen sich ausgiebig manifestiert. Es gibt keinen einzigen Erfahrungsbereich, der nicht durch eine oder mehrere Disziplinen erfaßt wird. Allerdings werden in unterschiedlichen Traditionen gewisse Disziplinen stärker als andere betont. Manchmal ist dieser Nachdruck der Tradition eigen, und manchmal hat er mit der Kultur zu tun, in der diese spezifische Tradition Wurzeln geschlagen hat.

Ich möchte aber erst etwas über das Wort ‚Disziplin' sagen, weil es für recht viele Menschen einen strengen, fast militärischen Unterton bekommen hat und anscheinend dem Ausüben von Druck auf sich selbst und dem Ausüben von Gewalt nahekommt. Die kontemplative Bedeutung des Ausdrucks ‚Disziplin' ist aber eine viel neutralere; sie bedeutet nicht mehr als ‚eine systematische und engagierte Übung'. Und das Kennzeichnende dieser Art von Übungen ist gerade, daß sie nicht hartherzig, sondern mit einer gewissen Sanftheit und Flexibilität verrichtet werden, die wir dennoch mit großem Engagement ausführen. Wir könnten sie als eine Art systematische Fähigkeit im Umgang mit unserem Geist, unserem Sprechen und unserem Handeln charakterisieren. Diese Fähigkeit und Sanftheit basieren auf der praktischen Einsicht aufgrund der Erfahrung mit dem, was menschlich möglich ist. Trotzdem finden wir in den kontemplativen Traditionen zeitweilig Menschen, die sich allerlei extremen Übungen hingeben. Aber wenn diese Übungen von Selbstaggression oder spirituellem Ehrgeiz eingegeben werden, dann lehnen die Traditionen selbst sie bestimmt ab. Der Buddha hat selbst jahrelang mit extremen Formen der Askese experimentiert, aber er warnt später seine Schüler vor den beiden Extremen der Selbstquälerei wie auch der Bequemlichkeit. Dem verdankt der Buddhismus denn auch seine Kennzeichnung als ‚*der mittlere Weg*‘.

Eine häufig vorkommende Metapher für die richtige Anwendung der Disziplinen ist auch die Arbeitsweise eines Gärtners, der mit Liebe *und* Sachkenntnis einen Garten zur Blüte bringt. Und gewiß hat der Gärtner außer Dünger gelegentlich auch eine Gartenschere in der Hand. Seine Liebe schneidet die Wucherungen der Selbstquälerei und seine Sachkenntnis die der Bequemlichkeit zurück.

Wenn wir in allgemeineren Termini über diese Disziplinen reden möchten, brauchen wir eine bestimmte Gliederung für ihre Vielzahl. Dafür können wir auf eine sehr klassische, von den kontemplativen Disziplinen selbst benutzte Einteilung zurückgreifen. Wir meinen hier die Einteilung in drei Bereichen: die Domäne des Geistes, die des Wortes und die der Tat. An anderer Stelle (De Wit, 1993) haben wir sie als die mentale Domäne, die Domäne des Sprechens (bzw. die kommunikative Domäne) und die Domäne des Handelns (bzw. die leibliche Domäne)*) bezeichnet. Für jeden dieser drei Bereiche existieren spezifische kontemplative Disziplinen oder Übungen. Wir möchten sie der Reihe nach als die *mentalen Disziplinen*, die *Disziplinen des Sprechens* und die *Disziplinen des Handelns* kennzeichnen.

Die mentalen Disziplinen beziehen sich natürlich darauf, die Einsicht in die Art unseres Geistes zu kultivieren – nämlich die verborgene Blüte zu wecken: den Umgang mit uns selbst, mit unseren Gedanken und unserer Einstellung zum Leben. Deswegen können wir auch diese Disziplinen in Zurückgezogenheit während eines individuellen Retreats praktizieren und natürlich als Eremit, kurzum in einer Situation, in der wir alleine, nur mit uns selbst, mit unserem Geist da sind.

Die Disziplinen des Handelns und des Sprechens richten sich auf das Kultivieren einer menschenwürdigen, sorgsamen Art der Kommunikation und des Umgangs mit unserer Umgebung – bei uns selbst und bei anderen. Sie beinhalten also das Zügeln und auch das Hinwegkommen über unsere hartherzige egozentrische Emotionalität, mit der wir (vom *Ego* aus) auf unsere Umgebung reagieren. Diese Disziplinen praktizieren wir dann auch miteinander. Selbstverständlich schenken diejenigen, die in einer kontemplativen Gemeinschaft leben, dem eine ausgesprochene Beachtung – die christliche Tradition nennt sie *Cenobiten*. Diese Disziplinen besitzen einen

---

*) Im deutschen Text des Buches ‚Kontemplative Psychologie‘ wird von ‚Der geistige, der kommunikative und der physische Bereich‘ gesprochen (De Wit, 1993, 3.3)

ausgebildeten Interaktions - und Kommunikationscharakter. Aber auch für diejenigen Kontemplativen sind gerade diese Disziplinen selbstverständlich von fundamentaler Bedeutung, die, wie man sagt, ‚in der Welt' leben. Man könnte sie auch die *sozialen Disziplinen* nennen, obwohl diese Bezeichnung die Interpretation nahelegt, als würde das Kultivieren eines sorgsamen Umgangs mit der Natur und der stofflichen Welt nicht zur Geltung kommen. Wir können sie darum angemessener mit dem Terminus *praktische Disziplinen* umschreiben, gerade auch aufgrund ihres praktischen, auf das alltägliche Leben gerichteten Einschlags. Die sozialen Disziplinen und diejenigen, die sich auf den Umgang mit der stofflichen Welt und der Natur beziehen, bilden dann gemeinsam die praktischen Disziplinen.

In der Praxis des kontemplativen Lebens werden die mentalen und die praktischen Disziplinen in einem bestimmten Zusammenhang und Verhältnis geübt. Das verleiht den Traditionen ihre Kraft und formt sie zu einer Ganzheit, die alle Aspekte unseres Lebens berührt. In diesem und dem nächsten Kapitel werden wir die mentalen Disziplinen erörtern. Die Disziplinen des Sprechens und des Handelns, die sich auf das Kultivieren der sichtbaren Früchte dieser verborgenen Blüte beziehen, sind Thema in Kapitel 9.

Die mentalen Disziplinen

Aufgrund der Beschreibung des kontemplativ-psychologischen Begriffs ‚Geist' besitzen wir jetzt einen gewissen Hintergrund, auf dem wir das ‚Wie' und ‚Warum' der mentalen Disziplinen verstehen können. Alle großen religiösen Traditionen besitzen ein ganzes Arsenal solcher Disziplinen, die alle darauf ausgerichtet sind, unseren Geist kennenzulernen und auszubilden. Wenn wir die Kategorie der *mentalen Disziplinen* betrachten, finden wir – und wir werden uns nach dem Inhalt des vierten Kapitels nicht mehr darüber wundern – zwei Hauptkategorien, die wir als die *Disziplinen des bewußt Seins* und die *Disziplinen des Denkens* bezeichnen. Diese zwei Typen von Disziplinen sind, genau genommen, die kontemplativen Varianten der zwei grundlegenden Formen, durch die man Kenntnisse erwirbt. In einem anderen Kontext habe ich deren methodologischen Hintergrund in der Terminologie der sogenannten *Konzeptuellen Strategien* (oder auch *Begiffs-Strategien*) und der *Bewußtseinsstrategien* (De Wit 1993, 3.7.1.) besprochen. An dieser Stelle habe ich auch angedeutet, daß und warum diese beiden Formen der mentalen Disziplinen in einem wechselseitigen Zusammenhang praktiziert werden.

Die Disziplinen des *bewußt Seins* (oder der Bewußtwerdung) vertiefen und erweitern unsere direkten Erfahrungskenntnisse, unser *Wahrnehmungswissen*, wie wir es vorher (siehe Kapitel 4) mit einem Fachausdruck benannt haben. Sie stärken einerseits die Stabilität und schärfen andererseits das Unterscheidungsvermögen unseres *bewußt Seins*. Innerhalb dieser Disziplinen können wir also zwei Arten unterscheiden; wir werden sie die *Disziplinen der Achtsamkeit* (oder der Stabilität) und die *Disziplinen der Einsicht* (oder des Unterscheidungsvermögens) nennen. Wir werden sie nacheinander in den Kapiteln 7 und 8 erörtern.

Die Disziplinen des Denkens beschäftigen sich mit der Anwendung *mentaler Inhalte* – mit Begriffen, Ideen, Theorien, Vorstellungen, Gestalten, Bildern und Symbolen. Der Begriff ‚Denken‘ bekommt auch hier wieder die erweiterte Bedeutung, die wir in Kapitel 4 schon erwähnt haben. Diese Disziplinen richten sich einerseits auf die Vermehrung unseres *begrifflichen Wissens*, das heißt auf das intellektuelle Verständnis des kontemplativen Lebens. Andererseits benutzen die Disziplinen des Denkens unsere *Vorstellungskraft*, unser Vorstellungsvermögen. Wie wir im folgenden sehen, bieten diese Disziplinen uns mentale Vorstellungen und Bilder an, die für die Verwandlung unseres Wirklichkeitserlebens in Richtung auf Einsichts- und Sorgsamkeitswachstum dienlich sind. Auch innerhalb der Disziplinen des Denkens können wir dementsprechend zwei Kategorien unterscheiden: Wir werden sie die *intellektuellen Disziplinen* und die *Disziplinen der Imagination (bzw. der bildlichen Vorstellung)* benennen.

Diese vier mentalen Disziplinen werden in diesem und in den nächsten Kapiteln besprochen.

Die zwei Disziplinen des Denkens

Unsere erste Orientierung gilt dem Bereich der Disziplinen des Denkens, die sowohl die intellektuellen als auch diejenigen enthalten, die mit unserer Vorstellungskraft arbeiten. Wir hätten auch – gerade weil sie sich mit mentalen Inhalten beschäftigen – die Disziplinen des Denkens von einer religiösen bzw. theologischen Ansicht aus betrachten können. In diesem Fall würde es sich um die folgende Frage handeln: Welchen Stellenwert haben die von den Disziplinen dargebotenen mentalen Inhalte in der Gesamtheit der religiösen (und theologischen) Konzeptionen der Tradition selber? Auf diese Frage – wie interessant sie auch ist – werden wir hier nicht eingehen. In diesem Kontext werden wir vor allem die kontemplativ-psychologische Auswirkung dieser mentalen Disziplinen betrachten. Die zentrale Frage ist hier: Wie und was machen diese Disziplinen genau mit dem Geist und dem Wirklichkeitserleben des Praktizierenden?

Die systematische Anwendung unseres Intellekts und unserer Vorstellungskraft sind zwei grundverschiedene Herangehensweisen, von denen uns die intellektuellen Disziplinen am bekanntesten sind. Das liegt daran, daß wir in einer sehr stark auf intellektuelle Leistung abgestimmten Kultur leben. In unserem Alltag gebrauchen wir häufig unseren Intellekt, wenn auch meistens für andere Zwecke als zur Förderung einer spirituellen Entwicklung. Die Disziplinen der Imagination (bzw. der bildlichen Vorstellung) sind uns weniger vertraut. Obwohl wir uns in unserem alltäglichen Leben alles Mögliche einbilden und vielerlei Vorstellungen machen, kennen wir kaum noch eine systematische Anwendung unserer Vorstellungskraft zu dem Zweck, unser Wirklichkeitserleben zu transformieren. Die Methoden einzelner moderner kognitiver Psychologien und bestimmter Psychotherapien (wie z. B. der Gestalttherapie, der analytischen Psychologie nach C. G. Jung mit ihrer aktiven Imagination und der Psychosynthese) sind Ausnahmen.

Die intellektuellen Disziplinen

Dem Menschen liegt das Gestalten von Theorien im Blut. Wir können das in allen Kulturen und auf verschiedenen Ebenen beobachten. Wir entwerfen Theorien über dieses und jenes, über die Welt der Erscheinungen und ihr System und über den Zusammenhang dieser Erscheinungen, Theorien über uns selbst und über andere, über das Sichtbare und das Unsichtbare. Wir versuchen auch, diese Theorien anhand der Erfahrung zu überprüfen. Wenn nötig, passen wir die Theorien auf Grund neuer Eingebungen oder Resultate unserem eigenen Forschungsstand an. Wir versuchen, Denkfehler zu vermeiden; deswegen prüfen wir auch, ob unsere Theorien *Konsistenz* besitzen, das heißt, keine innere Widersprüche enthalten. Wenn wir dies alles in einer systematischen Art und Weise tun, dann praktizieren wir faktisch eine intellektuelle Disziplin, die in erster Linie in unserer westlichen wissenschaftlichen Tradition Gestalt erhalten und sie zum Blühen gebracht hat.

Theorien sind aus einer Einheit von Begriffen oder *Konzepten* gebildet, die eine bestimmte Beziehung zueinander haben. Sie enthalten *Kenntnis* oder *Wissen über* einen bestimmten Bereich der Wirklichkeit. Diese Kenntnis hilft uns, das Denken über unsere Erfahrung zu schärfen.

Auch die kontemplativen Traditionen bedienen sich von alters her häufig der intellektuellen Disziplinen und schätzen sie auch hoch. Die Ausübung der intellektuellen Disziplinen umfaßt sowohl das Lernen als auch das Analysieren und Erwägen von Theorien über das kontemplative Leben.

Alle Traditionen besitzen einen bestimmten begrifflichen Rahmen in Form einer mehr oder weniger systematischen Doktrin oder Lehre, die sich auf ihre heiligen Bücher beruft: Der *Katechismus*, der auf die Bibel zurückgeht, der *Aka' id*, der auf dem Koran beruht, der *Talmud*, der auf der ,Thora' des Judentums basiert, der *Abhidharma* des Buddhismus, der auf die ,Sutren' zurückgeht, und die *Vedanta* des Hinduismus, die von den ,Vedas' ausgehen. Zweck ist, daß der Schüler diese Lehre studiert und über sie nachdenkt. In den meisten Traditionen entsteht durch dieses Reflektieren kontinuierlich wieder eine neue umfangreiche Literatur mit Kommentaren, in denen die wesentlichen Begriffe ihrer Religion intellektuell in Ausdrücken erläutert werden, die jetzt bei uns Widerhall finden. Darin liegt auch die Bedeutung der kommentierenden Literatur. In keiner lebenden Religion ist eine solche Entwicklung jemals vollendet. Auch in unserer Zeit strebt man weitere Erläuterungen an. Das Christentum kennt seine *Theologie*, der Buddhismus seine *Shastras* (Kommentare) und das Judentum seinen *Talmud*, der auch wieder Kommentare zu Kommentaren umfaßt, und der Islam seinen *Tafsir*. Auch der Hinduismus besitzt eine Menge religiös-philosophischer Kommentare. Gerade weil sie oft mehr gegenwartsnah sind und auch oft eine Erläuterung der in den ursprünglichen Texten noch verhüllten Einsichten enthalten, wird in manchen Traditionen das Studieren der Kommentare stark betont. In manchen orthodox-–jüdischen Kreisen studiert man fast nichts anderes als den Talmud. Viele Buddhisten studieren hauptsächlich die Shastras.

Nicht nur in der dafür bekannten jüdischen Tradition, sondern in allen kontemplativen Traditionen erkennt und akzentuiert man den Wert und die Bedeutung des fortdauernden intellektuellen Studiums. Die buddhistischen und hinduistischen Traditionen sprechen in dieser Beziehung über die Notwendigkeit, die Disziplinen des Studierens (Sanskrit: *Sravana*, wörtlich: hören) und des Überdenkens (*Manana*) simultan mit anderen kontemplativen Disziplinen zu praktizieren. *Svadhyana* – das Studieren der heiligen Bücher – ist für die Hindus eine unentbehrliche Disziplin.

Die Themen, über die man nachdenkt, sind natürlich in jederTradition verschieden, aber nicht in dem Maß, daß man keine ähnlichen Themen aufdecken könnte. Die Traditionen können und wollen jedoch den existentiellen Themen des menschlichen Daseins nicht entfliehen, auch wenn jede ihre Einsichten auf eigene Weise in Worte faßt. Eine Aufstellung dieser Themen gibt H. M. Vroom: „1) die Vergänglichkeit des Daseins, 2) die menschliche Verantwortung und das menschliche Versagen, 3) das Erleben des Guten, des Glücks, des Friedens, des Wohlstands und der Sinngebung, 4) das Empfangen von Einsicht, 5) das Böse und das Leiden" (Vroom, 1988, S. 248). Alle Traditionen verfügen über einen begrifflichen Rahmen, in dem wir unserem Denken über diese Themen eine klarere Form geben können.

Das Praktizieren der intellektuellen Disziplinen beinhaltet auch die Schulung des Denkens. Wenn es richtig geübt wird, dann verdeutlicht diese Schulung in den Termini der Tradition sowohl den begrifflichen Rahmen als auch unser Denken über unser eigenes konkretes Dasein. Sie unterrichtet uns und räumt auf diese Weise die *begriffliche Verwirrung* (siehe Kapitel 4) beiseite. Die intellektuellen Disziplinen sind imstande, uns Einsicht zu bringen, ,wie' und ,warum' wir einen kontemplativen Weg gehen sollten. Sie können uns nicht nur Unterricht geben, sondern uns auch motivieren.

Der starke Pluspunkt der intellektuellen Disziplinen ist, daß man mit ihrer Hilfe gut kommunizieren kann, denn sie benutzen die *Sprache* als Mittel. Vielerlei Arten des Sprachgebrauchs werden dabei verwendet: der deskriptive (beschreibende), der präskriptive (vorschreibende) und der evokative (aufrufende) Sprachgebrauch. Für ein Verständnis der spezifischen Rolle dieser Formen des Sprachgebrauchs in den kontemplativen Traditionen verweise ich auf Kapitel 4 meines Buches ,Kontemplative Psychologie' (De Wit, 1993). Indem wir uns die religiösen Konzepte aneignen, ändert sich der Inhalt unseres Gedankenstroms in einer Art und Weise, die uns – jedenfalls ist das der Zweck – in eine bessere Position bringt, unsere Erfahrungswelt intellektuell zu erklären und zu erforschen.

Die Disziplinen der Imagination

Es gibt aber noch eine zweite Art der Disziplin des Denkens, eine, die sich nicht mit unserem intellektuellen und analytischen Vermögen befaßt, sondern mit unserer Imaginations- oder Vorstellungskraft; sie befaßt sich nicht mit Begriffen, sondern mit *mentalen Vorstellungen* oder Bildern. Oben haben wir sie die *Disziplinen der Imagination* genannt.

Es gibt eine große Variationsbreite von mentalen Bildern und Vorstellungen, die von den kontemplativen Traditionen dazu verwendet werden, zu viele, um sie einzeln aufzuzählen. Um einige beliebige Begriffe zu verwenden: Bilder und Vorstellungen von Gott; das Bild des eigenen Mentors, Gurus oder einer Person, die ein Vorbild für uns ist; Geschichten aus der Tradition, Bilder, die aus den Lebensgeschichten der Propheten genommen sind, von Jesu, Buddha, Mohammed, Arjuna; Bilder, die mit allerlei Gebeten verbunden sind: mit Gebeten, um etwas zu erlangen, mit Fürbitten, Stoßgebeten, Danksagungen; und dann gibt es auch Bilder in der Form der heiligen Formeln, bedeutungsvollen Mantren, ‚Ein-Wort-Gebete‘ und Gelübde, die man für sich selbst wiederholt; es gibt religiöse Vorstellungen und Visualisierungen; einen *Koan*, über den man geistig brütet, das Gedenken des Todes (*memento mori*) und so weiter und so fort. Und dann gibt es noch Bilder oder Vorstellungen, die in den religiösen Traditionen gar keine formale Stelle haben, die aber für uns persönlich einen spirituellen Wert aufzuweisen haben, Bilder, die uns inspirieren und erheben: z. B. eine kostbare Erinnerung oder hoffnungsvolle Erwartung, ein Bild aus einem Gedicht von Rilke, ein Satz aus einem Klavierkonzert von Mozart, der uns wieder in den Sinn kommt; ein befreiender Gedanke, der uns neue Perspektiven eröffnet und den wir bei uns behalten. Alle diese mentalen Inhalte können einen Platz in der Praxis der Disziplinen der Imagination bzw. Kontemplation einnehmen.

Um den Charakter dieser Disziplinen zu verdeutlichen, möchte ich einige Beispiele geben. Im Christentum (und am meisten im Katholizismus) kennen wir die Disziplin, mit der man sich in den Leidensweg Christi hineinversetzt durch Stillstehen bei den 14 Kreuzwegstationen, um sich dann auf das Leiden des Herrn zu besinnen. Ein anderes, allgemeineres Beispiel in dieser Tradition ist die *Lectio Divina*, auch ‚geistige oder monastische Lesung‘ genannt. Beim Praktizieren dieser Disziplin handelt es sich nicht um das Erwerben von Information, nicht um das Erlangen von *Kenntnis über* den Text (also nicht um *begriffliches Wissen*, siehe Kapitel 4), sondern um das *Bekanntwerden mit* bzw. um das Erlangen von *Erfahrungswissen*, um die Entwicklung der Vertrautheit *mit* einem Text. Dann ist es möglich, daß sich der Erlebniswert des Textes uns offenbart und uns transformiert. Der Benediktinermönch Ketelaars OSB drückt es so aus: ‚Die monastische Lesung beabsichtigt, einen Text zu lesen, nicht primär um Aufklärung zu erlangen, obwohl sie auch immer präsent ist, sondern damit einer durch den Text und an ihm geboren wird, damit einer mit dem Text und seinem Autor zusammenwächst und durch das Wort zu einer wahrhaftig inneren Vertrautheit kommt. Mit anderen Worten gesagt: Es handelt sich nicht darum, den anderen oder den Text zu manipulieren oder zu transformieren, sondern darum, daß jemand selbst in der wahrhaftigen Begegnung transformiert wird' (Ketelaars, 1986).

Im Mahayana-Buddhismus finden wir die Disziplin des ‚Gebens und Nehmens' (*Tonglen*), bei der man sich die Negativität vorstellt, die sich in der Welt befindet, sie einatmet und alles Positive, das man in sich weiß, über die Welt ausatmet (siehe z.B. Kongtrul, 1987; Chödrön, 1991, S. 56). Im Vajrayana visualisiert der Praktizierende eine anthropomorphe Vorstellung der Erleuchtung (Tibetisch: *yidam*). Durch seine Identifikation bindet er seinen Geist (*yid* = Geist und *Dam* = Band). Ebenso finden wir im Hinduismus mentale Übungen, bei denen man sich mit einem mentalen Inhalt, zum Beispiel mit dem Bild einer Gottheit (*Istadevata*), identifiziert. Und in allen buddhistischen Schulen finden wir die mentale Disziplin, bei der ein Praktizierender sich oft mit der Hilfe von bewußt hervorgerufenen Vorstellungen in vier spezifische mentale Geistes- und Grundhaltungen hineinversetzt. Diese vier Gesinnungen, wegen ihrer Wirksamkeit ‚unermeßlich' (*apramana*) genannt, sind die folgenden: Freundlichkeit (*Maitri*), Erbarmen (*Karuna*), Freude über das Wohlergehen des anderen (*Mudita*) und Gleichmut (*Upekha*). Auch Patanjali, der berühmte hinduistische Meister, empfiehlt diese Praxis.

In der buddhistischen Tradition nennt man die Disziplinen der Imagination auch ‚*Meditation mit Form*'. Der Ausdruck ‚Form' bezieht sich spezifisch auf den mentalen Inhalt, mit dem sich jemand beschäftigt. In der christlichen Tradition zählt man die spirituellen Disziplinen, die sich mit Bildern beschäftigen, zu der sogenannten *kataphatischen Spiritualität* (*kata* bedeutet ‚nach' und *phatis* bedeutet wörtlich ‚Sprache' oder ‚Wort'). Eine Definition lautet folgendermaßen: ‚Die kataphatische Spiritualität verwendet Bewußtseinsinhalte, das heißt Bilder, Symbole und Begriffe. Sie orientiert sich an Inhalten und geht davon aus, daß der Mensch Bilder und Begriffe benötigt, wenn er an Gott herankommen möchte' (Willigis Jäger, 1992, S. 77).

Ziel und Übung der Disziplinen der Imagination

Die Disziplinen der Imagination richten sich darauf, die Bilder und die Vorstellungen, die es verhindern, daß unsere grundlegende Menschlichkeit ans Licht gelangt, durch andere mentale Inhalte zu ersetzen, die unsere grundlegende Menschlichkeit fördern. Auf diese Weise transformieren sie (vielleicht nur kurz) unser Wirklichkeitserleben. Ihre Effektivität basiert auf der Tatsache, daß unser Wirklichkeitserleben auch von Bildern durchsetzt ist. Abgesehen von intellektuellen Gedankengängen mit all ihren Konzepten tauchen ja auch andauernd Vorstellungen oder Bilder in Form von Erinnerungen, Zukunftsbildern, Metaphern, Symbolen und so weiter in unserem Gedankenstrom auf. Und dieser Gedankenstrom färbt, wie wir schon gesehen haben, unser Wirklichkeitserleben. Die Bilder, die wir uns im Laufe unseres Lebens bewußt oder unbewußt zu eigen gemacht haben und die in unseren Gedankenstrom eingegliedert sind, können sich auf die Entwicklung unserer grundlegenden Menschlichkeit fördernd wie auch hemmend auswirken.

Diese Tatsache ist den kontemplativen Traditionen selbstverständlich bekannt, und deswegen haben sie die Disziplinen der Imagination entwickelt. Schlicht gesagt, laufen diese Disziplinen darauf hinaus, daß sie systematisch mentale Vorstellungen, die einen heilsamen *Erlebniswert* haben, in unseren Geist einpflanzen. Auf diese Weise kann unser Wirklichkeitserleben beeinflußt werden. Und das ist es, worauf es in diesen Disziplinen ankommt: daß wir uns in den Erlebniswert, der uns durch ein mentales Bild präsentiert wird, *einleben*. Das mentale Bild selbst ist darum ein Mittel; es ruft eine mehr spirituelle Erlebnisweise in uns wach.

Die Traditionen stellen uns, allgemein formuliert, Vorstellungen oder Bilder zur Verfügung, die in ihrem Erlebniswert senkrecht auf unserem egozentrischen Wirklichkeitserleben stehen. Dadurch verliert ‚Ego‘ nach und nach seinen Halt, und es entsteht mehr Raum für Unbefangenheit. Die Disziplinen der Imagination könnten wir dann auch als einen operativen Eingriff in unsere Gedankenwelt charakterisieren, als eine mentale Transplantation: Ein bestimmtes Bild wird entfernt, und ein anderes, heilsameres Bild wird implantiert. Bei dieser Operation können ‚Abstoßungssymptome‘ auftreten. Sie entstehen, wenn die angebotenen Bilder als weniger real, weniger der Wahrheit entsprechend erlebt werden als die eigenen, vertrauten Bilder. Manche kontemplativen Traditionen versuchen diesen Abstoßungssymptomen zuvorzukommen, indem man diese Bilder so auswählt, daß wir an sie *glauben* können; das heißt, daß wir sie irgendwie für real, wirklich oder wahr halten. Ihren Wahrheitsgehalt führen sie auf die Tatsache zurück, daß sie eine mentale Vorstellung unserer grundlegenden Menschlichkeit sind. Sie appellieren nicht an ‚Ego‘ und seine Wirklichkeit, sondern an den offenen, unbefangenen psychologischen Raum, der von ‚Ego‘ und seiner Wirklichkeit frei ist. Zugleich wecken sie diesen offenen Raum in uns. Sie konkurrieren dann gewissermaßen mit unserem Glauben an unsere selbst entworfenen Bilder und unser selbst gebasteltes Wirklichkeitserleben. Wenn ihr Wahrheitsgehalt Oberhand über unsere egozentrischen Vorstellungen gewinnt, dann findet in unserer Denkwelt eine Wandlung statt.

Obwohl diese Bilder selber nur Bilder in unserer Vorstellungswelt sind, kann uns trotzdem ihr Erlebniswert die Augen für die Qualitäten unserer eigenen grundlegenden Menschlichkeit öffnen, die sich an und für sich *jenseits* dieser Bilder befindet. ‚Jenseits‘ in dem Sinne, daß sie nicht von den Bildern selbst abhängig ist. Es ist vielmehr umgekehrt: Alle Bilder, die in den Disziplinen der Imagination verwendet werden, entspringen unserer grundlegenden Menschlichkeit – und leiten daraus ihre Effektivität her. Sie findet in den Bildern ihren Ausdruck genau so, wie auch unsere profanen egozentrischen Vorstellungen dem geschlossenen Raum des ‚Ego‘ entspringen. Und zu jeder Zeit, in jeder Kultur und Religion können wir beobachten, wie unsere grundlegende Menschlichkeit sich die Hilfsmittel sucht, sich auch in Bildern erkennbar zu machen und zu manifestieren.

Genauer formuliert, richten sich die Disziplinen der Imagination auf das Umgestalten unseres egozentrischen Selbstbildes, Menschenbildes, Weltbildes und Gottesbildes, indem sie diesen stärker kontemplativ geprägte Bilder gegenüberstellen.

Im Gegensatz zu einem *Selbstbild*, das uns selbst als den Mittelpunkt der Welt darstellt, präsentieren die theistischen Traditionen Bilder von uns selbst z. B. als Diener, als Untertan, als Braut, ja sogar als Sklave Gottes. In den nontheistischen Traditionen wie im Mahayanabuddhismus stellt man *egolose* Selbstbilder zur Verfügung:

> ‚Ich wäre gerne ein Wunschjuwel, ein Füllhorn für jeden,
> ein machtvolles Wort und die Kraft zu heilen;
> ich wäre gerne der Baum, der Wunder vollbringt,
> und für alle Wesen die Kuh, die Wünsche im Überfluß erfüllt.

> Wie die Erde und die alles einschließenden Elemente,
> beständig wie der Himmel selbst,
> für unendlich viele lebende Wesen –
> so möchte ich Boden und Nahrung sein

> Allen lebenden Wesen,
> so weit der Himmel reicht,
> möchte ich die Sorge um ihr Leben abnehmen,
> bis sie die Fesseln des Leidens durchschnitten haben.‘

(Shantideva, 1997, S. 50/51)[4]. Im Vajrayanabuddhismus identifiziert sich der Praktizierende, wie wir schon oben erwähnt haben, oft mit einem *Yidam*, mit einer anthropomorphen visuellen Vorstellung. Der Yidam dient als Selbstbild, in dem alle emotionalen und intellektuellen Qualitäten des Zustandes der Erleuchtung manifest werden.

Im Gegensatz zu einem *Menschenbild*, das den Menschen grundlegend als ‚bestialisch‘ und bösartig charakterisiert, bieten die theistischen Traditionen Bilder des Menschen, die ihn als Wesen von göttlichem Ursprung zeigen, ein Wesen, nach dem Abbild Gottes geschaffen. Nontheistische Traditionen wie z. B. die Shambhalatradition (Trungpa, 1995, S. 35 u.f.) bieten ein Menschenbild, demzufolge alle Menschen ohne Ausnahme ihrem Wesen nach gut, zart und geistesklar sind. Dieses spirituelle Menschenbild tritt ohne Umweg jeder Form des Menschenhasses entgegen. Und zugleich bietet dieses Menschenbild Spielraum für die Erkenntnis, daß Menschenhaß beginnt, wenn wir den Kontakt mit unserer grundlegenden Menschlichkeit verloren haben.

Im Gegensatz zu einem *Weltbild*, das die Welt als einen Platz schildert, der von Rechts wegen immer unsere Bedürfnisse befriedigen sollte, es aber oft nicht tut, als einen Platz, wo die bitteren Realitäten unserer menschlichen Existenz als *Fehler* der Welt betrachtet werden, auf die wir legitim unseren Groll und unsere Lebensangst richten können, stellen die kontemplativen Traditionen dem ein Weltbild gegenüber, in dem das Heilige, Sakrale dieser Welt nachdrücklich hervorgehoben wird. Ein Weltbild, in dem Rückschläge und Enttäuschungen als *Herausforderungen* für die Entwicklung unserer Humanität betrachtet werden. Diese zwei Weltbilder und die durch sie bewirkte Geisteshaltung haben wir an anderer Stelle in Begriffen des heiligen und des profanen Wirklichkeitserlebens ausführlicher erörtert (De Wit, 1993, 5.3).

---

4 Der englische Text lautet:
  ‚*May I be a wishing jewel, the vase of plenty*
  A word of power and the supreme healing;
  May I be the tree of miracles
  And for every being the abundant cow.

  Like the earth and the pervading elements,
  Enduring as the sky itself endures,
  For boundless multitudes of living beings,
  May I be their ground and sustenance.

  Thus for everything that lives,
  As far as the limits of the sky,
  May I provide their livelihood and nourishment
  Until they pass beyond the bonds of suffering‘.

Die theistischen Traditionen artikulieren die Geisteshaltung, durch die wir die Welt als heilig oder sakral betrachten, auch manchmal damit, daß der Mensch für sein Mißgeschick Gott *dankbar* sein solle. In der nontheistischen Tradition des Tibetischen Buddhismus kennt man den Spruch: ‚Sei jedem dankbar!‘ (Kongtrul, 1987, S.18). Das sind ziemlich krasse Aussagen. Dankbarkeit bedeutet hier aber nicht, daß wir alles erdulden sollten. Das Wort ‚Dankbarkeit‘ meint hier einen Zustand des Geistes, in dem wir imstande sind, den Augenblicken des Mißgeschicks – genau auch wie Augenblicken des Segens – auf eine Art und Weise zu begegnen, die uns und andere Menschen in Weisheit und Milde wachsen läßt. Es unterstellt natürlich schon, daß wir mit unserem Mißgeschick umgehen können und ihm nicht ausweichen. Und dieses Umgehen ist wieder abhängig von unserer geistigen Reife, die bei jedem mit Erfolg angefaßten Mißgeschick gerade wächst. Mißgeschick stellt uns also innerlich vor eine Alternative: Entweder dörren wir geistig aus, indem wir uns verschließen, oder wir reifen geistig, indem wir uns damit beschäftigen. Mit kleinen Dingen anfangen bedeutet hier – genau wie in der Erziehung – den richtigen Weg. Wenn wir klein anfangen – und was ‚klein‘ heißt, ist für jeden anders, vor allem, weil Mißgeschicke oft als zu groß erfahren werden –, dann kann man auch mit dem schlimmeren Mißgeschick allmählich besser umgehen. In diesem Sinne können wir für das Mißgeschick dankbar sein, und es kann sich zum Dünger der verborgenen Blüte entwickeln.

Die theistischen Traditionen bieten letztlich auch noch ein *Gottesbild*, das gegen verschiedene egozentrische Gottesvorstellungen ankämpft. Das heißt gegen die Ideen, in denen wir Gott auf menschliche Paßform zugeschnitten haben: Gott als großer Bruder, der, wenn es darum geht, daß wir unseren Willen durchsetzen möchten, wie ein allmächtiger Verbündeter auf unserer Seite steht; ein Gott, der unseren Egozentrismus schützt und rechtfertigt oder der wie eine Art des *Superego* uns im Auge behält, oder ein Gott, der uns (*Ego*) belohnt oder mit Strafe bedroht und den wir als Freund bewahren sollten und so weiter. Dem stellen die kontemplativen Traditionen ein Gottesbild gegenüber, das, was den Erlebniswert betrifft, *nicht* in unser egozentrisches Wirklichkeitserleben *paßt*. Wenn wir dieses neue Gottesbild in unseren Gedankenstrom transplantieren, dann verwandelt sich unser Wirklichkeitserleben auch in dieser Hinsicht.

Kurz gesagt, die Disziplinen der Imagination gehen dahin, daß unser egozentrisches Wirklichkeitserleben transformiert wird, indem sie unsere Gedanken- und Gefühlswelt verändern. In dieser Weise räumen sie die durch unsere egozentrischen Bilder errichteten Hindernisse aus dem Weg.

Das konkrete *Praktizieren* der Disziplinen der Imagination besteht darin, daß man immer wieder aufs neue diese Bilder verinnerlicht, sie im Geist bewahrt, bis sich deren Erlebniswert entfaltet. Das unterstellt, daß diese Bilder und Vorstellungen schon eine Bedeutung, einen Erlebniswert für uns haben und, wenn dies noch nicht der Fall ist, daß wir die Bedeutung aufnehmen müssen. Wenn wir diese Erforschungsarbeit gemacht haben, dann kann der Erlebniswert gefühlt werden. Manchmal ist es ein Prozeß, der sich in einem Augenblick vollzieht, sobald das Bild angeboten wird. Aber meistens müssen wir das mentale Bild länger oder immer wieder aufs neue in unserem Geist festhalten und erproben, bevor dessen Erlebniswert fühlbar wird. Letzteres ist für das *Praktizieren* der Disziplinen der Imagination charakteristisch.

Die Disziplinen der Imagination und der Weg der Devotion

Unser Vorstellungsvermögen ist eine mächtige Kraft, weil seine Schöpfungen für uns keine einfach neutralen Bilder sind, sondern einen emotionalen Inhalt besitzen. Darauf basiert die Wirkung der Disziplinen der Imagination: Sie verwenden Bilder, die nicht nur begriffsmäßig, sondern auch auf emotionale Weise regelrecht der eingebildeten Wirklichkeit des ‚Ego‘ entgegentreten. Sie bieten Bilder an, die als emotionales Gegengift wirken. Auf der Grundlage der Sehnsucht nach Befreiung aus unserer durch das ‚Ego‘ verursachten Voreingenommenheit üben wir jetzt andere Bilder ein. Diese Bilder erwecken, was den Erlebniswert betrifft, ein egoloses oder theozentrisches Wirklichkeitserleben, wie es zum Beispiel Bilder gibt, die das grundlegend Heilige der Wirklichkeit (einschließlich des Mitmenschen!), die Liebe und die allumfassende Gegenwart Gottes ausdrücken; kurz gesagt Bilder, die uns zur *Hingabe* und *Ergebenheit* anregen, zur Hingabe des ‚Ego‘ und zur Ergebenheit in die Wirklichkeit oder zu Gott (genauere Ausführungen dazu in De Wit, 1993, 5.4. u.f.).

Welche Bilder für den Praktizierenden ein nützliches Gegengift bedeuten, ist eine individuelle Angelegenheit, bei der die Begleitung durch einen Mentor sehr wichtig ist. Dabei geht es darum, daß der Praktizierende beginnt, diese Bilder als mindestens genauso wirklich zu erfahren wie sein egozentrisches Wirklichkeitserleben. Zu diesem Zweck muß der Praktizierende sich mit aller verfügbaren mentalen – und insbesondere auch *emotionalen* – Kraft auf diese Bilder konzentrieren, sich diesen Bildern hingeben. Daher bezeichnet man in vielen Traditionen das Kultivieren der Ergebenheit denn auch als einen *Pfad*. In den christlichen Traditionen wird diese Einstellung sehr stark betont, zum Beispiel im Hohelied und in der Spiritualität des Johannes vom Kreuz und der Theresa von Avila sowie in der christlichen ‚Brautmystik'. Aber genauso im ‚*Bhakti-yoga*' der hindu-istischen Tradition, die sich durch Ergebenheit und Liebe für einen sich persönlich vorgestellten Gott auf die Verwirklichung des Göttlichen richtet. Auch im Mahayanabuddhismus und gerade auch im Vajrayanabuddhismus finden wir dieses Verfahren, das die menschliche Emotionalität mobilisiert und auf eine bestimmte mentale Vorstellung, ein Objekt oder auf eine die Erleuchtung repräsentierende Person lenkt.

Emotionen haben ein Objekt, sie sind immer auf etwas gerichtet, und das Herz *des Weges der Devotion* beinhaltet, daß wir die Emotionen auf Aspekte richten, die sich in einem egolosen oder theozentrischen Wirklichkeitserleben offenbaren. Akhilananda artikuliert es in seiner *Hindu Psychology* (1948, S. 178 u.f.) so: „Emotionale Personen sollten, um spirituelle Verwirklichung zu erlangen, mit ihren Emotionen anfangen. Sie folgen dem *Bhakti Yoga* oder dem Pfad der Liebe und Ergebenheit. Die große Mehrheit der Menschen in der Welt ist überwiegend emotional, und deswegen ist es für sie hilfreich und auch notwendig, ihre Emotionen für eine höhere spirituelle Entwicklung zu benutzen. Es gibt kaum einen Mann oder eine Frau, der/die keinen starken emotionalen Antrieb kennt, und man betrachtet es als weise, diese Emotionen zu benutzen, statt sie zu ersticken oder zu leugnen. Emotionen sind starke Kräfte; den, der auf der Suche nach Wahrheit ist, fordert man auf, die Emotionen auf einen zu seinem Temperament passenden Aspekt von Gott zu richten.... Das genau ist der Grund dafür, daß sich die Mystiker des ‚Devotionalen Weges' in ihren Methoden, Gott näherzukommen, so stark voneinander unterscheiden. Mancher neigt vielleicht dazu, an Ihn zu denken wie an sein Kind; die meisten bevorzugen es aber, Ihn als Vater oder als Mutter zu sehen, und wieder andere werden Gott wie ihren Freund oder ihre Geliebte lieben, weil diese Haltung am besten zu ihrem individuellen Temperament paßt und weil sie die Beziehung in dieser Art und Weise als eine spontane und natürliche empfinden".

Der Weg der Devotion macht also intensiven Gebrauch von den Disziplinen der Imagination, um Ergebenheit zu kultivieren. Die hierfür benutzten Bilder verwendet man übrigens auch, um Handeln und Sprechen in Richtung auf Erbarmen zu lenken und zu kultivieren. Durch das Praktizieren von Ergebenheit und Hingabe – im Geist, in unserem Handeln und Sprechen – entsteht immer mehr Raum für ein egoloses oder theozentrisches Wirklichkeitserleben, das wiederum über die Bilder, die es erzeugt haben, hinausragt.

Die Grenzen der Disziplinen des Denkens

Sowohl die westliche Logik, die Wissenschaftsphilosophie, als auch die kontemplativen Traditionen haben regelmäßig auf die Grenzen der intellektuellen Disziplinen hingewiesen. Im Bereich der theistischen Traditionen suchte man jahrhundertelang vergebens nach logischen Beweisen für die Existenz Gottes. In unserer Kultur hat Immanuel Kant die Beschränkungen der Vernunft aufgedeckt. Nagarjuna, der Philosoph des Mahayanabuddhismus, hat systematisch die Grenzen jedes begrifflichen Rahmens – die Konzepte des Buddhismus einbezogen – nachgewiesen (siehe z.B. Inada, 1970). Auch wir haben schon darauf hingewiesen, daß intellektuelles Studium und Lernen, um einen religiösen begrifflichen Rahmen zu begreifen, nicht identisch damit sind, einen kontemplativen Weg *wirklich zu gehen*. Es ist natürlich ein Teil des Weges, aber wenn wir glauben, daß für unser Praktizieren die intellektuelle Disziplin genügen würde, dann wäre es, als ob wir die Bewegung unseres Fingers über der Landkarte für die Reise selber halten.

Die Grenzen der Disziplinen der Imagination dürften vielleicht weniger bekannt sein. Diese Disziplinen haben in der christlichen, der hinduistischen und der buddhistischen Tradition einen hohen Stellenwert. Im Judentum und im Islam verwendet man sie auch, aber zugleich finden wir hier eine ausdrückliche Zurückhaltung, wenn es darum geht, Bilder von Gott zu gestalten. Dies kennen die anderen Traditionen auch, denn allgemein hat man erkannt, daß die Disziplinen der Imagination einer Reihe von Beschränkungen unterliegen. Ich möchte sie jetzt genauer betrachten.

Die erste Beschränkung heißt, daß die kontemplativen Bilder und Vorstellungen eben nicht mehr als Bilder sind. Die Bilder, die von den kontemplativen Traditionen angeboten werden, sind zwar bessere Abbilder dessen, worum es sich, im Grunde genommen, handelt, als die Bilder, die unser egozentrisches Wirklichkeitserleben unterstützen. Aber auch die kontemplativen Bilder sind nicht das Original, sie sind und bleiben nur Abbilder. Wir müssen sie hinter uns zurücklassen, wenn ihr Erlebniswert uns ,eigen' geworden ist.

Eine weitere Beschränkung ist, daß diese Disziplinen unseren mentalen Hang benutzen, von Bildern und Vorstellungen *beeindruckt* zu werden und sie für die Wirklichkeit zu halten. Aufgrund dieser Neigung leben wir ohnehin in einer illusorischen Welt, die ihre eigenen tiefen Täler und hohen Berge hat. Wir erleben in dieser scheinbaren Wirklichkeit eine Fülle, von der wir *denken*, daß sie wirklich ist. Die Disziplinen der Imagination befreien uns nicht von dieser Neigung, sondern sie benutzen sie. Sie machen gewissermaßen aus der Not eine Tugend, indem sie die Ergebenheit in eine bestimmte Richtung lenken. Wenn wir schon diese Neigung haben, von einem durch unsere Bilder und unsere Vorstellungen getönten Wirklichkeitserleben gefangen zu sein, dann ist es nicht sinnwidrig, egozentrische Bilder durch egolose oder theozentrische Bilder zu ersetzen und so unser Wirklichkeitserleben umzugestalten.

Man vergleicht das Praktizieren der Disziplinen der Imagination auch manchmal mit dem Verabreichen eines Gegengifts. Das Gegengift der kontemplativen Bilder macht das Gift unserer egozentrischen Bilder unwirksam. Aber auch Gegengift bleibt Gift. Wer Gegengift zu sich nimmt, ist dadurch noch nicht immun für Wahrnehmungsverwirrung, er ist nicht immun dagegen, die Vorstellungen mit dem Vorgestellten zu verwechseln. Gerade dieser Tatsache verdanken die Disziplinen der Imagination ihre Wirksamkeit. Gerade weil und solange wir in einer nur vorgestellten Wirklichkeit leben, entfalten die Disziplinen der Imagination ihre Wirkung. Unten werden wir sehen, daß sich die Disziplinen des ‚bewußt Seins‘ speziell darauf richten, uns von der Vorherrschaft und Befangenheit der sowohl heil-losen als auch heilsamen Erzeugnisse unserer Einbildungskraft zu befreien.

Weil die Disziplinen der Imagination ihre Beschränkungen haben, wäre es sehr riskant, wenn innerhalb einer Tradition *ausschließlich* diese Übungen angewandt würden. Auch wenn die Disziplinen der Imagination uns in eine bestimmte Richtung lenken, nämlich in die Richtung unserer grundlegenden Menschlichkeit, des Heiligen Geistes, unserer Buddhanatur oder wie wir es auch nennen möchten, sein wirkliches Wesen haben wir noch nicht entdeckt. Der Grund dafür ist, daß diese Disziplinen eben nur diese *Vorstellungen* verwenden. Wenn wir eine lebhafte und eindringliche Vorstellung vom Wesen von Christus oder Buddha haben, dann ist das nicht identisch mit der Entdeckung des Christus oder des Buddha in uns. Bei dieser Entdeckung sind Bilder nicht mehr notwendig. Sie geht gerade über jegliche Vorstellung hinaus, und sie ist Frucht eines direkten *Schauens*, genauso wie wir keine Vorstellung von unseren Händen brauchen, um unsere Hände tatsächlich zu sehen. Jedoch findet diese Entdeckung innerhalb der ‚Disziplinen der Einsicht‘ statt. Im achten Kapitel werden diese erörtert.

Wie hiervor schon erwähnt, gehören die Disziplinen der Imagination zur *kataphatischen Spiritualität*. In der christlichen Tradition ist gerade diese Form der Spiritualität sehr ausgeprägt in den Vordergrund getreten. In der Tradition der *Geistigen Übungen* des Ignatius von Loyola steht sie im Zentrum. Für viele Christen in unserer Zeit ist das Beten praktisch mit den mentalen Disziplinen identisch geworden, die sich mit Gedankengehalten oder Vorstellungen beschäftigen.

Aber aus Sicht der kontemplativen Traditionen hat diese Gleichstellung keine historische Rechtfertigung: ,Das Christentum hat sich zu einem bestimmten Zeitpunkt in den Gedanken verstrickt, daß Beten bedeutet, etwas ,in Worte zu fassen' und ,um etwas zu bitten'. Das ist eine falsche Auffassung vom Beten. Das (alt)griechische Wort ,proseukomai' bedeutet ein Hineingehen in einen Zustand des Seins, in dem keine Gedanken, keine Imagination, kein Verlangen präsent sind' (Timko in Walker, 1987, S. 216).

In der traditionellen christlichen Terminologie einiger Jahrhunderte früher (siehe zu diesem Thema z. B. Van der Lans, 1980, Willigis Jäger, 1997) benutzte man den Terminus *Meditation* als Hinweis auf die in der kataphatischen (d. i. an Worte oder Konzepte gebundenen) Spiritualität im Mittelpunkt stehende mentale Disziplin des Denkens. Den Terminus ,*Kontemplation*' benutzte man für die Disziplinen von bewußt Sein, die man gerade in der *apophatischen* (d. i. nicht an Worte oder Konzepte gebundenen) *Spiritualität* (siehe Kapitel 7) nachdrücklich hervorhebt. Und weil man die apophatische Spiritualität mit der Kontemplation als zentraler Disziplin nahezu aus den Augen verloren hat, verschob sich die Bedeutung des Terminus Kontemplieren und bekam den Inhalt ,über irgend etwas nachdenken'. Auf diese Weise sind vielen Christen die Disziplinen des *bewußt Seins* aus dem Blick geraten.

In der ursprünglichen Bedeutung des Wortes betrachtete man die Meditation jedoch als Vorbereitungsphase für Kontemplation. Und so hatte das Christentum ursprünglich die gleichen Ansichten darüber wie die Traditionen des Buddhismus und des Hinduismus. Im Vajrayanabuddhismus z. B. ist die Meditation, bei der man eine mentale Vorstellung benutzt, eine vorbereitende Entwicklungsphase (*Utpattikrama*) für die daraus resultierende Phase (*Sampannakrama*), in der man sich keiner Vorstellung mehr bedient. In dieser Tradition bezeichnet man die erste auch als *Meditation mit Form* und die folgende als *formlose Meditation*. Erstgenannte Form ist eine Disziplin der Imagination, die zweite eine Disziplin des *bewußt Seins*. Auch im Hinduismus sind die mentalen Übungen, in denen man sich mit einem mentalen Inhalt identifiziert, ein günstiger Ausgangspunkt, damit man zur bildlosen Erfahrung der transzendenten Wirklichkeit selbst (*Para Vasudeva*) kommen kann. In der letztgenannten Tradition kultiviert man den Geist zuerst mit Hilfe der mentalen Disziplinen, die zu einem meditativen Zustand (*Savitarka Samadhi*) führen, in dem man begriffliche Kenntnis sammelt. Aber Zweck dieser Kenntnis ist, daß sie uns die Wegrichtung aufzeigt, die eben jede begriffliche und in

Worte zu fassende Kenntnis transzendiert. Sie führt zu einem meditativen Zustand (*Nirvicara Samadhi*), in dem sich ein nicht-begriffliches Kennen anbahnt.

Die Karmelitin Tessa Bielecki stellt diese Entwicklung in großen Zügen so dar: „In dem Maße, wie wir weitergehen und zu einer innigeren Verbindung mit Christus heranwachsen, brauchen wir den vorhergehenden Schritt der Meditation gar nicht mehr. Johannes vom Kreuz lehrt uns in *,Die Besteigung des Karmels'*, wie wir unterscheiden können, ob die Zeit wirklich da ist, mit dem Meditieren aufzuhören und mit der Kontemplation anzufangen, oder ob wir einfach zu faul geworden sind und keine Lust mehr auf Meditation haben. Er akzentuiert auch die Notwendigkeit, mit der Meditation (d. h. mit der Benutzung einer bestimmten mentalen religiösen Vorstellung) aufzuhören, wenn die Zeit dafür reif ist. Seine Anweisung lautet: ,Wenn die Apfelsine geschält ist, iß sie! Du brauchst sie nicht noch einmal zu schälen!' Es ist bedauerlich, daß das Christentum den Ruf bekommen hat, sich nur um Wort und Tat zu kümmern. Denn Kontemplation bildet tatsächlich das Herz der Tradition" (Bielecki in Walker, 1987, S. 208).

Heute verwenden wir die Termini ,Kontemplation' und ,Meditation' meistens nicht mehr in der Weise, wie Bielecki und andere es tun, die sich auf das ursprüngliche christliche Vokabular beziehen. In unserer Zeit ist der Sinngehalt des Terminus ,Meditieren' dem Inhalt nach in Richtung auf *,Kontemplation'* verschoben, wie er in der früheren christliche Tradition benutzt wurde. Jetzt wird ,Meditation' meist in der Bedeutung verwendet, die eigentlich die Disziplin vom *bewußt Sein* meint. In diesem letzten Sinn werden wir hier den Terminus ,Meditation' verwenden.

Imagination und Intellekt in der Psychotherapie

Ich möchte jetzt die Beziehung zwischen den Disziplinen des Denkens und einer in unserer Zeit immer wichtiger werdenden Disziplin betrachten: nämlich der Psychotherapie. Im Alltag neigen wir manchmal dazu, die menschliche Einbildungskraft geringzuschätzen. Was wir uns vorstellen, brauchen wir nicht so ernst zu nehmen: ,Ach, du bildest es dir nur ein, das ist wirklich nicht so', sagen wir dann. Daher halten wir auch das Arbeiten mit einer mentalen Vorstellung für ein relativ harmloses, wenn nicht gar oberflächliches Geschehen. Es befinde sich außerhalb der Alltagsrealität und sei vielleicht nur eine Form der Selbsthypnose.

Die kontemplativen Traditionen teilen diese leichtsinnige Auffassung über Imagination nicht. Im zweiten Kapitel haben wir gesehen, warum dies so ist. Unser ganzes alltägliches Wirklichkeitserleben ist von unserer Einbildungskraft durchwachsen und deswegen auch von ihr gestaltet. In diesem Sinne leben wir in einer imaginären Wirklichkeit. Ein Eingreifen in unsere mentalen Gestaltbildungsprozesse mit Hilfe der kontemplativen Disziplinen bedeutet also einen direkten Eingriff in unser Wirklichkeitserleben. Das ist keine geringe oder harmlose Angelegenheit. Diese Disziplinen beschäftigen sich in einer systematischen, bewußten und heilsamen Weise mit unserem Geist und tun genau das gleiche, was wir schon oft in einer unsystematischen, unbewußten und häufig heillosen Weise gemacht haben.

Es ist eine interessante Tatsache, daß die Einsichten, auf denen die Wirksamkeit der Disziplinen der Imagination basieren, nicht nur in vielen kontemplativen Traditionen Gemeingut sind, sondern auch innerhalb der Psychotherapie anerkannt sind. Auch hier weiß man, daß die Bilder, von und in Menschen gestaltet, auch ihr Wirklichkeitserleben beeinflussen. Sie können zu einer Neurose und sogar zur Psychose führen.

Ich möchte hier – ganz kurz – eine Bemerkung über die Psychose anfügen, um die immense Kraft unserer Imagination zu veranschaulichen. Ein psychotischer Zustand ist eine extreme Form der *Wahrnehmungsunwissenheit* (s. Kapitel 4) in bezug auf unsere Umgebung; unsere Achtsamkeit funktioniert nicht mehr. Indem wir unsere Umgebung nicht mehr adäquat erkennen, ist sie als Ankerplatz verschwunden, und wir sind der Dynamik unserer Imagination ausgeliefert. Sie hat freies Spiel, und was möglicherweise aus unserer Umgebung noch zu uns durchdringt, wird in unsere imaginäre Welt eingefügt, wie ein Geräusch während unseres Schlafes in unsere Träume eingefügt wird. Unsere nicht weiter im Zaum gehaltene und nicht erkannte Einbildungskraft führt also auch zu extremen Formen der *Wahrnehmungsverwirrung*; auch unser Unterscheidungsvermögen ist gelähmt. Wir können unser Wirklichkeitserleben wie ein Gewebe betrachten, das von unserem Geist gewoben wird. Die kontemplativen Disziplinen richten sich darauf , dieses Gewebe transparent zu machen, so daß wir nicht länger das Gewebe, sondern die Fäden und die Luft dazwischen wahrnehmen. Es kann auch geschehen, daß dieses Gewebe auf irgendeine Weise aus dem Blickfeld verschwindet, nämlich wenn es zerreißt oder zerrissen wird. Wenn das geschieht, dann ist uns unser vertrautes Wirklichkeitserleben abhanden gekommen. Unsere Einbildungskraft kann dann, wenn sie kein Orientierungszeichen mehr findet, zusammenhanglos versuchen, den Riß abzudichten: er produziert Wahn und Halluzinationen, um einen besseren Halt zu schaffen, wir sind dann psychotisch. Gleichzeitig fühlen wir uns in der Anfangsphase der Psychose von unserer konventionellen, egozentrischen Alltagswirklichkeit erlöst, und diese Situation können wir als eine Erlösung des Ego erleben. Und in diesem Umstand befinden sich ‚Die Verlockungen des Wahnsinns' (Podvoll,1992). In diesem Buch, das auch aus vielen anderen Gründen sehr bemerkenswert ist, zeigt Podvoll dann auch, aus welchem Grund in psychotischen Erfahrungen so häufig spirituelle und religiöse Themen hochkommen.

Wenn wir die Art und Weise betrachten, wie man sich in der Psychotherapie mit psychischen Problemen und Neurosen beschäftigt, dann sehen wir, daß ihre Vorgehensweisen sich auf die gleichen Prinzipien gründen wie die der mentalen Disziplinen der kontemplativen Traditionen. Das bewußte Arbeiten mit Vorstellungen benutzt man sehr oft in der ersten Phase einer verhaltenstherapeutischen Behandlung von Phobien. Man fordert den Klienten auf, sich ein Bild zu gestalten, das eine beruhigende Wirkung hat, und wenn dieses Bild seine Leistung erfüllt hat, bittet man den Klienten, sich Schritt für Schritt eine Vorstellung von der Situation zu machen, auf die die Phobie sich bezieht. Wenn zu viel Angst hochkommt, bekommt der Klient die Aufgabe, die furchterregende Vorstellung eine Weile loszulassen und zu der beruhigenden Vorstellung zurückzukehren. Anschließend ruft man aufs neue die furchterregende Vorstellung wach, und zwar genau so lange, wie der Erlebniswert der beruhigenden Vorstellung mehr oder weniger intakt bleibt, um die damals als angsterregend erlebten Vorstellungen ertragen zu können. Danach kann der Klient mit der Übung in praxisbezogenen Situationen beginnen.

In den modernen kognitiven Psychotherapien verwendet man oft sowohl die Disziplinen des Denkens als auch die unseres Vorstellungsvermögens und des Intellekts. Die Therapie umfaßt das Erlernen vernünftigerer Gedankengänge und gesünderer Interpretationen. Die kognitive Therapie ist dadurch gewissermaßen im therapeutischen Bereich den kontemplativen Disziplinen des Denkens ebenbürtig. Die Psychoanalyse und die ihr verwandten Formen der Psychotherapie kennen Arbeitsweisen, die zum Teil auf demselben Ausgangspunkt basieren wie die *kontemplativen Disziplinen des bewußt Seins*, weil sie versuchen, die Aufmerksamkeit des Patienten zu mobilisieren (s. Kapitel 8).

Trotz dieser Ähnlichkeit in den zugrundeliegenden Ausgangspunkten gibt es natürlich einen großen Unterschied zwischen den beiden Traditionen, den wir nicht aus dem Auge verlieren sollten. Er liegt darin, daß Absicht und Mittel der einen gewissermaßen Spiegelbild der anderen sind: In der psychotherapeutischen Tradition sind Einsicht und Sorgsamkeit eher die Mittel, mit denen man Probleme löst (s. z. B. Claxton, 1986; De Wit, 1990). In den kontemplativen Traditionen jedoch sind die Probleme die Mittel, mit denen man Einsicht und Sorgsamkeit kultiviert. Eine für diese unterschiedlichen Verfahrensweisen anschauliche Anekdote ist folgende. In der Zeit, in der der Buddhismus sich nach Tibet ausbreitete, wurden viele indische Gurus gebeten, dort Dharma (die Lehre) zu unterrichten. Die indischen Gurus waren mit den Tibetern nicht vertraut. Einer von ihnen, der eingeladen wurde, hatte gehört, daß die Tibeter außergewöhnlich nette, hilfreiche und stets freundliche Menschen wären. Der Guru fühlte sich vor ein Problem gestellt: Wie konnte er die kontemplative Disziplin der Sanftmut überhaupt praktizieren, wenn es keinen einzigen in seiner Umgebung gab, der ihn aufwühlen konnte? Er entschied sich also, einen Mann aus Bengalen als seinen Assistenten mit nach Tibet zu nehmen, der den Ruf hatte, jeden durch seine Schroffheit, Hartnäckigkeit und jähzornige Art bis aufs Blut reizen zu können. Sie machten sich auf die Reise nach Tibet, und der Guru war dankbar, daß dieser Mann, der ihm so viele Probleme verursachte, sein Assistent sein wollte. Als sie angekommen waren, stellte sich natürlich heraus, daß seine Vorsorge überflüssig gewesen war. Auch die Tibeter erwiesen sich als Menschen wie alle anderen auch.

Die Notwendigkeit einer Begleitung

Gerade weil unsere Einbildungskraft so groß ist, ist das Praktizieren der Disziplinen der Imagination nicht ohne Risiken. In der Ausübung dieser Art von Disziplinen ist eine authentische spirituelle Begleitung unter allen Umständen unentbehrlich. Der/die BegleiterIn soll nicht nur ganz genau wissen, was den beabsichtigten Erlebenswert der kontemplativen Bilder in der Tradition kennzeichnet, sondern sie/er soll den Geist des Schülers genügend kennen, damit er/sie weiß, welche Bilder in einem bestimmten Augenblick geeignet sind und welche nicht. Ohne Begleitung besteht die Gefahr, daß wir anfangen, in religiösen Phantasiewelten herumzuirren; in Welten, in denen wir religiöse Vorstellungen für Erfahrungen halten. Die Auswirkung ist nicht nur ein bestimmtes Maß des Weltentrücktseins und in extremen Fällen auch des religiösen Wahnsinns, sondern es könnte auch mit sich bringen, daß wir ununterbrochen von einem zum anderen Bild springen. Wir versuchen es mal mit diesem, dann wieder mit jenem Bild. Und es gibt immer wieder neue religiöse Bilder und spirituelle Landkarten, die unseren Geist *faszinieren* können. Es könnte dann passieren, daß wir uns nach jahrelangem großem Engagement trotzdem eingestehen müssen, nicht an Weisheit und Sanftmut gewachsen zu sein. Wir haben unsere Zeit zum Studieren der Landkarte vergeudet und diese Aktivität für das Erkunden der Landschaft gehalten.

Zum Schluß möchte ich über die Anwendung von Bildern und Vorstellungen durch die Tradition selber noch eine Bemerkung machen. Auch sie sind der Vergänglichkeit unterworfen. Sie können ihren Erlebenswert und dadurch auch ihre Auswirkung verlieren. Die kontemplativen Traditionen werden ja doch von Menschen ausgeübt und weitergegeben. Der Erlebniswert von Bildern ist nicht für ewig in den Bildern selber fixiert, sondern blüht in den Köpfen der Menschen auf. Wenn die Menschen sich verändern, wenn ihre Kultur und ihr Geist sich ändern, kann es geschehen, daß der ursprünglich beabsichtigte Erlebniswert der Bilder nicht mehr wachgerufen wird. Der Erlebniswert könnte sogar in solchem Umfang verändert sein, daß die Bilder selber de facto zu Hindernissen werden, und deren Anwendung könnte dann sogar destruktiv wirken.

So etwas geschieht nicht nur, weil die Menschen sich verändert haben, sondern auch weil die Tradition selber sich gewandelt hat. Wenn eine Tradition zum Beispiel ihre Sicht auf den Weg als einen Entwicklungsweg verliert, dann ist es oft nicht mehr klar, welches Bild in welcher Entwicklungsphase hilfreich sein könnte. Bilder, die jedes für sich in unterschiedlichen Phasen wirksam sind, werden dann irrtümlich zusammengefügt, als hätten sie Bezug auf eine gleichartige Phase. Dann kann es sein, daß diese Bilder miteinander in Widerspruch stehen und auf diese Weise die spirituelle Blüte im Keim ersticken. Schilder (1987) hat über diese Tatsache im Rahmen der reformierten Tradition Wesentliches zu Papier gebracht. Aber das von ihr artikulierte Phänomen ist universell. In allen Welt-Religionen finden wir es zeitweise wieder. Weil die Wirksamkeit des Bildmaterials auch durch die regionale Kultur und Mentalität bedingt ist, brauchen die Disziplinen der Imagination dann auch unumgänglich immer wieder eine kulturelle und psychologische Revision. Und der Prozeß der Revision findet innerhalb der konkreten Situation der persönlichen Begleitung statt. Auch deswegen ist eine derartige Begleitung notwendig.

Kapitel 7

Die Disziplinen der Achtsamkeit

Einleitung in die Disziplinen von bewußt Sein

Es ist aus psychologischer Sicht eine bemerkenswerte Tatsache, daß wir die Disziplinen von bewußt Sein in praktisch allen kontemplativen Traditionen vorfinden; Disziplinen, die das Kultivieren der zwei Aspekte des bewußten Seins – Achtsamkeit und Unterscheidungsvermögen – beabsichtigen. Ob wir uns selbst als religiöse Menschen betrachten oder nicht, diese Tatsache vermittelt uns natürlich etwas über den menschlichen Geist. In welcher Kultur auch immer Menschen leben, haben sie entdeckt, daß sie ihr bewußtes Sein durch bestimmte Übungen oder Disziplinen kultivieren können. Auch die für das Praktizieren solcher Disziplinen angedeuteten Gründe sind so gut wie gleichlautend.

Zunächst erwähnt man oft als Grund, daß unser Geist häufig zerstreut und verzettelt ist. Stets hin und her gerissen im Sog unserer Gedanken – Gedanken über uns selbst und unsere Welt –, besitzt unser Geist keine Ruhe und keine Stabilität. Dieser Umstand manifestiert sich durch eine andauernde geistige Rastlosigkeit und Unaufmerksamkeit, die uns die Möglichkeit nehmen, auf der Stelle zu treten, die Bewegung unseres Geistes zu beobachten und stillzustehen bei der Frage, wo, wer und was wir gerade im Grunde sind.

Ein zweiter wichtiger Grund für das Praktizieren der Disziplinen von bewußt Sein ist das oben im Bereich der Beschränkungen der Disziplinen der Imagination kurz berührte Phänomen, daß unser Geist den Hang hat, *sich selbst zu verlieren in* einer selbst geschaffenen und egozentrischen mentalen Welt, die unsere Aussicht verdunkelt und die wie ein Schleier über der Welt der Erscheinungen liegt. Hierdurch erblicken wir die Erscheinungen, inbegriffen die in unserem Gedankenstrom auftauchenden, nicht so, wie sie in Wirklichkeit sind. Wir sind in einem nur halb bewußten Sein befangen, das die Phantasie und die Wirklichkeit, die Illusion und die Realität nicht mehr klar unterscheiden kann. In diesem pervertierten oder verdunkelten bewußten Sein fehlt uns das mentale Unterscheidungs-vermögen, um die Reichweite und die Tiefe dieser Befangenheit durchschauen zu können. Dadurch kennen wir uns selbst, unseren Geist, nicht und leben in einer illusorischen Wirklichkeit.

Die Disziplinen von bewußt Sein richten sich zunächst auf das Überwinden dieser Rastlosigkeit und Befangenheit, und direkt danach kommt es für diese Disziplinen darauf an, eine Form des unmittelbaren *Wahrnehmungswissens* (s. Kapitel 4) zu ermöglichen. Aus diesem Grunde können wir die Disziplinen von bewußt Sein in zwei Kategorien aufteilen, nämlich der Reihe nach in *die Disziplinen der Achtsamkeit* und *die Disziplinen der Einsicht*. Anschließend beachten wir, daß die Disziplinen der Achtsamkeit häufig als Vorbereitung für die Disziplinen der Einsicht dienen. In Begriffen dessen, was wir in Kapitel 4 erörterten, dürfen wir sagen, daß die Disziplinen der Achtsamkeit wirksam sind zur Auflösung der *Wahrnehmungsunwissenheit*. Sie bewirken, daß uns weniger entgeht, daß wir aufmerksamer und achtsamer werden. Die Disziplinen der Einsicht helfen uns anschließend, die *Wahrnehmungsverwirrung* zu klären.

Nicht nur für die religiösen Ordensfrauen und -männer sind diese zu den kontemplativen Traditionen gehörenden Disziplinen von großer Bedeutung. Sie haben eine allgemein psychologische Bedeutung, weil sie uns die Hilfsmittel bieten, Einsicht in unseren Geist und unsere Erfahrung zu erlangen und unsere Humanität zur Blüte zu bringen. Sie stellen uns eine ganz konkrete Methode zur Verfügung, um mit unserer Rastlosigkeit und psychologischen Blindheit umzugehen und über sie hinwegzukommen. Und weil sie keinerlei mentale – religiöse oder andere – Bilder und Begriffe anwenden, sind diese Disziplinen viel weniger an Kultur oder Religion gebunden als die Disziplinen des Denkens, die wir im vorigen Kapitel erörtert haben. Die Disziplinen des bewußten Seins, sowohl die der Achtsamkeit als auch die der Einsicht, kultivieren ganz unmittelbar den menschlichen Geist. Deshalb sind sie auch so universell. In diesem Kapitel möchten wir die Disziplinen der Achtsamkeit bis zu einem gewissen Grade erkunden. Im nächsten Kapitel sind die Disziplinen der Einsicht Thema.

Die Disziplinen der Achtsamkeit

In einer bekannten Metapher über die Ungebändigtheit unseres Geistes wird dieser mit einem wilden Pferd verglichen. Dieses Pferd ist auf den ersten Blick frei zu laufen oder zu stehen, wo es möchte. Aber gerade weil es noch ungezähmt ist, ist es in Wirklichkeit äußerst scheu und schreckhaft, schon bei der geringsten Bewegung eines Baumblattes stürmt es wieder davon. Es ist zu schreckhaft, so sehr der Unruhe unterworfen, daß es sich keine Zeit gönnt, richtig um sich zu schauen. Genau so ist auch unser Geist beschaffen, wenn er im egozentrischen Wirklichkeitserleben befangen ist: Es braucht nur ein für das Ego bedrohlicher Gedanke aufzutauchen, und er schreckt und stürmt davon. Es braucht nur eine Idee in uns hochzukommen, und er nimmt wieder Reißaus mit uns. Eine bekannte Zengeschichte erzählt von einem Mann auf einem Pferd, der im wilden Galopp vorbeistürmt. Jemand am Straßenrand sieht dies und ruft ihm zu: ‚Wohin eilst du?' Der Mann auf dem Pferd schreit zurück: ‚Weiß ich nicht! Frag das Pferd!' Hingerissen, wie wir sind, durch unsere Leidenschaften, durch Hoffnung und Furcht, Lust und Unlust, Lob und Tadel, Gewinn und Verlust, mangelt es uns an jeder Standfestigkeit und an jedem Überblick über unseren mentalen Zustand.

Man könnte unsere Zerstreutheit noch anders charakterisieren: Unser Körper und unser Geist sind nicht miteinander vereinigt, wir können mit unserem Geist ganz wo anders sein als da, wo unser Körper sich befindet. Wenn wir in diesem Augenblick unsere Gedankenwelt als die Wirklichkeit erleben, so sind unser Körper und die Situation, in der wir uns befinden, nur am Rande präsent. Unser Geist und der Raum, in dem wir uns tatsächlich und körperlich befinden, fallen dann nicht zusammen. *Scheinbar* leben wir in zwei Wirklichkeiten. Auch dies ist eine Form der Zerbrochenheit, des Zerrissenseins. Auf diese Weise kann es geschehen, daß wir unaufmerksam mit unserer konkreten Situation umgehen und dadurch Porzellan zerschlagen. Wenn wir mit unserem Geist in einer Situation leben, die wir erwarten oder die in unserem Gedächtnis existiert – in dem, was wir ‚die Zukunft' und ‚die Vergangenheit' zu nennen pflegen –, haben wir viel weniger ein Auge für unsere konkrete Situation. In beiden Fällen kann man sagen, daß es keine Synchronisierung gibt. Wir sind dann ‚abwesend', nicht ganz beteiligt oder, wie man es in vielen Traditionen sagt, wir sind ‚im Schlaf', nicht wach, nicht wachsam.

Das Praktizieren der Disziplinen der Achtsamkeit

Die Disziplinen der Achtsamkeit werden ausgeübt zu dem Zweck, diese Zerstreutheit zu heilen. Obwohl diese Disziplinen je nach Tradition wegen der unterschiedlichen religiösen Einbettung natürlich bis zu einem gewissen Grade unterschiedliche Formen haben, handelt es sich in allen Traditionen um das Kultivieren der Aufmerksamkeit, um über die Befangenheit, die sich als Zerrissenheit und Zerstreutheit manifestiert, hinwegzukommen. Hierzu üben wir, unsere Aufmerksamkeit, Achtsamkeit, Wachsamkeit, Konzentration – oder wie man es auch nennen möchte – auf einen Punkt ausgerichtet zu erhalten. Dieser *Achsamkeitspunkt* kann einen bestimmten Gegenstand oder eine bestimmte Vorstellung, aber auch einen Prozeß, wie zum Beispiel unseren Atem, oder eine bestimmte Handlung betreffen. Alle diese Disziplinen der Achtsamkeit gehen dann auf dieselbe Basisanweisung zurück: Sobald du merkst, daß du in deinen Gedanken befangen bist, lenkst du deine Aufmerksamkeit wieder auf diesen einen Punkt.

Die Disziplinen der Achtsamkeit stellen uns eine Technik zur Verfügung, sich dem systematisch zu widmen. Die Technik dieser Disziplinen hat in vielen Traditionen die Form der *Sitzmeditation*: Wir setzen uns still hin in einer ruhigen Umgebung, wir sitzen aufrecht auf einem Stuhl oder auf einem Meditationskissen, und wir halten die Aufmerksamkeit zum Beispiel auf den Atem gerichtet. Während wir so sitzen, bemerken wir regelmäßig, daß unsere Achtsamkeit wieder in unserem Gedankenstrom befangen ist. Immer wenn wir es bemerken, lenken wir die Achtsamkeit aufs neue zum *Atem*. Eine ganz einfache Weisung, aber eine für das Trainieren unserer Achtsamkeit sehr effektive.

Am Anfang kostet es natürlich eine bestimmte Anstrengung, ein bestimmtes Maß an Disziplin. Wir sind ja daran gewöhnt, uns selbst im Strom unserer Gedanken mitschwimmen zu lassen. Und dieser Angewohnheit tritt die Ausübung dieser Disziplinen gerade entgegen.

Wir könnten diese Übung damit vergleichen, daß wir immer wieder den Stock, der in einem strömenden Fluß mitschwimmt, aufgreifen und ihn in den Flußboden einrammen. Das Stabilisieren der Achtsamkeit ist wie das Rammen eines Stockes in den Strom unserer Gedanken. In der Übungspraxis wird der Stock immer wieder umgerissen und schwimmt eine Weile mit, aber unsere Achtsamkeit läßt sich immer wieder durch unseren Gedankenstrom fixieren. Die Disziplin jedoch beinhaltet, in diesem Moment den Stock wieder zu ergreifen und ihn aufs neue fest in den Boden des Flusses zu rammen. Dadurch erhalten wir einen festen Punkt. Es läuft darauf hinaus, daß wir unseren Gedankenstrom immer wieder *loslassen*. Auf diese Art und Weise üben wir uns darin, aus der Befangenheit unseres Gedankenstroms zu erwachen und dadurch aus der durch diesen Strom verstärkten Befangenheit des eigenen Wirklichkeitserlebens. Unsere Achtsamkeit wird wie ein Felsen in der Brandung unseres Geistes.

Wie sind wir überhaupt imstande, unsere Achtsamkeit zu diesem Achtsamkeitspunkt zurückzuführen? Es hat seinen Grund in der Tatsache, daß der menschliche Geist offensichtlich derartig strukturiert ist, daß es von Natur aus Momente gibt, in denen wir uns unserer Befangenheit bewußt werden. Denn in diesem Moment ist die Möglichkeit da, zu wählen – entweder zu unserem Gedankenstrom zurückzukehren und uns in ihn zu verlieren, oder die Achtsamkeit aufs neue zum Achtsamkeitspunkt zu lenken. Jede Disziplin der Achtsamkeit benutzt diese natürliche Veranlagung. Während dieser Übung entscheiden wir uns in solchen Augenblicken immer wieder dafür, zum Achtsamkeitspunkt zurückzukehren. In dieser Weise kultivieren wir unsere Achtsamkeit, und es führt uns dann zu einer Unbefangenheit als Frucht dieser Disziplin.

Das Meditationsobjekt: der Ankerplatz für unsere Achtsamkeit

Wie wir oben schon angedeutet haben, kann das, worauf wir unsere Achtsamkeit während der Übung richten, alles mögliche sein. Deswegen gibt es viele Formen der Disziplinen der Achtsamkeit. Es braucht kein religiöses Objekt zu sein wie eine Kerze, ein Heiligenbild oder ein Räucherstäbchen. Es muß auch kein Gegenstand sein; wie wir schon gesehen haben, könnte es ein mehr oder weniger fortdauernder Prozeß oder eine kontinuierliche Bewegung sein wie unsere Atmung. Sogar ein mentales Objekt wie zum Beispiel eine Vorstellung oder ein Bild kann man als Ankerplatz für die Achtsamkeit benutzen. Jedoch solch ein mentales Objekt bedeutet hier etwas ganz anderes, als in der vorher besprochenen Disziplin der Imagination geschildert wurde. Es handelt sich bei den Disziplinen der Achtsamkeit nicht darum, den Erlebniswert des mentalen Objektes zu wecken, sondern hier handelt es sich lediglich darum, dieses Objekt als Ankerplatz für die Achtsamkeit zu benutzen. Auch wenn wir eine Tätigkeit als Ankerplatz für unsere Achtsamkeit nehmen, dann macht dieser Umstand diese Disziplin nicht zu einer Disziplin des Handelns (siehe Kapitel 9).

Trotzdem ist es bemerkenswert, daß der Atem als Ankerplatz in vielen Traditionen so beliebt ist, wenn man die Disziplin der Achtsamkeit in der Form des ‚Stillsitzens' praktiziert. Dafür gibt es viele praktische und psychologische Gründe. Praktischer Grund ist, daß wir den Atem immer verfügbar haben. Psychologische Gründe unter anderen sind, daß die Atmung ein schlichtes und monotones Geschehen und andererseits auch ein bewegliches Etwas ist. Es ist eine psychologisch bekannte Tatsache, daß wir leichter die Aufmerksamkeit bei einem sich regenden als bei einem reglosen Objekt behalten können. Außerdem existiert eine enge psychologische Beziehung zwischen dem Atem und unserem bewußten Sein (siehe Nyima, 1989, S. 165).

Auch kennen die meisten Traditionen Formen der Disziplin der Achtsamkeit, in denen eine unkomplizierte Handarbeit als Ankerplatz dient. Es kann eine Aufgabe sein, die jemand in der kontemplativen Gemeinschaft erfüllt, wie zum Beispiel Gartenarbeit, das Fegen der Flure, Geschirr spülen und so weiter. Eine bekannte Geschichte aus der buddhistischen Tradition erzählt über eine Frau, Mutter von zwölf Kindern, die jeden Tag ein paar Kilometer gehen mußte um Wasser vom nächsten Brunnen zu holen. Sie sehnte sich danach, Meditation zu praktizieren, und ging mit ihrem Anliegen auf den Buddha zu. Sie sagte zu ihm, daß sie keine Zeit hätte, tagein tagaus eine Weile – geschweige denn ungestört – still zu sitzen und, auf ihren Atem achtend, ihre Achtsamkeit zu üben. Als der Buddha hörte, daß sie täglich zum Brunnen gehen mußte, gab er ihr die Anweisung, gerade diese Aktivität als Ankerplatz zu benutzen: Jedesmal, wenn sie bemerke, daß sie während des Gehens in (gewiß sorgenvolle) Gedanken geraten war, solle sie sofort ihre Achtsamkeit zur Bewegung ihres Körpers zurückbringen, zum leibhaftigen Gehen. Auf diese Art und Weise schaffte sie Ordnung in ihrem Geist und erreichte dieser Geschichte zufolge Erleuchtung.

Ob man in diesen Disziplinen die Achtsamkeit entweder auf den Atem oder auf einen anderen, festen Punkt wie auf ein Bild oder auf die Wiederholung eines Wortes oder einer einfachen Tätigkeit lenkt, auf jeden Fall dienen diese Aktivitäten als eine Art Ankerplatz für unsere Achtsamkeit, als Ruhepunkt für unseren Geist. Ein gemeingültiges Kennzeichen der Disziplinen der Achtsamkeit ist das Vorhandensein eines solchen Ankerplatzes. Die buddhistische Tradition spricht in diesem Zusammenhang auch über *Meditation mit einem Objekt* (siehe z.B. Wanchug Dorje, 1978, S. 43 u.f.). Man nennt das Objekt, auf das wir ununterbrochen unsere Achtsamkeit während der Übung lenken, das *Objekt der Meditation* oder *Meditationsobjekt*. Das Meditationsobjekt bedeutet hier also *nicht* ein Objekt, über das wir *nachdenken*, sondern ein Objekt, auf das wir während der Übung ununterbrochen unsere *Achtsamkeit* lenken und zu dem wir sie – nach einer Unaufmerksamkeit – immer wieder zurückbringen.

An und für sich braucht das Meditationsobjekt auch nicht etwas Kleines zu sein, lediglich etwas, das kontinuierlich vorhanden und für uns überschaubar ist. Prinzipiell dürfte es die ganze Situation dieses Augenblicks sein, wenn wir zumindest imstande sind, mit ihr umzugehen: mit dem unmittelbaren Hier und Jetzt. Diese Situation als Meditationsobjekt zu wählen, ist bestimmt nicht die leichteste Aufgabe und auch bestimmt nicht die Art und Weise, mit der Disziplin der Achtsamkeit anzufangen. Wir können zudem beim geringsten Anlaß in diese Falle geraten, nämlich daß wir unsere Zerstreutheit für Achtsamkeit ansehen. Eine bekannte Geschichte der Zen-Tradition bezieht sich darauf. Ein *Roshi* (Zen-Meister) hatte seine Schüler folgenderweise in den Disziplinen der Achtsamkeit unterrichtet: ‚Wenn du ißt, dann iß, wenn du liest, dann lies nur‘. Hierdurch gab er zu verstehen, daß wir unsere Achtsamkeit immer auf einen Punkt ausrichten sollen, auf das, was wir jetzt tun, anstatt zu anderen Sachen abzuschweifen. Eines Tages kommt einer seiner Schüler in sein Zimmer und trifft den *Roshi* hinter der Zeitung, gleichzeitig ein Brötchen genießend. Erstaunt sagt der Schüler: ‚Aber Meister, Sie haben uns doch gelehrt: Wenn du ißt, dann iß, wenn du liest, dann lies nur!‘. Darauf antwortet der *Roshi*: ‚Wenn ich *esse und lese*, dann *esse und lese* ich nur‘.

Die Disziplinen der Achtsamkeit in den unterschiedlichen Traditionen

In der buddhistischen Tradition nennt man die Disziplin der Achtsamkeit auch *Shamatha*, was meistens mit ‚Friede‘ oder ‚Stabilität‘ übersetzt wird. Shamatha ist auf das Disziplinieren im Sinne von Stabilisierung der Achtsamkeit ausgerichtet. In allen buddhistischen Schulen finden wir sie vor. In dieser Disziplin lenken wir unsere Achtsamkeit kontinuierlich auf die Bewegung unseres Atems. Man nennt sie dann auch *Anapanasati*; ‚Anapana‘ heißt ‚Ein- und Ausatmen‘, und ‚Sati‘ übersetzt man häufig mit ‚ruhige Achtsamkeit‘. Diese Disziplin ist einer der zwei Aspekte der Disziplin von bewußt Sein. Diese letztgenannte Disziplin bezeichnet man im Buddhismus auch als *Dhyana* (Sanskrit), oder als *Ch'an* (Chinesisch) oder als *Zen* (Japanisch). Der andere Aspekt von *Dhyana* ist *Vipashyana*, den man meistens mit dem Ausdruck ‚Einsichtsmeditation‘ übersetzt. Dieser zweite Aspekt, den wir im nächsten Kapitel erörtern, hat durch das Kultivieren unseres Unterscheidungsvermögens das Erlangen unmittelbarer Einsicht in unseren Geist und Erfahrung zum Gegenstand.

In der hinduistischen Tradition nennt man die Disziplinen der Achtsamkeit *Dharana*. ‚Dharana bewahrt das bewußte Sein in einem Zustand der Aufmerksamkeit, die man hierzu unverändert und beharrlich auf ein Objekt lenkt; sobald andere Gedanken hochkommen, bringt man sie zum selben Objekt zurück‘ (Nityananda Giri, 1992, S. 63). In den buddhistischen und hinduistischen Traditionen benutzt man den Ausdruck ‚*Das-auf-einen-Punkt-gerichtet-Sein*‘ (*Ekagrata*), um den Charakter der Disziplinen der Achtsamkeit zu umschreiben.

In der jüdischen Tradition nennt man die Disziplin der Achtsamkeit *Kavana*. Hier besteht die Disziplin darin, daß man sich jeder Tätigkeit mit Achtsamkeit widmet, anstatt unseren Geist während der Tätigkeit sich in allen möglichen Gedankenwelten herumtreiben zu lassen. Auch in den die Mystik pflegenden islamischen Strömungen akzentuiert man die Bedeutung der Disziplinen der Achtsamkeit (siehe z. B. Naranjo & Ornstein, 1972, Kap. 2; dieses Buch ist ein *klassisches* Werk auf dem Gebiet der Meditationspsychologie). In den christlichen Traditionen mißt man den Disziplinen der Achtsamkeit besonders innerhalb der sogenannten *apophatischen* (nicht an Worte oder Konzepte gebundenen) *Spiritualität* große Bedeutung bei. In der *Philokalia* (1982) – es ist das wichtigste Quellenverzeichnis der orthodox-christlichen Traditionen – findet man viele Passagen, die dieses Thema behandeln, wie zum Beispiel die folgende: ‚Setze dich nach Sonnenuntergang auf einen niedrigen Stuhl bei gedämpftem Licht in einer ruhigen Klause und führe deinen Geist weg von seinem vertrauten Umherschweifen und dem Herumirren draußen über den Weg des Atems zurück zu deinem Herzen‘ (Writings from the Philokalia, 1979, S. 195). Aber man kann, anstatt immer wieder die Achtsamkeit auf den Atem zu konzentrieren, auch ein Wort (Mantra) für diese Sammlung benutzen: ‚Nimm dir ein Wort – ein einsilbiges ist besser als ein zweisilbiges –, und je kürzer es ist, desto mehr ist es auf deinem geistigen Weg hilfreich. …Jede Art des Gedankens hältst du damit fern. … und falls ein Gedanke hinter dir herjagt und du dich fragst, was du jetzt gerade tust, antwortest du bloß mit diesem einen Wort‘ (Die Wolke des Nichtwissens, 1974). Evagrius von Pontus, einer der Anachoreten (d. h. Eremiten der Wüste), betont die Bedeutsamkeit der punktgenauen Achtsamkeit während des Gebets: ‚Bete feurig und vertreibe die auftauchenden Sorgen und Zweifel. Sie bringen dich in Verwirrung und betäuben dich durch ihren Lärm, damit deine - Anstrengung gelähmt wird‘ (Evagrius von Pontus, 1987, I, S. 115). Wir brauchen eine Form der Konzentration, der Achtsamkeit, damit wir unsere Zerstreutheit überwinden können, weil es uns sonst so widerfährt, wie Evagrius es beschreibt: ‚Wenn die bösen Geister erblicken, daß du dich eifrig bemühst und dein Bestes tust, wahrhaftig zu beten, flößen sie dir Gedanken an sogenannte notwendige Angelegenheiten ein, und kurz nachher rufen sie deren Gedächtnis wieder wach. Sie spornen den Verstand an, sie aufzuspüren, (…) mit der Absicht, ihn dazu aufzuwecken, sich darin zu vertiefen und dadurch das fruchtbare Gebet mißlingen zu lassen‘ (ibid. I, S. 115).

Drei Aspekte der Disziplinen der Achtsamkeit

Viele kontemplativ-psychologische Aspekte und Wirkungen sind mit dem Kultivieren der Achtsamkeit verbunden (siehe z. B. Naranjo & Ornstein, 1972; Namgyal, 1986). Die akademische Psychologie hat seit den siebziger Jahren diese Aspekte erforscht. Für einen Überblick verweisen wir auf z.B. Shapiro & Walsh (1984). Es führt zu weit, sie alle hier zu besprechen, aber manche dieser Aspekte gelten als derart kennzeichnend für die Disziplinen der Achtsamkeit, daß sie oft ihren Namen von ihnen herleiten. Man kennzeichnet die Ausübung dieser Disziplinen oft als das Kultivieren der *Ruhe*, der *Schlichtheit* oder der *Lauterkeit*. Diese drei Aspekte möchte ich im Folgenden kurz beleuchten.

Der erste Aspekt, oben schon erwähnt, ist die Entwicklung der *Ruhe* oder *Stabilitas*, dies heißt das Vermögen, unsere Achtsamkeit zu bewahren, eine geistige Beständigkeit. Dieses Vermögen verhütet unser Hingerissenwerden und Ertrinken im wirbelnden Strom unserer Gedanken und unserer Erfahrung. In vielen kontemplativen Traditionen gibt es noch andere Bezeichnungen für diesen Aspekt: *Friede, Stille*. Die Disziplinen der Achtsamkeit kennzeichnet man dann ebenso. Sie bringen die Rastlosigkeit unseres Geistes zur Ruhe, indem der Praktizierende immer wieder zum Ankerplatz der Achtsamkeit zurückkommt. Und dieser Umstand trägt ebenfalls zum Leiserwerden unseres Gedankenstroms bei: „Wasser wird klar, wenn man es nicht aufrührt", lautet eine Formulierung. „Wenn man das Wasser in einem Teich stört, wird es trübe. Aber alleine und in Ruhe gelassen, bleibt es klar. So ist es auch mit unserem Geist: Wenn er auf ein und dasselbe Objekt, was immer es auch sein möge, ausgerichtet bleibt und nicht den groben oder auch subtilen Gedanken über Vergangenheit, Heute oder Zukunft nachrennt, dann entspannt er sich von allein und bleibt still, gelassen und friedlich. Wenn man es geschafft hat, bildet dieser Umstand eine besonders heilsame Grundlage für die Ausübung der mehr fortgeschrittenen Disziplinen", sagt der buddhistische Meditationsmeister Chokyi Nyima (1989, S. 153).

Ein zweiter Aspekt, in psychologischer Hinsicht eng mit dem Kultivieren der Achtsamkeit verbunden, ist die Entwicklung der *Schlichtheit* (*Simplicitas*). Schlichtheit oder Einfachheit ist wieder so ein typisch kontemplativer Begriff, den wir in praktisch allen Traditionen wiederfinden. Dieser Aspekt akzentuiert, daß die Ausübung der Disziplin der Achtsamkeit das komplizierte, unübersichtliche Knäuel unseres Geistes aufzuknoten vermag. Denn welche andere Qualität als Schlichtheit kann die Komplexität so durchleuchten?

Mit dem Ausdruck ‚Komplexität' meinen wir hier nicht die Kompliziertheit, die bei einem Gedankengang über ein schwieriges intellektuelles
Thema entsteht. Wir denken vielmehr an die riesige Komplexität, die sich
dadurch ausbreitet, daß wir Gedanken über Gedanken, Emotionen über
Emotionen, Phantasien über Phantasien und weiter noch Gedanken über
Emotionen über Phantasien haben, und weil dies alles sich auf eine
undurchsichtige Weise mit unserer sinnlichen Erfahrung vermischt. Diese
mentale Bewegung beeinträchtigt unsere Erfahrung und bedeckt die Klarheit unseres Geistes mit einem Schleier. Wir irren in unserer Gedankenwelt
wie in Luftschlössern umher. Wir wissen, daß sie sich zwar irgendwie auf
die Realität beziehen, aber wir bemerken nicht mehr, wo und wann. Wir
haben, wie schon vorher gesagt, in diesem psychologischen Labyrinth den
Faden verloren. Und was wir auch alles bedenken, diesem Irrgarten entfliehen zu können, es ist tatsächlich nur ein weiterer Ausbau dieses Labyrinths.
Die Kompliziertheit, von der wir hier reden, ist das Ergebnis der immer
wiederkehrenden Bewegung des dualistischen Bruchs (sieh Kapitel 3).

Die Einfachheit der Disziplin der Achtsamkeit gibt dieser komplizieren-
den mentalen Bewegung keine weitere Nahrung. Aber wie? Dadurch, daß
sie unsere Achtsamkeit, wenn sie in unserem mentalen Labyrinth gefangen
ist, zum Objekt unserer Achtsamkeit zurückführt. Wir fügen in dem Fall
keine weitere Energie in der Form von verschiedenen Gedankeninhalten
hinzu, sondern wir lassen es, was es ist. Wir treten auf der Stelle. Und weil
das egozentrische Labyrinth die Gedankeninhalte für seine Erhaltung
braucht, beginnt es allmählich baufällig zu werden und dadurch seine
Kompliziertheit zu verlieren. Auf diese Art und Weise beginnen unser Geist
und unser Wirklichkeitserleben eine größere Schlichtheit und Transparenz
zu zeigen. Wir werden die ‚Armen im Geiste' (Matth., 5:3). Auf diese
Weise vereinfachen wir auch konkret unser Leben. ‚Jede Lebenssituation
wird zu einer einfachen Beziehung – eine einfache Beziehung zum
Küchenausguß, eine einfache Beziehung zu unserem Auto, ein einfaches
Verhältnis zu unserem Vater, unserer Mutter, unseren Kindern. Natürlich
soll damit nicht gesagt werden, daß ein Mensch plötzlich in einen Heiligen
verwandelt wird. Natürlich gibt es noch familiären Ärger, aber das ist einfacher, leicht zu durchschauender Ärger' (Trungpa 1989, S. 54).

Diese Einfachheit bezieht sich auch auf unsere Einstellung zur Disziplin
der Achtsamkeit selber: ‚Wir versuchen nicht, uns selbst von der Methode
zu trennen, sondern wir versuchen, zur Technik zu *werden*, so daß ein
Gefühl der Nicht-Zweiheit entsteht....Die angemessene Haltung gegenüber dieser Technik besteht darin, sie nicht als etwas Magisches, ein
Wunderwerk oder irgendeine tiefgründige Zeremonie zu betrachten, son-

dern sie nur als einen einfachen, einen äußerst einfachen Vorgang zu erkennen. Je einfacher die Methode, desto geringer die Gefahr von Abwegen, weil wir nicht alle möglichen faszinierenden und trügerischen Hoffnungen und Ängste hegen und pflegen' (Trungpa, 1989, S. 53).

Ein dritter psychologischer Aspekt, mit dem man die Disziplinen der Achtsamkeit manchmal charakterisiert, weil er so eng verbunden ist mit dem Kultivieren der Achtsamkeit oder der Aufmerksamkeit, ist die *Lauterkeit*, und sie liegt in gewissem Sinn auch in der Verlängerung der Einfachheit. Die christliche Tradition benutzt hier oft den Terminus ,*Purificatio*', das heißt Reinigung oder Läuterung. Der Terminus bezieht sich hier auf den Prozeß, in dem wir uns allmählich von unseren egozentrischen Emotionen, unseren Leidenschaften, lösen. Das Kultivieren der Achtsamkeit nimmt unserem Geist den Raum, weitere egozentrische Ablagerungen zu bilden und die Wogen unserer Leidenschaft höher aufzupeitschen. Reinigung oder Läuterung haben hier ein *Loslassen*, ein Loslassen unserer Gedankenwelt und dadurch das Kultivieren von *Unbefangenheit* zum Inhalt. Ein Befangensein in unseren egozentrischen Emotionen ist der Ursprung kontinuierlicher Unruhe, die unsere Stabilität ruinieren kann, aber sie stehen auch der klaren Sicht im Wege.

Lauterkeit im Sinne von Unbefangenheit ist ein sehr wichtiges Thema. Evagrius von Pontus benutzt hier den Ausdruck ,*Apatheia*', den man mit ,befreit von emotionalen Turbulenzen' übersetzen dürfte. Der Anachoret (Wüstenvater) Cassianus verwendet den Ausdruck ,*Puritas Cordis*', Lauterkeit des Herzens, um diese Unbefangenheit zu charakterisieren. Das Wort ,Herz' deutet bereits an, daß ,Unbefangenheit' auch einen gefühlsmäßigen Aspekt hat. Ihre Entwicklung (siehe unten) ist auch eine Angelegenheit des Herzens. Denn hier handelt es sich um eine Lauterkeit, die von der Befangenheit durch egozentrische Emotionen befreit ist. Hierzu sagt Cassianus, daß das erste von einem Übenden zu verfolgende Ziel dies sei: ,Immer wieder zur Lauterkeit des Herzens zurückkehren'. Nämlich: ,Außer dem Fall, daß der Geist (gemeint ist: Achtsamkeit) einen festen Punkt hat, zu dem er immer wieder zurückkehren kann und an dem er sich anzuketten vermag, wird er durch die Launen des Augenblicks von Hinz zu Kunz eilen und jeder Erscheinung, die sich hier und jetzt um ihn herum ereignet, hinterherlaufen' (Cassianus in Chadwick, 1958, S. 198). So lange wir von unseren egozentrischen Emotionen hin und her geschleudert werden, fehlt uns die Lauterkeit des Herzens, die uns Sicht geben könnte. „Wir würden die ,Reinheit des Herzens' jedoch falsch verstehen, wenn wir sie als eine Sündenlosigkeit im moralischen Sinne deuten wollten. Es ist vielmehr eine seelische Verfassung, die rein, d.h. frei ist von Besetztsein, von Verwirrung und Aufregung. Sie ist Ruhe, die alles losgelassen hat, um frei und offen für Gott zu sein" (Jäger, 1992, S. 84).

Durch das Praktizieren der Disziplin der Achtsamkeit und dadurch, daß wir unseren Gedankenstrom mit allen seinen emotionalen Turbulenzen immer wieder loslassen und die Achtsamkeit wieder auf das Meditationsobjekt lenken, reinigen wir unseren Geist von der Voreingenommenheit und werden zu denen, ,die ein reines Herz haben' (Matt., 5: 8). In diesem Sinn werden unsere Erfahrung und unser Wirklichkeitserleben immer reiner.

Bis dahin unsere Erkundung der drei psychologischen Aspekte, die für die Disziplinen der Achtsamkeit charakteristisch sind. Stabilität (Ruhe), Einfachheit (Schlichtheit) und Lauterkeit (Unbefangenheit) gehören zusammen und entwickeln sich gemeinsam. Sie legen das Fundament für die Ausübung der Disziplinen der Einsicht (siehe Kapitel 8).

Die Entwicklung der Achtsamkeit

Wie läuft die Entwicklung der Achtsamkeit in der Ausübung dieser Disziplin konkret ab? Es gibt viele Erfahrungen, die sich in diesem Ablauf ereignen. Manche möchten wir hier erwähnen, weil sie die Art dieser Disziplin konkreter machen. Ohne zu behaupten, daß die hier dargestellte Reihenfolge die einzig mögliche wäre, kann man doch sagen, daß ein bestimmter Zusammenhang existiert.

Wenn wir mit dem Praktizieren der Disziplin der Achtsamkeit anfangen, ergibt sich schon bald, daß die Ausübung sehr schwierig ist. Die Anweisung ist schlicht: Halte deine Achtsamkeit auf das Meditationsobjekt gerichtet. Dermaßen einfach, daß wir dazu geneigt sind zu denken: Was können wir bloß davon lernen? Aber die erste, äußerst wertvolle Entdeckung läßt nicht lange auf sich warten: Wir erleben, daß unser Gedankenstrom einen sehr faszinierenden Charakter hat. In solchem Ausmaß mitreißend, daß es sehr schwierig erscheint, unsere Achtsamkeit auf das Meditationsobjekt gerichtet zu halten. Ehe wir es merken, haben wir uns schon wieder in unsere Gedanken verloren. Für viele Menschen ist es eine überraschende und oft schockierende Entdeckung, wie leicht sie von ihren Gedanken fortgerissen werden. Es sind wahrscheinlich nicht einmal wichtige oder emotional aufgeladene Gedanken, wodurch wir eingefangen werden. Die banalsten Gedanken lenken uns schon ab. Wir hatten die Vorstellung, daß wir Herr im eigenen Hirn wären, aber in der Praxis stellt sich heraus, daß dies gar nicht der Fall ist: Wir haben offensichtlich nicht die freie Wahl, zu denken oder nicht zu denken. Durch das Ausüben der Disziplinen der Achtsamkeit fangen wir an, dafür ein Auge zu bekommen.

Eine weitere Entdeckung über unseren Geist und zugleich eine, die der ersten nahe liegt, ist die Realität, daß uns nicht nur unwillkürlich, sondern auch *fast pausenlos* Gedanken durch den Kopf schießen. Wir denken unheimlich viel und oft. Zwar erinnern wir uns kaum an das, woran wir vor ein paar Minuten, geschweige am gestrigen Tage noch gedacht haben. Vielleicht sind uns ein paar Sachen im Gedächtnis geblieben, aber sie sind nur ein Bruchteil all dessen, was uns durch den Kopf gegangen ist. Aber ob wir sie jetzt vergessen haben oder nicht, haben diese Gedanken dennoch während des ganzen Tages unser Wirklichkeitserleben so gut wie ununterbrochen gebildet und gefärbt.

Eine andere schon früh entdeckte Realität ist der Umstand, daß der *Inhalt* unseres Gedankenstroms in der Tat so gut wie nicht unserem Willen untergeordnet ist. Der eine Gedanke folgt dem anderen, manchmal in einem bestimmten Zusammenhang, aber genau so gut kann ein tiefsinniger Gedanke durch den blitzartigen Einfall gekappt werden: ‚Gut, daß ich daran denke, ich sollte noch eine Flasche Milch kaufen. Wie spät ist es? Ist schon Feierabend?‘ Manchmal nehmen wir den Faden wieder auf, und manchmal haben wir den Faden ganz verloren. In dieser Weise driften wir in einem Strom von Gedanken fort, von sinnvollen und banalen Gedanken zu schönen oder haßerfüllten Gedanken, ohne daß wir in diesem Punkt viele Möglichkeiten zum Lenken besitzen. Auch wenn wir uns aufrichtig vornehmen, systematisch über etwas Bestimmtes nachzudenken, merken wir dennoch, daß wir regelmäßig abschweifen und unsere Achtsamkeit immer wieder zurückrufen müssen. Wenn wir es schon eine Weile durchgehalten haben, uns nicht mehr durch andere Gedanken mitreißen zu lassen, werden wir schnell müde und hören hiermit auf. Aber dann ergibt sich wunderbarerweise keine Pause in unserem Denken. Unser Gedankengang hat wieder freien Lauf. Es scheint, als ob unsere Gedanken eine gewisse einsaugende Kraft besitzen, wodurch es uns ziemlich viel Energie kostet, unseren Gedankenfluß für eine kurze Weile zu kanalisieren. Wir beginnen zu sehen, welch eine enorme Kraft unser Gedankenfluß hat und wie sehr wir ihm unterworfen sind. Vielleicht hatten wir schon immer auf die Fahne die Idee geschrieben, daß der Mensch denken dürfe, was er will: ‚Gedanken sind frei‘, sagen wir dann. Aber unsere Übung bringt uns die Entdeckung, daß wir gar nicht frei sind zu denken, was wir wollen, weil uns unsere Gedanken einen stärkeren Stempel aufdrücken als wir unseren Gedanken. Unsere ‚Freiheit‘ erweist sich nicht als *unsere* Freiheit, sondern die Freiheit *unserer Gedanken*, die uns in Gedankenwelten einschließen und die ihrerseits unsere Erfahrung erneut beeinflussen. Wir haben so wenig Zugriff auf den Inhalt dieses Ablaufs, daß wir nicht wissen, was wir in den nächsten Minuten denken werden.

Eine weitere Entdeckung, auf die wir stoßen können, veranlaßt uns zu verstehen, *aus welchem Grund* unsere Achtsamkeit so leicht von unseren Gedanken absorbiert wird: Wir nehmen den Inhalt unserer Gedanken so riesig ernst. Eigentlich interessieren wir uns vor allem für unseren *eigenen Kommentar*, mit dem wir den Strom unserer Erfahrung untertiteln. Wir verhalten uns ein wenig wie ein Kind, das in einem Comic Strip nur den geschriebenen Kommentar oder den Text in den Sprechblasen liest. Für die Bilder hat es kaum Aufmerksamkeit. Wir beginnen uns bewußt zu werden, daß und wie sehr das Ernstnehmen unseres selbst hergestellten Kommentars uns in die Lage versetzt, in einer selbst gebastelten Wirklichkeit zu leben.

Wenn wir uns damit beschäftigen, tun die Disziplinen der Achtsamkeit etwas mit unserem Geist, und ihre Arbeit ist erstmals eine Form des Zähmens. Wenn wir unsere Achtsamkeit zu kultivieren beginnen, ähnelt unser Geist, wie schon gesagt, einem Wildpferd, das wir zähmen sollen. In dieser Hinsicht üben wir zunächst mit Hilfe der Disziplin der Achtsamkeit. Der allmähliche Prozeß des Zähmens verläuft ganz schrittweise; wir können und dürfen es nicht brüsk, mit Ärger oder ungeduldig durchziehen. Eine buddhistische Metapher beschreibt es so: Wenn wir ein Wildpferd zähmen wollen, damit wir später auf ihm reiten können, sollten wir ihm vorab eine Leine um den Hals binden und das andere Stück festhalten. Danach ziehen wir die Leine ein wenig an, aber nicht abrupt die ganze Leine, denn dazu ist das Tier noch viel zu scheu. Wir ziehen die Leine ein, bis das Pferd ruhig ist, bis an die Stelle, wo es die Spannung nicht mehr durchhalten kann und kopfscheu wird. Dann lockern wir die Leine ein wenig. Und auf diese Weise, ganz langsam, nach und nach mit Geduld und Beharrlichkeit, ziehen wir das Pferd mehr und mehr zu uns, so daß es uns schließlich schnuppern kann. Dieser Moment bedeutet eine neue Phase, einen neuen Spannungsmoment. Wenn es sich an unseren Geruch gewöhnt hat, ziehen wir die Leine weiter ein, so daß wir das Pferd berühren können. So machen wir den Abstand immer geringer. Und wir tun es nicht abrupt, sondern mit viel Geschick durch Geben und Nehmen.

In dieser Weise verfahren wir auch, wenn es darum geht, unseren gehetzten und auf den Wogen unserer egozentrischen Gemütsregungen hin und her geschleuderten Geist zu zähmen. Das Meditationsobjekt ist der Punkt, zu dem wir unseren Geist immer wieder zurückführen. Die Disziplin der Achtsamkeit ist die Leine. Immer wieder führen wir unsere abhanden gekommene Achtsamkeit zurück zum Meditationsobjekt. Und wir tun es mit viel Geduld und ohne Aggression. Wenn unser Geist wild ist, ziehen wir die Leine nicht ein, sondern überlassen unserem Geist den Raum. Wenn er ruhiger geworden ist, ziehen wir unsere Disziplin ein wenig straffer. Auf diese Weise entwickeln wir die Achtsamkeit und Aufmerksamkeit weiter.

Weil wir unser Achtsamkeitsvermögen weiter entwickeln, beginnen wir einzusehen, daß wir nicht zwangsläufig dem Inhalt unseres Gedankenstroms solch eine dominante Stellung einzuräumen brauchen. Zwar sollten wir dieser Position gewahr werden und sie nicht ignorieren, aber wir sind nicht dazu verpflichtet, in den Gedankenstrom unterzutauchen und uns in ihm zu verlieren, als fänden wir unser Seelenheil und unsere Seligkeit in ihm. Auch sollen wir unseren Gedankenstrom nicht unterdrücken und ihn bekämpfen, als wäre er die Quelle von Hölle und Verdammnis. Nicht unser Gedankenstrom, sondern unser Gefangensein in ihm vereitelt unser Wachsein. Unser Leben ist viel ausgedehnter als unser Gedankenstrom.

Durch das Praktizieren der Disziplinen der Achtsamkeit beginnen wir zu erfahren, daß die Augenblicke, in denen wir aus unserem Gedankenstrom wach und seiner gewahr werden, uns gleichzeitig zeigen, daß der Gedankenstrom nicht kontinuierlich anhält. Es gibt offene Stellen: Die Augenblicke des Aufwachens aus unseren Gedanken *sind an und für sich* diese Öffnungen. Solche Momente bieten tatsächlich die Gelegenheit, unsere Achtsamkeit wieder auf unser Meditationsobjekt zu lenken, und sie ereignen sich spontan, immer wieder, früher oder später. Wir sind nicht imstande, sie zu erwecken oder über sie zu herrschen, höchstens können wir ihnen Raum geben. Gerade dies ist es, wozu die Disziplinen der Achtsamkeit uns verhelfen: Raum zu geben an die Öffnungen in unserem Gedankenstrom. Wir spüren kurz, was es bedeutet, unbefangen zu sein, zu verweilen in Augenblicken der hellwachen Stille, der erfrischenden mentalen Atempause. Während dieser Augenblicke des Hellwach-Seins sind unser Körper und unser Geist synchronisiert, d. h. wir sind dort, wo wir physisch sind, im Hier und Jetzt.

Den Übergang von Befangenheit zur Unbefangenheit erfahren wir oft, als ob sich etwas öffnet. Als ob unser Wachsein oder die Situation, in der wir uns befinden, sich blitzschnell wieder entfaltet. Unsere Bekümmernisse treten für einen Augenblick in den Hintergrund, und wir sind eine Weile befreit vom Spiel der Hoffnung und Befürchtung, unserem üblichen Beschäftigtsein mit Zukunft und Vergangenheit: Wie es war, wie es gewesen sein sollte oder werden müßte, dies alles hat sich für eine kurze Weile verflüchtigt. Wir entdecken, daß Hellwach-Sein ein Aspekt unseres Geistes ist und daß wir imstande sind, diese Eigenschaft zu kultivieren.

Wir beginnen unsere Ausübung der Disziplin der Achtsamkeit zu schätzen, weil wir allmählich leibhaftig erfahren, daß diese Disziplin ein wirksames Instrument ist, mit dem wir unsere Achtsamkeit zu zügeln vermögen. Wir entwickeln allmählich auch Wertschätzung für die Unbefangenheit, Schlichtheit und Ruhe, die sich in dem Moment des Erwachens aus unseren Gedanken ereignen und bewirken, daß wir unsere Achtsamkeit wieder auf das Meditationsobjekt lenken können. Allmählich entwickeln wir in dieser Weise ein bestimmtes ‚*Feeling*‘ für den Kontrast zwischen dem Befangensein in unseren Gedanken und dem Unbefangensein.

Anfangs erfahren wir diese Unbefangenheit in den Momenten der *Gedankenlosigkeit*. Es sind die Momente der *hellwachen* Gedankenlosigkeit, in denen wir keine Gedanken haben und uns dieses Zustands bewußt sind. In diesen Augenblicken sind wir einfach unbefangen: Es findet nichts statt, wodurch wir in eine Befangenheit gelangen. Durch das wohltuende Gefühl des freien Raumes, wie wir es in solchen Augenblicken oft erleben, kommen wir leicht in die Versuchung, uns an diese Momente klammern zu wollen und Gedanken als Feinde zu betrachten. Das ist jedoch ein Kunstfehler, der einer weiteren Entwicklung von Unbefangenheit im Wege steht.

Die weitere Entwicklung ermöglicht uns nämlich, daß wir gleich in dem Augenblick, in dem ein Gedanke uns durch den Kopf geht, dessen gewahr werden, was er ist: ein Gedanke. Auch in dem Moment des Gewahrwerdens sind wir unbefangen. In dieser Phase entdecken wir allmählich, daß Unbefangenheit nicht von der *Abwesenheit von Gedanken*, von Gedankenlosigkeit also, sondern von der *Abwesenheit von Befangenheit* in unseren Gedanken abhängt. Das ist ein sehr wesentlicher Punkt. Wir sehen allmählich, daß sowohl das Sich-Gehenlassen mit dem Gedankenstrom als auch unser Widerstand dagegen Formen der Befangenheit sind. Anfangs halten Gedanken uns dermaßen stark im Griff, daß die Anwesenheit eines Gedankens fast immer mit Befangenheit Hand in Hand geht. In dieser Phase sind Gedanken tatsächlich eine Hindernis für Unbefangenheit. Aber je mehr wir unsere Unbefangenheit kultivieren, desto solider wird sie. Schließlich geht nicht nur beim Hochkommen eines Gedankens unsere Unbefangenheit nicht verloren, sondern dies entwickelt sich sogar zu einem auf unsere Unbefangenheit hinweisenden Fingerzeig. Unsere Unbefangenheit bekommt dann schrittweise eine Art von Kontinuität: Ob unser Geist in Bewegung oder auch in Ruhe ist, sie bleibt bestehen. Hiermit ist das Fundament gelegt für die weiteren Disziplinen, für die Disziplinen der Einsicht.

Kapitel 8

Die Disziplinen der Einsicht

Einleitung

In den vorhergehenden Kapiteln erörterten wir einige mentale Disziplinen. Im sechsten Kapitel die beiden Disziplinen des Denkens: die intellektuellen Disziplinen und die der Imagination. Im siebten Kapitel haben wir die erste der zwei Disziplinen des bewußten Seins, die Disziplin der Achtsamkeit, erkundet. In diesem Kapitel betrachten wir die zweite Disziplin des bewußten Seins: die Disziplin der Einsicht. Weil sie die letzte in diesem Buch besprochene mentale Disziplin ist, wollen wir dieses Kapitel mit einem Abschnitt über das Zusammenspiel dieser vier Disziplinen abschließen.

Ursprünglich bezeichnete man, wie vorher gesagt, in der christlichen Tradition die Disziplin der Einsicht mit dem Terminus *Kontemplation*. Die Disziplinen der Einsicht bilden den Kern der in dieser Tradition so genannten *apophatischen Spiritualität*. (Die Vorsilbe ‚apo‘ bedeutet hier: ‚nicht gebunden an‘, so daß wir den Terminus ‚apophatisch‘ so übersetzen können: ‚nicht an Worte oder Konzepte gebunden‘.) „Die apophatische Spiritualität entspricht der Kontemplation. Sie ist auf das reine, leere Bewußtsein hin orientiert, damit das Göttliche aufscheinen kann. Inhalte werden als Hindernis angesehen. Solange das Bewußtsein (gemeint ist: der Geist) an Bildern oder Konzepten festhält, ist es noch nicht dort, wo die eigentliche Erfahrung Gottes geschieht. Bilder und Inhalte verdunkeln das Göttliche mehr, als daß sie es erhellen" (Willigis Jäger, 1992, S. 77).

In einigen buddhistischen Traditionen heißen die Disziplinen der Einsicht daher auch ‚*gestaltlose Meditation*‘. ‚Gestaltlos‘ oder ‚formlos‘ bedeutet hier, daß wir in diesen Disziplinen keine mentalen Formen (Konzepte und Vorstellungen) benutzen, so wie die vorher besprochenen Disziplinen der Imagination sich eben mit den mentalen Formen beschäftigen. Im Bereich der Disziplinen der Einsicht beabsichtigt man nicht das Erzeugen eines bestimmten Erlebniswertes durch ein Bild oder eine Vorstellung, sondern die Übung hat das direkte, unmittelbare und unbefangene *Schauen* unseres Geistes und unseres Wirklichkeitserlebens zum Inhalt. Weshalb ist diese Unbefangenheit so wichtig? Weil wir in den

Augenblicken der Unbefangenheit den Strom oder Fluß unserer Erfahrung ohne Verzerrung erblicken können, und dies führt zu Einsicht und Kenntnis. Diese Weise des Kennens ist eine nicht-begriffliche Form des Kennens: Kenntnisse im Sinne *des Bekannt-Seins mit* (siehe Kapitel 4).

Die Möglichkeiten dazu werden durch das Praktizieren der Disziplinen der Achtsamkeit vorbereitet. Sie befreien unser bewußtes Sein in gewissem Maße von der Befangenheit in unserem egozentrischen Wirklichkeitserleben. In der buddhistischen Tradition heißt der meist allgemeine Terminus für die Disziplin der Einsicht: *Vipashyana* oder Einsichtsmeditation. Man praktiziert und übt sie auf der Grundlage des *Shamatha*, der Disziplin der Achtsamkeit. Im Hinduismus benutzt man manchmal als allgemeine Bezeichnung dieser Disziplin den Terminus: *Dhyana*. Die Praxis dieser Disziplin wird durch *Dharana*, die Disziplin der Achtsamkeit, unterstützt.

In der christlichen Tradition sind die Disziplinen der Einsicht während der letzten Jahrhunderte aus dem Blickfeld des durchschnittlichen Kirchgängers geraten und dadurch auch aus unserer Kultur verschwunden. Daher denken viele Menschen jetzt, daß diese Disziplinen für die Traditionen ‚aus dem Osten‘ charakteristisch sind. Dabei erkennt man oft nicht, daß ‚der Osten‘ eine westliche Vorstellung ist, die gewiß keine kulturelle Ganzheit repräsentiert. Die Kultur Indiens, der Wiege des Buddhimus, ist unserer westlichen Kultur viel näher als der chinesischen oder japanischen Kultur. Nicht nur was die Sprache, sondern auch was die Art und Weise des Denkens betrifft.

Trotzdem hat sich auch innerhalb der kontemplativen Traditionen der griechisch-orthodoxen Kirche die apophatische Spiritualität mit ihren Disziplinen der Einsicht immer irgendwie erhalten. Und zur Zeit stehen sie gerade bei den Praktizierenden des christlichen kontemplativen Lebens aufs neue im Mittelpunkt der Aufmerksamkeit (siehe z. B. Willigis Jäger, 1997). Der Dialog mit den anderen Religionen hat deutlich dazu beigetragen. Denn gerade in den anderen großen kontemplativen Traditionen spielen diese Disziplinen bis auf den heutigen Tag eine große Rolle, und man praktiziert sie bei ihnen, wenn man in den Disziplinen der Achtsamkeit und der Imagination eine bestimmte Reife bekommen hat.

Das Ausüben der Disziplinen der Einsicht

Wie üben wir eigentlich die Disziplinen der Einsicht? Gibt es eine bestimmte kontemplative Technik, um unser Unterscheidungsvermögen zu trainieren, wie wir vorher unsere Achtsamkeit mit Hilfe eines Meditations-objektes geübt hatten? Die Antwort ist kennzeichnend für die Disziplinen der Einsicht: Ihre Ausübung liegt jenseits jeder Technik. Trotzdem voll-zieht sich ihre Ausübung äußerst diszipliniert. Und was sollen wir uns dar-unter vorstellen? Ihre Ausübung ist die *disziplinierte Ausübung der Unbefangenheit selber*.

Die Unbefangenheit, Frucht der Disziplin der Achtsamkeit, bildet die Grundlage für das Ausüben der Disziplinen der Einsicht. In den Dis-ziplinen der Einsicht kultivieren wir unsere Unbefangenheit, so daß sie *eine bedingungslose Unbefangenheit* wird. Eine Unbefangenheit, die sich durch keine – sich innen oder außen befindende – Erfahrung vertreiben oder einkapseln läßt. Und warum kultivieren wir diese Basis? Weil die Unbefangenheit des Geistes ihrerseits den Raum schafft, in dem unser *Unterscheidungsvermögen* fruchtbar sein kann. Und gerade dies Unter-scheidungsvermögen führt zu der Einsicht, um die es sich bei diesen Disziplinen handelt. Es bedeutet eine Einsicht, die uns eine konkrete Antwort auf die Frage gibt – oder besser gesagt: die uns erfahren läßt –, wie die Welt der Erscheinungen aussieht, wenn wir sie aus der Perspektive der bedingungslosen Unbefangenheit oder Egolosigkeit anschauen.

Man könnte sagen, daß dies Unterscheidungsvermögen aufgepfropft worden ist und auf demselben Stamm der Disziplin der Achtsamkeit wächst. Von diesem Blickwinkel aus betrachtet, könnten wir sagen, daß, wenn wir schon über eine ‚Technik‘ in bezug auf die Disziplinen der Einsicht reden, diese dieselbe ist wie die der Disziplinen der Achtsamkeit. Aber in den Disziplinen der Einsicht ist die Unbefangenheit kein Ziel mehr, sondern sie ist zum Mittel geworden, um das geistige Unter-scheidungsvermögen zu wecken, das es uns ermöglicht, Illusion von der Wirklichkeit zu unterscheiden. Darin unterscheidet sie sich von den Disziplinen der Achtsamkeit.

Ein zweiter Unterschied ist, daß das Kultivieren von Unbefangenheit innerhalb der Disziplinen der Achtsamkeit auf das Entwickeln einer be-stimmten Distanz zu unserem Gedankenstrom hinausläuft, einer bestimm-ten *Abgeschiedenheit*, wie Meister Eckhart es nennt. Aber innerhalb der Disziplinen der Einsicht ist diese Unbefangenheit wie die eines Kindes, das sich mit unbefangener Neugier allem nähert, damit es alles gut beobachten kann. Denn in dem Maße, wie das Vermögen zur Achtsamkeit sich ent-wickelt, verringert sich die absorbierende Wirkung, die unser Gedan-kenstrom ausübt, und dadurch kann der Übende ‚aus immer geringerer Entfernung‘ seinen Gedankenstrom wahrnehmen, ohne seine Unbefan-genheit zu verlieren.

Ein dritter Unterschied ist, daß die Disziplinen der Achtsamkeit zu Anfang einer bestimmten Anstrengung und einer Manipulation der Achtsamkeit bedürfen, während die Einsichtsdisziplinen gerade auf mentaler Entspannung beruhen. Wir beginnen zu erkennen, daß die Unbefangenheit ein ganz natürlicher Aspekt unseres Geistes ist und daß wir in ihr weilen können. Daß sie so selten die Chance bekommt, sich zu manifestieren, hat als einzigen Grund den, daß wir sehr energisch und andauernd versuchen, unser egozentrisches Wirklichkeitserleben aufrechtzuerhalten, in das wir zu entkommen versuchen. ‚Ego‘ fürchtet unsere natürliche Unbefangenheit, weil sie keinen Halt bietet.

Jedoch durch die frühere Übung der Achtsamkeitsdisziplinen haben wir allmählich die natürlichen Momente der Unbefangenheit zu schätzen gelernt. Und jetzt entdecken wir, daß wir diese Momente nicht mit viel Anstrengung herstellen müssen, sondern daß sie sich einstellen, wenn wir aufhören, uns selbst, unseren Geist und unser Wirklichkeitserleben zu manipulieren, wenn wir uns in unserer Übung entspannen. In diesem Fall hat unser natürliches Wachsein die Chance, unser Wirklichkeitserleben zu erhellen.

Woher kommt es, daß die Ausübung der Disziplin der Einsicht zu unmittelbarer Wahrnehmungskenntnis von Ego und Egolosigkeit führen kann? Um dies zu verstehen, können wir am besten zur Metapher zurückkehren, in der vom Einrammen eines Stockes in den Strom gesprochen wird. Wenn wir das Vermögen entwickelt haben, diesen Stock einigermaßen stabil im Boden des Flusses zu verankern – das heißt, wenn wir unsere Disziplin der Achtsamkeit so weit entwickelt haben, daß sie eine gewisse Stabilität bietet –, dann könnte es geschehen, daß sich uns zum ersten Mal die Qualität des jetzt an dem Stock vorbeiströmenden Wassers zeigt. Wir beginnen, die wechselnden Temperaturen, die Geschwindigkeit des Wassers und alle seinen anderen Erfahrungsqualitäten zu spüren.

In dem Augenblick, in dem der Stock sich wieder löst und vom Strom fortgerissen wird, bemerken wir dies alles nicht mehr. Wir sind wieder untergegangen und werden im Strom unserer Gedanken mitgerissen. In dem Augenblick, in dem wir aus unserer Befangenheit wieder aufwachen, steht dieser Stock sozusagen wieder aufrecht im Strom, und wir können seine Erfahrungsqualität auch wieder entdecken.

In diesen Momenten der Stabilität kann unser Unterscheidungsvermögen wieder aktiv werden und uns die Möglichkeit geben, unseren Gedankenstrom unbefangen zu beobachten und ihn als das zu erkennen, was er ist. Weil dieser Strom andauernd den ganzen Bereich unserer Erfahrung prägt, beginnt unser Unterscheidungsvermögen auch unser egozentrisches Wirklichkeitserleben zu durchleuchten und zu erhellen.

Unbefangenheit als Hingabe

Das Kultivieren von Unbefangenheit impliziert auch, daß wir uns nicht an die Früchte dieser und früher geübten Disziplinen klammern. In bezug auf die Disziplin der Achtsamkeit bedeutet es, daß der Übende sich nicht auf die dahin führende Ruhe und Unbefangenheit fixiert. Festhalten und Unbefangenheit sind miteinander unvereinbar. In bezug auf die Disziplin der Imagination bedeutet es vor allem, daß der Übende nicht auf dem Erlebniswert als Frucht dieser Disziplinen beharrt. Dieses ‚Nicht-Festhalten‘ oder ‚Nicht-Beharren-auf‘ hat *um so mehr* Gültigkeit für das Ausüben der Disziplin der Einsicht selber: Welche außergewöhnlichen Früchte der Einsicht innerhalb der Übung auch heranwachsen, wir sollten nicht versuchen, sie festzuhalten oder auf sie fixiert zu bleiben. Sonst könnten wir trotzdem wieder auf eine subtile Art und Weise in Befangenheit geraten, unser Unterscheidungsvermögen würde nicht mehr wirken und sich nicht weiter entwickeln. Sobald dieses Vermögen stockt, verliert es den Charakter eines panoramischen, bewußten Seins; es kann dann nicht frei umherfliegen und umherschauen. „Es läuft ja auf eins hinaus, ob ein Vogel an einem dicken oder an einem dünnen Faden festgebunden ist; denn auch wenn es ein dünner Faden ist, der Vogel wird genauso an ihm angebunden sein wie an einem dicken, solange er ihn nicht entzweigerissen hat, um fliegen zu können. Einen dünnen Faden kann er zwar leichter zerreißen; aber wie leicht dies auch sein mag, wenn der Vogel nicht zieht, wird er nicht fliegen können. In dem Maße ist es auch mit der Seele bestellt, die noch an etwas haftet: Auch wenn sie viel Tugend besitzt, wird sie nicht zur Freiheit der Vereinigung mit Gott gelangen." So hat Johannes vom Kreuz es sinngemäß ausgedrückt.

Das Kultivieren eines unbefangenen Unterscheidungsvermögens bedeutet ganz praktisch, die Früchte einer kontemplativen Blüte immer wieder loszulassen, einschließlich der *Idee*, daß wir diese Früchte festhalten sollten, um sie aufbewahren zu können. Konkret beinhaltet es: Das Loslassen unserer Angst, diese Früchte zu verlieren. Die Einsicht, daß wir sie *überhaupt* nicht besitzen können, daß wir nie ihre Eigentümer gewesen sind oder sein werden, befreit uns von dieser Angst. Übrigens ist es eine subtile Angelegenheit, weil auch das Festhalten an dieser letzten Einsicht schon wieder unsere Disziplin zerbricht.

In der Ausübung der Disziplinen der Einsicht gibt es also keinen Platz mehr dafür, unserere spirituellen Errungenschaften in bezug auf Einsicht zu zählen und festzuhalten. Es gibt keinen Raum für spirituelle Strategien und Manipulationen sowie für ein sorgenvolles und angestrengtes Beachten seiner selbst. Es gibt sogar keinen Raum mehr für ein Festhalten an dem begrifflichen Rahmen der eigenen Tradition. Sie bewegt sich an jeglicher Hoffnung vorbei, etwas zu erreichen, und an jeglicher Befürchtung, etwas nicht zu erreichen. In diesem Sinne ist die Ausübung hoffnungs- und furchtlos: Sie ist von der Hoffnung und der Furcht *frei*. Diese Ausübung bewegt sich dadurch an jedem im voraus gesteckten Ziel vorbei. In diesem Sinne ist sie ohne Ziel.

Die Disziplin besteht also aus dem Kultivieren *bedingungsloser Unbefangenheit* nicht als Ziel, sondern als Mittel. Durch dieses Mittel kann sich unser Unterscheidungsvermögen frei bewegen und zur Einsicht führen. Das Üben von Unbefangenheit läuft faktisch darauf hinaus, daß es immer wieder die mentale Bewegung, die zum ‚Ego' führt, rückgängig macht: Es löst den dualistischen Bruch auf, von dem wir in Kapitel 3 gesprochen haben, der uns die Welt der Erscheinungen verzerrt erblicken läßt, weil er sie in *meine* Umgebung, *meine* Frau, *meinen* Mann, *meinen* Körper, *meine* Gedanken, *meinen* Geist, und dasjenige, was *nicht meines* ist, entzweit. Indem diese verzerrende Befangenheit rückgängig gemacht wird, eröffnet sich die Möglichkeit, die Welt der (inneren und äußeren) Erscheinungen *in ihrem eigenen Zusammenhang* zu erblicken, anstatt sie in Beziehung zu *mir* zu sehen. In theistischen Termini sagt man: Die Möglichkeit öffnet sich, die Welt der Erscheinungen, uns selbst einbezogen, als die Welt oder die Schöpfung Gottes zu sehen anstatt als eine Welt oder Schöpfung, die für (oder gegen) *mich* existiert. In nontheistischen Termini sagt man: Wir beginnen das Kultivieren unseres Menschseins und das Manifestieren unserer Menschlichkeit in der Welt wertvoller und interessanter zu finden als das Kultivieren unseres ‚*Helmut*'- oder ‚*Ute*'- Seins.

Aus diesem Grunde auch können wir diese Disziplin als das Kultivieren *geistiger Hingabe* charakterisieren; als einen Prozeß des schrittweisen Loslassens dessen, was wir zu sein meinen, eines Loslassens der dualistischen Geisteshaltung, in der ‚Ego'-Aspekte der Erfahrung als Besitz, als etwas, das *mir gehört*, betrachtet werden. Totale Hingabe bedeutet eine Geisteshaltung, die *nichts* mehr besitzt oder als Besitz betrachtet. Der Geist ist zu seiner Nacktheit heimgekehrt und erblickt auch die Welt der Erscheinungen in ihrer Nacktheit. Durch diese Hingabe, durch diese geistige Nacktheit sind *Lebensfreude, Sorgsamkeit* und *Einsicht* nicht länger an das gebunden, was wir zu besitzen oder zu erreichen hoffen, was wir nicht zu erreichen oder zu verlieren befürchten. Aber *Lebensfreude, Sorgsamkeit* und *Einsicht* wurzeln, wie sich herausstellt, unmittelbar in dieser bedingungslosen Unbefangenheit. Im sogenannten ‚Herz-Sutra', einem der bekanntesten Texte des Mahayana-Buddhismus, werden diejenigen, die diese unbefangene Einsicht oder ‚*Prajnaparamita*‘ verwirklicht haben, ‚*Bodhi-sattvas*‘ genannt. Über sie sagt man: „Weil die *Bodhisattvas* vom Erstreben frei sind, weilen sie in Prajnaparamita. Weil es keine Verdunkelung des Geistes gibt, sind sie frei von Angst."

Dieser nackte Geist ist das wichtigste Thema, auf das es in den kontemplativen Traditionen ankommt. Er bekommt viele Namen, obwohl er nicht begrifflich, sondern nur der Wahrnehmung nach zu erkennen ist. Er ist der *Sjechiena* der jüdischen chassidischen Tradition, der *Heilige Geist* der christlichen Tradition. Er bedeutet Inspiration, Enthusiasmus. In einer berühmten Passage eines buddhistischen *Terma*-Textes heißt es unter anderem: „Angesichts seines Namens ist die Zahl der ihm gegebenen Namen unzählbar. Manche sagen ‚das Wesen des Geistes‘ oder ‚der Geist selber‘. Manche Tirtikas (d. h. Nichtbuddhisten) geben ihm den Namen ‚Atman‘ oder ‚das Selbst‘. Die Sravakas nennen ihn in der Lehre des Anatman ‚die Abwesenheit eines Selbst‘ (Egolosigkeit). Manche nennen ihn *Prajna-paramita* oder ‚die Vervollständigungen der Weisheit‘. Andere geben ihm den Namen *Tathagagharba* oder ‚der Keim der Buddhaschaft‘…Und manche nennen ihn schlicht ‚einfach bewußt sein‘." (Reynolds, 1989, S. 12). Wie wir den Geist, in dem vollständiges, unbefangenes Unterscheidungs-vermögen tätig ist, auch nennen, er ist sowohl der unsichtbare Grund als auch die verborgene Frucht der Disziplinen der Einsicht.

Die doppelseitige Funktion der Disziplinen der Einsicht

In den etwas prosaischeren Begriffen der kontemplativen Psychologie bieten die Disziplinen der Einsicht die Möglichkeit, unseren Erfahrungsstrom wahrzunehmen und zu untersuchen, *ohne* ihn in (religiöse oder egozentrische) Konzepte und Annahmen zu fassen. Dadurch unterscheiden sich diese Disziplinen von unserer üblichen Art des Wahrnehmens. Denn unsere Erfahrung ist, wie wir früher besprochen haben, normalerweise schon durch bestimmte Konzepte umrahmt und eingeschränkt: Normalerweise ist unsere Erfahrung uns als *in Begrifflichkeit gefaßte Erfahrung* (De Wit, 1987, 3.5.3) gegeben, ohne daß wir uns dessen bewußt sind.

Auch wenn wir etwas erforschen möchten, gehen wir von einem begrifflichen Rahmen und einer bestimmten Fragestellung aus. Dadurch bedingen und beschränken wir unsere Sicht auf unsere Erfahrung. Aber in der Ausübung der Disziplinen der Einsicht machen wir uns gerade wieder frei von jeder Fragestellung und von jedem begrifflichen Rahmen. Eben dadurch entsteht Raum für uneingeschränkte Sicht, deren Frucht – das bedeutet die unmittelbare, nicht begriffliche Form der Kenntnis – unsere *Wahrnehmungsverwirrung* (siehe Kapitel 4) zunichte macht.

In Kapitel 2 haben wir über unser persönliches Wirklichkeitserleben gesprochen und darüber, wie es zustande kommt: Jeden Moment der Erfahrung *bekleiden* wir mit unseren Konzepten, noch bevor wir uns dessen bewußt sind, und das Ergebnis dieser Aktivität erleben wir normalerweise als die Wirklichkeit. In Kapitel 3 haben wir die verzerrende Wirkung besprochen, die ein Konzept von ‚Ego‘ auf unser Wirklichkeitserleben ausübt, und in Kapitel 4 haben wir gesehen, wie Wahrnehmungsverwirrung entsteht, wenn unser Unterscheidungsvermögen nicht funktioniert, und wie ihre Natur dann ist:

> *Wenn der betörte Mensch in einen Spiegel schaut,*
> *Sieht er ein Gesicht und kein Spiegelbild.*
> *So auch vertraut der Geist, der die Wirklichkeit nicht erkennt,*
> *dem, was unwirklich ist.*

So. formuliert der große buddhistische und tantrische Meister Saraha (Guenther, 1973, S. 66) es in einem berühmten Text. Die Disziplinen der Einsicht sind darauf ausgerichtet, dieses Unterscheidungsvermögen zu entwickeln, das uns ermöglicht, ein Gesicht als Gesicht und eine Spiegelung als Spiegelung zu sehen. Es befähigt uns, die Dinge zu sehen und zu erkennen, wie sie wirklich sind.

In Hinsicht auf unser selbst geschaffenes egozentrisches Wirklichkeitserleben bedeutet es, daß wir es zu erkennen beginnen, was es ist, nämlich eine Unwirklichkeit. Unser Unterscheidungsvermögen beginnt also damit, unsere Blindheit, die uns diese Unwirklichkeit als die Wirklichkeit erleben läßt, aufzulösen. Es macht uns nicht nur bewußt, daß wir (und wann wir) träumen, sondern auch den Inhalt unseres Träumens.

Während der Ausübung dieser Disziplinen existiert also eine andere Beziehung zu unserem Gedankenstrom als in den Disziplinen der Achtsamkeit. Ein Verhältnis, in dem das Vorhandensein von Gedanken nicht zwangsläufig auch bedeutet, daß wir durch diese Gedanken befangen sind. Wie entwickelt sich dieses Verhältnis? Im letzten Kapitel haben wir kurz zwei Arten der Unbefangenheit erwähnt. Die erste Art ist die Unbefangenheit, die in Augenblicken der *hellwachen Gedankenlosigkeit* zutage tritt. Die Art, wie unser Unterscheidungsvermögen dann funktioniert, ermöglicht uns, zwischen In-Gedanken-versunken-Sein und *Nicht*-in-Gedanken-versunken-Sein zu unterscheiden.

Die andere Art der Unbefangenheit geht nicht durch das Auftauchen eines Gedankens verloren. Diese Art entwickelt sich aus dem ersten durch die weitergeführte Übung. Unsere Unbefangenheit bekommt allmählich eine größere Kontinuität: Sie kann fortwähren, gleich, ob sich unser Geist bewegt oder in Ruhe ist.

Diese zweite Form der Unbefangenheit hängt nicht mehr von der Abwesenheit von Gedanken ab. Sie bildet dann auch die Basis der Disziplinen der Einsicht, weil sie die Möglichkeit der klaren Sicht auf unseren Gedankenstrom eröffnet, gerade indem sie von jedem Fixiertsein auf die Welt der Erscheinungen einschließlich unserer Gedankenwelt *frei ist*. Das in dieser zweiten Form der Unbefangenheit funktionierende Unterscheidungsvermögen befähigt uns, die Bewegung unseres Geistes zu *erblicken* und sie zu *untersuchen*, ohne von ihr fasziniert zu werden. Die Gedanken bedrohen dann nicht länger die Ausübung. Im Gegenteil, gerade ihr Dasein gibt uns die Chance, unser egozentrisches Wirklichkeitserleben unbefangen zu erkunden. Diese Disziplin des ‚Erkennens unseres Gedankenstroms‘ ist eine ganz andere als das ‚*Nachdenken über*‘ die Gedanken, die in uns auftauchen. Dies letzte wird nach dem, was wir hier und früher über die Disziplinen des Denkens erörtert haben, gut zu verstehen sein.

Auf diese Weise führt das Ausüben der Disziplinen der Einsicht zunächst dahin, daß wir für uns selbst immer weniger ein Geheimnis bleiben. Unsere Innenwelt – unser Geistesleben in der Form unseres Gedankenstroms – wird immer weniger eine furcherregende, unbekannte Landschaft für uns. Nicht weil wir (vernunftmäßig) so viel über sie *wissen*, sondern weil wir sie (erfahrungsgemäß) so gut *kennen*. Und bestimmt bleibt diese mentale Landschaft unberechenbar und auch unbeherrschbar, aber auch mit dieser Gegebenheit werden wir immer vertrauter. Wir entwickeln im Umgang mit unserem Geist eine bestimmte Fähigkeit, wie auch ein guter Tennisspieler seine Qualität auf sein Know-how zurückführt und die Fähigkeit, mit den meist unberechenbaren Schlägen seines Gegenspielers umzugehen. Auf diese Weise speichern wir eine sehr direkte Form der Selbsterkenntnis. Eine Erkenntnis unseres Selbst aus erster Hand und nicht in der Form einer in unserer mentalen Kartei gespeicherten Erzählung oder Theorie über uns selbst (angemessen oder nicht), eine nicht-begriffliche Erkenntnis in der Form des Bekanntseins mit uns selbst, d. h. mit den Eigenschaften unseres Gedankenstroms. Das ist die *erste Aufgabe und die Frucht* der Disziplinen der Einsicht: Sie führt zur *Ego-Erkenntnis durch Wahrnehmung*; sie macht uns bekannt mit ‚Ego‘ und seinem Wirklichkeitserleben und lehrt uns, die Unwirklichkeit dessen zu durchschauen.

Jedoch haben diese Disziplinen noch eine *zweite Aufgabe*, die gewissermaßen eine Ergänzung darstellt, sogar die Frucht der ersten: Sie eröffnen auch eine neue, andere Perspektive. Eine Perspektive, die uns Einsicht in die Wirklichkeit gibt, wie sie uns erscheint, wenn wir frei vom ‚Ego‘ sind, frei von Illusion. Sie enthüllt die Aussicht auf ein Wirklichkeitserleben, das jenseits des ‚Ego‘ ist, darüber hinausgeht. Unser Unterscheidungsvermögen schließlich befähigt uns, den ‚egolosen‘ Zustand der Unbefangenheit selber zu erkunden und ihre Qualitäten zu kosten. Und diese sind nichts anderes als die Qualitäten unserer grundlegenden Menschlichkeit. Das hier wirkende Unterscheidungsvermögen durchströmt jetzt unseren ganzen Erfahrungsraum. Besser gesagt: Es bedeutet die intelligente Klarheit des Raumes selber, die alles – die Welt des ‚Ego‘ *und* der Egolosigkeit – ins Rampenlicht rückt, wie ich in der Einleitung in Worte zu fassen versucht habe.

Wir fangen an zu entdecken, daß dieser offene, egolose Erfahrungsraum wohnlich und lebenswert ist, real und lebhaft, und daß er keine religiöse Erfindung ist. Wir brauchen sogar nicht mehr erhaben oder geheimnisvoll zu tun oder mit unseren Augen zu rollen. Wir spüren einfach, daß Leben außerhalb des Stromes unserer egozentrischen Wirklichkeit möglich ist, daß wir nicht in diesem Strom gefangen sein müssen und daß wir in diesem Raum verweilen können. Und dieser Umstand erweckt eine immense Inspiration, die nicht auf Hoffnung, sondern auf Erfahrung basiert. Denn von der ‚Ego‘-Perspektive her gesehen, dürfte dieser Raum grundlos, öde oder einsam erscheinen, er ist aber lebendig, klar und warm, wenn man ihn von seiner eigenen Perspektive aus betrachtet. Es ist der Raum, in dem unsere grundlegende Menschlichkeit wurzelt und aus dem sie immer wieder aufblühen kann, in unserem eigenen Leben und in dem Leben anderer, in unserer eigenen Kultur und Zeit und in allen Kulturen und jedem Zeitalter. Er bietet uns den Ausblick auf die menschliche Existenz mit allen ihren menschlichen Schwächen und Leiden und stellt sie in eine Perspektive, die uns milder, weiser und sorgsamer sein läßt. Daher ist das Entdecken und das Bejahen dieses Raumes nichts anderes als das Kultivieren der verborgenen Blüte.

In der Terminologie der theistischen Traditionen sagt man: Die zweite Aufgabe der Disziplinen der Einsicht ist es, die Richtung zur *Kenntnis von Gott* zu zeigen; nicht zu einer begrifflichen Kenntnis, sondern zu einer Kenntnis Gottes durch Erfahrung. Diese Disziplinen schließlich enthüllen eine göttliche Wirklichkeit und bringen uns dahin, uns dieser Wirklichkeit zuzuwenden. Deswegen auch charakterisiert man in den theistischen Traditionen diese Disziplinen als *ein Sich-Ausrichten auf Gott*. In der Sufi-Tradition des Islams nennt man diese Disziplin ‚*Muraqabah*‘. Über diese Disziplin sagt Nurbaksh (1989) folgendes: „Sie ist den Heiligen Gottes vorbehalten, die Ihn inwendig und auswendig, in Einsamkeit und in Gemeinschaft schauen und die sagen: Ich sehe nichts, so lange ich nicht erst Gott gesehen habe" (zitiert nach Naranjo, 1992, S. 25).

In den Worten der Metapher vom ‚im Fluß verankerten Stock' könnten wir diese zweite Aufgabe wie folgt veranschaulichen: Wenn der Stock aufrecht ins Wasser gesteckt worden ist, ragt er ein wenig über das Wasser hinaus. Der Stock befindet sich offensichtlich in einem viel größeren Raum als nur im Raum des Stromes. Wir sind in der Lage, eine unendlich weite Landschaft zu schauen, wenn wir nicht in der Faszination für das, was wir im Fluß so alles mitschwimmen sehen, hängen bleiben würden. Sobald wir imstande sind, diese anfängliche Faszination hinter uns zu lassen, beginnen wir ein Auge für den Raum selber zu bekommen. Mit den Worten der Spiegelmetapher von Saraha sagen wir, daß wir nicht nur die Erscheinung im Spiegel als Widerspiegelung erkennen, sondern auch, daß wir uns des Spiegels selber bewußt werden. Das Unterscheidungsvermögen, das imstande ist, ‚Ego' zu sehen, ist kein anderes als das Unterscheidungsvermögen, das imstande ist, ‚Egolosigkeit' zu erkennen. In der Shambhalalehre nennt man dieses Unterscheidungsvermögen: *die Weisheit des kosmischen Spiegels*. Der kosmische Spiegel ist eine Metapher für diesen Raum: „Er ist unbedingter, allumfassender offener Raum. Er ist ewig und grenzenlos offener Raum, Raum jenseits aller Fragen. Auf der Ebene des kosmischen Spiegels weitet sich die geistige Schau unermeßlich und transzendiert alle Zweifel. Vor allen Gedanken, vor dem Einsetzen des Denkens besteht die Aufnahmefähigkeit des kosmischen Spiegels, der keine Grenzen hat – weder eine Mitte noch einen Rand" (Trungpa, 1995, S. 198).

Möglicherweise haben wir gar keinen begrifflichen Rahmen und keine Terminologie bei der Hand, um diese Art der Kenntnis, die durch die Disziplinen der Einsicht erweckt wird, in Worte fassen zu können. Das ändert jedoch nicht ihren Wert und Nutzen. Schon früher haben wir ein Beispiel gegeben: Wir kennen Hunderte von Menschen von Angesicht, allein unser Wortschatz reicht für die Beschreibung der Verschiedenheit all dieser Menschen nicht aus. Das ändert aber nichts an der Nützlichkeit dieser Kenntnis. Das gilt auch für unserere Kenntnis der Welt, die wir durch die Disziplinen der Einsicht speichern. Diese Kenntnis ist Resultat des durch diese Disziplinen kultivierten Unterscheidungsvermögens.

Jede kontemplative Tradition spricht natürlich in ihren eigenen Begriffen über dieses Unterscheidungsvermögen. In der christlichen Tradition wird gesagt: Dies Unterscheidungsvermögen (*Diakrisis*) zeigt uns zuerst unsere Engstirnigkeit und Sündigkeit bzw. Sünde im Licht des Heiligen Geistes, und zweitens zeigt (und ist) dies Unterscheidungsvermögen die Tätigkeit des Heiligen Geistes selber. Im Buddhismus sagt man: Das durch die Disziplinen der Einsicht kultivierte Unterscheidungsvermögen läßt uns ‚Samsara' (d.h. das egozentrische Wirklichkeitserleben) als die größte und mächtigste Illusion erkennen, die es überhaupt gibt. Und zur gleichen Zeit enthüllt das Nirwana (d.h. das egolose Wirklichkeitserleben) die wahre Natur unseres Geistes, unsere Buddha-Natur. Wieso? Eben weil dies Unterscheidungsvermögen selber frei von ‚Ego' und ein Aspekt unserer Buddha-Natur ist. Wir erleben *dieselbe* Welt der Erscheinungen – einst als ‚Samsara' erfahren – durch die Entwicklung unseres Unterscheidungsvermögens jetzt, im Moment, als ‚Nirwana'. In dem Moment, in dem wir ‚Samsara', d.h. die Welt der Illusionen, durchschauen, sehen wir die Wirklichkeit, ‚Nirwana'. Allerdings nicht, weil die Wirklichkeit sich die ganze Zeit irgendwo hinter der Welt der Illusionen versteckt hat, sondern weil das Durchschauen der Welt der Illusionen das Schauen der Wirklichkeit *ist*. Es gibt kein Nirwana hinter Samsara. Noch kürzer gesagt: Die Welt der Illusionen, wenn durchschaut, *ist* die Wirklichkeit. Dies ist denn auch der Grund, daß im Buddhismus manchmal gesagt wird, daß vom egolosen Blickwinkel aus Samsara und Nirwana nicht zu unterscheiden sind. Aber vom Blickwinkel des Ego aus gesehen, erscheinen Samsara und Nirwana wie ganz getrennte Welten.

In Begriffen der theistischen Traditionen ausgedrückt, zeigen die zwei Aufgaben der Disziplinen der Einsicht uns, daß nicht-begriffliche Selbsterkenntnis und Kenntnis Gottes eng miteinander zusammenhängen. Das kommt daher, daß ein in diesen Disziplinen entwickeltes Unterscheidungsvermögen in zwei Richtungen funktioniert. Die erste Aufgabe heißt, daß es *Unwirklichkeit entlarvt*; hier dreht es sich um das Demaskieren des ‚Ego', und in diesem Sinne bringt sie Selbsterkenntnis. Die zweite Aufgabe ist das *Enthüllen der Wirklichkeit*. In diesem Zusammenhang handelt es sich um das Enthüllen einer egolosen oder – in der Sprache der monotheistischen Traditionen – einer von Gott erschaffenen Wirklichkeit.

Schlicht gesagt: Die Disziplinen der Einsicht lehren nicht allein, unsere Blindheit zu sehen und anzuerkennen, sie öffnen uns auch die Augen. Sie helfen uns, die Art und die Ursachen des ‚Ego' und somit unser egozentrisches Wirklichkeitserleben scharf wahrzunehmen, indem sie uns in die Realität eines egolosen Wirklichkeitserlebens hinführen. Gemeinsam mit Rabbi Baruch können wir dann sagen: „Welch eine gute und klare Welt ist sie, wenn man sich nicht in ihr verliert, und welch eine dunkle Welt ist sie, wenn man sich schon in ihr verliert" (Buber, 1967, S. 133).

Das Zusammenspiel zwischen den mentalen Disziplinen

In den letzten drei Kapiteln systematisierten und unterschieden wir die mentalen Disziplinen in eine Reihe von Kategorien auf Grund der verschiedenen mentalen Aspekte, die man in den kontemplativen Psychologien erkennen kann. In Kapitel 4 haben wir diese Aspekte über den menschlichen Geist erörtert: das Denken, die Imagination, *bewußt sein*, das Erfahren, das Kennen usw. In der alltäglichen Praxis des kontemplativen Lebens jedoch wendet man die beschriebenen mentalen Disziplinen in unterschiedlichen Kombinationen an. In den folgenden Abschnitten möchte ich darüber noch einige Bemerkungen machen.

Kombinierte Disziplinen

Zuallererst möchte ich etwas dazu sagen, wie bestimmte mentale Disziplinen zusammengefügt werden. Beim Erörtern der Disziplinen der Achtsamkeit habe ich erwähnt, daß diese Disziplinen oft ein Meditationsobjekt als Ankerplatz für unsere Achtsamkeit anwenden. Der Zweck dabei ist jedenfalls nicht, daß man *über* das Objekt meditiert oder kontempliert, sondern man benutzt es lediglich für das Lenken und auf diese Weise für das Disziplinieren unserer Achtsamkeit. Auch haben wir erfahren, daß grundsätzlich jeder Aspekt unserer Erfahrungswelt dazu dienlich sein kann. Deshalb können wir auch ein mentales Objekt benutzen wie zum Beispiel ein Bild, ein Wort oder einen kurzen Satz, den wir in unserem Geist wiederholt erklingen lassen.

Wie wir schon wissen, benutzen die Disziplinen der Imagination auch Bilder; nicht für die Anwendung als Ankerplatz, sondern um einen gewissen Erlebenswert wachzurufen. Das eröffnet natürlich die Möglichkeit, die Entwicklung unserer Achtsamkeit und das Wachrufen eines bestimmten Erlebenswertes in einer einzigen mentalen Disziplin zusammenzubringen. Solche ‚kombinierten‘ Disziplinen sind denn auch in vielen Traditionen vorhanden. Im Islam z. B. ist das Ausüben von ‚*Dhikr*‘ eine sehr zentrale Disziplin. Ein ‚*Dhikr*‘ bedeutet eine verbale Formel, die eine bestimmte tiefe Bedeutung hat und die vom Praktizierenden ununterbrochen im Geist beibehalten und wiederholt wird. Ein Beispiel ist das „*La Ilaha Illa ‚Llah*“ (‚Es gibt keinen – anderen – Gott außerhalb Gott‘). In manchen christlichen Traditionen praktiziert man das Jesusgebet. Man wiederholt dabei fortdauernd den Satz: *‚Herr erbarme dich meiner, mir armen Sünders'*. Im Hinduismus kennt man die fortdauernde Wiederholung des Gottesnamen *Ram*, und im (Vajrayana-) Buddhismus rezitiert man oft bedeutungsvolle Mantras wie z. B. das *‚Om mani padme Hum'*. Auch die Konzentration auf ein mentales Bild des Erbarmens, in der Form einer Visualisation des Avalokiteshvara, einer Erscheinungsform des Buddha, sitzend auf einer Lotusblüte im eigenen Herzen, ist so eine Methode.

Wir sehen in der konkreten Ausübung derartiger ‚kombinierter' Disziplinen, daß sie in erster Linie dazu dienen, die Achtsamkeit zu ‚disziplinieren'. Je nach den Fortschritten des Praktizierenden kommt allmählich der Erlebenswert des mentalen Objekts mehr und mehr in den Vordergrund. Sobald dieser Erlebenswert sich entfaltet, wird er unser Wirklichkeitserleben (z. B. unser Selbsterleben und das Erleben von Gott) erhellen. Es ist eine logische Entwicklung, denn bis wir unsere Achtsamkeit diszipliniert haben, sind wir nicht imstande, sie auf einem mentalen Inhalt verweilen zu lassen, und auch sein Erlebenswert läßt sich dann nicht erspüren. In den theistischen Traditionen verwendet man für diese gemischte Disziplin den Terminus *‚Beten'*. Der Benediktiner-Mönch André Zegveld artikuliert den Charakter dieser gemischten *Disziplin des Gebetes* sehr schön: „Beten ist allererst: *alles* aussprechen und nichts zurückhalten; denn an diesem findet Gott einen Gefallen, das heißt am Menschen, den er erschaffen hat, seinem Bild entsprechend, nicht dem Bild entsprechend, das der Mensch von sich selbst hat. Zu sich selbst bekennen, vielleicht nicht immer mit Worten, aber *indem er ehrlich ins eigene Herz schaut*. So etwas bedeutet das Gehen eines Weges. Wer einmal damit angefangen hat, kann nie sagen, daß er sein Ziel erreicht oder daß er sein ‚wahres Selbst' endgültig gefunden habe. Der eigenste Name erscheint immer wieder weiter weg zu sein, und er wird sich in den eigensten Namen Gottes, den kein Mensch angemessen auszusprechen vermag, verlieren. Deshalb ist das Gehen dieses Weges eine Form der fortwährenden Neuorientierung, der Askese, der *Armut im Geiste* auch. Langsam und schmerzhaft wird sich erweisen, daß unsere Werte und Ideale, unsere Sehnsucht nach Gerechtigkeit, unsere Liebe, unsere Religiosität und sogar unser Glaube dermaßen krampfhaft im Besitzen zurückgehalten werden, daß sie uns von unserem eigensten Namen und von dem eigenen Namen Gottes entfernt halten. Sie erzählen uns mehr über unsere ‚Ichs' als über *uns selbst*, mehr über die Rollen, die wir spielen (möchten) als über Gott. Darum bedeutet das Gehen des Weges auch eine *Reinigung*, eine Reinigung und eine Weise des Wachsens zu einem authentischen Selbstsein. Ein Weg also zur *ungeteilten* Achtsamkeit, auf dem wir, an der Verzerrung und jedem Spiegel vorbei schauend, im Spiegel unserer eigenen Seele den Namen Gottes zum Vorschein kommen sehen. Es bedeutet den Weg nach innen und nach außen zugleich, eine ungeteilte Achtsamkeit nach innen und nach außen, die gekennzeichnet sind sowohl durch *Anteilnahme* (eine Achtsamkeit der milden Barmherzigkeit und des Erbarmens) als auch durch *Universalität* (eine allumfassende Achtsamkeit)" (Zegveld, 1991, S. 107 u.f.).

Die mentalen Disziplinen werden in einer der Entwicklung des Praktizierenden angepaßten Reihenfolge angewandt

Das oben Gesagte legt nahe, daß es bei der Anwendung der vier erwähnten mentalen Disziplinen eine gewisse Reihenfolge gibt; eine Reihenfolge, die mit der kontemplativen Entwicklung des Praktizierenden übereinstimmt. Ich möchte jetzt diese Seite unseres Themas betrachten.

Die als erstes erörterte Disziplin des Denkens, die intellektuelle Disziplin, wird eigentlich während des ganzen kontemplativen Lebens ausgeübt. Am Anfang ist ihre Aufgabe vor allem die, unsere Motivation zu reinigen und unsere Einsicht in das ‚Wie' und ‚Warum' des kontemplativen Weges zu schärfen. Später liefert sie auch den begrifflichen Rahmen, damit wir die Verschiebung in unserem Wirklichkeitserleben klar formulieren und äußern können. Wie schon gesagt wurde, ist der intellektuelle Begriff jedoch ein Mittel und kein Endzweck des kontemplativen Lebens. Er bietet uns eine intellektuelle Orientierung und gibt Hinweise auf dem Weg, aber er liefert uns nicht das, worauf hingewiesen wurde. Schließlich mündet die Ausübung der intellektuellen Disziplinen dennoch in ein unmittelbares, auf Erfahrung beruhendes und nicht-begriffliches Kennen. Es bedeutet dann auch, daß letztlich die intellektuellen Disziplinen das Feld räumen müssen, um dem Raum zu geben, was wir (in Kapitel 4) die *Wahrnehmungskenntnis* genannt haben.

Außer dem Studium, das von Anfang an ausgeübt und auch während des Fortschreitens auf dem Weg weitergeführt wird, ist die Disziplin der Achtsamkeit meistens die erste, die von den Traditionen angeboten wird. Sie hilft uns, unsere Unruhe und die Zerstreuung unseres Geistes im Zaum zu halten. Dadurch entsteht, wie wir schon erörtert haben, Raum für die Disziplinen der Einsicht. An erster Stelle richten sich die Disziplinen der Einsicht insbesondere auf das Entwickeln von Einsicht ins ‚Ego', Einsicht in das ‚Wie', wie wir durch unsere mentalen Muster und unsere Handlungs- und Sprechweisen unser egozentrisches Wirklichkeitserleben aufrecht erhalten. Dies ist die erste Aufgabe dieser Disziplinen. Ihre Frucht bedeutet, daß wir den illusorischen Charakter dieses Wirklichkeitserlebens allmählich mehr erkennen können.

Aber dieses Erkennen reicht nicht immer aus, diese Muster auch tatsächlich *loszulassen*. Denn auch wenn wir einsehen, daß unser Besetztsein mit dem ‚Ego‘ und mit unseren egozentrischen Vorstellungen eine schmerzvolle imaginäre Welt aufrechterhält, dann sind wir noch nicht notwendigerweise davon befreit. Unser fester Glaube an die Realität unserer egozentrischen Vorstellungen ist wohl unterminiert, aber wir haben noch nicht unsere schmerzvolle Angewohnheit überwunden, uns stets aufs neue in diesen Vorstellungen zu verirren. Wir sind wie Kinder, die nicht mehr an Sankt Nikolaus glauben, die aber, wenn solch ein Mann mit seiner Mitra vor ihnen steht, doch einigermaßen wieder in seinen Bann geraten. Wir sind jetzt schon imstande, diese Vorstellungen und die mentalen Muster, um die es sich dreht, zu erkennen, aber um sie loslassen zu können, braucht man mehr.

Wir haben schon erörtert, daß wir die Disziplinen der Achtsamkeit dafür verwenden können, denn sie sind eine Übung des geistigen Loslassens: Jedesmal, wenn wir wahrnehmen, daß wir in unserem Gedankenstrom befangen sind, lassen wir ihn los und lenken unsere Achtsamkeit wieder auf das Meditationsobjekt. Auch die Disziplinen des Handelns (siehe nächstes Kapitel) werden zu diesem Zweck verwendet.

Jedoch innerhalb der mentalen Disziplinen ist noch eine andere, von vielen spirituellen Traditionen benutzte, sehr kraftvolle Methode vorhanden, damit wir uns vom Besetztsein durch das egozentrische Wirklichkeitserleben lösen können, und zwar sind es die Disziplinen der Imagination. In Kapitel 6 haben wir schon erwähnt, daß die Produkte unserer Imagination nicht ohne weiteres neutrale mentale Bilder für uns sind. Sie haben im Gegenteil einen emotionalen Inhalt. Dieser Inhalt vermag uns an eine egozentrische wie auch an eine egolose Perspektive anbinden. Gerade weil unser (normales) Wirklichkeitserleben durch Anwendung der vorausgehenden Disziplin der Einsicht nicht mehr als etwas Absolutes erfahren wird, breitet sich ein offener Raum aus. Diesen Raum können wir dann zielgerichtet umgestalten, indem wir uns darin üben, bestimmte Bilder, die den Erlebenswert eines egolosen oder theozentrischen Wirklichkeitserlebens hervorrufen, präsent zu halten. Und deren Frucht ist dann wiederum, daß dieser Erlebenswert uns in die egolose oder theozentrische Wirklichkeit führt. Diese Wirklichkeit steigt jedoch über die Bilder hinaus, durch die sie hervorgerufen wurde. Hier paßt die bekannte Metapher einer Leiter (zusammengestellt aus Bildern), die man umwerfen kann, wenn das Ziel erreicht ist.

Damit beginnt eine nächste Phase, in der die Disziplin der Einsicht wieder im Mittelpunkt steht. Aber jetzt hat sie nicht die Aufgabe, das ‚Ego‘ erkennbar zu machen, sondern die wahre Natur unseres Geistes und unserer Erfahrung zu enthüllen: Sie bringt die egolose oder theozentrische Wirklichkeit selber zum Vorschein. Sie durchschaut und erkundet den sich rund um das ‚Ego‘ befindenden Raum, oder besser gesagt, den Raum, der spürbar wird, wenn das ‚Ego‘ weniger abwesend als vielmehr transparent wird. Bei dieser zweiten Aufgabe (siehe oben) der Disziplin der Einsicht handelt es sich also um das nackte *Schauen*, ohne sich noch auf ein einziges Bild oder eine einzige Vorstellung zu stützen. Im berühmten Text ‚*De mystica theologia*‘ (‚Über die mystische Theologie‘) sagt man über dieses Schauen folgendes: „Du aber, mein geliebter Timotheus, hör nicht auf damit, dich im mystischen Schauen zu üben, entsage deinen vernunftmäßigen Fähigkeiten, verzichte auf alles, was mit deinen Sinnen und mit der menschlichen Klugheit zu tun hat, befreie dich selbst vollkommen von allem, was da ist und was nicht da ist, und erhebe dich, soweit du kannst, zur Höhe des ‚Nicht-mehr-Kennens‘, über alles hinaus, bis ganz dicht an die Schwelle der Verschmelzung mit Ihm, der über aller Wirklichkeit existiert und über jedes Wissen hinaus steigt.“ (Pseudo-Dionysius, 1987, S. 135)

Die durch die Disziplinen der Einsicht realisierte Form des Kennens ist eine direkte, nicht-begriffliche Form des Kennens. Man kann sie nicht in die begriffliche, dualistische Zweiteilung von *diesem* und *jenem*, von dem, *der erfährt*, und der *Erfahrung* erfassen. Und gerade dadurch zeigt dies Kennen uns die wahre Natur dessen, worauf wir üblicherweise mit diesen Worten hinzuweisen versuchen. Das nackte Schauen ist die endgültige Form der Ausübung. Im griechisch-orthodoxen Christentum wird sie *Theoria* genannt, im Zen-Buddhismus *Shikantaza* und im Vajrayana-Buddhismus: ‚*Mahamudra-*‘ und ‚*Mahasandi*‘. Dies Schauen ist von jedem Erstreben frei. Dadurch auch frei von Hoffnung und Furcht, frei von jeglicher Strategie und von jeglicher Form der Selbstmanipulation. Dies Schauen entwickelt sich, indem man ziellos, hoffnungslos und furchtlos in ihm weilt.

Diese Formulierungen deuten schon an, daß wir hier von einer Form des Schauens sprechen, die man nicht in dualistischen Termini von ‚*Betrachter*‘ und ‚*etwas*‘ von ihm Betrachteten erfassen kann. Viele Traditionen warnen denn auch vor der Tatsache, daß solche Termini irreführend sind. In dieser Form des Schauens gibt es nicht *etwas*, das man schaut. Hier handelt es sich nicht um eine bestimmte Erfahrung, sondern vielmehr um eine *Weise des Erfahrens*, um eine egolose Weise des Erfahrens. Niemand hat jemals Gott gesehen, sagt man manchmal in diesem Zusammenhang. Und das ist so, weil Gott schließlich kein Objekt unseres Wahrnehmens, sondern vielmehr wie ein Raum ist: Man kann die Dinge *in Gott* sehen. Im gleichen Geist sagt man in der buddhistischen Tradition, daß auch die Buddhas selber keine Erleuchtung *gesehen* haben. Erleuchtung ist nicht etwas, das wir erfahren können, sondern eine Weise des Erfahrens, in der letztlich die Wirklichkeit gesehen wird, *wie sie ist.*

Es stellt sich heraus, daß diese hier geschilderte Reihenfolge in der Praxis des kontemplativen Lebens nicht unter allen Umstanden genau so stattfindet. Es gibt zum Beispiel Erzählungen über Menschen, denen das Hören einer bestimmten Aussage schon ausreichend war, um den Zustand der Erleuchtung oder Erfüllung zu erreichen. Nach den Traditionen gibt es die jedoch nur selten. Sie sind wie die Menschen, für die es schon zu hören genügt, daß Rauchen ungesund ist, um dann damit aufzuhören. Mit anderen Worten gesagt: Das Ausüben der intellektuellen Disziplin ist Grund genug für ihre existentielle Transformation. Auch gibt es welche, bei denen ihr Besetztsein mit dem ‚Ego‘ wegfällt, kaum daß sie sich des ‚Ego‘ bewußt werden. In diesem Fall braucht man die Disziplinen gar nicht mehr, die unser Besetztsein in eine andere Richtung lenken sollen. Diese Menschen üben dann fast nur noch die Disziplinen der Achtsamkeit und der Einsicht. Man könnte sie mit dem Raucher vergleichen, der bereits gehört hat, daß Rauchen ungesund ist, aber erst mit dem Rauchen aufhört, wenn er körperliche Schmerzen erfährt.

Auch die kontemplativen Traditionen selber betonen die Anwendung der verschiedenen mentalen Disziplinen anders. Im Zen-Buddhismus widmet man sich nur ganz selten den Disziplinen der Imagination, während in vielen christlichen Traditionen gerade die Disziplinen der Achtsamkeit und Einsicht einen Platz am Rande der Übungstradition haben. Auch das Verhältnis zwischen den mentalen Disziplinen und den Disziplinen des Handelns und Sprechens ist in jeder Tradition anders (siehe Kapitel 9).

Bis hier unsere Erörterung der mentalen Disziplinen. Die von uns gewählte Einteilung basiert auf der früher skizzierten kontemplativen Psychologie des Geistes. Diese Einteilung hat eine bestimmte *Funktion* in dem Sinne, daß sie auf mentalen Funktionen basiert, die wir in den Kapiteln 3 und 4 erörtert haben. Eine andere Art des Betrachtens wäre, daß man anstelle einer psychologischen Einteilung eine solche verwendet, die sich nicht auf die Funktionen, sondern auf die Erscheinungsformen der mentalen Disziplinen richtet. Für die vergleichende religionspsychologische Forschung wäre so etwas interessant. Die Studie von Naranjo (1990) ist ein schönes Beispiel dieser Methode. Unsere Vorgehensweise jedoch beantwortet die kontemplativ-psychologische Frage, wie die mentalen Disziplinen unsere eigenen mentalen Funktionen für die Förderung der verborgenen Blüte benutzen.

Kapitel 9

Die Disziplinen des Handelns und des Sprechens

Einleitung

In diesem Kapitel erkunden wir bis zu einem gewissen Grade die Disziplinen des Handelns und Sprechens. Der Ausdruck ‚bis zu einem gewissen Grade‘ ist hier richtig, denn innerhalb dieser Disziplinen gibt es so viele Arten und Formen, daß wir hier an Hand einer Zahl typischer Beispiele höchstens einen Eindruck von deren *Art, Aufgabe* und *Form* vermitteln können und weiter über ihr Zusammengehen mit den vorher erörterten mentalen Disziplinen. Daß es so viele gibt, hat damit zu tun, daß unser Handeln und Sprechen nun einmal so vielseitig ist und daß die Situationen, in denen wir handeln und sprechen, sich so sehr unterscheiden. Diese Situationen sind außerdem noch in jedem Zeitalter und in jeder Kultur verschieden. Dadurch ist die Form dieser Disziplinen außerdem auf das Zeitalter bezogen, in dem sie entstanden sind. Trotzdem besitzen sie eine Zahl allgemein kontemplativ-psychologischer Merkmale. Diesen Merkmalen wollen wir hier Aufmerksamkeit widmen.

Zuerst möchten wir diese Disziplinen des Handelns und des Sprechens hier etwas genauer umschreiben. Die Ausübung dieser Disziplinen impliziert das Erfüllen bestimmter Verhaltensregeln, die sich auf unseren Umgang mit der Welt der Erscheinungen beziehen: Was tun und was unterlassen und wann? Wie und worüber sprechen oder schweigen? Sie vermitteln uns Richtlinien für unser Verhalten. Alle großen spirituellen Traditionen kennen die Disziplinen des Handelns und des Sprechens. Die darauf basierenden Vorschriften beziehen sich auf fast alle Aspekte unseres Lebenswandels. In vielen Traditionen führt man deren Ursprung und auch ihre Rechtfertigung zurück auf die heiligen Schriften und auf die Interpretation dieser Schriften im Licht der lokalen Kultur.

So besitzt die jüdische Tradition ihre *Halacha*. Das Verb *halach* bedeutet wörtlich: spazieren, gehen. ‚Halacha ist die Benennung für den normativen Teil der jüdischen Tradition, wie im schriftlichen und mündlichen Torah überliefert ist und die im Lauf der Jahrhunderte in Kompendien oder

Kodizes geordnet sind' (Munk in: Soloveitchik, 1989, S. 11). Der Islam gibt der Gesamtheit seiner für seine Glaubensanhänger gültigen Vorschriften über ihre Handlungsweise den Namen ,*Sjarie'a*, der wörtlich übersetzt ,der zum Wasser führende Pfad' bedeutet. Diese Ganzheit von Vorschriften mit ihren Wurzeln in Koran und ,*Sunna*' (d.h. die Lebensweise Mohammeds) ist unter Beachtung der Kultur, mit der die Tradition in Berührung kam, zu einer allumfassenden Ganzheit von Lebensregeln ausgebaut worden. Eine ähnliche Entwicklung können wir im Christentum beobachten. Auf der Grundlage von Kernaussagen aus der Bibel wie den *Zehn Geboten* und dem *Doppelgebot der Liebe* und auf Basis des Vorbildes von Christus selber entwickelte sich in Wechselbeziehung mit der Kultur ein Gefüge von Lebensregeln, das sich auf das soziale und kontemplative Leben bezieht. Auch der Hinduismus hat eine Menge von Verhaltensvorschriften aufzuweisen, die alle zusammen einen kontemplativen Weg bilden. Diesen Weg nennt man auch *Karma-Marga*, dies heißt ,der Weg (Marga) des Handelns (Karma)'. Diese Vielheit ist wiederum eine Entwicklung aus etwa zehn zentralen Lebensregeln, *Yama* und *Nyama* genannt (Akhilananda, 1948, S. 105 u.f.). Beide Wörter haben etwa dieselbe Bedeutung: ,zügeln', ,einschränken', ,bändigen'. Im Buddhismus sind die Lebensregeln im *Vinaya* definiert. Der Terminus Vinaya bedeutet wörtlich ,wegführen' im Sinne von: jemand von etwas wegführen. Er enthält alle Lebensregeln für in der Welt lebende gläubige Menschen und auch für Mönche. Auch die Vinaya befindet sich in der Verlängerung einer Anzahl von Kernaussagen: der *Dasakusala*, der zehn Tugenden (siehe z.B. Dalai Lama, 1981).

Aus einem kontemplativ-psychologischen Blickpunkt betrachtet, braucht man sich nicht zu wundern, daß die kontemplativen Traditionen trotz ihrer theologischen Verschiedenheit viele gleichartige Verhaltensregeln kennen. Sowohl in den zehn Geboten als auch in den zehn Yamas und Niyamas und in den zehn Tugenden treffen wir in bezug auf das Handeln und das Sprechen immer wieder die Vorschriften an, nicht zu töten, nicht zu stehlen, sich sexuell der Sitte gemäß zu benehmen und nicht zu lügen. Darin werden offensichtlich die Konturen einer universellen Humanität formuliert.

Wenn wir jedoch die Entwicklung der Lebensregeln – die *Sharie'a*, die *Halacha*, die *Vinaya* usw. – innerhalb der Traditionen betrachten, dann erscheinen viele Differenzen, gerade weil diese weiter entwickelten Lebensregeln stark an das Zeitalter und die eigene religiöse und profane Kultur gebunden sind. Und dies hat zwei Gründe. Der erste hat damit zu tun, das soziale Leben in einer bestimmten Art und Weise zu ordnen, indem man das Handeln und Sprechen der Menschen an ethische Normen binden möchte. Der zweite Grund beinhaltet, daß man das Handeln und Sprechen an das binden möchte, was hilfreich für das Gehen eines kontemplativen Weges beziehungsweise für das Kultivieren unserer grundlegenden Menschlichkeit ist. An anderer Stelle haben wir das unsere grundlegende Menschlichkeit fördernde Handeln ‚das *kontemplative Handeln*‘ genannt: „Kontemplatives Handeln ist das anteilnehmende und barmherzige Handeln, das deswegen die kontemplative Einsicht einer Tradition erweckt und zum Ausdruck bringt" (De Wit, 1993, S.192)[1]) . Mit anderen Worten gesagt: ein Verhalten, das grundlegende Menschlichkeit in jeder Situation zum Blühen bringt (ibd. S 189 u.f.). In diesem Kapitel haben wir auch detaillierter erörtert, daß ethisches und kontemplatives Handeln nicht immer übereinstimmen und weshalb dies nicht immer der Fall ist. Zu einem Verbrecher, der jemanden sucht, den wir in unserem Haus versteckt halten, die Wahrheit zu sagen, würde zu dessen Tod führen. Die Wahrheit über seinen Unterschlupf zu sagen würde darauf hinauslaufen, daß man den Weg für Unmenschlichkeit ebnete.

Auch gibt es viele Handlungen, die aus ethischer Sicht neutral, jedoch für die kontemplative Entwicklung sehr wichtig sind, wie zum Beispiel liturgisches Handeln und viele andere religiöse Übungen (Vergote, 1984, S. 283; De Wit, 1993:, S. 194 u.f.). Ethische Kriterien treffen hier nicht zu, wohl aber kontemplative. Deswegen existieren auch in vielen Traditionen Disziplinen des Handelns und des Sprechens, die keinerlei ethische Bedeutung haben. Im folgenden sehen wir Beispiele darüber.

Das Vorhandensein dieser zweifachen unterschiedlichen Motivation, nämlich einer ethischen und einer kontemplativen, heißt auch, daß wir die Vorschriften für Handeln und Sprechen auf zweierlei Art und Weise interpretieren und schätzen können, und zwar auf ihre ethische und auf ihre kontemplative Substanz hin. Wir können zum Beispiel das Gebot ‚nicht stehlen‘ auf unsere Erkenntnis über Gerechtigkeit zurückführen oder auf die Einsicht, daß Stehlen das egozentrische Wirklichkeitserleben noch tiefer in uns einprägt und dadurch unsere grundlegende Menschlichkeit erstickt. Die durch die religiösen Traditionen jedem dieser Beweggründe beigemessene Bedeutung ist sehr verschieden, sowohl zwischen den Traditionen selber als auch innerhalb jeder einzelnen Tradition. Wenn wir

---

1) Im deutschen Text von ‚Kontemplative Psychologie‘ lautet dieses Zitat anders. Nach Rücksprache mit dem Autor habe ich eine andere Formulierung gewählt. (Anm. des Übersetzers).

ausschließlich eine ethische Auslegung anwenden würden, dann erhalten das Urteilen und Verurteilen und in deren Kielwasser das Thema der Schuld und der Selbstvorwürfe eine zentrale Stelle. Die *bildende Aufgabe* der Disziplinen zugunsten unserer Humanität rückt dann mehr und mehr aus dem Blickfeld, und die Tradition bekommt eine überwiegend moralische Funktion. Sie reduziert in dem Fall ihre Aufgabe auf das Kontrollieren dessen, was sie als ‚die gute Sitten' betrachtet. Wenn wir dahingegen ausschließlich eine kontemplative Auslegung anwenden würden, dann kann dies zu einer gesellschaftliche Entfremdung führen.

Für diejenigen, die das kontemplative Leben praktizieren, ist die kontemplative Relevanz der Vorschriften für das Handeln und Sprechen jedoch von zentraler Bedeutung. Man mißt die Relevanz der Vorschriften dann an dem Maß, in dem sie die Sichtbarmachung unserer grundlegenden Menschlichkeit in Worten und Taten begünstigen. Wenn wir die Disziplinen des Handelns und des Sprechens aus dem Blickwinkel der kontemplativen Psychologie erforschen, dann stellen wir ebenfalls die Frage, welche Wichtigkeit sie für das Kultivieren der verborgenen Blüte und ihrer Früchte im Handeln und Sprechen aufweisen können.

Das Verhältnis zu den mentalen Disziplinen

Das oben umschriebene Herangehen an die Disziplinen des Handelns und des Sprechens zeigt uns ihren engen Zusammenhang mit den bisher besprochenen mentalen Disziplinen. Einerseits bilden die Disziplinen des Handelns und des Sprechens eine Art Unterstützung für die mentalen Disziplinen. Unser Wirklichkeitserleben entwickelt sich doch nicht in einem luftleeren Raum, sondern im Umgang mit unserer aktuellen konkreten Lebenssituation. Diese Situation bedeutet, was die Einstellung zum Leben betrifft, eine fortwährende Herausforderung an uns, ob wir in die Richtung von Hartherzigkeit und Blindheit oder in die Richtung von Barmherzigkeit und Einsicht gehen. Die Disziplinen des Handelns und des Sprechens geben uns Anweisungen, wie mit diesen Herausforderungen umzugehen ist. Und in diesem Sinne schenken sie uns sozusagen die Keime für die verborgene Blüte.

Andererseits dürfen wir die Disziplinen des Handelns und des Sprechens auch als die Früchte der verborgenen Blüte betrachten. Wir können dann sagen: An seinen Früchten erkennt man den Baum. Die Art und Weise unseres Handelns und Sprechens können wir als eine Art Prüfung für die

Echtheit unserer inneren Blüte betrachten. Wenn diese Blüte in unserem Handeln und Sprechen keine Früchte tragen würde, dann würde etwas nicht stimmen. Man sollte sich in diesem Fall fragen, ob eine solche ‚fruchtlose' innere Blüte möglicherweise ein Hirngespinst ist, etwas, das lediglich in einer spirituellen Phantasiewelt existiert.

Die Disziplinen des Handelns und des Sprechens ähneln insbesondere den Disziplinen der Imagination. Denn genauso wie die Bilder und Vorstellungen einen Erlebniswert haben, der uns geistig erheben kann, so hat auch das Erfüllen von Vorschriften einen Erlebniswert, der unseren Geist beeinflußt und unser Wirklichkeitserleben zu wandeln vermag. Auch die durch unser Handeln und Sprechen geschaffene Situation hat einen Erlebniswert, der unsere grundlegende Menschlichkeit wachruft oder nicht. Und das wiederum kann in unserer Ausübung der Disziplinen der Imagination weiterwirken. Ihrerseits können die Disziplinen der Imagination unser Handeln und Sprechen wiederum beeinflussen. Die katholische Tradition kennt (oder kannte?) die Disziplin, ein kleines Opfer darzubringen. Es bedeutet, daß man eine bestimmte Handlung, die man als schwierig empfindet, trotzdem ausführt, und daß man sich dabei vorstellt, daß man deren Verdienst ‚widmet', das heißt in Gedanken jemandem, den man liebt, zugute kommen läßt. Im Mahayana-Buddhismus schließt man oft eine Übung ab mit dem Äußern des Wunsches, daß ihr Verdienst allen Lebewesen zugute kommen möge. Auf diese Art und Weise kultivieren wir in uns selbst eine sorgsame Grundhaltung. Innerhalb der Disziplin der Devotion gibt es viele Handlungen, bei denen man sich vorstellt, daß sie ein Opfer für Gott sind oder daß sie Gott wohlgefällig sind. Weil die Disziplinen des Handelns und des Sprechens sowohl den Keim als auch die Frucht der mentalen Disziplinen ausmachen können, werden sie dann auch in fast allen Traditionen im Zusammenhang mit den mentalen Disziplinen ausgeübt.

Die Aufgabe der Disziplinen des Handelns und des Sprechens im kontemplativen Leben

In der Einleitung zu diesem Kapitel haben wir den Aufgabenbereich schon kurz erwähnt. Jetzt werden wir ihn weiter erforschen und dabei von der Frage ausgehen: ‚Aus welchem Grund schreiben die kontemplativen Traditionen uns eine bestimmte Art und Weise des Handelns und des Sprechens vor?'

Wie schon vorher gesagt wurde, denkt man oft, daß es einen moralischen Grund habe. Es würde sich dann darum handeln, ein – in moralischer Hinsicht – guter Mensch zu werden. Wir haben aber schon erwähnt und gesehen, daß diese ethische Interpretation im kontemplativen Lebens nicht den höchsten Stellenwert einnimmt. Diese Tatsache basiert auf der praktischen Einsicht, daß ein moralischer Beweggrund sich für unsere wirkliche Transformation als viel zu schwach erweist, wie auch die Geschichte der Menschheit uns zeigt. Gute Vorsätze und Absichten haben fast nie genügend Beständigkeit. Mit denen pflastert man den Weg zur Hölle, wird gesagt. Was wir brauchen, ist, eine Affinität zu unserer eigenen grundlegenden Menschlichkeit zu fühlen, zu unserer Christus-Natur oder Buddha-Natur oder wie unsere Tradition es auch nennen mag. Weiter haben wir die Sehnsucht und das Verlangen nötig, um diese Menschlichkeit zu kultivieren. Im Kapitel 5 wurde es schon als ein Kennzeichen der Bekehrung erwähnt.

Im kontemplativen Leben beantwortet man die Frage nach dem ‚Wozu‘ dieser Disziplinen aufgrund einer elementaren Einsicht: ‚Das Zügeln des Ego im Handeln und Sprechen erscheint als der wirksamste Weg, um unsere grundlegende Menschlichkeit, unsere Sorgsamkeit und Einsicht zu kultivieren‘. Nicht, weil ‚Ego‘ nach einer gewissen Theorie *schlecht* oder in moralischer Hinsicht verwerflich sei, sondern weil ‚Ego‘ ohne Zügel wirklich unsere grundlegende Menschlichkeit zu ersticken droht. Dann steht es der verborgenen Blüte im Wege. Die Aufgabe der Disziplinen des Handelns und des Sprechens ist, daß wir uns so in Tun und Sprechen üben, daß wir einerseits ‚Ego‘ sichtbar machen und loslassen können und andererseits hierdurch auch unsere grundlegende Menschlichkeit zu unterstützen und stimulieren vermögen. Die doppelte Bedeutung nämlich, das Ego im Handeln und Sprechen sichtbar zu machen und die grundlegende Menschlichkeit zu stimulieren, sind wie die beiden Seiten derselben Münze. Und in dieser Weise drückt man auch die Aufgabe dieser Disziplinen aus.

Zweierlei Aussichten auf die Funktion dieser Disziplinen

Weil diese Disziplinen eine doppelte Funktion und Aufgabe haben – das Zügeln des Ego *und* das Freilegen unserer grundlegenden Menschlichkeit –, können wir sie auch doppeldeutig *erleben*, nämlich vom Gesichtspunkt unseres Ego und auch vom Blickwinkel unserer grundlegenden Menschlichkeit aus.

Über den Gesichtspunkt des Ego sprechen wir, wenn ein *Mensch, der auf dem Weg ist*, durch sein egozentrisches Wirklichkeitserleben befangen ist. In einem solchen Moment sieht auch er den Weg und seine Disziplinen von dieser Befangenheit aus.

Ich möchte noch mal kurz in Erinnerung bringen, was wir als Ego betrachten und wie es sich manifestiert. Der Terminus Ego bedeutet in der kontemplativen Psychologie keine mentale *Entität*, sondern eine mentale *Aktivität*, die ein dualistisches Wirklichkeitserleben in Gang hält. In diesem Erleben ist für unser ‚Ego‘ die Welt der Erscheinungen das Objekt des Eigennutzes und des Eigeninteresses, und sie ist dadurch auch das Objekt der Hoffnung und der Furcht. Von dieser dualistischen Mentalität aus entwickelt sich (wie wir in Kapitel 3 gesehen haben) unsere ‚Ego-Psychologie‘, in der Habgier, Aggression und Gleichgültigkeit die dominierenden Kräfte sind. Diese Kräfte manifestieren sich dann kontinuierlich in unserem Handeln und Sprechen. Und sie definieren auch unseren Umgang mit den kontemplativen Disziplinen.

Die von diesen Disziplinen tatsächlich gebotene Unterstützung erfährt man dann als eine Einengung oder Einschränkung, manchmal sogar als ‚hart‘ und ‚unmenschlich‘, wie eine ‚Erniedrigung‘. Sie frustrieren tatsächlich die Selbstüberhebung und Hybris des Ego. *Aus dem Blickpunkt des Ego* können wir diese Disziplinen als die Übung *der Demut* charakterisieren. So gut wie alle kontemplativen Traditionen akzentuieren die Bedeutung der Demut. Die *Regel für Mönche* von St. Benedictus skizziert die ganze kontemplative Entwicklung in Begriffen von zwölf Stufen der Demut. ‚Demut ist der Wohnort der Vorfahren‘ sagt ein bekanntes Sprichwort des Vajrayana-Buddhismus. Und mit Vorfahren meint man hier die gestorbenen Praktizierenden der Tradition, die den Zustand der Erleuchtung erlangt haben.

Nicht nur der Selbstüberhebung nehmen die Disziplinen des Handelns und des Sprechens den Raum. In demselben Maße frustrieren sie den Hang des Ego nach Selbstschmähung, unseren Selbsthaß und unsere Neigung, das Ego zerstören zu wollen. Aus diesem Grunde sollte man diese Disziplinen nicht nur als die (Aus)Übung der Demut, sondern auch als die (Aus)Übung der *Selbstakzeptanz* sehen, d. h. als die Bereitschaft, das, was wir im Spiegel sehen, anzunehmen, und mit uns selbst Freundschaft zu schließen. Es bedeutet – soviel wird wohl klar sein – einen langwierigen Prozeß, in dem wir Freundschaft schließen mit der Totalität unserer Persönlichkeit. Nicht nur mit unseren sogenannten positiven, sondern auch mit unseren sogenannten negativen Seiten, mit dem ‚Schatten‘, wie C. G. Jung es nennt. Diese Freundschaft ist keine bedingte Freundschaft, die wir nur erwerben und behalten können, indem wir uns selbst nicht enttäuschen oder indem wir uns selbst eine positive Beurteilung erteilen sollten. Es geht um eine vorbehaltlose Freundschaft, in der wir uns selbst mit all unseren angenehmen und unangenehmen Angewohnheiten und Eigenarten annehmen.

Von dem zweiten Standpunkt aus, aus der Perspektive unserer grundlegenden Menschlichkeit, betrachtet man die von den genannten Disziplinen vorgeschriebenen Handlungen als eine Art, wie ein sich im Stadium der Erfüllung befindender Mensch mit seiner Welt und Umgebung umgehen würde. Mit dem Ausdruck ‚Stadium der Erfüllung‘ ist hier gemeint: der Zustand des Geistes, der vom egozentrischen Wirklichkeitserleben frei ist.

Ich möchte hier auf die Merkmale dieser Momente kurz hinweisen, in denen unser Wirklichkeitserleben ‚frei vom Ego‘ ist und die von unserer grundlegenden Menschlichkeit bestimmt werden. In diesen Augenblicken sind wir, wie ich in der Einleitung dieses Buches erwähnt habe, in bester Verfassung. In diesen Momenten spielt unser Beschäftigtsein mit uns selbst keine Rolle. Diese ‚egolosen‘ Momente sind durch Offenheit, Zärtlichkeit, Milde und effektive Tatkraft gekennzeichnet.

Während dieser Augenblicke erfahren wir die Disziplinen des Handelns und des Sprechens nicht als eine Einschränkung, nicht als Disziplinen, die unser Handeln und Sprechen *lenken*, sondern wir erfahren sie als *einen natürlichen Ausdruck* unserer grundlegenden Menschlichkeit oder unserer Göttlichkeit, als die selbstverständliche Manifestation in Wort und Tat, der Lebensfreude, des Lebensmutes, der Barmherzigkeit, Anteilnahme und Einsicht. Alle diese Handlungen, die für uns üblicherweise typisch religiös oder spirituell sind, erleben wir jetzt als Ausdruck der Freiheit. Diese Freiheit bedeutet die *Spontaneität der Egolosigkeit*, die von der *Impulsivität des ‚Ego‘* befreit ist. Die Disziplinen des Handelns und des Sprechens haben die Aufgabe, dieser Spontaneität Raum zu schaffen. Die Ausübung erlebt man in diesem Fall nicht mehr als eine Beschränkung und ein frommes Entsagen, sondern als Erweiterung und Engagement. Anderswo haben wir über diesen Aspekt ausführlich geschrieben (De Wit, 1993, S. 129 u.f. und 176 u.f.). Wenn wir uns dem Stadium der Erfüllung nähern, ist es in gewissem Sinne ohne Relevanz, ob andere uns dann öfter als ‚sittlich hochstehend‘ beurteilen werden. Im letzten Abschnitt dieses Kapitels werde ich auf dieses Thema zurückkommen.

Die Spiegelfunktion dieser Disziplinen

Einerseits schaffen die Disziplinen des Handelns und des Sprechens eine Verbindung mit der Wärme und Klarheit unserer grundlegenden Menschlichkeit, indem sie uns vorschreiben, so zu handeln und zu sprechen, als wären wir von ‚Ego' frei. Andererseits ermöglichen sie vor allem einen unverhüllten Blick auf unseren Egozentrismus. Die Disziplinen beschränken den Raum für die Manifestationen des Ego in Worten und Taten. Eigentlich lassen sie keinen Raum übrig. Das Ego stößt sozusagen ständig an die aufgerichteten Schranken. Und die Wirkung ist dann wiederum, daß die Form und Ausdrucksweisen unseres Ego ganz konkret für uns sichtbar werden. Das Ego ist nicht länger irgendeine kontemplative Idee, sondern durch das konkrete Ausüben der Disziplinen entsteht eine *lokalisierbare Erfahrungstatsache*. So fungieren diese Disziplinen als eine Art Spiegel. Und im wesentlichen ist dies die kontemplative Aufgabe aller Disziplinen. Sie dienen als ein Spiegel, der die Konturen unseres ‚Ego' konkret für uns sichtbar macht. Unsere Mühe mit den Disziplinen des Handelns und des Sprechens hat ja immer damit zu tun, daß wir in dem Augenblick mit den hartherzigen Aspekten unseres Ego-Bollwerks konfrontiert werden. Unsere Demut und unsere Selbstachtung ermöglichen es uns in diesem Fall, nicht aus gekränktem Stolz und Selbsthaß unser Ego zu leugnen oder zu bekämpfen, sondern mit ihm zu arbeiten. Mit dem Ego zu arbeiten heißt in der Praxis: das Ausüben der Disziplinen, die unser Ego sichtbar machen und uns helfen, es loszulassen. Das Ausüben der Disziplinen bedeutet in der alltäglichen Praxis, uns darin zu üben, den Vorschriften und Regeln zu folgen. Üben bedeutet weiter auch, daß wir die Vorschriften oft nicht einhalten werden. Aber sowohl im Befolgen wie auch im Nicht-Einhalten der Vorschriften werden die Konturen unseres Ego sichtbar. In beiden Situationen funktionieren die Disziplinen wie Spiegel.

Solange wir den Wunsch haben, den Weg zu gehen, solange es unser persönlicher und tiefster Wunsch ist, unsere grundlegende Menschlichkeit zu kultivieren, lernen wir vom Nicht-Einhalten genauso viel (und manchmal noch mehr) als vom gewissenhaften Befolgen der Vorschriften und Regeln der Disziplinen des Handelns und Sprechens.

Die Relativität der Disziplinen

Die Funktion aller kontemplativen Disziplinen ist für ihre Form sehr maßgebend. Wie wir gesehen haben, handelt es sich bei den mentalen Disziplinen um das Transformieren unseres egozentrischen Wirklichkeitserlebens. Bei den Disziplinen des Handelns und des Sprechens handelt es sich einerseits um *das Fördern* von Verhalten, verbales Verhalten inbegriffen, das einen egolosen Erlebniswert wachruft und in dieser Weise unsere

228

grundlegende Menschlichkeit kultiviert, und andererseits um das *Sich-Enthalten* von Handlungen, die unser egozentrisches Wirklichkeitserleben noch weiter einprägen. Was wir dafür konkret tun und lassen müssen, ist also *abhängig von der Form des Ego*. Ihre Form bezieht sich einerseits *auf das Phänomen von Ego an sich* und andererseits auch *auf die Form des Ego*, wie jeder Mensch sie individuell gestaltet. Das Phänomen an sich und die individuelle Form des Ego bestimmen also die Form der kontemplativen Disziplinen.

Zuerst betrachten wir die Disziplinen, deren Form durch die Einsicht in die Natur *des Phänomens* Ego selbst definiert ist. Das Ego und sein dualistisches Wirklichkeitserleben ist ein psychologisches Phänomen, das sich bei den Menschen in allen Kulturen ergibt. Es ist weder etwas typisch Westliches, noch etwas typisch Östliches, weder etwas Südliches, noch etwas Nördliches, jedoch ein allgemeines, universell vorkommendes psychologisches Phänomen. In Kapitel 3 wurde es erörtert. Die Disziplinen der Einsicht eignen sich hervorragend, um das Phänomen ‚Ego‘ sichtbar zu machen, ungeachtet der Form, die es in einem bestimmten Augenblick in einem Menschen, in einem bestimmten Zeitalter oder in einer bestimmten Kultur hat. Es findet seinen Grund darin, daß die Disziplinen der Einsicht *unabhängig von der Form* des Ego sind. In diesem Sinne sind sie universelle, transkulturelle Disziplinen, die imstande sind, die Illusionen des ‚Ego‘ in unserem Wirklichkeitserleben unmittelbar anzupacken. Gleich, ob wir ein primitives oder ein ganz raffiniertes Ego konstruiert haben, die Disziplinen der Einsicht behandeln es gleichermaßen. Die Form dieser Disziplinen wird von der Einsicht in das Phänomen Ego als solches bedingt. In diesem Sinne kann man diese Disziplinen als absolute Disziplinen bezeichnen.

Mit den Disziplinen des Handelns und des Sprechens – und auch mit den unterschiedlichen Disziplinen des Denkens – ist es anders bestellt. Diese Disziplinen arbeiten alle mit Form und können sich deswegen auf *die Form* des Ego einstellen. Wieso ist dies nötig? Weil die Form des Ego so massiv, so undurchdringlich, so alles beherrschend sein kann, daß man zunächst nicht hindurchzusehen vermag. Wir sollten dann zuerst etwas an der Form tun. Und an dieser Stelle sind nicht nur die Disziplinen der Imagination (der bildlichen Vorstellung), sondern auch die des Handelns und des Sprechens geeignet. Diese letzten Disziplinen sind also alle *relative Disziplinen*, was heißt, daß ihre Form abhängt von der Einsicht in die Form und davon, wie sich das Ego ausdrückt. Jeder Mensch baut sich seine eigene Ego-Konstruktion, in der Elemente der ihn umgebenden Kultur und aus der eigenen individuellen Geschichte aufgenommen sind. Die relativen Disziplinen stellen sich entsprechend darauf ein und arbeiten damit.

Universelle und spezifische Disziplinen

Wenn die Disziplinen des Handelns und des Sprechens auch relative Disziplinen sind, ein Teil besitzt doch einen *universellen* Charakter. Das kommt daher, daß das kontemplative Leben einem Boden entspringt, der ,transkulturell' ist, einem Erfahrungsgrund – der Erfahrung unserer grundlegenden Menschlichkeit –, der uns selbst gleichzeitig mit unserem Menschsein gegeben ist und mit dem wir mehr oder weniger Kontakt haben. Daher können wir, wie schon im Anfang dieses Kapitels erwähnt wurde, auch starke Ähnlichkeiten in den Verhaltensregeln bemerken, wie sie von den verschiedenen kontemplativen Traditionen formuliert werden. Diese Regeln werden so ausgewählt, daß sie die Perspektive der Heiligkeit nicht nur ausdrücken, sondern auch erzeugen. Sie verschlüsseln in gewissem Sinne die Sichtbarmachung unserer grundlegenden Menschlichkeit *im Verhältnis zu* den weltweit vorkommenden Äußerungsformen des ,Ego'. Sie verschlüsseln, was Menschen in allen Zeiten und Kulturen unaufhörlich als Maßstäbe für ein wahrhaftig menschliches Handeln wieder entdecken und immer wieder in Worte fassen, wie zum Beispiel ,Respekt für Auffassungen und Gefühle anderer Menschen, Geduld, Wohlanständigkeit, Verständnis und Verantwortlichkeit füreinander und Mitgefühl mit den Schwächeren und den Bedürftigen' (Beatrix van Oranje, 1992).

Im Verhältnis zu den universellen Vorschriften können wir jetzt die *spezifischen Vorschriften* betrachten und dabei mehrere Kategorien unterscheiden. Zunächst kennt jede Tradition ihre *kultur-gebundenen Vorschriften*. Ihr Verhältnis zur Kultur beinhaltet, daß sie uns einerseits dazu bringen, die *Ego-bestätigenden Muster der regionalen Kultur loszulassen*, und daß sie andererseits die Muster, die innerhalb dieser Kultur für den kontemplativen Weg förderlich sind, in das kontemplative Leben integrieren.

Zweitens: Es gibt auch Disziplinen, die auf *spezifischen spirituellen Vorschriften* basieren und die sich mit ,Ego' auf den Ebenen beschäftigen, die nicht von der lokalen Kultur erreicht werden. Sie gestalten in erheblichem Maße die kontemplative Tradition selber. Hier könnte man an die Vorschriften denken bezüglich der Liturgie und der Gestaltung des Lebens innerhalb der kontemplativen Gemeinschaften. Diese Vorschriften beziehen sich also auf die Tradition selber. In diesem Abschnitt geben wir über die *Form der Disziplinen* einige Beispiele.

Drittens gibt es auch die Disziplinen, die auf *individuellen Vorschriften* oder Unterweisungen basieren. Sie beziehen sich auf die spezifische ,Ego'-Problematik des einzelnen, sofern die Problematik nicht durch die spezifischen und kulturgebundenen Vorschriften aus den Augen gelassen wird. Sie sind auf das Individuum bezogen und werden auch meistens im Kontext einer persönlichen Begleitung gegeben (siehe nächstes Kapitel), während die anderen spezifischen Vorschriften mehrmals aufgeschrieben sind und auch in dieser Weise weitergegeben werden.

Insgesamt gestalten alle diese Vorschriften die Disziplinen des Handelns und des Sprechens und hierdurch auch das kontemplative Leben. Aufgrund des relativen Charakters der Vorschriften ist die Form des kontemplativen Lebens dementsprechend auch nicht für die Ewigkeit fixiert. Die Form entwickelt sich mit den Menschen, die eine Tradition praktizieren. Und die Menschen sind die Träger der lokalen Kultur, wobei sie auch ihre eigene persönliche Geschichte, Grundhaltung und Einstellung zum Leben haben. Zum Teil bestimmen diese Faktoren die individuelle Form und Äußerungsform des ‚Ego‘. Wenn dies richtig ist, verfügen die kontemplativen Traditionen über Einsicht in diese Gegebenheit, und ihre Disziplinen sind geeignet, sich damit zu beschäftigen. Wenn sie nicht diese Qualität besitzen, dann verlieren die Traditionen ihren Kontakt zu der lebenden Kultur, ihre Daseinsberechtigung und ihre Vitalität.

Die Form der Disziplinen des Handelns und des Sprechens

Was wir genau mit *der Form* des ‚Ego‘ meinen, sind die egozentrischen Muster, die ein Mensch sich im mentalen Bereich und im Bereich des Handelns und des Sprechens angeeignet hat. Diese Form ist für jeden Menschen und in jeder Kultur wieder verschieden, und sie definiert – wie wir schon gesehen haben – vor allem die Form der Disziplinen des Handelns und des Sprechens. Jetzt werden wir die Form dieser Disziplinen betrachten, an erster Stelle an Hand von zwei alten Quellen, der *Regel für Mönche* des St. Benedictus und dem *Vinaya* des Buddhismus. Diese beiden Quellen sind besonders auf das *monastische* Leben hin ausgerichtet. Sie sind damit nicht repräsentativ für die Disziplinen des Handelns und des Sprechens, wie sie von Laien im alltäglichen Leben praktiziert werden können. Sowohl die christliche als auch die buddhistische Spiritualität erfaßt ja einen viel breiteren Bereich als nur den monastischen. Daß wir trotzdem vor allem hier eine Regel für Mönche und Nonnen erörtern, hat den Grund, daß wir in diesen Regeln ihre psychologische Auswirkung am klarsten erkennen können: Es sind Hilfsmittel, die den Praktizierenden helfen, sich der Form des Ego bewußt zu werden. In diesem Sinne haben sie eine Spiegelfunktion. Auch sind es Mittel, mit denen wir uns für eine egolose Lebensweise öffnen können. Jetzt werden wir betrachten, wie diese Mittel in diesen beiden Traditionen Gestalt bekommen haben.

Beispiele aus der Regel des Benedictus und des Vinaya

In der christlichen Tradition sind die kontemplativen Disziplinen zu einem beträchtlichen Teil in der *Regel für Mönche* von Sankt Benedictus (1959) formuliert worden. Dieser Text ist im sechsten Jahrhundert n.Chr. entstanden und bildet die Grundlage für das monastische kontemplative Leben im Katholizismus. Die buddhistische Tradition besitzt den *Vinaya* als eine Ansammlung von Vorschriften, die während des Lebens des Buddha entstanden ist und nicht lange nach seinem Tode aufgeschrieben wurde. Obwohl sich in theologischer Hinsicht die christlichen und die buddhistischen Traditionen sehr unterscheiden, enthalten sie trotzdem sehr ähnliche, universelle wie spezifisch spirituelle Vorschriften über das Kultivieren unseres Handelns und unseres Sprechens.

Im vierten Kapitel der Regel für Mönche mit dem vielsagenden Titel ‚Welches die Werkzeuge sind, gut zu handeln‘ malt Benedictus die christliche Disziplin des Handelns *im allgemeinen Sinne* aus: ‚Nicht totschlagen. Keinen Ehebruch begehen. Nicht stehlen. Und, was man selber nicht erleiden will, das einem anderen auch nicht antun. Seinem Körper die Disziplin wahren. Die Armen erquicken, die Nackten kleiden, die Kranken besuchen. Bei Not zu Hilfe kommen. Keinem Unrecht antun, sondern widerfahrenes Unrecht geduldig auf sich nehmen. Verfolgung um der Gerechtigkeit willen ertragen‘.

Für das Praktizieren der Disziplin des Sprechens gibt Benedictus im vierten Kapitel ebenfalls eine Reihe allgemeiner Vorschriften wie zum Beispiel: ‚Keine falsche Aussage abgeben. Bedrückte trösten. Seinem Zorn nicht freien Lauf lassen. Mit Herz und Mund die Wahrheit sprechen. Nicht klagesüchtig sein. Kein Verleumder sein. Seinen Mund vor übler Sprache bewahren. Nicht auf Widerrede aus sein‘.

Wegen ihres allgemeinen Charakters finden wir viele dieser Vorschriften auch in anderen Traditionen wieder. In der buddhistischen Tradition wurden sie in Termini *der Disziplin des Sich-Enthaltens von den zehn Lastern* formuliert (siehe z. B. Dalai Lama, 1981, S. 53, und Ray, 1994, S. 282). Die ersten drei Vorschriften beziehen sich auf unser Handeln: ‚Sich enthalten von Vernichtung des Lebens. Sich enthalten vom Nehmen, was nicht gegeben ist. Sich im sexuellen Bereich nicht respektlos verhalten'. Die nächsten vier beziehen sich auf das Sprechen: ‚Sich enthalten vom Unwahrheit-Sprechen. Sich enthalten von scharfen Worten. Sich enthalten von Schwatzen'. Wenn auch die letzten drei sich auf unsere Geisteshaltung beziehen, werden sie hier dennoch vollständigkeitshalber erwähnt, auch weil sie beabsichtigen, die drei grundlegenden Emotionen des ‚Ego' (siehe Kapitel 3), die in unserem Handeln und Sprechen zum Ausdruck kommen, zu zügeln: ‚Sich der Habgier zu enthalten. Sich der Böswilligkeit zu enthalten. Sich der unrichtigen Ideen zu enthalten'.

Abgesehen von diesen allgemeinen Disziplinen des Handelns und des Sprechens enthalten *Die Regel des Benedictus* und *der Vinaya* auch eine große Vielfalt *spezifischer Disziplinen*, die dem Leben in der kontemplativen Gemeinschaft selber Form geben, Vorschriften, die spezifisch ‚in der Werkstatt', das heißt ‚in der Abgeschiedenheit des Klosters und in dem Aufenthalt innerhalb der Gemeinschaft mit Hingabe befolgt werden sollen' (Benedictus, 1959, S. 27). In bezug auf das Handeln betreffen sie praktische Themen, zum Beispiel wie die Mönche schlafen sollten: ‚Alle schlafen in einem Einzelbett. Wenn es möglich ist, schlafen alle im selben Raum'. Die Regel spezifiziert weiter, ob (und wenn ja, wie) die Mönche einiges an Eigentum besitzen dürfen: ‚Niemand darf ohne Erlaubnis des Abtes etwas geben oder annehmen und auch nichts an Eigentum besitzen; kein Buch, keine Schiefertafel, keinen Schreibstift, gar nichts: Sie haben ja nun einmal nicht das Recht, frei über ihren Körper und ihren Willen zu verfügen' (Benedictus, 1959, Kap. 33). Auch spricht Benedictus über die alltägliche Handarbeit, über Kleidung und Schuhwerk, über das Beten, über die Position und das Amt des Abtes und des Priors und über das Verhältnis der Mönche dem Abt gegenüber: ‚Ihren Abt haben sie mit aufrichtiger und demütiger Zuneigung lieb. In allem sind sie den Befehlen des Abtes gehorsam, auch wenn er – es sei weit von ihm entfernt – selbst anders handeln würde, eingedenk dieses Gebots des Herren: *Ihr müßt ihnen aber gehorchen und tun, was sie sagen. Aber nach ihren Handlungen dürft ihr euch nicht richten* (Benedictus, 1959, Kap. 7).

Die gleichen Themen finden wir zum Beispiel in dem buddhistischen *Vinaya* wieder, in den Abschnitten für die *Novizen* (*Sramaneras*) und für die *Mönche* (*Bhikshus*). Der Vinaya wurde ursprünglich für Laien und wandernde Bettelmönche konzipiert. Das Betteln für Essen und im Tausch dafür *Dharma* (die Lehre) zu unterrichten war in dieser Situation eine wichtige Disziplin. Der Vinaya gibt dann auch ganz genaue und spezifische Richtlinien: Von wem und wann der Mönch oder die Nonne Nahrung erbetteln darf. Man darf zum Beispiel sich nicht gegenseitig um Nahrung anbetteln. Die Vinayaregel beschreibt ganz präzise, welche Besitztümer er oder sie haben darf – die Männer höchstens drei Kutten und die Frauen fünf, einen Bettelnapf für Nahrung, ein Rasiermesser (um den Kopf und die Augenbrauen zu rasieren), eine Nadel, einen Gürtel (für die Kutte), ein Wassersiebchen (um das Ungeziefer aus dem Wasser zu sieben, damit man es nicht tötet, wenn man trinkt) und eine Schlafmatte. Sie beinhaltet auch Vorschriften, wo er oder sie schlafen darf, immer auf einem anderen Platz und nicht Seite an Seite mit jemandem des anderen Geschlechts, und so weiter. Natürlich beinhaltet sie Vorschriften, die der Disziplin des Sprechens Form geben wie Anweisungen darüber, wie, wann und wem *Dharma* (die Lehre) vermittelt werden soll, und auch darüber, wann und wie miteinander, mit Wohltätern usw. zu sprechen ist.

Benedictus formuliert spezifische Vorschriften für das Leben in einer monastischen Gemeinschaft, die auch die Disziplinen des Sprechens bestimmen, wie zum Beispiel: ‚Es nicht gut, viel zu reden. Mit Freude einer Lesung, die eurer Heiligung dient, zuhören. Kein Aufhebens von etwas machen. Vor Sonnenuntergang sich wieder mit dem versöhnen, mit dem man uneins ist. Wer keinen Auftrag dafür hat, darf sich keinesfalls mit den Gästen einlassen oder mit ihnen sprechen.‘ Selbstverständlich widmet er der Disziplin der Schweigsamkeit auch ein Kapitel.

Die kontemplativ-psychologische Bedeutung

In unserer Zeit betrachten wir oft ziemlich skeptisch, wenn nicht mit Ablehnung, die Lebensweise, wie sie in den Texten der Regel des Benedictus und des Vinaya für Mönche und Nonnen in großen Zügen dargestellt wird. Dennoch dürften wir dabei auch unsere eigene Skepsis erforschen. Wird sie genährt durch das ‚Ego‘, oder geht sie hervor aus unserer grundlegenden Menschlichkeit? Denn worum geht es in der Regel und im Vinaya? Was ist ihre psychologische Tragweite? Gerade wenn wir das Übereinstimmende in diesen Texten betrachten, wird dieses klar: Beide Texte malen das Bild einer Lebensweise, die dem ‚Ego‘ keinen Raum läßt, sich zu verstekken oder zu bestätigen. Diese Texte fordern den Verzicht jeglicher Form der *Privatsphäre*, das Aufgeben unserer Neigung, ‚Ego‘ zu sichern und die Welt (und insbesondere den Mitmenschen!) auf Distanz zu halten. Und ist diese Neigung in unserer Kultur und in vielen anderen eben nicht zur Tugend erhoben? Vielleicht kommt ein Teil unserer Ablehnung von dort her? Die Privatsphäre, wie wir sie in unserer Kultur kennen, ist eine

‚Erfindung‘ aus der relativ jüngsten Vergangenheit (siehe z. B. bei Perrot, 1989).

Die buddhistische Tradition nennt einen Menschen, der wörtlich, aber vor allem in übertragenem Sinn Haus und Herd verlassen hat, einen *Anagarika*. Anagarika bedeutet wörtlich: einen Heimatlosen, und damit wird jemand gemeint, der das Streben nach Privatsphäre losgelassen hat. Dieser Mensch übt sich bedingungslos darin, ununterbrochen offen zu sein für die Situation, in der er oder sie sich befindet, und sich weder körperlich noch geistig dieser Situation zu entziehen. Für diesen Menschen beginnen das eigene Wohlbefinden und das Wohlergehen der ganzen Situation sich immer weniger als getrennte Angelegenheiten herauszubilden. Sie fallen zusammen, und dadurch ist dem dualistischen Wirklichkeitserleben des ‚Ich hier‘ und ‚Das da‘ jeder Grund genommen. Für uns selbst sorgen bedeutet in dem Fall nichts anderes mehr als sorgen für die ganze Situation. Sich aus der Welt von ‚Ego‘ zurückziehen ist der Kern der in der christlichen Tradition so genannten *Anachorese*, dies heißt sich zurückziehen. Die ersten christliche Mönche hießen auch ‚Anachoreten‘. Auch das von Benedictus ausführlich beschriebene monastische Leben ist von dem Aufgeben der Privatsphäre durchzogen. In fast allen kontemplativen Gemeinschaften sehen wir dieses Thema wieder. Für Außenstehende könnte es den Anschein haben, daß solche Gemeinschaften selber ein Zufluchtsort für das ‚Ego‘ sind, ein Versteck für die gottverlassene Außenwelt. Die Praxis des authentischen kontemplativen Lebens aber ist anders. Es gibt in solchen Gemeinschaften ja äußerst wenig Raum für das ‚Ego‘.

Selbstverständlich kann (und soll) man sich fragen, ob die Disziplinen des Handelns und des Sprechens, wie sie in der Regel des Benedictus und in dem Vinaya ausführlich beschrieben sind, auch noch in unserer Zeit ihren Zweck erfüllen. Bewerkstelligen sie noch immer das Aufgeben der Privatsphäre und das Zügeln egozentrischen Verhaltens? Erfüllen sie noch immer die kontemplativ-psychologische Aufgabe, für die sie gemeint waren? Für die Erforschung dieser Problematik wollen wir einmal eine Reihe von Disziplinen des Handelns und Sprechens betrachten, die auch in unserer Zeit praktiziert werden.

Stabilitas Loci und Stabilitas in congregatione

Wir werden an erster Stelle die kontemplativ-psychologische Funktion einer Disziplin, die sich auf das Handeln bezieht, betrachten. Viele kontemplative Traditionen kennen die Vorschrift, daß man die Klostergemeinschaft oder den Ort eines zurückgezogenen Lebens für kürzere oder längere Zeit (gelegentlich sein Leben lang) nicht verläßt. Wenn man sich entscheidet, diese Vorschrift anzunehmen, dann hat man vorher fast immer aus freien Stücken das Gelübde abgelegt, sich an sein Wort zu halten. Wohl bekannt in diesem Zusammenhang ist das Gelübde zur *Stabilitas loci* („Beständigkeit des Ortes"). Es ist das Gelübde, wortwörtlich ‚standhaft' zu sein: das Versprechen, seinen Aufenthaltsort nicht zu verlassen. Dieser Ort kann z. B. der sein, wo man zurückgezogen ein Retreat machen will. Man legt dann ein Versprechen ab, diesen Retreatort nicht zu verlassen, bevor man eine bestimmte geistige Übung vollbracht oder eine bestimmte Realisation erreicht hat. Diese Arbeitsmethode finden wir unter anderem in der Hindutradition vor: Der *Yogi* zieht eine bestimmte Linie um seinen Retreatort herum und legt ein Gelöbnis ab, nicht aus diesem Raum zu treten, bis er eine bestimmte Übung (*Sadhana*) vollendet hat oder Erleuchtung erreicht ist oder bis der Tod ihn ereilt. In der buddhistischen Tradition ist natürlich das Beispiel des Buddha selbst am bekanntesten, der sich nach längerer Zeit unter den *Bodhi-Baum* setzte und das Gelübde ablegte, diesen Ort nicht mehr zu verlassen, bis er Erleuchtung erreicht hätte.

Wenn dieser Ort eine kontemplative Gemeinschaft (*congregatio*) ist, ist der Terminus *stabilitas in congregatione* üblich (siehe z. B. Benedictus, 1959, Kap. 4). Man legt das Gelübde ab, in dem Kloster, in dem man sich jetzt befindet, zu bleiben.

Aus welchem Grund tun Menschen solche Dinge? Welche Funktion hat eine solche Disziplin? Das Gelübde, an diesem einen Ort zu verbleiben, ist das physische Pendant der mentalen Standfestigkeit, über die wir in Kapitel 6 gesprochen haben. Die kontemplativ-psychologische Bedeutung dieser physischen *Stabilitas* und des dazu gehörenden Gelübdes ist, die Vorstellung loszulassen, noch eine Alternative, eine Ausweichmöglichkeit zu haben. Eine charakteristische Eigenschaft unseres ‚Ego' ist es, daß es immer *Alternativen* aufrechterhalten will: ‚Ego' bedeutet die Geisteshaltung, die immer einen Fluchtweg offenhalten will und deswegen nie zur vollkommenen Hingabe und Annahme gelangen kann. Durch das Gelübde der *Stabilitas loci* geben wir diese Mentalität für einen wichtigen Teil auf. Wir bekunden dadurch: Dies ist mein Platz, dies ist meine Situation, mit der ich mich beschäftigen und an der ich arbeiten will, wie sie sich auch entwickeln mag, *for better or for worse* („unter guten wie schlechten Umständen"). In einer Klostergemeinschaft haben wir unsere Mitbewohner (Brüder und Schwestern) nicht selber ausgewählt, und sie bieten uns alle Aspekte des menschlichen Umgangs – nette und hinderliche –, und es ist die Bereitschaft, die man in einem solchen Gelübde ausspricht, sich damit zu beschäftigen und damit zu arbeiten. Eine ähnliche Situation ergibt sich in einem individuellen Retreat, in dem wir mit der Bewegung unseres Geistes und unserer mentalen Disziplin allein sind. Unser Geist bietet uns vielerlei nicht absehbare Aspekte, die wir selbst auch nicht ausgewählt haben: Augenblicke der Ruhelosigkeit, des Verlangens, der Freude und des Trauerns, der Verwirrung und der Klarheit und so weiter, Augenblicke, die uns scheinbar dazu anregen, den Ort des Retreats zu verlassen. Unser Gelübde beinhaltet, daß wir bereit sind, uns damit vorbehaltlos zu beschäftigen und daran zu arbeiten. Und wenn wir es tun, dann erweist sich, daß wir unseren Geist viel besser handhaben können, als wir gedacht hatten, gerade weil wir das Gelübde abgelegt haben, nicht davonzulaufen. Die durch diese Disziplin dem ‚Ego‘ auferlegte Beschränkung verbirgt offensichtlich etwas anderes in sich: Das Aufblühen des Selbstvertrauens und der Geisteskraft wie auch das Entstehen eines Raumes, um sich wirklich ohne jegliche Zurückhaltung auf die Situation, in der wir leben, einzulassen. Die Erfahrung lehrt, daß diejenigen, die diese Disziplin ausüben, diese Früchte ernten können.

Gehorsam

Wie ist es mit der *Disziplin des Gehorsams* bestellt, die so charakteristisch für das monastische Leben ist? Ihre Spiegelfunktion ist das Sichtbarwerdenlassen der Eigenwilligkeit unseres Egos. Wir üben uns in einer bestimmten geistigen Beweglichkeit, die es ermöglicht, unsere egozentrischen Impulse besser zu erkennen und loszulassen. In ihrer vollkommenen Form bedeutet diese Flexibilität einen bedingungslosen Gehorsam. Es bedeutet nicht, daß wir alles bloß hinnehmen sollten und dauernd tun, was andere uns sagen, sondern es bedeutet, daß wir die Fähigkeit entwickeln, uns unter allen Umständen für das zu entscheiden und es vollständig zu tun, was unsere Gesamtsituation zum Aufblühen bringen kann an Stelle dessen, was unser Ego füttern würde.

Bedingungsloser Gehorsam scheint vielleicht zu hoch gegriffen, aber wir sollten die *Disziplin* des Gehorsams auch als einen Weg dahin betrachten. Was geschieht mit uns, wenn uns der Raum genommen wird, unseren egozentrischen Impulsen nachzugeben? Unsere Lebenslust wird von unserem Gefangensein in diesen zwanghaften Impuls befreit und findet zu ihrer Flexibilität und Spontaneität zurück. Die scheinbar harte Disziplin des Gehorsams hat offensichtlich eine ganz andere Seite. Auch wenn diese

Disziplin äußerlich oft diese Form hat, handelt es sich hier nicht um die Unterwerfung des Willens des einen Menschen unter den des anderen, sondern um das Unterwerfen des ‚Ego‘ unter Egolosigkeit. Es bedeutet tatsächlich das Schaffen von Freiheit, wenn es sich auch aus der Perspektive des Ego gar nicht so anfühlt.

In den theistischen Traditionen formuliert man die Disziplin des Gehorsams oft in Begriffen des Gehorsams gegenüber Gott, zum Beispiel im Islam und im Christentum. Die in der Tradition vorgefundenen Unterweisungen für das Handeln und das Sprechen deutet man oft, als wären sie göttlicher Herkunft. In Termini der kontemplativen Psychologie können wir diesen Gehorsam als Gehorsamkeit gegenüber unserer grundlegenden Menschlichkeit bezeichnen. Das Befolgen der in Vorschriften formulierten Verbote und Gebote ist dann gewissermaßen ein Mittel, unsere grundlegende Menschlichkeit wiederzufinden und als Basis für unser Verhalten anzunehmen. Gehorsam gegenüber diesen Vorschriften führt zur Entdeckung und Ausübung einer tieferen Gehorsamkeit: des Gehorsams gegenüber unserer grundlegenden menschlichen Natur; gegenüber der Stimme Gottes in uns, gegenüber Christus in uns, gegenüber unserer Buddhanatur. Auf diese Art und Weise können wir also zwei Formen des Gehorsams unterscheiden: eine *äußere*, die in dem Befolgen der in Sprache und Konzepten formulierten Vorschriften beruht, und eine *innere* Form des Gehorsams, die nicht in Konzepten festgelegt ist, sondern in unserer grundlegenden Menschlichkeit selber und in unmittelbaren *Wahrnehmungskentnissen* verankert ist (siehe Kapitel 4).

Schweigen

Auch für die typisch monastischen Disziplinen des Sprechens gilt, daß sie zu gleicher Zeit sowohl eine Einschränkung des Ego als auch ein Öffnen der Egolosigkeit sind. Wir können es zum Beispiel bei der wohlbekannten Disziplin des Schweigens sehen, die in den kontemplativen Traditionen weit verbreitet ist. Diese Disziplin nimmt uns die Möglichkeit, mittels Sprache unsere Situation zugunsten des Ego zu manipulieren, zum Beispiel um bei anderen ein bestimmtes Bild von uns selbst zu erzeugen. Die Spiegelfunktion dieser Disziplin ist, daß sie unser Bedürfnis in bezug auf diese Neigung sichtbar macht. Das Interessante dieser Übung ist die Folge, daß sich unsere Beziehung zu den anderen Mitausübenden und auch zu uns selbst allmählich von den etablierten Ideen und Geschichten lösen kann, die wir gewöhnlich über uns selbst und unsere Biographie von uns gegeben hatten. Im Umgang mit unseren Mitmenschen verzichten wir darauf. Wir werfen unsere Visitenkarten weg. Wenn wir uns davon befreit haben, entsteht der Raum für eine non-verbale Form der Kommunikation: Wir lernen uns selbst und andere auf eine ganz unmittelbare Weise *durch Wahrnehmung* kennen, einfach indem wir einander erleben. Diese Realität ist ihre Bedeutung. In einem Text der Dichterin Judith Herzberg heißt es: „Wir kennen einander, denn wir haben zusammen geschwiegen".

Wenn wir mit dieser Disziplin beginnen, fühlen wir uns meistens ziemlich eingesperrt und unsicher. Unseren Mitübenden können wir nicht fragen: ‚Wer bist du? Woher kommst du, was hast du gemacht, bevor du hierher kamst?' Auch können wir uns selbst nicht in einer bestimmten Weise anderen ‚präsentieren'. Unser inneres Notizbuch, in dem wir aufgeschrieben haben, wer oder was wir sind, können wir jetzt nicht mehr benutzen. Dadurch haben wir in dieser Situation auch keinen Status mehr, insoweit wir ihn aus unserer Vorgeschichte herleiten können. Für so etwas ist kein Raum mehr. Wir können nur noch die anderen sehen und die sie umgebende Atmosphäre aufnehmen. Es ist eine sehr ‚nackte' Situation, die man oft zuerst als beklemmend erlebt. Aber in dem Maße, wie wir allmählich in der Disziplin des Schweigens zu weilen beginnen, erweist es sich, daß sie ihren eigenen Raum besitzt. Es stellt sich heraus, daß wir uns hierin sehr gut wohlfühlen können, daß es eine Erleichterung sein kann, nicht uns selbst, unser Selbstbild andauernd verkaufen zu müssen. Es gibt unserer Lebenssituation etwas sehr Großzügiges und Reines, etwas Sauberes. Die Disziplin des Schweigens erweist sich dann als sehr effektiv, um uns der Konturen unseres ‚Ego' gewahr werden zu lassen, wie sie sich in der Kommunikation mit anderen manifestieren. Und dann stellt sich heraus, daß wir unser Selbstbild nicht so krampfhaft festzuhalten und zur Schau zu stellen brauchen. Gerade weil wir uns selbst klar sehen können, sind wir nicht mehr von dem Bild abhängig.

Mildtätigkeit, Freigebigkeit

Es gibt natürlich auch viele Disziplinen, die man in der Klostergemeinschaft und ebenso im gewohnten Alltagsleben ausüben kann. Sie sind faktisch auf die gleiche Weise wirksam wie die typisch monastischen Disziplinen. Im Bereich des Handelns gibt es das Beispiel der Disziplin der Mildtätigkeit oder Freigebigkeit. Auch diese Disziplin läßt uns keine andere Wahl als die, nicht unserem Eigeninteresse nachzujagen. Die Bedeutung dieser Disziplin wird von allen kontemplativen Traditionen sehr nachdrücklich hervorgehoben. Und zu gleicher Zeit wird auf die Gefahr eines Pharisäertums hingewiesen.

Wir erfahren in der Ausübung der Freigebigkeit unsere Neigung, an dem festzuhalten, was wir für uns selbst an Zeit und Besitz nötig zu haben glauben. Gerade dadurch erzeugt die Ausübung dieser Disziplin gleichzeitig sowohl in uns selbst als auch in unserer Umgebung eine Atmosphäre des Reichtums. Mit der Handlung des Gebens lassen wir ja unsere Angst los, daß wir etwas verlieren, was wir für den Lebensunterhalt zu brauchen meinen.

Natürlich sprechen wir hier nicht über das Schenken – zu einer bestimmten Gelegenheit – eines Blumenstraußes, sondern über das Geben von etwas, das für unsere eigene Lebensart wirkliche Konsequenzen hat. Geben in einem Ausmaß, das groß genug ist für das Loslassen unserer Ideen von Selbsterhaltung. Diese Idee, die unserem dualistischen Wirklichkeits-erleben eigen ist, stellt eine Quelle der Angst dar. Wenn wir in der Handlung des Gebens durch diese Angst hindurchwachsen, erfahren wir, daß außerhalb dieser Angst Leben möglich ist. Wir erfahren es wie eine Befreiung und zu gleicher Zeit wie die Entdeckung eines grundlegenden, bedingungslosen Reichtums: die ganze Welt ist uns als Reichtum gegeben. Es bedeutet nicht, daß wir ab jetzt alles weggeben sollten. Hier handelt es sich nicht um ein moralisches *Müssen*, sondern um eine praktische Frage: Wir können die Disziplin der Freigebigkeit gebrauchen, damit wir unsere egozentrische Mentalität, die sich als krampfhaftes Überwachen unseres Eigeninteresses manifestiert, zu erkennen und loszulassen lernen. Für diesen Zweck ist diese Disziplin gedacht, und auf diese Weise entdecken wir (wieder) den grundlegenden Reichtum der Welt und sind imstande, Hochschätzung für sie zu entwickeln.

Die Wahrheit sprechen

Die Disziplin *'die Wahrheit sagen'* ist ein Beispiel einer kontemplativen Disziplin des Sprechens, die nicht spezifisch an einen monastischen Kontext gebunden ist und die man in praktisch allen Traditionen wiederfindet. Sie nimmt dem Ego den Raum, sich selbst durch größere oder kleinere Lügen zu schützen oder zu erheben. Ein wenig aufschneiden, ein bißchen Werbung für uns selbst machen, andere Menschen herunterziehen, unsere eigene Dürftigkeit, Ungeschicktheit oder Fehler verhüllen – den Raum dazu nimmt uns diese Disziplin: Auch sie wirkt dadurch für das Manifestieren des Ego im Sprechen wie ein Spiegel. Und wie unbequem die Ausübung häufig auch sein möge, sie führt zu einer Form des Friedens und der Selbstannahme, zur Erkenntnis, daß wir mit allen unseren Fehlern und Beschränkungen existieren dürfen. Wir brauchen sie nicht zu verhüllen, sondern wir können sie gebrauchen: Wir sind in der Lage, die Disziplinen darauf anzuwenden, die zu deren Überwindung dienlich sind. So machen wir Fortschritte auf dem Weg. Aber solange wir unsere Schwächen aus Scham oder Stolz verstecken, schneiden wir diesen Weg ab, und so kann auch unser Begleiter uns nicht zur Seite stehen.

Obengenannte Beispiele der Disziplinen des Sprechens und des Handelns zeigen, daß deren Ausübung eine praktische Angelegenheit ist. Das gilt auch für alle anderen Disziplinen des Handelns und des Sprechens. Jede Disziplin hat in dieser Weise ihren eigenen Arbeitsbereich innerhalb unserer egozentrischen Mentalität, Handlungs- und Sprechweise. Sie macht einen Bruchteil sichtbar und hilft uns, es loszulassen. Sie fungiert, wie gesagt, wie ein Spiegel, während der Gebrauch dieses Spiegels selber das Manifestieren unserer grundlegenden Menschlichkeit bedeutet.

Die Anwendung der Disziplinen des Handelns und des Sprechens

Wie kann man die Disziplinen des Handelns und des Sprechens anwenden, und in welchem Ausmaß? Kann oder soll man alle Disziplinen, die eine Tradition in ihrem Arsenal hat, auch zu gleicher Zeit anwenden? Oder ist es in der Praxis des kontemplativen Lebens eher so, daß sie schrittweise von dem Ausübenden aufgenommen werden?

Die kontemplativen Traditionen geben auf diese Frage keine eindeutige Antwort. Die Antwort hängt nämlich einerseits ab von der Stärke unserer *Motivation*, mit der wir uns aus unserem egozentrischen Wirklichkeitserleben befreien und unsere grundlegende Menschlichkeit kultivieren möchten, andererseits von unserer *Einsicht* in die Form unseres Ego und in die Funktion der kontemplativen Disziplinen. Schließlich spielt auch die Kraft, mit der wir am Ego festhalten, eine Rolle. Wenn wir wenig Einsicht und auch wenig Motivation haben, dann werden wir es nicht fertigbringen, eine kontemplative Disziplin auszuüben. Wenn wir wenig Einsicht, aber dafür eine starke Motivation haben, sind wir natürlich zu vielem mehr imstande. Wenn wir jedoch sehr viel Einsicht haben, können wir auch mit einer geringeren Motivation auf dem Weg vorankommen. Bis zu einer gewissen Höhe kann Einsicht einen Ausgleich für Motivation bewirken.

Ich möchte es an Hand eines schon früher gegebenen Beispiels erläutern. Manche Menschen können eine schlechte Angewohnheit wie zum Beispiel das Rauchen aufgeben, sobald sie hören, daß es für sie und für andere gesundheitsschädigend ist. Bei anderen dämmert die Einsicht nicht über das Hören, sondern das Empfinden. Erst wenn sie die Folgen am eigenen Leibe zu spüren beginnen, dämmert irgendeine Einsicht, und sie werden motiviert, die schlechte Angewohnheit aufzugeben. Dann sind sie dazu bereit, sich selbst eine Disziplin aufzuerlegen, die sie von dieser Angewohnheit befreit. Je stärker die Angewohnheit, desto mehr Engagement braucht man für das Loslassen. Bezogen auf unsere egozentrischen Angewohnheiten in Denken, Wort und Tat könnte es sein, daß wir (für kürzere oder längere Zeit) in einer kontemplativen Gemeinschaft zu leben beginnen. Auch ist es denkbar, daß wir uns dafür entscheiden, in unserem alltäglichen Leben bestimmte Disziplinen auszuüben, die unser egozentrisches Verhalten einschränken. Wir brauchen viel Einsicht in die Form unseres Ego, damit wir unseren Alltag derartig ändern. Aber im Prinzip ist es wirklich möglich, und viele Ausübende haben es auf diese Weise bewerkstelligt.

Es könnte auch sein, daß unsere Lebenssituation sozusagen für uns wirkt, wenn z. B. unsere alltäglichen Lebensumstände uns keinen anderen Raum mehr erlauben, als daß wir unser egozentrisches Wirklichkeitserleben ganz oder zum Teil loslassen. Dies geschieht, wenn das Festhalten am Ego zum Beispiel zu schmerzhaft oder zu töricht wäre. Unsere Lebenssituation drängt uns dann eine kontemplative Disziplin auf, ohne daß wir uns dessen bewußt sind oder es so benennen.

Damit möchten wir sagen, daß das Maß, mit dem wir uns kontemplative Disziplinen aneignen sollten, für jeden Menschen unterschiedlich ist und daß die Wahl für eine bestimmte Form kontemplativen Lebens – die monastische oder die der sogenannten Laien – auch für jeden Menschen wieder anders aussieht. Eine anschauliche Illustration für diesen Aspekt finden wir im Tibetischen Buddhismus. In dieser Version des Buddhismus unterscheidet man drei Kategorien von Ausübenden: Ausübende mit großen, mittelmäßigen und geringen Begabungen. Ein berühmter Text aus dem sechzehnten Jahrhundert, geschrieben vom *Mahamudra*-Meister Karma Chagmey, charakterisiert sie wie folgt:

„Der Mensch mit der höchsten Begabung braucht die weltlichen Taten nicht aufzugeben; er kann diese weltlichen Taten in seine Disziplin aufnehmen. Beteiligt an den Freuden der Sinne, ohne auf sie zu verzichten, ist es das Beispiel des Königs Indrabodhi.

Der Mensch mit mittelmäßiger Begabung verzichtet auf die meisten weltlichen Taten. Er übt sich, während er wie ein Mönch lebt. Essen,

Trinken und Erwerben von Bekleidung ist alles, was er noch in der Welt tut. Dies ist die Lebensform der meisten gelehrten und vollkommenen Meister von Indien und Tibet.

Der Mensch mit der niedrigsten Begabung kann sein Ziel nicht erreichen dadurch, daß er zwischen zwei Gedanken schwankend bleibt. Er ist nicht imstande, sich zu gleicher Zeit sowohl mit dharmischen (spirituellen) als auch mit weltlichen Angelegenheiten zu befassen. Er übt, ohne sich um Nahrung oder Bekleidung zu kümmern. Dieses ist der Lebensstil solcher Meister wie Milarepa und Gotsangpa" (Nyima, 1989, S. 67 f.).

Das Interessante jetzt ist, daß Milarepa, der Dichter-*yogi*, lebend als Eremit und nichts anderes als kontemplative Übungen ausführend, ohne sich um Nahrung oder Kleidung zu kümmern, allgemein als einer der größten Heiligen Tibets betrachtet wird. Und zugleich werden Menschen wie Milarepa, die ihr ganzes Leben und all ihre Energie einsetzen müssen, um sich von der Illusionen des Ego zu befreien, Ausübende mit geringer Begabung genannt. Wieso eigentlich? Weil Milarepas Egofixierungen äußerst hartnäckig waren und weil er sich trotz allem darum bemühte, sich davon zu befreien. Sein ganzes Leben hat er dafür eingesetzt. Und darin liegt seine Größe.

König Indrabodhi hatte nicht solch ein hartes und tief eingeschliffenes Ego. Für ihn galt der Spruch: ‚Kleine Kartoffeln sind schnell gekocht'. Unter der Leitung seines *Gurus* lebte er weiter in seinem Palast und sorgte für seine Untertanen.

Milarepas *Guru*, Marpa, war kein Mönch. Er war ein Großbauer, ein guter Geschäftsmann und Gelehrter in *Dharma* und vielen Sprachen. Er hatte Frau und Kinder. Er mochte gern einen guten Tropfen und war hitzköpfig von Natur. Aber er war imstande, genau wie König Indrabodhi seine Lebenssituation als Weg zu benutzen, um totale Unbefangenheit des Geistes und bedingungsloses Erbarmen zu kultivieren. Auch er gilt als Vorbild eines Ausübenden mit hoher Begabung.

Zwischen dem kontemplativen Leben des Eremiten Milarepa und dem kontemplativen Leben in der Welt liegt dann das kontemplative Leben eines Menschen mit mittelmäßiger Begabung. Solch ein Mensch soll, möchte er auf dem Weg vorankommen, sein Leben bis zum unbedingt Notwendigen vereinfachen. Dazu zieht er sich aus dem weltlichen Leben zurück und lebt als Mönch oder als Nonne.

Welche kontemplative Lebensform für uns geeignet ist und welche kontemplativen Disziplinen für uns fruchtbar sind und wann sie es sind, ist eine praktische und keine ideologische Frage. Unsere Selbsteinsicht und, wenn diese fehlt, die Einsicht unseres Mentors in uns, unsere Motivation und unsere Lebenssituation sind bestimmende Faktoren. Im letzten Kapitel werden wir darauf zurückkommen.

Die Ausübung der Disziplinen des Handelns und des Sprechens

Zum Schluß wollen wir uns fragen, ob es bestimmte Entwicklungsstadien zu erkennen gibt, wie ein Ausübender zu sein habe oder wie er sein Handeln und Sprechen disziplinieren solle. Wir sehen, daß viele Traditionen ihre Disziplinen des Handelns und des Sprechens in einer bestimmten Reihenfolge nahelegen. Diese Reihenfolge scheint durch eine bestimmte Einsicht in die von den Ausübenden durchgemachte Entwicklung gegeben zu sein. Viele Traditionen betonen an erster Stelle jene Disziplinen, die das Manifestieren des Ego in Worten und Taten zügeln. Die Handlungsfreiheit des Ego wird gebändigt. Wie es sich in den Disziplinen der Achtsamkeit um das Zähmen unseres Geistes handelt, so handelt es sich hier an erster Stelle um das Zähmen unseres egozentrischen Verhaltens. Deswegen besitzen die Weisungen für die Disziplinierung unseres Handelns und Sprechens vor allem den Charakter von *Verboten*; sie raten uns von bestimmten Verhaltensweisen ab: Du sollst nicht dieses und nicht jenes. Es ist dann wieder verführerisch, diese Verbote ethisch zu interpretieren – denn oft haben sie auch eine solche Bedeutung – , aber kontemplativ-psychologisch betrachtet, geht es nicht darum, brav zu sein; es geht um das Sichtbarmachen unserer egozentrischen Blindheit und Emotionalität, indem man auf die durch die Disziplinen auferlegten Beschränkungen stößt. Die Spiegelfunktion der Disziplinen steht im Mittelpunkt. Zu gleicher Zeit wird uns die Möglichkeit genommen, unsere egozentrischen Verhaltensmuster weiter einzuschleifen. Auf diese Weise hobeln wir – vielleicht nicht willentlich, jedoch wissentlich – das Ego sozusagen ab. Dies führt zu der Haltung, die Meister Eckhart als *Gelassenheit* bezeichnet; eine Gelassenheit, in der ein Element der Freiheit existiert: Wir sind nicht mehr dazu genötigt, wie ein Wildgewordener der Impulsivität des ‚Ego‘ nachzulaufen.

Durch ein solches Zügeln des ‚Ego‘ entsteht anschließend ein gewisser Raum für weitere Disziplinen, die auf das Kultivieren egolosen Handelns und Sprechens ausgerichtet sind. Denn in dem Maße, wie unser Besetztsein mit dem Ego sich verringert, blüht unsere grundlegende Menschlichkeit auf. Wir beginnen sie bewußter zu erfahren, und dadurch werden wir inspiriert, sie weiter zu kultivieren. Darauf stellen sich die nächsten Disziplinen ein. Sie nehmen unsere Erfahrung mit unserer grundlegenden Menschlichkeit als Ausgangspunkt. Sie haben deswegen auch mehr den Charakter von *Geboten*, sie empfehlen uns bestimmte Handlungen. Diese Gebote beziehen sich zu einem beträchtlichen Teil auf den Umgang mit dem Mitmenschen. Ein Beispiel: die Disziplin der Großzügigkeit (Mildtätigkeit), wie oben besprochen. Allgemeiner formuliert, enthalten diese Disziplinen Weisungen über die Art und Weise, wie wir unsere Umgebung zur Blüte bringen können.

Selbstverständlich laufen diese zwei Phasen nicht strikt nacheinander ab. Eher könnte man sagen, daß es eine Frage der sich verschiebenden Betonung ist: Zuerst sind die Disziplinen vor allem auf das Erlangen von Einsicht und auf das Zügeln unseres egozentrischen Verhaltens ausgerichtet. Danach beschäftigen wir uns mit jenen Disziplinen, die darauf ausgerichtet sind, in einer mehr ,gezähmten' Haltung mit der Welt umzugehen: Wir üben uns in dem Ausführen von ,guten Werken'. Denn ohne zuerst unsere Egozentrizität einigermaßen gezähmt zu haben, ist unser Vermögen, etwas ,Gutes' in der Welt zu bewerkstelligen, nur sehr beschränkt. Wir stoßen dann andauernd auf die Grenzen unseres Ego, während wir noch nicht genug Flexibilität entwickelt haben, um diese Grenzen zu öffnen oder sie an Ort und Stelle wenigstens anders verlaufen zu lassen. Das Befolgen der Gebote entwickelt sich in dem Fall leicht zu einer Quelle der Selbstüberhebung und Selbstvorwürfe, des Lobes und Tadels, kurzum des innerlichen – wenn nicht äußerlichen – Kampfes. ,Tue recht und scheue niemand' ist noch so eine Utopie für uns. Wir kommen in dem Fall nur noch weiter vom Kultivieren unserer Menschlichkeit ab, und die Möglichkeit ist groß, daß wir nicht inspiriert, sondern *erschöpft* werden von unserer Dienstbarkeit an anderen. Wir können dann sogar den Mut und den Glauben verlieren, daß die Kultivierung unserer grundlegenden Menschlichkeit überhaupt möglich wäre. Deswegen ist die erste Phase so wichtig für die zweite. Wenn wir jedoch in den beiden Phasen reifer werden, verlieren die Verbote und Gebote ihren Charakter der Beschränkung. Die Art unseres Umgangs mit den Vorschriften ändert sich. Der Ausübende wird – so formuliert es Benedictus – ,allem, was er zuerst mit einer gewissen Angst vollbringt, jetzt ohne Mühe nachkommen, als täte er es aus Gewohnheit oder aus natürlicher Triebkraft. Er handelt jetzt nicht länger aus Angst vor der Hölle, sondern aus Liebe für Christus selber und getrieben durch die Angewohnheit, das Gute zu tun, sowie durch die Freude, die er in der Tugend empfindet' (Benedictus, 1959, Kap. 7).

In dieser Gesinnungswandlung ist eine weitere, dritte Entwicklungsphase enthalten. In dem Maße, wie wir in der Ausübung der Disziplinen des Handelns und des Sprechens stabiler wurzeln, beginnt sie immer stärker jene Offenheit des Geistes zu erwecken, von der die Gebote und Verbote ursprünglich abstammen. Wir entdecken, daß wir in diesem offenen Raum atmen können, und beginnen, Zuversicht zu entwickeln. Dann beginnt sich für uns die Möglichkeit zu eröffnen, unmittelbar aus ihm heraus zu handeln und zu sprechen. Das verändert den Charakter unserer Ausübung der Disziplinen in einer entscheidenden Art. Der Schwerpunkt der Ausübung verschiebt sich dann, dem Äußeren nach, vom Erfüllen der Verbote und Gebote zur inneren Disziplin des Weilens in diesem offenen Geisteszustand *während* unseres Handelns und Sprechens. Die Disziplin impliziert dann allmählich, daß wir unseren egolosen Geisteszustand als Ausgangspunkt für unser Tun und Lassen nehmen.

Zunächst scheint es in dieser dritten Phase der Ausübung, als ob wir wieder ein Baby sind, als ob wir wieder aufs neue gehen und sprechen lernen müssen. Und ,als ob' ist noch gelinde gesagt: Wir müssen tatsächlich aufs neue handeln und sprechen lernen, und zwar aus der unbefangenen Qualität des Geistes selbst, nicht vom Ego oder einem moralischen Gebot aus, sondern unmittelbar aus unserer grundlegenden Menschlichkeit. Damit haben wir zunächst noch wenig Erfahrung, wir müssen uns darin üben, und auf das Üben sind die Disziplinen des Handelns und des Sprechens in dieser Phase dann auch ausgerichtet. Das scheint eine heikle Sache zu sein. Die von den Ge- und Verboten gelieferte Geborgenheit loszulassen und statt dessen in einem Zustand der intelligenten Sanftmut und Sorgsamkeit zu verweilen und uns dadurch führen zu lassen, gibt uns wenig Sicherheit. Wir sind jetzt uns selbst überlassen, und das einzige, was wir haben, ist unsere grundlegende Menschlichkeit.

Gerade weil wir noch kaum gelernt haben, unserer grundlegenden Menschlichkeit zu trauen, und weil es sich in dieser letzten Phase der Disziplinen des Handelns und des Sprechens darum handelt, aus dieser Menschlichkeit zu agieren, ist diese Phase oft mit einem starken Gefühl der Unsicherheit verbunden, weil es scheint, als gingen wir ein Risiko ein. Unsere Beziehung zur eigenen grundlegenden Menschlichkeit ist in dem Moment, in dem wir sie in uns selbst (wieder) entdeckt haben, doch zunächst noch wie eine junge Pflanze. Trotzdem wächst diese kleine Pflanze nur, wenn wir ihr Raum geben und indem wir sie unserer konkreten Lebenssituation aussetzen, mitsamt aller Unsicherheit, ob es so wohl geht und gehen kann. Natürlich verschwindet dadurch nicht gleich das durch bisherige Gebote und Verbote modellierte Verhalten. Aber es läßt sich nicht mehr dadurch führen: Unser Verhalten hört jetzt auf unsere *grundlegende Menschlichkeit* und nicht länger auf eine *Ethik der Pflichtausübung*. All unser Handeln entfaltet sich zum *kontemplativen Handeln* (siehe darüber ausführlicher De Wit, 1993, 5.5).

Daß diese die fortgeschrittenste, schwierigste und, moralisch gesehen, riskanteste Form der Disziplinen des Handelns und des Sprechens ist, über diese Tatsache sind sich die kontemplativen Traditionen einig. Riskant, weil die Disziplin nicht mehr am Gängelband der Vorschriften geht. Und äußerst schwierig nicht nur, weil die Ausübung ununterbrochen, 24 Stunden täglich, dauert, sondern auch, weil wir uns in dieser Phase üben, uns unter gar keinen Umständen auf uns selbst zurückzuziehen. Es bedeutet, andauernd verfügbar zu sein für unsere Umgebung, für unseren Mitmenschen, für die Situation, wie sie sich für uns ergibt, sowie ohne Zögern das zu tun, was die Situation aufblühen läßt. Dies ist die Disziplin des Handelns und des Sprechens, die jenseits der Vorschriften liegt und von Augustinus formuliert wurde als ‚*Ama et fac quod vis*' : „Liebe und tue (dann), was du willst". Der Mahayanabuddhismus spricht hier vom Ausüben des *bedingungslosen Erbarmens*.

Dies ist keine leichte Aufgabe. Wir können sie dann auch nicht vollbringen, wenn wir es uns auf Grund von allerlei moralischen Erwägungen an einem guten oder schlechten Tag vorgenommen haben. Wir können es nur vollbringen, weil wir gemerkt haben, daß diese Übung den natürlichen, nicht-dualistischen Zustand unserer grundlegenden Menschlichkeit, die wir durch frühere Disziplinen entdeckt hatten, weiter aufblühen läßt. In diesem Zustand der Offenheit sind unsere Umgebung und wir nicht länger zwei getrennte Objekte, die, so gut es eben geht, miteinander auskommen sollten, sondern diese zwei sind zu einem Ganzen verschmolzen.

Im Vajrayanabuddhismus nennt man jemanden, der diese tiefste Disziplin des Handelns und des Sprechens vollendet hat, einen *Siddha*. Ein Siddha spricht und handelt aus einer *wahnsinnigen Weisheit* heraus, das heißt aus einer Weisheit, die mit einem vollkommenen, kompromißlosen und bedingungslosen Erbarmen hinsichtlich des ‚Ego' vereinigt ist. Diese Weisheit ist von jedem Zögern frei zu unterwerfen, was unterworfen werden soll, zu vernichten, was vernichtet werden soll, und zu sorgen für das, was der Sorge bedarf. So formuliert man es in traditioneller Weise. Vom Blickpunkt des Ego ist ihre Manifestation völlig unvorhersagbar und unergründbar, also *wahnsinnig*. Sie vollzieht sich außerhalb der Logik des Ego. Der bekannteste Siddha in dieser Tradition ist *Padmasambhava*, der als Verkörperung wahnsinniger Weisheit *Dorje Trollö* genannt wird. Dorje Trollö bildet man meistens reitend auf einer schwangeren Tigerin ab, die dieses kompromißlose Erbarmen darstellt. ‚Die Symbolik der Tigerin ist interessant… Eine schwangere Tigerin betrachtet man als den bösartigsten aller Tiger. Sie ist hungrig, ein bißchen verrückt, völlig unlogisch. Du kannst ihre Psychologie nicht ergründen und nicht auf eine vernünftige Weise mit ihr umgehen. Jeden Augenblick ist die Möglichkeit groß, daß sie dich verschlingt. Dies ist die Art des Fahrzeuges des Dorje Trollö. Der Guru der verrückten Weisheit reitet auf gefährlicher Energie, von allerlei Möglichkeiten schwanger. Über die Tigerin kann man sagen, daß sie die geschickten Mittel (Sanskrit *Upaya*, HFdW), die wahnsinnig geschickten Mittel darstellt. Und Dorje Trollö, der die wahnsinnige Weisheit ist, reitet sie. Sie bilden ein erlesenes Paar' (Trungpa, 1991, S. 174)[5].

Diese letzte Form der Ausübung fügt den früheren Formen noch etwas hinzu: Wir wachsen über die Idee hinaus, daß, wenn wir bloß gewissenhaft den Vorschriften entsprechend leben, spiritueller Erfolg gesichert ist. Aber so einfach ist diese Angelegenheit nicht. Denn gerade weil alle Handlungen im Prinzip kontemplative Handlungen sein können, gilt auch das Umgekehrte: Handlungen, die uns in den Disziplinen vorgeschrieben werden, können sich auch zu profanen Handlungen entwickeln. Es gibt keine Garantie dafür, daß die Ausübung der Disziplinen des Handelns und des Sprechens auch tatsächlich die beabsichtigte kontemplative Wirkung hat. Entscheidend ist nicht, daß wir diese Handlungen ausführen, sondern daß wir sie mit *der Einsicht in deren kontemplative Funktion* verrichten sowie mit der richtigen Motivation, nämlich der, das Ego loszulassen und unsere grundlegende Menschlichkeit zu manifestieren. Deshalb sagt Meister Eckhart: ‚Man soll Heiligkeit nie auf ein Tun gründen wollen. Man soll Heiligkeit auf ein Sein gründen. Die Werke machen uns nicht heilig: Wir sollen die Werke heiligen! Wie heilig die Werke auch sind, sie heiligen uns gar nicht, insoweit es Werke sind, aber, inwieweit wir selber heilig sind und ein heiliges Wesen besitzen, so weit heiligen wir unsere Werke, sei es Essen, Schlafen oder was auch immer. Begreife aus diesem, daß man sich ganz und gar darauf anlegen soll, gut zu sein' (Meister Eckhart, 1979, Kap. 4).

---

5) Auf Englisch lautet der Text:"the symbolism of the tiger is also interesting…And a pregnant tigress is supposed to be the most vicious of all tigers. She is hungry, slightly crazy, completelyy illogical. You cannot read her psycholgy and work with it reasonably. She is quite likely to eat you up at any time. That is the nature of Dorje Trolö's transport, his vehicle. The crazy-wisdom guru rides on dangerous energy, impregnated with all kinds of possibilities. This tiger could be said to represent skillful means, crazy skilful means. And Dorje Trolö, who is crazy wisdom, rides on it. They make an excellent couple."

Kapitel 10

Entwicklung und Begleitung

Einleitung

Im fünften Kapitel haben wir den psychologischen Charakter der Ansätze zur Bekehrung einigermaßen erforscht. Wir haben besprochen, wie wir oft in erster Linie den Augenblicken der Unbefangenheit gegenüberstehen, die unser übliches egozentrisches Wirklichkeitserleben zerbrechen und es sichtbar machen. In den anschließenden Kapiteln haben wir die Disziplinen besprochen, die sich auf diese Momente beziehen.

Wir haben gesehen, daß es viele Arten kontemplativer Disziplinen gibt, und die Frage ist jetzt gerechtfertigt, wann und in welchem Maß sie mit Erfolg angewandt werden können. Liegt das nicht für jeden einzelnen Menschen wieder anders? Es sind Fragen praktischer Art. Sie regen uns an, uns in das Thema der kontemplativen Entwicklung und Begleitung zu vertiefen. Jede Tradition besitzt für die persönlichen Begleiter ihre eigenen Namen. Die christliche Tradition hat ihre *Abbas*, ihre Pastoren, Pfarrer und Presbyter. Die jüdische Tradition nennt sie *Rabbi* und *Maggid*; der Islam kennt den *Alim* (=Gelehrter, Plur. Ulama). Der Hinduismus hat seine *Gurus*. Der Theravadabuddhismus seine *Staviras* (ung.: Presbyter), der Mahayanabuddhismus seine *Kalyanamitra* (spiritueller Freund). Den Terminus *Guru* verwendet man auch im Vajrayanabuddhismus. In diesem Buch werden wir den allgemeinen Terminus *Mentor* benutzen. Diese Bezeichnung ist vom lateinischen Wort *Mens* abgeleitet; es bedeutet: ‚Geist‘. Ein Mentor ist einer, ‚*who minds our business*‘, einer, der sich um unser geistiges Wachstum sorgt.

Wenn auch alle Traditionen ihre Mentoren haben – ihre Positionen innerhalb der Traditionen sind verschieden. Das hat mit der Rolle zu tun, die unterschiedliche Traditionen dem Mentor beimessen. In manchen Traditionen sagt man, daß Gott der eigentliche, wenn nicht der einzige Mentor sei. Andere Traditionen dagegen betrachten den menschlichen Mentor als den einzigen, der den kontemplativen Weg für uns begehbar machen kann. Auch praktische Motive bestimmen die Stellung des Mentors: Sind (noch) gute Mentoren vorhanden? Wie betrachtet die lokale Kultur die Mentorschaft?

Auch über die Beziehung, die im Idealfall zwischen Mentor und Schüler besteht, denkt man unterschiedlich. In vielen Traditionen betont man den Wert einer *persönlichen* Beziehung. Dies sehen wir zum Beispiel in der jüdischen (chassidischen) Tradition sowie im Hinduismus und Buddhismus. Dazu brauchen wir nicht andauernd auf dem Schoß des Mentors zu sitzen! Der Mentor kennt uns (unser ‚Ego‘) gut und ist dadurch imstande, persönliche Anweisungen zu geben. Diese Anweisungen gibt er nicht nur mit Worten, sondern auch, indem er im persönlichen Kontakt eine bestimmte Weise des Seins als Vorbild darstellt. Das letzte ist oft wichtiger als die formale Unterweisung. So kann man den Ausspruch des Rabbiners Loeb über seinen *Maggid* (Lehrmeister) verstehen: ‚Daß ich den Maggid besuchte, war nicht, um von ihm die Unterweisung zu hören, sondern um zu sehen, wie er die Schnürsenkel seiner Filzschuhe los – und festmachte‘ (Buber, 1967, S. 142). In den Traditionen des Christentums und des Islams sehen wir sowohl Strömungen, in denen die Position eines Mentors sehr persönlich ist (wie im Sufismus und im monastischen Christentum) als auch Strömungen, in denen der Mentor eine mehr distanzierte Rolle spielt. Im letzten Fall liegt der Nachdruck nicht bei der individuellen Begleitung, sondern beim Unterrichten der Lehre.

Wie auch immer, irgendeine Form der geistigen Begleitung finden wir überall in den kontemplativen Traditionen wieder. Und ihr Ziel ist immer dasselbe: Wo von Wachstum die Rede ist, kann es auch Stagnation oder ein Schiefwachsen geben. Wo von Entwicklung die Rede ist, besteht auch die Möglichkeit einer Entwicklungsstörung. Wo ein Weg zurückgelegt wird, können sich auch Hürden ergeben. Es ist die Aufgabe des Mentors, wenn möglich zu helfen, diese Hürden zu überwinden. Mit dieser Aufgabe sind sehr viele Aspekte verbunden, und die meisten Traditionen verfügen auch über ausführliche kontemplativ-psychologische Kenntnisse von der Art der Hindernisse, welche vorkommen können, wie auch über die Disziplinen, die uns helfen können, diese Hindernisse zu überwinden. Diese Kenntnisse werden zum größeren Teil mündlich im Kontakt zwischen Lehrer und Schüler überliefert, zum anderen Teil sind sie aufgeschrieben worden. Unsere Erforschung richten wir in diesem Kontext auf zwei allgemeine Themen: Die Art und die Entwicklung einer vertrauensvollen Beziehung zwischen dem Mentor und dem Schüler selber und auf die Weise, wie der Mentor dem Schüler bei der Arbeit mit den Hindernissen auf dem Weg helfen kann.

Die Vertrauensbeziehung zwischen dem Mentor und seinem Schüler

Auf den Schüler zugeschnittene Anweisungen zu geben ist die wichtigste Aufgabe des Mentors. Aber sind wir unter allen Umständen bereit, diesen Anweisungen zu folgen? Und hier stellt sich die Frage: Sind Mentor und Schüler authentisch und zuverlässig? Persönliche Anweisungen akzeptieren wir meistens nur von einem Menschen, zu dem wir Vertrauen haben. Und Vertrauen ist nicht eine Sache, zu der wir uns einfach an einem guten – oder vielleicht auch schlechten – Tag entscheiden. Vertrauen soll wachsen. Ich habe in meinem Buch ‚Kontemplative Psychologie' einiges darüber geschrieben (De Wit, 1987, 4.5. u.f.). Wir werden hier andere Aspekte anhand von drei Zitaten besprechen, die mehrere universelle Themen bezüglich der Beziehung zwischen dem Mentor und dem Schüler deutlich machen.

Drei Zitate

Für das Aufblühen eines wahrhaftigen Vertrauensverhältnisses betont das erste Zitat die Bedeutung der gegenseitigen Erforschung: „Traditionsgetreu sagt man, daß der Schüler den Lehrer und daß der Lehrer den Schüler prüfen soll. Wenn der Schüler es unterläßt, den Lehrer richtig zu prüfen und dadurch dem falschen Lehrer folgt, dann bringt dies das lebendige Vermögen zur Befreiung um. Es ist genau so tödlich, wie blindlings von einem Kliff herunterzuspringen, während du jemandes Hand festhältst. Wenn der Lehrer es unterläßt, den Schüler richtig zu prüfen, und wenn der Schüler sich später gegen den Lehrer stellt, dann ist es wie das Essen von Gift. Deswegen ist es, ehe man eine enge Beziehung eingeht, äußerst wichtig, daß Lehrer und Schüler einander sorgfältig prüfen. Nachdem sie gemerkt haben, daß sie einander vertrauen können, soll der Schüler sehr standfest sein und dem empfangenen Unterricht voll Vertrauen folgen" (Nyima, 1986, S. 127/8).

Das zweite Zitat bezieht sich auf die Schwierigkeit, das äußerliche Verhalten und die Geisteshaltung des Lehrers zu beurteilen: „Von diesen beiden ist die Geisteshaltung die wichtigere, obschon sie unsichtbar ist. Obwohl wir beobachten können, wie Menschen sich verhalten, dürfen wir uns nicht nur darauf verlassen. Manche chinesischen Minister zum Beispiel sind Experten, sich sogar dem Feind gegenüber als ganz freundlich auszugeben. Sie schütteln ihm die Hand, machen kleine Witze, sie lachen und so weiter, aber wir können nie wissen, was in ihrem Geist vorgeht. Andererseits können manche spirituellen Meister eine solche Stufe der Verwirklichung erreicht haben, daß sich ihr Verhalten nach außen zu wandeln beginnt und manchmal ein wenig seltsam wird. Ihr Verhalten paßt nicht mehr in den Rahmen unserer herkömmlichen Art des menschlichen Handelns und manchmal sogar nicht mehr innerhalb eines ‚dharmischen‘ (spirituellen, HFdW) Rahmens. Es ist möglich, daß wir uns dann fragen: ‚Was ist hier los?‘ und es auch aussprechen. So geht das. Man kann in einem solchen Fall am besten denken: ‚Was immer er auch macht, ist ausgezeichnet, was immer er auch sagt, ist perfekt‘, und weiter unseren Geist mit dem des Lehrers vereinigt halten. Diese Einstellung ist sehr wichtig, aber für den Anfänger nicht leicht. Wenn man seinen Lehrer etwas Fremdartiges machen sieht, kann man besser denken: ‚Dies überblicke ich nicht, dies verstehe ich nicht‘, und wir sollten versuchen, seine Verhaltensweisen nicht zu beurteilen oder zu verurteilen, sondern solche Gedanken neben uns abzulegen. Man soll ihn nicht betrachten oder beurteilen, wie man einen durchschnittlichen Menschen betrachtet oder beurteilt“ (Nyima, 1986, S. 129).

Das dritte Zitat bezieht sich auf die Entwicklung der Beziehung zum Lehrer: „In Übereinstimmung mit der traditionellen Lehre soll der Lehrer anfangs eine echte Person, ein menschliches Wesen sein. Danach kann dein Lehrer ein Buch sein. Damit ein Buch als Lehrer wirksam sein kann, solltest du zuerst persönliche Unterweisungen von einem qualifizierten lebendigen Meister empfangen haben, wie du dem Text gemäß üben sollst. Nachdem du diese Unterweisungen empfangen hast, und weil es dir nicht immer möglich ist, dich fortwährend in der Nähe des großen Meisters zu befinden, sollst du dir die mündlichen Unterweisungen zu Herzen nehmen und alleine mit denen üben. Du nimmst dir dabei den Text als Leitfaden. In dem Maße, wie du erfahrener wirst, kannst du anhand des Textes deine eigenen Irrtümer ausfindig machen und korrigieren. Im Lauf der Zeit beginnt dein eigener Geist, dein nacktes bewußt Sein, selber dein Meister zu werden“ (Nyima, 1986, S. 189).

Bedingungsloses Vertrauen?

Niemand wird viel Schwierigkeiten mit dem Inhalt des ersten Zitats über die Notwendigkeit der gegenseitigen Prüfung haben. Das ist ohne Umweg formuliert. Es akzentuiert die Tatsache, daß Vertrauen nur dann entstehen kann, wenn man sich gegenseitig gut kennenlernt. Man kann diese Situation vergleichen mit der eines erfahrenen Alpinisten, der mit seinem

Schüler eine Bergbesteigung beginnt. Es ist lebensnotwendig, einander zu kennen und dem Können gegenseitig zu vertrauen. So können sie die Risiken der Besteigung verringern, und der Schüler ist in der Lage, etwas zu lernen.

Aber im zweiten Zitat sind schon viel sensiblere Themen angesprochen. Zuerst ist davon die Rede, daß eine solche Prüfung bestimmt für den Schüler keine einfache Sache ist. An anderer Stelle (De Wit, 1993, 5.4.3) bin ich auf diese Frage ausführlicher eingegangen. An jener Stelle haben wir unter anderem gesehen, daß wir einen gewissen Gehalt an Unterscheidungsvermögen entwickelt haben sollten, damit wir erkennen können, ob unser Ego in dieser Angelegenheit unser Ratgeber ist oder nicht. Aber dies Zitat hebt noch einen anderen Aspekt hervor, der die Prüfung noch einmal besonders gewagt und unsicher macht: das *äußere* Verhalten des Mentors ist nicht ohne weiteres das wichtigste Kriterium. Folgenschwerer noch, der Schüler sollte in seiner Prüfung mehr die Geisteshaltung als das äußere Verhalten des Lehrers in den Mittelpunkt stellen. Dies Zitat berührt einen Kernpunkt des kontemplativen Lebens in bezug auf die Stellung des Mentors. Können wir Jesu noch Vertrauen schenken, wenn er den Sabbat dadurch entweiht, Ähren zu pflücken (Lukas 6:1–5) oder jemanden zu heilen (Lukas 6:6–11 und 13:10–17), ganz zu schweigen von einer Schlägerei, die er in der Synagoge beginnt (Johannes 213–25)? Wäre hier eigentlich nicht ein bedingungsloses Vertrauen angebracht? Ist alles, was der Mentor tut, per definitionem richtig? Und andersherum, können wir den Mentor immer unseren gebräuchlichen Maßstäben entsprechend beurteilen? Wir denken oft, daß wir uns gerade in unserer Zeit schmerzhaft der Risiken einer solchen kritiklosen Haltung bewußt geworden sind. Aber waren die Juden im Zeitalter Jesu sich nicht auch dessen stark bewußt, und sind die Menschen sich dessen nicht immer bewußt gewesen? Es sieht so aus, denn dies Thema spielt in allen großen kontemplativen Traditionen und zu allen Zeiten eine große Rolle. In dem buddhistischen Gesangbuch des Karma Kagyü ist ein Abschnitt, in dem der indische Guru Naropa über dieses Thema mit seinem Schüler Marpa spricht, bevor Marpa definitiv nach Tibet zurückkehrt, um seine Arbeit als Mentor fortzusetzen: ‚In den Augen des Mannes auf der Straße wirst du als einer erscheinen, der auf sinnlichen Genuß aus ist. Deine Wünsche werden unveränderlich sein, als ob sie in Stein gemeißelt sind, so kräftig und so groß. Andererseits, weil du selbst ‚Dharmata‘ (d. h. die Dinge, wie sie sind, HFdW) gesehen hast, wird ‚Samsara‘ (d. h. das egozentrische Wirklichkeitserleben, HFdW) sich aus sich selbst daraus befreien, wie eine Schlange, die sich entrollt. Alle künftigen Schüler der Tradition werden sein wie die Jungen von Löwen und Garudas, und jede neue Generation wird besser sein als die frühere' (Nalanda/Trungpa, 1980, S. 141). Der Guru Naropa hatte also großes Vertrauen zu seinem Schüler Marpa, trotz der zu erwartenden Reaktionen des Mannes auf der Straße. Aber dadurch stehen wir vor einem Dilemma: Auf der einen Seite dürfen wir den Mentor nicht unter allen Umständen den konventionellen Maßstäben entsprechend beurteilen, und auf der anderen Seite ist ein blindes Vertrauen keine gute Basis für die Beziehung zum Mentor.

Die Scheu vor dem Vertrauen zum Mentor

Sind wir in der Lage, aus der Perspektive der kontemplativen Psychologie dieses Dilemma etwas besser zu erkennen? Hierzu greifen wir auf einen zentralen Aspekt dieser Psychologie zurück: auf das *kontemplative Handeln* (siehe auch die Einleitung zum neunten Kapitel und De Wit, 1993, 5.5.1). Unser Dilemma entsteht nämlich dadurch, daß wir menschliches Verhalten unterschiedlich deuten können: in einer *politischen* und in einer *kontemplativen* Art und Weise. In der politischen Deutung betrachtet und deutet man menschliche Beziehungen und menschliches Verhalten aus der Perspektive des Eigennutzes und der Kräfteverhältnisse. Diese Interpretation basiert auf Verhaltenskriterien, anhand derer wir Mißbrauch von Macht und ungezügelten Eigennutz feststellen können. Die Hintergrundideologie über Humanität ist hier, daß der Raum für Eigennutz und Macht ‚ehrlich‘ zwischen den Menschen verteilt werden soll. Von einer solchen Ideologie her könnten wir auch unseren Mentor beurteilen. Wenn wir uns daran gewöhnt haben, menschliches Handeln immer und ausschließlich auf Grund dieser politischen Überlegungen zu betrachten, dann können wir uns bei ‚bedingungslosem Vertrauen‘ kaum etwas anders vorstellen als eine Situation, worin der eine Mensch sich unbedingt der Macht eines anderen Menschen unterwirft. Der Spuk einer Diktatur und einer totalitären (Sub)Kultur kommt dann in uns hoch. Und unsere Scheu vor ‚bedingungslosem Vertrauen‘ ist auf Grund dessen auch berechtigt. Andererseits ist auch die Gefahr da, daß wir unsere Scheu selber verabsolutieren, wodurch sie einen unbedingten Charakter erhält. Wir sind dann der Meinung, daß sie immer und überall angesagt ist, und wir leben dann unter der Diktatur unserer Scheu.

Aber genau wie es zum Beispiel in der Ausübung der Disziplin des Schweigens sich nicht um eine politische Angelegenheit handelt – es geht nicht darum, Menschen mundtot zu machen, ihnen ihr ‚Stimm-Recht‘ oder das Recht auf Gegenrede zu nehmen –, so handelt es sich in der Beziehung zwischen Lehrer und Schüler auch nicht um eine politische, sondern um eine kontemplative Angelegenheit. Wenn wir diese Beziehung lediglich politisch interpretieren würden, dann entgeht uns ihre kontemplative Aufgabe. Wir sind dann nicht mehr offen, das Handeln des Mentors als das zu betrachten, was es ist: *Kontemplatives Handeln*. Es bedeutet andererseits auch nicht, daß wir die politische Interpretation einfach vergessen sollten; aber wir sollten für die kontemplative Aufgabe der Beziehung zum Mentor offen bleiben, auch wenn wir sein Verhalten nur schwer einordnen können. Es könnte bedeuten, daß wir gelegentlich vor eine Wahl gestellt werden: Was ist wichtiger, unsere eigene moralische und politische Auffassung, unser Denken in Termini von Nutzen und Macht, *oder* unsere unbefangene, nicht durch unsere vertrauten Ideen bestimmte Beziehung zum Mentor?

Obwohl Sorgsamkeit oder Barmherzigkeit und Mitgefühl sich auch in der Form des Widerstandes gegen Mißbrauch von Macht und gegen ungezügelten Eigennutz manifestieren, kann man aus diesem Grund nicht sagen, daß Barmherzigkeit und Mitgefühl nur eine politische Dimension haben. Kuitert sagt ‚Alles ist Politik, aber Politik ist nicht alles‘ (Kuitert, 1985). Bedingungslose Fürsorge ist nicht an Ideologien oder politische Prinzipien gebunden, sondern sie entspringt einem von ihnen losgelösten Raum. Diese Fürsorge geht den Ideologien und Prinzipien voraus, weil sie der Erfahrung unserer grundlegenden Menschlichkeit selber entspringt. Nicht unsere Ideen, sondern diese Erfahrung bildet die Grundlage für die Beziehung zum Mentor. Sie ist der Grund, auf dem der Mentor steht und von dem aus er uns begleitet. Es ist die Frage, ob wir es wagen, uns dem hinzugeben. Wenn wir uns diese Frage stellen, sehen wir, daß die Frage des Vertrauens oft einen tieferen Grund hat. Das Stellen der Frage selbst ermöglicht uns den Blick dafür zu öffnen, daß Vertrauen *an sich* für uns ein großes Problem bedeutet. Wenn wir den Kontakt zu unserer eigenen Menschlichkeit verloren haben, sind wir von dieser Grundlage her nicht zum Vertrauen imstande. Unsere politischen Interpretationen können schlichtweg Bemühungen sein, dieses Problem zu vertuschen. Wir bedienen uns nämlich in diesem Fall wertvoller politischer Inhalte wie ‚Selbstbestimmung‘ und ‚Selbständigkeit‘, damit wir nur nicht an die *kontemplative Bedeutung* des Vertrauens in das Handeln des Mentors herankommen müssen. Gerade weil seine kontemplative Aufgabe uns zu bedrohlich wirkt, wünscht sich unsere zur Sicherheit und Beständigkeit strebende Mentalität, unser Ego, gar keinen Mentor, und gewiß keinen fähigen.

255

Blindes Vertrauen

Aber auch das Umgekehrte kann sich ereignen, daß wir uns sogar gerne dem Mentor hingeben, wenn wir in dieser Weise unsere eigene Verantwortlichkeit für unser eigenes Leben, für unser eigenes Tun und Lassen los sein möchten. Auch diese Haltung basiert nicht auf Unbefangenheit, sondern auf dem Ego; auf dem Anwenden einer Strategie, und zwar mit Vorbedacht. Wir denken in dem Fall, daß ein Übertragen der Zuständigkeit für unser eigenes Leben auf den Mentor ein geschicktes Manöver ist, um durch das Leben zu schlendern. Wir können uns selbst einreden, daß der Mentor uns darum bittet. Und wir nennen es dann ,bedingungsloses Vertrauen'. Vielleicht sind wir sogar ein wenig stolz darauf, daß wir es leisten!

Oft geht diese Strategie Hand in Hand mit einer Form der Heldenverehrung (siehe auch den letzten Abschnitt dieses Kapitels), die angeblich ,bedingungslos', aber in Wirklichkeit blind ist. Angeblich bedingungslos, weil sie von bestimmten Annahmen *abhängig* ist: ,Der Mentor weiß, was für gut mich ist. Der Mentor ist unfehlbar. Ich sollte versuchen zu werden, wie der Mentor ist'. Allem, was wir im Umgang mit dem Mentor erleben, treten wir nicht mehr unbefangen entgegen, sondern wir gehen es von dieser Annahme her an. Was der Mentor auch immer tut oder sagt, wir stehen unmittelbar mit einem – in diesem Fall immer positiven – Urteil da. Uns ist keine Mühe zu viel, solch ein Urteil zu formen, denn vieles hängt für uns davon ab: unsere selbst gewählte Abhängigkeit, unser Rückhalt, unsere ,Sicherheit'. Auch diese Herangehensweise ist ein politisches Manöver. Weil wir uns die Unsicherheit eines offenen Kontaktes mit dem Mentor vom Halse schaffen möchten, entscheiden wir von vornherein dafür, diese Beziehung als eine ,Meister - Sklave'- Beziehung aufzufassen (De Wit, 1993, 5.4.3) und uns in sie zu fügen. Der Mentor hat nicht darum gebeten, aber wir bitten darum. Solch eine Herangehensweise ist blind, weil sie uns in unsere eigene Interpretationen einsperrt und unser Wachstum in unbefangener Einsicht und wahrhaftigem Vertrauen erstickt.

Bedingungsloses Vertrauen wecken

Eine der kontemplativen Aufgaben des Mentors ist es, uns diese beide politischen Manöver – blinde Angst vor dem Schenken des Vertrauens oder blindes Vertrauen – bewußt zu machen. In dieser Weise schafft er einen psychologischen Raum, in dem wir uns von unserer Vorliebe befreien können, unsere Beziehungen mit Menschen (den Mentor inbegriffen) immer in

Begriffen von Macht und Eigeninteresse zu interpretieren (siehe De Wit 1993, 5.4.3). In diesem Raum sind wir nicht befangen von unseren positiven oder negativen Urteilen über den Mentor. Und gerade in diesem offenen Raum kann unser Unterscheidungsvermögen wirken. Und eben dies Unterscheidungsvermögen kann uns zum *bedingungslosem Vertrauen* im *kontemplativen* Sinn dieses Ausdrucks führen. Von diesem Vertrauen, das nicht länger auf Meinungen oder Urteile gegründet ist, spricht das zweite Zitat von Nyima.

Wie kreiert der Mentor einen solchen psychologischen Raum? Er tut es durch kontemplatives Handeln, nicht nur in der Form der persönlichen Unterweisung, sondern indem er Situationen schafft, in denen wir spüren, daß unsere politischen Interpretationen keinen Sinn und keine Bedeutung mehr haben. In dieser Weise manifestiert sich die Sorgsamkeit des Mentors für den Schüler.

Ein nicht authentischer Lehrer – und solche gibt es in jeder der erwähnten Traditionen – kommt gerade unseren vorgefaßten Ideen entgegen und nimmt sich wohl in acht, uns nicht zu schockieren. Er führt nicht die Peitsche in der Synagoge, wie Jesus es gemacht hat. Er geht nicht radikal gegen die ‚*Pandits*' (Schriftgelehrten) vor wie Padmasambhava, der herausragende indische Yogi, der Tibet zum Buddhismus konvertierte. Aber er ist vermeintlich der Halt und die Zuflucht, ein fester Punkt der Sicherheit, ein idealer Verbündeter für unser Ego. Solch ein Lehrer übt nicht das kontemplative, sondern das politische Handeln aus. Anstatt unserer grundlegenden Menschlichkeit zu entsprechen und sie zu erwecken, kommt er dem Ego entgegen und nährt sich selbst und das Denken in Begriffen von Macht und Eigeninteresse.

Kurz, wenn der Mentor authentisch ist, überläßt er uns keinen Raum für blindes Vertrauen. Blindes Vertrauen gehört nicht zum kontemplativen Weg. Aber auch, wenn der Mentor *nicht* authentisch ist, gibt es tatsächlich keinen Raum für blindes Vertrauen. In diesem Fall ist ein blindes Vertrauen noch gefährlicher, weil der sogenannte ‚Mentor' nichts dagegen unternehmen wird. In beiden Fällen ist die Lage des Schülers ähnlich! Und diese Tatsache zeigt uns eine gewisse Richtung. Das erste oben erwähnte Zitat von Nyima (siehe Seite 251) enthält den Fingerzeig, daß es notwendig ist, den Lehrer zu prüfen. In seinem zweiten Zitat ist die Notwendigkeit in Worte gefaßt, in einem späteren Stadium unserer Beziehung offenzubleiben für das Handeln des Mentors. Dies bedeutet, daß wir nach unserer Prüfung und wenn wir immer mehr Vertrauen entwickelt haben, nicht mehr unsere Ideen auf das Verhalten des Mentors, sondern dies Verhalten auf unsere Ideen anwenden.

Auf diese Weise können wir die kontemplative Bedeutung seines Handelns immer prägnanter erfahren. Was der Mentor uns als Leitbild gibt, können wir in diesem Fall auch in uns selbst allmählich entdecken und kultivieren. Auf diese Weise wird im Lauf der Zeit in uns selbst der ‚innere Meister' geweckt. Dieser innere Meister (siehe unten) bedeutet etwas ganz anderes als die Mentalität, die noch nie an das Vertrauen herangekommen ist, und auch etwas ganz anderes als die Mentalität, die uns sagen läßt: ‚Ich traue niemandem außer mir selbst'. Es ist nicht die Mentalität des Ego, die auf Nummer Sicher geht, sondern gerade eine ‚egolose' Geisteshaltung, die das Bestreben nach Sicherheit überwunden hat. Diese Geisteshaltung hat im Kontakt zu einem authentischen Mentor gelernt, der Welt der Erscheinungen zu trauen. Und in diesem Kontakt hat sie sich selbst entdeckt und gelernt, sich zu trauen. In diesem Fall kann, wie im dritten Zitat des Nyima (siehe Seite 252) geschrieben ist , ‚Dein nacktes bewußt Sein selber dein Meister werden'.

Entwicklung und ihre Begleitung

Wie spielt sich das kontemplative Handeln des Mentors auf die Entwicklung des Schülers ein, wenn eines Tages eine reale Vertrauensbasis zwischen ihnen entstanden ist? In der Realität ist dies natürlich verschieden und von der Person abhängig. Trotzdem kann man auf eine globale psychologische Linie hinweisen. Diese Linie bezieht sich auf die Weise, wie der Mentor dcm Schüler beim Überwinden *der Hindernisse auf dem Weg* und beim Entwickeln einer gewissen Standfestigkeit oder Stabilität behilflich sein kann. Wir werden diese Entwicklung jetzt weiter erörtern.

Das Fortschreiten auf dem Weg, die andauernde Änderung unseres Wirklichkeitserlebens in Richtung auf Heiligkeit, haben wir in Kapitel 5 als einen Prozeß der weitergehenden Bekehrung charakterisiert. Dies vollzieht sich nicht von einem Tag auf den anderen. Und obwohl sich gelegentlich auch spektakuläre Augenblicke ereignen, verläuft der Bekehrungsprozeß vielmehr fast unbeachtet; nur nachträglich sind wir uns klar, daß wir uns von einer bestimmten Illusion oder einer hartherzigen Einstellung zum Leben befreit haben. Dieser Prozeß kennt auch seine eigenen Höhen und Tiefen, seine eigenen Momente des Fortschritts und der Stagnation.

In Begriffen der christlichen Tradition beabsichtigt die Begleitung dieses Prozesses das Schaffen von Raum für die Wirkung des Heiligen

Geistes, so daß hierdurch das egozentrische Wirklichkeitserleben des Schülers transparent gemacht werden und diese Wirkung auch im eigenen Herzen erfahren werden kann. Begleitung ist dann auch in einem sehr grundlegenden Sinne ein Ausdruck der Wohltätigkeit, der wahrhaften Fürsorge und zu gleicher Zeit Ausdruck der Einsicht in die Psychologie des profanen Menschen. Wir können als Begleiter diese Einsicht nur vermitteln, wenn wir selber darin geübt sind, unser eigenes egozentrisches Wirklichkeitserleben vom offenen Raum unserer eigenen grundlegenden Menschlichkeit aus zu beobachten. Unser eigener Egozentrizismus – unser profanes Handeln, Sprechen und Denken – entwickelt sich dann in gewissem Sinne zum Instrument, zu einer wertvollen Quelle der Kenntnis. Der Schüler sollte selbstverständlich eine Einwirkungsmöglichkeit für Begleitung erkennen lassen. Wenn wir die Metapher von Kapitel 5, in dem wir über die ‚Befestigungsanlage des Ego‘ und den Raum herum sprachen, weiter betrachten, können wir sagen, daß Ritzen im Zement der Festung sichtbar werden und daß der Schüler bereit sein sollte, das, was in dem Moment sichtbar wird, auch dem Mentor zu zeigen. Aber ehe der Schüler dies wagt, ist vorher schon sehr viel passiert. Jetzt werden wir diesen Prozeß in Augenschein nehmen.

Die Momente der Bekehrung und ihre Doppelseitigkeit

In Kapitel 5 sprachen wir über die Ansätze zur Bekehrung. Ein paar Punkte möchte ich hier auffrischen. Wir haben dort gesehen, daß ein *Moment der Bekehrung* ein doppelseitiger Prozeß ist, den wir auf viele Arten erfahren und charakterisieren können. Sie ergeben sich als Momente der Freiheit, die auf diese Weise die Erkenntnis der Gefangenschaft in uns wachrufen. Das Bollwerk des ‚Ego‘ beginnt uns zu beengen, weil wir ab und zu eine Erkenntnis der Offenheit erfahren. Oder die Unsauberkeit und Mutlosigkeit innerhalb des Bollwerks fallen uns plötzlich ins Auge, gerade weil wir kurzfristig die Frische des Lebens, einen Augenblick der *Lebensfreude* erfahren. Wir sehen, wie kalt und hartherzig wir sind, ausgerechnet wenn wir wahrhaftige Wärme und Sanftmut spüren. Unsere fortdauernde und tiefverwurzelte Lebensangst kommt schlagartig in den Vordergrund, genau weil wir auch Augenblicke des *Lebensmutes* kennengelernt haben. Wir beginnen uns bewußt zu werden, daß wir in einer bestimmten Hinsicht blind oder verblendet durch das Leben gehen, gerade weil wir diese Augenblicke der *Klarheit* zu erkennen und zu schätzen beginnen.

Solch eine Doppelseitigkeit ist kennzeichnend für Momente der Bekehrung. Und darin auch liegt der Unterschied zu unseren herkömmlichen Momenten der Erfahrung. Normalerweise fühlen wir uns bald frei oder sorgsam und bald wieder gefangen oder ohne Interesse. Unsere Erfahrungen führen uns mal in die eine und mal in die andere Richtung. Aber während der Augenblicke der Bekehrung sind beide Seiten *zu gleicher Zeit* da, und wir wissen in bestimmtem Sinne *weder in die eine noch andere Richtung* zu gehen. Jedenfalls nicht in die für uns geläufigen Richtungen. Wir werden *Sünder in Bekehrung*. Diese Worte drücken ebenso diese Doppelseitigkeit aus. An dieser Stelle beginnen die Selbstverständlichkeit der profanen Welt und die Psychologie des ‚Ego‘ abzubröckeln. Wir beginnen zu erahnen, daß auch eine andere Art Beziehung zum Leben realisierbar ist.

Die Entwicklung einer äußerlichen Stabilität

Im fünften Kapitel haben wir auch besprochen, daß die Wirkung der Momente der Bekehrung zunächst oft ein großes Mißtrauen ist. Es ist ein Mißtrauen im Sinne einer sehr kritischen Einstellung, die sich aus der schockierenden Erkenntnis ergibt, daß wir uns hinters Licht führen ließen bzw. selbst geführt haben, daß wir bis dahin auf eine Art gelebt haben, die Unwahrhaftigkeit nährt. Und wiederum existiert zu gleicher Zeit das Verlangen, nicht weiter in Unwahrhaftigkeit verloren zu gehen. Auf diese Weise entsteht solch eine kritische Einstellung uns selbst, unseren Mitmenschen, der Welt und auch der Religiosität gegenüber. In erster Linie ist dies sehr fruchtbar und ein sehr positiver Prozeß.

Außer solchem Mißtrauen erwecken derartige Momente der Bekehrung auch eine zunehmende Unruhe, indem etwas Elementares erschüttert worden ist. Wir beginnen unsere profane Mentalität zu erblicken, und diese Tatsache schockiert uns. In dieser ersten Phase haben wir mehr Aufmerksamkeit dafür, *was* wir sehen, als für die Tatsache, *daß* wir sehen. In diesem Augenblick sind wir schon der ‚Sünder in Bekehrung‘, aber wir werden mehr beeindruckt vom ‚Sünder‘, den wir anschauen, als von der ‚Bekehrung‘. Wir packen sozusagen nur die eine Spitze des Stockes an. Uns beeindruckt, was wir sehen: die Unzulänglichkeit unseres Selbst (unseres Ego) und das egozentrische menschliche Dasein. Wir sehen Hartherzigkeit, Blindheit, Verwirrung, Selbsttäuschung in uns und in anderen Menschen; wir sehen das aus alledem zum Vorschein kommende Leid. Dadurch entsteht auf der rationalen Ebene eine kritische Einstellung und auf der emotionalen Ebene Unruhe. Diese Unruhe bedeutet, keinen Ruheplatz zu haben, weder ein noch aus zu wissen.

Wenn sich jemand in dieser Phase bei dem Lehrer einer kontemplativen Tradition meldet, wird dieser sagen: ‚Nimm dir eine Verschnaufpause. Lege einen Halt ein, anstatt weiter über die Autobahnen des Lebens zu rasen‘. Solch ein Ratschlag bedeutet, das Auto am Straßenrand anzuhalten. Wenn wir dann aussteigen, gibt es Sonnenlicht, das Blau des Himmels und den Wind, der unsere Wangen und das hohe Gras streichelt. Vielleicht sehen wir auf große, geruhsam fließende Flüsse. Kurzfristig fällt das ganze krampfhafte und hektische Treiben unseres Lebensprojektes von uns ab; es ist ein Moment der Ruhe und des Raumes, um nach allen Seiten herumzuschauen. Dies ist, was der Mentor uns in dieser Phase bieten kann.

Es kann sein, daß ein Aufenthalt im Kloster oder Meditationszentrum mit seinem festen Tagesablauf und seinen – von außen betrachtet – einfachen Lebensumständen für manche so etwas wie ‚aus dem Auto steigen‘ bedeutet, indem man sich in die Tagesordnung fügt und schlichtweg *da ist*. Für andere bedeutet es vielleicht, daß sie in ihrem Tagesablauf Raum schaffen für die Ausübung einer Disziplin der Achtsamkeit, Raum, um nichts anderes zu tun, als einfach da zu sein. In beiden Fällen schaffen wir uns selbst Raum, um geistig zu Atem zu kommen, indem wir uns selbst in eine Situation der *auswendigen Stabilität* stellen. Wir treten auf der Stelle und bleiben, wo wir sind, mit uns selbst.

Welche Hürden begegnen uns in der ersten Phase auf dem Weg, und wie beschäftigen wir uns damit? In gewissem Sinne erfahren wir unseren Alltag in seiner Totalität als eine Hürde, gerade weil wir uns geistig nicht von ihm distanzieren können. Wir sind dadurch fixiert. Deswegen tun wir in dieser Phase oft gut daran, uns physisch aus unseren täglichen Lebensumständen zurückzuziehen und von dem Hinterherlaufen hinter allen Angelegenheiten abzusehen, die uns, wie wir erhoffen, Rückhalt und Befriedigung geben würden. Wir verbannen zeitlich begrenzt *die Hindernisse nach außen*, und obwohl diese Art des Umgangs mit Hindernissen Beschränkungen hat, ist sie doch hilfreich. Es ist zunächst einmal ja unentbehrlich, einigermaßen zur Ruhe zu kommen. Die Begleitung richtet sich dann auch vor allem auf diese Frage.

Die Entwicklung einer inneren Stabilität

Wenn die äußere Stabilität in unserem Leben mehr oder weniger Form – zum Beispiel in einer täglichen spirituellen Übung – bekommen hat, entsteht ein Raum für weitere Entwicklung. Diese Entwicklung findet ihren Ansatz durch die Entdeckung, daß die Unruhe und die Lebensangst, die wir in unserem alltäglichen Leben erfahren und die wir auf gefürchtete oder bedrohliche Situationen zurückführen, eigentlich nicht unseren äußeren Umständen entstammen, sondern von unserem eigenen Geist erschaffen und in Gang gehalten werden. Der Umfang und die Intensität unserer inneren Unruhe und Angst zeichnen sich sozusagen gerade auf dem Hintergrund der äußeren Stabilität ab, wie wir sie mittlerweile schon durch das kontemplative Leben erfahren haben.

Diese Entdeckung kann eine schockierende Erfahrung sein, bloß auf eine andere Art, als wir oben erörtert haben: Nicht die Erkenntnis, daß wir meistens in Dunkelheit, in Illusionen leben, schockiert uns jetzt, sondern die Entdeckung, daß diese Dunkelheit eine selbstgebastelte ist. Wenn wir diesen Punkt erreicht haben, brauchen wir mehr als jemals und in einer viel persönlicheren Art einen Mentor. Nicht einen, der nur einlädt, auf der Stelle zu treten, und uns hilft, eine äußerlich stabile Situation in unserem alltäglichen Leben zu schaffen, sondern einen, dem wir uns auch innerlich zeigen können und bei dem wir es wagen, das zu tun. Wir brauchen einen, der das kontemplative Leben kennt; eine Vertrauensperson, die weiß, worum es sich handelt, wenn wir über unsere innere Unruhe sprechen, über unsere Lebensangst und vor allem über unsere Angst vor uns selbst, vor unserem Geist, jetzt, da er sich als Schöpfer unseres egozentrischen Wirklichkeitserlebens mit allen seinen negativen Emotionen zeigt. Wir brauchen einen spirituellen Freund oder eine spirituelle Freundin.

Von seiten des Mentors begegnet uns nicht nur Freundschaft, sondern auch Wertschätzung für den Schüler, der es wagt, sich bloßzustellen. In dieser Phase wird der Mentor hauptsächlich darauf hinweisen, daß die Entdeckung unserer inneren Unruhe wertvoll und notwendig ist und daß sie der ‚bona- fide‘-Ursprung zum Vertrauen ist. Unsere innere Unruhe ist dazu dienlich, wir brauchen uns nicht mehr davonzumachen. Wir brauchen keine Angst zu haben vor uns selbst, vor unserer profanen Mentalität. Wie hoch auch immer die Wogen sind, wir sind selber ihre Antreiber, sie sind unsere eigenen Energien, und deswegen sind wir ‚per definitionem‘ auch kräftig genug, weiterzumachen. Wir sind genau so kräftig wie diese Wogen. In gewissem Sinn richtet die Ausübung der mentalen Disziplinen sich auf die Entdeckung, daß, was auch immer wir als *innere Hindernisse* erfahren, zu bewältigen und zu verwenden ist. Und je öfter wir während unserer Ausübung erleben, daß sie bewältigt werden können, desto tiefer schlägt eine *innere Stabilität* Wurzel in uns.

Solch eine innere Stabilität bedeutet *nicht* die *Abwesenheit von Unruhe*, sondern sie ist eine geistige Standfestigkeit, um mit den turbulenten Bewegungen unseres Geistes umzugehen. Wenn wir uns zurückversetzen in die Metapher des Flusses, in den wir einen Stock verankert hatten (Kapitel 7), dann bedeutet innere Stabilität nicht die Stabilität oder Ruhe des stillstehenden Wassers, sondern sie bedeutet die Fähigkeit, den Stock aufrecht zu halten und gerade dadurch die Unruhe des Wassers spüren zu können; sie ist vom Wasser unabhängig. Wenn wir lernen, von dieser inneren Stabilität aus mit unserem Gedankenstrom umzugehen, dann dreht sich die Perspektive: je stärker unsere Unruhe, desto stärker ist unsere innere Stabilität. Es ist, als ob die Turbulenz unseres Gedankenstroms den Stock unserer innerlichen Stabilität lediglich kräftiger in den Boden treibt. Der Stock verwandelt sich in einen Felsen in der Brandung.

Die innere Stabilität, die von der geistigen Turbulenz lediglich weiter genährt wird, ist Frucht unserer kontemplativen Ausübung. Sie ist mit einem geistigen Umbruch verbunden: mit dem Verschieben des Akzentes vom *Sünder* im Bekehrungsprozeß zum Sünder *im Bekehrungsprozeß*. Es ist ein Grund für Freude an unserer profanen Mentalität, die uns anfänglich so bestürzt hat, sie anschauen und handhaben zu können. Wir beginnen an unserer Ehrlichkeit uns selbst gegenüber Freude zu erleben, eine Freude über die Klarheit, mit der wir unsere Verwirrung erblicken.

Erst waren wir erschüttert, wenn wir ganz konkret angefangen hatten zu sehen, daß wir selber (d.h. unser Geist) der Schöpfer unseres egozentrischen Wirklichkeitserlebens waren. Vielleicht war es mit Selbstvorwürfen, Scham und Schuldgefühl verbunden. Wir waren uns selbst eine herbe Enttäuschung. Wir (d.h. unser Ego) hatten uns selbst höher eingeschätzt. Wir waren dermaßen mit uns selbst beschäftigt, so beeindruckt durch unsere Egozentrizität und deren verheerende Folgen, daß wir übersehen hatten, daß es noch eine andere Seite gab. Das Anschauen des Ego vermittelt uns zu gleicher Zeit die Möglichkeit, dieses Ego als Mensch zu sehen. Wir sind imstande, unsere Blindheit und Hartherzigkeit, wie tief sie auch verwurzelt sein mögen, zu erkennen, lediglich weil auch Klarheit und Sanftmut Teil unseres Menschsein sind. Oder, wie mein Mentor es ausdrückte: ‚*The bad news ist the good news*' (*Die schlechte Nachricht ist die gute Nachricht*). Durch diese Entdeckung erreichen wir die andere Seite der Doppelseitigkeit unserer Bekehrungsmomente. Wenn wir die Metapher des Stocks nochmals verwenden, könnten wir sagen: Wir beginnen die andere Seite des Stockes, die Seite der Bekehrung, anzufassen. Scham und Reue über unsere profane Einstellung werden eine positive Reue; eine glückliche

Reue, eine *felix culpa**, frei von jeder Form des Selbstvorwurfs und Selbsthasses.

Das Entwickeln innerer Stabilität ist also keine kühle, distanzierte Angelegenheit; im Gegenteil, es führt zu einer anderen Einstellung zum Leben. Erstes Kennzeichen dieser Stabilität ist Ehrlichkeit unserer Gedankenwelt und Einstellung dem Leben gegenüber. Diese Ehrlichkeit bringt uns in immer tieferen Kontakt zu unseren weniger an der Oberfläche spürbaren Gefühlen. Zweites Kennzeichen ist Selbstakzeptanz oder Selbstrespekt: Wir schließen Freundschaft mit uns selbst, so wie wir sind, mit allem Drum und Dran, mit unseren profanen und durchscheinenden, klaren Seiten. Wir brauchen uns nicht mehr zu schämen oder uns anders darzustellen, damit andere nicht sehen, wie minderwertig wir sind. Wir beobachten mit Zärtlichkeit und nicht ohne Humor die Lappalien unserer ‚Ego-Förderung' und des andauernden Protokollieren des Ego-Selbstwertes. So schafft diese verwandelte Einstellung zum Leben auch den Raum, unsere profane Mentalität uns selbst und/oder Gott einzugestehen und offenzulegen. Dadurch entwickelt sich auch ein drittes Kennzeichen: das Unterscheidungsvermögen. In der christlichen Tradition nennt man dieses Vermögen ‚*Diakrisis*', und es ermöglicht uns zu unterscheiden, was von unserem profanen Geist kommt und was vom Heiligen Geist. In der buddhistischen Tradition nennt man es ‚*Prajñā*'; dadurch kann man unterscheiden, was das Ego aufrechterhält und was Egolosigkeit erweckt.

‚Diakrisis' oder ‚Prajna' schenkt uns zum ersten Mal ein Gefühl für die Wegrichtung. Wir tappen nicht mehr im dunkeln, sondern wir können erkennen, wie und wohin wir gehen müssen, damit wir unsere grundlegende Menschlichkeit zur Blüte bringen können. Dadurch beginnt sich schrittweise ein viertes Merkmal innerer Stabilität in unserer Einstellung zum Leben zu manifestieren – ein Gespür der Zuversicht, daß der Weg verläßlich und konkret begehbar ist. Dieses Bewußtsein benennt man in der christlichen Tradition öfter mit dem altgriechischen Wort ‚*Pistis*'. Das eng-

---

* Anmerkung des Übersetzers: Das lateinische Wort ‚culpa' übersetzt man meistens mit ‚Schuld'. In unserem Sprachgebrauch ist der Begriff Schuld negativ besetzt, weil er im moralischen Kontext auf ein Versagen deutet und weil solch ein Versagen zu gleicher Zeit eine Beleidigung Gottes ist, die bestraft werden kann, wenn man keine Reue zeigt. Die Erbsünde belastet ihn. Deshalb kann ein Mensch nach dieser Lehre ‚nur' ein Versager sein. Zwar kann ein Mensch durch ‚Reue' es wieder gut machen, aber seine Einstellung bleibt im Grunde durch die Erbsünde geprägt. Durch meine Arbeit als Gestalttherapeut komme ich oft mit dieser Einstellung in Berührung. ‚Schuld' hat in meiner Auffassung viel mehr mit der ursprünglichen Bedeutung einer ‚Wiedergutmachungsaufgabe' oder ‚Chance' zu tun als mit der durch Versagen geprägten sogenannten Schlechtigkeit eines Menschen. Angst vor ‚Versagen' hat dann auch fast immer zu tun mit Angst vor Strafe.

lische Wort ‚*faith*‘ kommt der Bedeutung am nächsten. Die deutschen Wörter ‚Vertrauen‘ oder ‚Zuversicht‘ sind der wirklichen Bedeutung näher als das Wort ‚Glaube‘. In der buddhistischen Tradition nennt man es ‚*Sraddha*‘: ‚Eine Zuversicht, ein Vertrauen in die Qualitäten der durch die Meditation erhaltenen Stabilisierung und ihrer Früchte‘ (Hopkins, 1983, S. 72). Diese Zuversicht hat die Funktion, ‚als Basis zu dienen für das Erwecken unseres Strebens nach jenen heilsamen Qualitäten, die man bis jetzt noch nicht kultiviert hatte‘ (Rabten, 1992, S. 125).

Zusammengefügt bewirken alle diese Merkmale innerer Stabilität eine Möglichkeit, mit unserem egozentrischen Geist umzugehen; dadurch entsteht eine andere Haltung unserer Umgebung gegenüber. Wir entdecken allmählich, daß die Hindernisse sich nicht in unserer Umgebung, nicht in den Menschen und Objekten befinden, auf die wir unsere egozentrischen Emotionen richten, sondern in unseren Emotionen selber. Wir beginnen zu sehen, daß wir eine Situation nicht mehr vermeiden müssen, wie wir es beim Entwickeln äußerlicher Stabilität getan hatten. Wir entdecken, daß unsere innere Stabilität die Möglichkeit erschafft, uns *in einer direkten Art* mit unseren egozentrischen Emotionen zu beschäftigen, sie zu durchschauen und uns davon zu befreien. Wenn unsere innere Stabilität sich zu entwickeln beginnt, sind wir imstande, uns unmittelbar mit unserem Geist zu beschäftigen statt indirekt, indem wir gewisse Situationen vermeiden oder aufsuchen. Wir können uns mit unserer Eifersucht befassen anstatt mit dem Objekt unserer Eifersucht. Anstatt zu versuchen, unsere Feinde zu schlagen oder ihnen auszuweichen, finden wir es viel wichtiger, unsere eigene Aggression zu überwinden. Anstatt Dinge, die unsere Habgier wecken, zu vermeiden, beinhaltet unsere Disziplin, daß wir unsere Habgier einsehen und sie auf der Stelle loslassen, damit wir uns so in den offenen Raum der Unbefangenheit zurückbegeben. Unsere alltägliche Lebenssituation, früher ein äußeres Hindernis für uns, bildet jetzt einen fruchtbaren Boden für unsere Übung.

Unsere Umgebung mit allem Drum und Dran hat uns damals Angst eingejagt, die Angst, von ihr beherrscht zu werden. Wir haben gedacht, daß die profane Welt außerhalb uns existiere und daß wir ihr lieber aus dem Weg gehen sollten. Jetzt sehen wir, daß diese Welt nur in unserem Geist (und im Geist anderer Menschen) existiert. Wenn wir uns aus jener Welt befreien wollen, dann ist es nicht mehr so wichtig, gewissen äußeren Umstände aus dem Wege zu gehen. Jedoch daß wir unsere egozentrischen Attitüden erkennen und wie sie unseren Geist, unser Sprechen und Handeln zum Schaden unseres Selbst und anderer beherrschen, das ist etwas Bedeutsames.

Natürlich wecken gewisse Situationen noch immer gewisse egozentrische Emotionen, jedoch sind wir jetzt imstande, sie zu verwenden, falls wir ausgerechnet diese spezifischen Emotionen überwinden wollen. Wir sind ja nur imstande, diese Emotionen in dem Augenblick zu überwinden, in dem wir sie erleben, und nicht, wenn wir die Situationen vermeiden, die diese Emotionen hervorrufen. Daß so was überhaupt möglich ist, ist eine wundersame Entdeckung, weil es bedeutet, daß ein Kultivieren unserer grundlegenden Menschlichkeit in dieser Phase keine Utopie mehr darstellt, sondern ein ganz konkretes, geistiges ‚Handwerk‘, durch das wir systematisch beginnen, unsere egozentrischen Emotionen und Ideen hinter uns zu lassen. Dadurch erscheint die Welt der Erscheinungen auch nicht mehr ausschließlich als Bezugspunkt für unser Ego und als Objekt unserer Emotionen, sondern sie zeigt sich immer mehr in ihrer ursprünglichen Nacktheit. Wir beginnen zu ahnen, was mit ‚grundsätzlicher Heiligkeit der Welt‘ (siehe De Wit, 1993, 5.3) gemeint ist.

Die sich verändernde Beziehung zum Mentor

Wenn unsere innere Stabilität sich entwickelt, verändert sich auch unsere Beziehung zum Mentor. Wir sehen dann allmählich, daß auch er in dieser ursprünglichen Nacktheit lebt und daß ihre oder seine Hinweise auch von dieser Quelle aus gegeben werden. Unser Vertrauen zu ihm bekommt dadurch einen anderen Charakter; es verwandelt sich von einer Art des Vertrauens zu einem guten Freund in Hingabe und Bewunderung.

Bewunderung aber ist etwas sehr Ambivalentes. In unserer Ego-Mentalität erhält sie schon bald den Charakter der Vergötterung des Helden. Aber diese führt früher oder später immer zur Eifersucht und zur Schmähung des Helden. Deswegen besitzt diese Art der Bewunderung keine Stabilität. Dazu kommt noch, daß diese Auffassung unseres Ego von Bewunderung uns nicht inspiriert, uns so zu zeigen, wie wir sind, sondern uns anregt, uns so gut oder so hilflos wie möglich darzustellen für denjenigen, den wir bewundern. Oft versuchen wir dann auch möglichst nah an das Objekt unserer Bewunderung heranzukommen, so daß die bewunderten Eigenschaften vielleicht auch uns beleuchten und wir selber vielleicht ein wenig Bewunderung anderer davontragen. Hierzu zeigen wir uns – je nach dem, was uns als die beste Strategie erscheint – von der besten oder schlechtesten Seite. Ohne unsere Ego-Hochburg preiszugeben, versuchen wir in diesem Fall, unseren Mentor zu bestricken. Wir versuchen ihn zu manipulieren, indem wir sinngemäß sagen: ‚Ich bewundere Sie sehr und schätze Ihre Begleitung. Als Dank biete ich Ihnen ein offenes Haus in meiner Burg. Kommen Sie bitte, um bei mir zu wohnen'. Oder der Schüler sagt: ,Ich habe so viel Vertrauen zu Ihnen, daß Sie nahe an meine Festungsanlagen kommen dürfen. Damit Sie es bequem haben, habe ich im offenen Raum ganz in der Nähe einen Diwan hingestellt'. Aber der Mentor läßt sich nicht darauf ein. Er oder sie nimmt keine feste Position bezüglich unseres ,Ego' ein, sondern er/sie bleibt nicht einzuordnen. Wenn der Mentor sich doch auf solche Vorschläge einlassen würde, entstünde eine nicht mehr fruchtbare Situation, weil die Möglichkeit einer Begleitung behindert ist. Denn eine Begleitung würde dann unter den Bedingungen des Schülers stattfinden. Dem Mentor sind diese Formen der Manipulation wohlbekannt, und er ist dafür nicht empfänglich; er dagegen arbeitet sozusagen außerhalb unserer Burg. Er oder sie fragt uns nur, was mit unserer im Schatten gebliebenen Seite los ist.

Bewunderung dagegen im kontemplativen Sinne ruft etwas ganz anderes wach: Vertrauen und Hingabe und vor allem die Bereitschaft, uns selbst zu zeigen, wie wir sind. Wir zeigen uns nicht mehr von unserer besten oder schlechtesten Seite. Wir sind bereit, uns durch Natürlichkeit, Schlichtheit im Umgang in unserer entwaffnenden Nacktheit zu manifestieren. Erst dann ist ein wahrhaftiger Kontakt zum authentischen Mentor und seiner Welt möglich. In diesem Kontakt erfahren wir, wie sorgsam und einsichtig er mit den Äußerungen unseres Ego umgeht. Er lebt es uns vor. Wir sehen allmählich, wie sehr der Mentor aus grundlegender Menschlichkeit lebt und wie er sie verkörpert. Dann bricht in uns die Erkenntnis durch, daß unsere Bewunderung für den Mentor nichts anderes bedeutet als unsere Hingabe und Sehnsucht nach unserer eigenen wahrhaftigen Menschlichkeit.

Die Entwicklung einer verborgenen Stabilität

Wenn sich unsere innere Stabilität entwickelt, beginnen wir fähiger zu werden, uns mit unserem Ego und unseren *inneren Hindernissen* auf dem kontemplativen Weg zu beschäftigen. Wir machen bedeutende Fortschritte auf dem Weg. Wir finden uns in die ,*in's and out's*' (*die Gepflogenheiten*) unseres Geistes hinein und werden in den ausgeübten Disziplinen bewandert. Aber auch das alles kann Routine werden. Wie sehr wir dieses kontemplative Handwerk auch gewissenhaft durchführen, immer wieder tauchen neue Barrieren auf, besser gesagt Situationen, die wir als Hindernisse erleben. Das Gefühl, Fortschritte zu machen, beginnt zu verschwinden, und unsere spirituelle Ambition und die Zuversicht in den Weg werden nicht länger genährt. Damit bahnt sich eine neue Art des Mißtrauens oder der Unsicherheit an: Werden wir je unser Ziel erreichen? Und es ist egal, welches Ziel wir vor Augen hatten oder ob wir die Idee hatten, daß es kein Ziel gibt? Die Frage, ob es überhaupt einen Weg gibt, kommt in uns wieder hoch.

Viele kontemplative Traditionen sagen dann, daß wir dadurch aufs neue in eine Phase der Verwirrung gelangen. Alle Formen der Tradition, ihr Vorgehen und ihre Einsichten, ihre Disziplinen, die wir uns angeeignet hatten, sind uns so vertraut und bekannt wie unsere Westentasche geworden. Dies alles scheint jetzt urplötzlich ‚Schnee von gestern‘ zu sein. Vielleicht auch klammern wir uns stark an die Formen der Tradition und finden uns selbst ‚Schnee von gestern‘, als ob sich in unserer kontemplativen Entwicklung nichts mehr regt. In diesem Fall entsteht leicht eine nihilistische Haltung: Wir halten nichts von den Disziplinen, vom kontemplativen Leben überhaupt, oder eher umgekehrt: Wir halten was vom kontemplativen Leben, aber nichts von uns selbst. Bald sind wir gereizt, bald wieder mutlos, bald aggressiv, bald depressiv (siehe dazu z.B. Moyaert, 1985, 1988). Den Weg, unser kontemplatives Leben, erfahren wir wie eine Sackgasse. Äußerlich klammern wir uns vielleicht noch an die Formen unseres kontemplativen Lebens, aber tief in unserem Herzen haben wir die Zuversicht in das ganze Unternehmen einschließlich der Zuversicht in uns selbst verloren. Äußerlich sieht alles vielleicht noch gut und überzeugend aus, und innerlich beschäftigen wir uns noch mit unseren Hindernissen, aber tief in unserem Herzen haben wir keine Zuversicht mehr.

Oder besser gesagt: Unser Unglaube ist nicht ein Unglaube in bezug auf etwas, sondern es ist der Unglaube an und für sich, Unglaube ohne Objekt. Unglaube wie ein Zustand des Seins, ein Zustand der Fassungslosigkeit, denn es gibt ja nichts mehr, wohin wir gehen könnten. Die Wahl treffen, einen kontemplativen Weg zu gehen, können wir auch nicht mehr, weil wir ihn schon gehen. Ausscheiden bedeutet auch keine Alternative, weil wir das Gefühl haben, es schon getan zu haben. Weil wir uns zwischen zwei eisernen Zangen gefangen fühlen, gibt es nichts, auf das wir unseren Unglauben richten können, kein Objekt für unseren Unglauben und auch keine Möglichkeit, das Ganze von uns wegzuschieben. Es sieht so aus, als ob alles, an das wir uns so hingegeben hatten, sich jetzt verflüchtigt und der Weg sich zu einer unendlich weiten Landschaft ausgedehnt hätte. Wir können nicht sagen, an das Ende des Weges gelangt zu sein, denn wir haben nirgendwo einen Endpunkt gesehen. Der Weg ist auch nicht zu Ende, aber seine Konturen und seine Richtung sind aus unserem Blickfeld verschwunden. Es gibt keinen Weg zu erkennen. Wir sind ratlos, wenn wir entdecken, daß der Weg sich so verbreitert hat und daß es eigentlich keinen Weg (mehr) gibt: Wir sehen die Seitenstreifen nicht mehr.

In der griechisch-orthodoxen Tradition spricht man in diesem Zusammenhang von Akèdia (Λκηδια), Fassungslosigkeit. Gerade weil es sich nicht *um etwas handelt*, sind wir ohne jeglichen Ausweg fassungslos. Es ist eine Fassungslosigkeit im Sinne einer geistigen abgrundtiefen Dunkelheit. In jener Tradition sieht man ,*Akèdia*' als eine große Sünde. Und bestimmt bedeutet es ein großes existentielles Problem für den Übenden, weil diese totale Erschütterung nichts anders ist als – jedoch nicht als solche erkannte – *totale Offenheit* ohne jeglichen Halt. Will man dieses Erkennen erreichen, so sagen die kontemplativen Traditionen, dann gilt es gerade jetzt, in unserer Disziplin durchzuhalten. Unser Mentor wird bestimmt diesen Rat geben. Wir haben zwar keine einzige Inspiration mehr, und wir wissen auch nicht mehr, warum und weshalb wir durchhalten sollten. Aber wenn unser Mentor uns sagt, wir sollten durchhalten, dann machen wir es, sei es nur, weil wir keine Alternative mehr sehen. Wir haben nicht Besseres und nichts Schlechteres zu tun. Dann könnte es passieren, daß wir herausfinden, daß diese abgrundtiefe Dunkelheit, diese Ungeborgenheit sich nur als solche darstellt, weil wir sie in einer sehr subtilen Weise doch noch von einem Rest des Ego, von dem Rest des spirituellen Ehrgeizes und der gehegten Erwartungen über den Weg aus beobachten. Der Weg selber und unser Eifer, ihn zu gehen, bilden jetzt *das verborgene Hindernis*. Die Erfahrung der Fassungslosigkeit und der Erschütterung ist die Kehrseite dieses subtilen Strebens. Wenn wir ihn loslassen, wird es möglich, in dieser totalen Offenheit zu weilen. In diesem Fall vertieft sich unsere innere Stabilität weiter zu einer *verborgenen Stabilität*.

In theistischen Begriffen: Diese Stabilität liegt dem verborgenen Umgang mit Gott oder der verborgenen Wirkung des Heiligen Geistes in uns sehr nahe. Die ersten zwei Formen der Stabilität (äußere und innere, siehe Seiten 260–266) bezogen sich auf das Fortschreiten auf dem Weg, auf den kontemplativen Umgang mit unseren profanen Seiten und auf die Art und Weise, wie sie zu überwinden sind. Aber diese Stabilität ist ein Zustand des Seins, nicht wie er sich im Gegensatz zum Ego manifestiert, sondern wie er als er selbst erscheint. Viele Traditionen benutzen für diesen Zustand den Terminus ,*Heiligkeit*'. Dieser Ausdruck jedoch hat seinen Ursprung in der Sichtweise eines ,Sünders in Bekehrung'. Von ihrer eigenen Perspektive her erlebt man diese Beschaffenheit jedoch nicht als heilig oder als spirituell. Was passiert, ist, daß wir, ohne es zu bemerken, angefangen haben, außerhalb der Ruinen des Ego zu leben und auf diese Weise auch ohne jeden spirituellen Weg. Dieser Weg existiert nämlich nur, solange (und weil) unser Ego funktioniert.

Als wir noch in dem Bollwerk des Ego wohnten, hatten wir, was draußen war, als Licht wahrgenommen, gerade weil es innen so finster war. Jetzt aber stehen wir in einem blind machenden Licht, das uns deswegen als Finsternis erscheint. Diese Finsternis war für Johannes vom Kreuz gut genug, weil sie eigentlich nichts anderes bedeutete als das Licht des Heiligen Geistes. Der Mahayanabuddhismus benutzt für diese Phase den Terminus ,Dharmamegha‘, d.h. die Wolke des Dharma. In dieser Phase „identifizieren wir uns nicht länger mehr mit der Lehre, mit dem Pfad oder mit der Technik. Der Bodhisattva identifiziert sich nicht länger mehr mit dem Pfad, weil er selber der Pfad geworden ist. Er ist der Pfad. Er hat an sich selbst gearbeitet, bis er sowohl der Pfad als auch der Kampfwagen und der Fahrer dieses Kampfwagens geworden ist, alle drei zu gleicher Zeit. Er ist Einsicht, Energie, fähiges Vorgehen, Großzügigkeit, Kenntnis, panoramisches Bewußtsein" (Trungpa, 1989, S. 126). In diesem Sinne gibt es keinen Pfad mehr zu erkennen, weil das Licht (Sanskrit: *Prabhasvara*) unserer Buddhanatur – oder wie die Traditionen diesen grundlegenden Zustand der Klarheit auch benennen – jetzt ungehindert leuchtet.

Das Weilen im Zustand der totalen Klarheit und Offenheit haben wir in Begriffen der kontemplativen Psychologie *verborgene Stabilität* genannt. Wenn wir lernen, darin zu ruhen, beginnen sich auch ihre Früchte ungehindert zu manifestieren in der Form einer bedingungslosen, spontanen Lebensfreude, des Lebensmutes, des Erbarmens und der Anteilnahme, weil es einfach ihre Art ist, genau so, wie es nun einmal die Art der Sonne ist, Licht und Wärme auszustrahlen und dadurch die Erde zur Blüte zu bringen. Und wie es die Art der Blumen ist, sich zum Licht zu wenden, nicht weil sie es sich zum Ziel gesetzt haben, sondern weil es ihre Art ist.

Viele Traditionen nennen diese innere Stabilität ,den inneren Mentor, den *Magister interior*, den *inneren Guru*‘. Wenn sie sich entwickelt hat und wir es wagen, ihr zu vertrauen, wird sie unsere Führerin, unser Führer. Bevor es so weit ist, möchten wir es schon wahr haben, aber bis dahin wird sie zu sehr von der Stimme des Ego übertönt. Aber wenn es soweit ist, können wir das wortlose Sprechen des ,Magister interior‘ auch verstehen.

Dann entdecken wir auch, daß es keinen Unterschied gibt zwischen dem ,Magister exterior‘, dem äußeren Mentor, und dem inneren Mentor. Es erfüllt uns mit unendlicher Dankbarkeit dem Geist und der Güte des Mentors und der Tradition gegenüber. Denn sie erweisen sich als nichts anderes als die Manifestation unserer eigenen grundlegenden Mensch-

270

lichkeit in einer Welt, die hoffnungslos in der Hartherzigkeit und der Lebensangst des Ego befangen ist.

Letztlich sind der Weg und das ‚Ego‘ Illusionen, und mit ihnen auch alle kontemplative Psychologie. Gerade deswegen schätzen wir die kontemplativen Traditionen, die durch ihre psychologische Einsicht in diese endgültige Wahrheit die Disziplinen für unsere Befreiung von diesen Illusionen entwickelt haben.

Literaturverzeichnis

Akhilananda, Swami (1948): *Hindu Psychology. Its Meaning for the West.* London: Roudedge & Kegan Paul.

Amaladoss, M. (1990): *Mission: From Vatican II into the Coming Decade.* In: *Vidyajyoti, Journal of Theological Reflection,* 54 (1990) 6, 269–280.

Andriessen, H. (1986): *Naar het land dat ik u wuzen zal.* Tielt: Lannoo.

Augustinus, Aurelius (1989): *Bekenntnisse.* Übersetzung von Kurt Flasch und Burkhard Mojsisch. Stuttgart: Philip Reclam jun.

Bataille, G. (1981): *Méthode de méditation.* In: *Oeuvres Complêtes,* Vol. V, 191–228. Paris: Gallimard.

Becker, G. J. (1968): *Crime and Punishment: An economic approach, Journal of Political Economy* 1968.

Benedictus, Sanctus, Daab, Ursula (Hrsg.): *Die Althochdeutsche Benediktinerregel des Cod. Sang. 916,* Tübingen: Niemeyer 1959.

Bennington, G. & Derrida, J. (1994): *Jacques Derrida, ein Portrait von Geoffreyy Bennington und Jacques Derrida.* Frankfurt: Suhrkamp.

Bloem, J. C. (1986): *Verzamelde Gedichten.* Amsterdam: Atheneum-Polak & Van Gennep.

Bruijn, J. T. P. de (1987): *Vroomheid en mystiek.* In: J. Waardenburg, *Islam: norm, ideaal en werkelijkheid.* Weesp.

Buber, M. (1967): *Chassidische Vertellingen.* Cothen: Servire.

Bulhof, I. N. (1992): *Spiritueel humanisme.* In: *Streven, Cultureel Maatschappelijk Maandblad,* 59 (1992) 14, 1254–1265.

Burms, A. (1990): *Fictie, zelfbedrog, contemplatie.* In: *Tijdschrift voor Filosofie, 52* (1990) 3–16.

Chadwick, O. (1958): *Western Ascetism.* Philadelphia: The Westminster Press.

Chödrön, Pema (1992): *Dharma als Lehre, Dharma als Erfahrung.* Aurum Verlag.

Claxton, G. (1986): *Beyond therapy. The impact of eastem religions on psychological theory and practice.* London: Wisdom Publications.

Dalai Lama (1981): *The Opening of the Eye of Wisdom.* Illinois: The Theosophical Publishing House.

De Dijn, H. (1991): *Postmordemismen: de vlag en de lading. Een poging tot diagnose.* In: Kultuurleven, 58 (1991) 18–25.

De Wolk van niet-weten. Serie Spiritualiteit. Deel 6 (1974) Nijmegen: Gottmer.

Dode, Wangchug (1978): *The Mahamudra: Eliminating the darkness of ignorance.* Dhammsala: Library of Tibetan works and archives.

Drewermann, E. (1990): *Tiefenpsychologie und Exegese.* Freiburg i.Br.: Walter

Duijker, H. C. J. (1980): Psychopolis: *Een essay over de beoefening der psychologie.* Deventer: Van Loghum Slaterus.

Duijker, H. C. J., Palland, B. G. & Vuyk, R. (1964): *Leerboek der Psychologie.* Groningen: J. B. Wolters.

Duintjer, O. D. (1988): *Rondom metafysica – Over ,transcendentie' en de dubbelzinnigheid van metafysica.* Meppel: Boom.

Eckhart, Meister (1979): *Deutsche Predigten und Traktate.* Zürich: Diogenes Taschenbuch 20642.

Evans-Wentz, W. Y. (1953): *Das tibetanische Totenbuch.* Zürich: Rascher.

Filokalia, Monastieke Cahiers 21 & 22 (1982). Bonheiden, B-8310: Uitgaven Abdij Betlehem.

Fortmann, Han, (1968): *Geistige Gesundheit und religiöses Leben: Ein Beitrag zur pastoralen Psychotherapie*. Wien, Freiburg i.Br., Basel: Herder.

Giri, N. (1992): *Meditation im Hinduismus. Dialog der Religionen 2* (1992) 1. München: Chr. Kaiser.

Gleitman, H. (1986): *Psychology*. New York/London: Norton.

Groot, A.D., de (1972): *Methodologie*. Den Haag: Mouton.

Guenther, H.V. (1973): *The royal song of Saraha*. Boston: Shambhala.

Hellings, J.S.J (1942): *De Geestelijke Oefeningen van den H. Ignatius van Loyola*. Amsterdam: H. Nelissen.

Hermans, H.J.M., Hermans-Jansen, E. & VanGilst, W. (1985): *De grondmotieven van het mense lijk Bestaan: hun Expressie in het Persoonlijk Waarderingsleven*. Lisse: Swets & Zeidinger.

Hopkins, J. (1983): *Meditation on Emptiness*. London: Wisdom Publications.

Inada, K.K. (1970): *Nagarjuna. A translation of his Mulanwdyamaka-karika with an introductory essay*. Tokyo: The Hokuseido Press.

Jäger, W. (1992): *Kontemplation – der christliche esoterische Weg. Dialog der Religionen*, 2/1992/1. München: Chr. Kaiser.

Jäger, W. (1997 in vierter Auflage): *Suche nach dem Sinn des Lebens*. Bewußtseinswandel durch den Weg nach innen. Petersberg: Via Nova.

Jäger, W. (1998): *Suche nach der Wahrheit*. Wege – Hoffnungen – Lösungen. Petersberg: Via Nova.

James, W. (1890): *Ihe Principles of Psychology*. New York: Dover Publications, 1950.

James, W. (1902): *The varieties of religious experience*. Fount Paperbacks. Glasgow: Collins 1977

Janssen, R.H.C. & Höweler-van Dalen, M. (1990): *Compendium van de Psychologie, Dl. 10/2 Gestoord gedrag: classificatie etiologie en therapie*. Muiderberg: Coutinho.

Jung, C.G. (1992): *Gesammelte. Werke, Bd 11: Zur Psychologie westlicher und östlicher Religionen*. Walter.

Kaam, A. Van (1983–1992): *Formative Spirituality, Vol 1–5*. New York: Crossroad.

Kaufmann, P. (1971): *Imaginaire et imagination. In Encyclopaedia Universalis*, Vol. 8, 733a–739a, Paris.

Ketelaars, Thijs OSB (1986): *Met U: in zelftucht, trouw en moed*. In: *Benedictijns Tijdschrift* 47 (1986): 57–58.

Koenen, M.J & Endepols, J. (1960): *Verklarend handwoordenboek der Nederlandse taal*. Groningen: J.B. Wolters.

Komito, D.R. (1987): *Nagarjunas Seventy Stanzas. A Buddhist Psychology of emptiness*. *Ithaca*, NY: Snow Lion Publications.

Kongtrul, Jamgon (1989): *Der große Pfad des Erwachens*. Küsnacht: Theseus.

Kouwer, B.J. (1963): *Spel van de Persoonlijkheid*. Utrecht: Bijleveld.

Kruis, Johannes van het (1963): *Volledige Werken*. Red. J. Peters e.a., Hilversum.

Kuitert, H.M. (1985): *Alles is politiek, maar politiek is niet alles*. Baarn: Ten Have.

Kuitert, H.M. (1993): *Ich habe meine Zweifel: Eine kritische Auslegung des christlichen Glaubens*. Gütersloher Verlags-Haus.

Kwee, M. (1990): *Denken en doen in psychotherapie*. Den Haag/London: East-West Publications.

Lans, J.M. van der (1980): *Religieuze ervaring en meditatie*. Deventer: Van Loghum Slaterus.

Louf, André (1995): *Die Gnade kann mehr*. Hrsg. Abtei Münsterschwarzach.

Louf, André (1990): *Demut und Gehorsam bei der Einführung ins Mönchsleben*. Hrsg. Abtei Münsterschwarzach.

Maas, F. (1985): *De kunst van toewijding en beaming. Meester Eckhart over de realiteit van Gods wil*. In: W. Logister e.a.: *Je ziel niet verliezen. Momenten uit de geschiedenis van de spiritualiteit*. Nijmegen: Gottmer.

Mindel, N. (1985): *The Philosophy of Chabad*. New York: Kehot Publication Society.

Moyaert, P. (1983): *Over het ik bij Freud en Lacan*. In: Tijdschrift voor Filosofie, 45 (1983) 388–420.

Moyaert, P. (1985): *De structuur van de mystieke liefde bij Theresia van Avila*. In: *Over de grens*. D. Hutsebout (red.). Leuven: Universitaire Pers Leuven.

Moyaert, P. (1988): *Mystiek en liefde*. In: *Mystiek en liefde. Wijsgerige Verkenningen*, Vol. 5. J. Walgrave en P. Moyaert. Leuven: Universitaire Pers Leuven.

Nalanda/Trungpa (1980): *The Rain of Wisdom*. Boston: Shambhala.

Namgyal, T. T. (1986): *Mahamudra. The Quintessence of Mind and Meditation*. Boston & London: Shambhala.

Naranjo, C. (1992): *Wesen und Erscheinungsformen der Meditation*. Dialog der Religionen, 2/1992/1. München: Chr. Kaiser.

Naranjo, C. & Omstein, R.E. (1978): *Psychologie der Meditation*. Frankfurt: Fischer Taschenbuch Verlag

Nishitani, K. (1982): *Was ist Religion?* Frankfurt: Insel Verlag.

Nurbaksh (1989): *The paradise of the Sufis*. London/New York: Nimatillahi Publ.

Nyima, Chokyi (1986): *The Union of Mahamudra and Dzogchen*. Hong Kong: Rangjung Yeshe Publications.

Oranje, H.M. Beatrix van (1992): *Kersttoespraak koningin*. NRC-Handelsblad, 28 december 1992.

Perrot, M. (1989) (red.): *Geschichte des privaten Lebens*.

Podvoll, E.M. (1994): *Verlockung des Wahnsinns: Therapeutische Wege aus entrückten Welten*. München: Hugendubel.

Pontus, Evagrius van (1987): *Geestelijke geschriften*. Monastieke cahiers 34 & 35. Bonheiden: Uitgaven Abdij Bethlehem.

Proust, M. (1981): *Auf der Suche nach der verlorenen Zeit: Im Schatten junger Mädchenblüte*. Frankfurt: Suhrkamp Taschenbuch.

Pseudo-Dionysius the Areopagite (1987): *The Mystical Theology*. New York: Paulist Press.

Rabten, Geshe (1992): *Mind and its Functions*. Le Mont-Pelerin, Suisse: Edition Rabten Chöling.

Ray, R.A. (1994): *Buddhist Saints in India. A Study in Buddhist Values and Ostentatious*. New York: Oxford University Press.

Reynolds, J.M. (1989): *The liberation through seeing with naked awareness*. Barrytown, NY: Station Hill Press.

Rilke, R.M. (1997): *Duineser Elegien*. Stuttgart: Reclam.

Sanders, C., De Wit, H.F. & Looren de Jong, H. (1989): *De Cognitieve revolutie in de psychologie*. Kampen: Kok-Agora.

Shantideva (1980): *De Weg tot het inzicht. Bodhicaryavatara*. Vert. R. Kloppenborg. Amsterdam: Meulenhof.

Sartre, J. P. (1978): *Het ik is een ding.* Amsterdam: Boom Meppel.

Schilder, Aleid (1987): *Hulpeloos maar schuldig, het verband tussen een gereformeerde paradox en depressie.* Kampen: Kok.

Shapiro, D. H. & Walsh, R. (1984): *Meditation: classical and contemporary views.* New York: Aldine.

Shotter, J. (1975): *Images of man in psychological research.* London: Methuen.

Soloveitchik, J. B. (1989): *De creativiteit van de Halacha.* Hilversum: Gooi en Sticht.

Steggink, O. en Waaijman, K. (1983–1984): In: *Mystik,* Düsseldorf: Patmos.

Suzuki, D. T. (1994): *Zen und die Kultur Japans.* München: M. Scherz; Barth.

Theisen, J. OSB (1993): *In de marge of in het hart. Over de plaats van de monnik in kerk en samenleving.* In: Benedictijns tijdschrift, 54 (1993)1: 2–15.

Trungpa, C. (1969): *Meditation in Action.* Boston: Shambala.

Trungpa, C. (1995): *Das Buch vom meditativen Leben.* Rowohlt Taschenbuch Verlag.

Trungpa, C. (1989): *Der Mythos Freiheit.* Küsnacht (Schweiz): Theseus Verlag.

Trungpa, C. (1996): *Spirituellen Materialismus durchschneiden.* Küsnacht (Schweiz): Theseus Verlag.

Trungpa, C. (1991): *Crazy Wisdom.* Boston (Massachusetts, USA): Shambala Publications.

Tydeman, N. (1991): *De plaatjes van de os.* Amsterdam: Karnak.

Vasubandhu (1989): *Kanonische Zitate im Abhidharmako'sabh⁻aòsya des Vasabandhu.* Göttingen, Vandenhoeck & Ruprecht. Institut Belge des Hautes études Chinoises.

Vergote, A. (1984): *Religie, Geloof en Ongeloof. Psychologische studie,* Antwerpen/Amsterdam: De Nederlandse Boekhandel.

Vergote, A. (1987): *Het Meerstemmige Leven. Gedachten over mens en religie.* Kampen: Kok-Agora.

Vroom, H. M. (1988): *Religies en de waarheid.* Kampen: Kok.

Waardenburg, J. (Hrsg.) (1993): *Islamisch-christliche Beziehungen: Geschichtliche Streifzüge.* Würzburg: Echter.

Walker, S. (Ed.) (1987): *Speaking of Silence.* New York: Paulist Press.

Wit, H. F. de (1985): *Methodologie in Contemplatief perspectief.* In: L. K. A. Eisenga, J. F. H. van Rappard, W. Koops & E. H. van Olst (Eds): *Over de grenzen van de psychologie.* Holland: Swets & Zeitlinger, 27–37.

Wit, H. F. de (1989): *Over de (on)kenbaarheid van de psychologische werkelijkheid.* In: M. C. Doeser & A. W. MusschenRa (Eds): *Werkelijkheid van de Wetenschap,* Kampen: Kok.

Wit, H. F. de (1987): *Contemplatieve Psychologie,* Kampen: Kok-Agora.

Wit, H. F. de (1993): *Kontemplative Psychologie,* Gütersloh, Gütersloher Verl. Haus (Übers. von De Wit 1987).

Wit, H. F. de (1991): *Contemplative Psychology,* Pittsburgh: Duquesne University Press (Übers. von. De Wit 1987).

Wit, H. F. de (1991a): *Mensbeeld en verbeelding in het boeddhisme.* In: A. J. Fry, A. Schilder e. a. *Zeg mij hoe uw God is.* Kampen: Kok-Agora.

Wit, H. F. de (1991 b): *Visie, meditatie en handelen in de boeddhistische traditie.* In: Slomp (ed.) *Wereldgodsdiensten in Nederland.* Amersfoort: De Horstink/Publivorm.

Wit, H. F. de (1990): *Psychotherapie, Buddhist Meditation and Health.* In: *Journal of Contemplative Psychotherapy,* Vol. VII; Boulder: F. Naropa Institute.

Writings from the Philokalia (1979). London: Faber & Faber.

Ysseling, S. (1990): *Mimesis. Over schijn en zijn.* Baarn: Ambo.

Zegveld, A. (1991): *Gebed en leven.* In: *Benedictijns tijdschrift,* 1991/3. Egmond-Binnen: Adelbertabdij.

276

Namenregister

Geburtsstunde des neuen Menschen

Hugo Makibi Enomiya-Lassalle zum 100. Geburtstag

Roland R. Ropers

204 Seiten, gebunden – ISBN 3-928632-38-8

Kosmisches Bewußtsein für den Menschen der neuen Zeit

Der bedeutende Lassalle-Kenner Roland R. Ropers, Herausgeber der wichtigsten Lassalle-Bücher in Deutschland, hat zum 100. Geburtstag von Pater Lassalle das geistige Vermächtnis dieses bedeutenden spirituellen Lehrers verdichtet. Er hat in diesem Buch die wichtigsten spirituellen Weisungen und Einsichten des großen christlichen Zenmeisters über den Zen-Erleuchtungsweg und die christliche Mystik sowie die prophetisch erschaute Zukunft in einem neuen, dem integralen Bewußtsein dargestellt. Dem Verfasser ist es gelungen, die spirituelle Leuchtkraft des von vielen verehrten und geliebten Zenmeisters erneut zum Strahlen zu bringen.

Bede Griffiths

Ein Mensch sucht Gott

John Swindells, Hrsg.

192 Seiten, gebunden – ISBN 3-928632-39-6

Ein authentischer Zeuge für die Anwesenheit Gottes in der Welt

Einer der größten Virtuosen unseres Jahrhunderts, Yehudi Menuhin, hat den Mönch, Mystiker und Meister Bede Griffiths auf unübertreffliche Weise charakterisiert: „ Er ist ein authentischer Zeuge für die Weisheit der großen Religionen. Er offenbart meisterlich und wunderbar die Gegenwart Gottes." Dieser göttliche Geist berührt den Leser in diesem Buch, in dem einer der größten Mystiker unseres Jahrhunderts über sein Leben reflektiert. In diesen Selbstzeugnissen wird eine erstaunliche Synthese von Wissen und Erfahrung, von westlichem Denken und östlicher Weisheit dokumentiert. Der Leser wird getroffen von der bedingungslosen Liebe als Schlüssel zur Versöhnung aller Gegensätze in der Welt.

Suche nach der Wahrheit

Wege – Hoffnungen – Lösungen

Willigis Jäger

228 Seiten, gebunden – ISBN 3-928632-41-8

Spirituelle Weisungen aus der Sicht des Mystikers

Wer bin ich? Woher komme ich? Warum bin ich? Welcher Weg führt zur Wahrheit? Welches Leben eröffnet Sinn? Nur in der Tiefe unseres Seins gibt es eine wahre Antwort auf diese bohrenden Fragen. Um sich dieser Wahrheit zu nähern, wurde dieses Buch geschrieben. Der Verfasser begleitet den Leser auf der Suche nach der Wahrheit. Alle wichtigen Themen des spirituellen Lebens werden behandelt und zur christlichen Mystik, zu den Erkenntnissen der Naturwissenschaften und der Transpersonalen Psychologie in Bezug gesetzt. Ein spiritueller Meister unserer Zeit hat den Mut, grundlegende Glaubensinhalte des Christentums aus der Sicht des Mystikers neu zu interpretieren. Er will die Erkenntnis vermitteln, daß allein die religiöse Erfahrung zu den Quellen der Religion führen kann und so mithelfen, daß das kommende „Jahrhundert der Metaphysik" für alle Religionen eine Zeit der Regeneration wird.

Der innere Schrei nach Erlösung

Befreiung von innen

François Brune

288 Seiten, gebunden – ISBN 3-928632-44-2

Die Welt als Hologramm – Erlösung von innen

Während viele das Ende des Christentums voraussagen, unterstreicht der Verfasser die absolut einzigartige Bedeutung des Christus für die Entwicklung der Menschheit. Anders als die philosophische Theologie ist die mystisch-holographische Theologie darauf ausgerichtet, von innen heraus wirksam zu werden. Brune versteht die Welt als ein Hologramm, in dem alles mit allem verbunden ist, also auch jede Seele mit jeder anderen – und mit Christus, der aus der Tiefe einer jeden Menschenseele als Mittelpunkt des kosmischen Hologramms erstrahlt. Unfaßbar? Aber wie, wenn es wahr wäre? Das gilt es in diesem Buch zu entdecken, das so fesselt wie eine Abenteuerreise – die Reise in die mystische Erfahrung.

Spiritueller Eros

Auf den Spuren des Mystischen

Hans Willi Weis

312 Seiten, gebunden – ISBN 3-928632-43-4

Bewußtseinsschulung in der mystischen Tradition

Dieses Buch eröffnet die seltene Gelegenheit, das Mystische als lebendige Manifestation menschlichen Geistes kennenzulernen, als spirituellen Eros. Mystik und spiritueller Eros sind für den Verfasser nichts Verschwommenes, sondern die reale Entwicklungs- und Ausdrucksmöglichkeit eines Bewußtseins, das an Klarheit, Bewußtheit und Geistesgegenwart die uns vertrauten Stufen des Mythischen, Religiösen und Rationalen übertrifft. Dabei legt der Verfasser besonderen Wert auf Abgrenzung von vagen esoterischen Heilslehren aller Art. Er setzt sich für ein aufgeklärtes Verständnis des Mystischen und für eine klare meditative Bewußtseinsschulung ein. Dabei vermag der Leser den Duft der mystischen Rose wahrzunehmen.

Die Weisheit der Gefühle

Metafähigkeiten – die spirituelle Kunst in der Therapie

Amy Mindell

192 Seiten, gebunden – ISBN 3-928632-45-0

Ein neues Verstehen der Wirkung von Gefühlen

Warum sind die einen Therapeuten erfolgreich, andere nicht? Amy Mindell nennt das, was eine Therapie und einen Therapeuten erfolgreich macht, Metafähigkeiten (Metaskills). Sie geht davon aus, daß unter allen unseren Verhaltensweisen gefühlsmäßige Einstellungen und Muster liegen, die nicht nur unser ganzes Verhalten im Alltag, sondern auch den Verlauf einer Therapie, ihren Erfolg oder Mißerfolg, bestimmen. Und weil sie nicht nur den Menschen prägen, der sich einer Therapie unterzieht, sondern auch den Therapeuten, sind sie für den Verlauf einer Therapie so entscheidend. Die Kenntnis dieser Zusammenhänge ist hilfreich für jeden zur Bewältigung des Alltags und zum Gelingen einer jeden Therapie.

Über Freiheit und Meditation
Das Yoga Sûtra des Patañjali

T.K.V. Desikachar

192 Seiten, gebunden, beiliegende CD – ISBN 3-928632-30-2

Wie funktioniert unser Geist? Warum geraten wir immer wieder in Schwierigkeiten? Wie können wir lernen, freier zu sein? Was ist Meditation? Diese und mehr Fragen beantwortet das Yoga Sûtra von Patañjali. Sein Text ist das grundlegendste, umfassendste und wichtigste Werk über Yoga und hat viele Weisheitslehren der Welt inspiriert.
Fast zweitausend Jahre alt ist dieser Text. In der großen Kraft seiner Gedanken, in der einfachen Klarheit und in der tiefen Spiritualität fasziniert er durch seine unerwartet moderne, für unsere Zeit in jeder Hinsicht brauchbare und praktische Weise, in der er der Frage nachgeht, wie die in jedem von uns vorhandenen Ressourcen positiv genutzt werden können. Die dem Buch beiliegende CD präsentiert die traditionelle Art der Rezitation des gesamten Yoga Sûtra und kann uns so ein Gefühl für die zeitlose Schönheit und Kraft von Patañjalis Versen über Yoga geben.

Das Enneagramm der Gesellschaft
Die Übel der Welt, das Übel der Seele.

Claudio Naranjo

168 Seiten, gebunden, 10 Zeichnungen – ISBN 3-928632-37-X

Das Wissen um die Tiefenstrukturen der Seele mit Hilfe des Enneagramms führt zur Erkenntnis des eigenen Charakters mit seinen Stärken, Schwächen und verborgenen Potentialen. In diesem Buch weist Claudio Naranjo – Arzt, Psychiater, weltbekannter Bewußtseinsforscher und Therapeut – nach, daß die Mißstände der Welt in den Übeln unserer Seele begründet liegen.

Es werden dabei folgende Themen behandelt:
- Das Enneagramm als Landkarte der Übel, Sünden und grundlegenden Leidenschaften in der individuellen Psyche sowie die Beziehungen zwischen diesen Übeln und den Krankheiten der Seele.
- Eine detaillierte Beschreibung der Störungen der Persönlichkeit oder Charakterneurosen, die sich aus jeder einzelnen dieser Übel oder krankhafter Zustände ableiten lassen.
- Eine Diskussion der Verwirrungen der Liebe, die jedem einzelnen dieser menschlichen Charaktere des Enneagramms zu eigen sind.
- Eine Betrachtung eines möglichen „Enneagramms der Gesellschaft" als eine kurze sozialkritische Abhandlung aus der Perspektive der psychischen Krankheiten des individuellen Charakters.

Durchs Herz zur Seele
Vom alten Paradigma ins Neue

Margret Rueffler

144 Seiten, gebunden – ISBN 3-928632-34-5

Durchs Herz zur Seele vermittelt eine neue innere Haltung, die von unserer alten, begrenzenden Lebensweise zu neuen Werten und damit zu einer neuen Lebenseinstellung führt. Diese neue Sicht erlaubt es, die Seele, "das Selbst", als spirituelle Mitte des Menschen und seiner Persönlichkeit zu würdigen und ihr in der Psychologie den ihr gebührenden Platz wieder einzuräumen. Dieses Buch ist für alle geschrieben, die eine neue Psychologie suchen und am eigenen Wachstum durch Selbsterfahrung interessiert sind. Durch sorgfältig aufeinander aufgebaute Übungen mit begleitenden Beschreibungen der Erfahrungen von ÜbungsteilnehmerInnen werden die neuen psychologischen Prinzipien dargestellt.

Die Vision des göttlichen Menschen

Barbara Schenkbier

432 Seiten, gebunden, Einband Kunstleder mit Goldaufdruck,
21 ganzseitige Bilder, Zweifarbendruck – ISBN 3-928632-18-3

Das Buch ist ein umfassendes Standardwerk, das den Durchbruch einer neuen Evolutionsstufe im menschlichen Bewußtsein des Menschen vorbereiten hilft. Aufbauend auf wissenschaftlichen Erkenntnissen und der mystischen Tradition aller Religionen führt es zu einem tieferen Wissen über das menschliche Bewußtsein, um dann den Weg zum göttlichen Menschen zu beleuchten. Alle wichtigen Schritte werden beschrieben, wesentliche Übungen aus einer neuen Sicht heraus dargestellt und die Transformationsstufe zu einem neuen Bewußtsein geschildert.
Beim Lesen und Anwenden der beschriebenen Wahrheiten eröffnet sich dem Leser eine neue Sicht über den Sinn des Lebens. Alle, die den geistigen Weg beschreiten, werden ihn besser verstehen, ihn bewußter, mutiger und konsequenter weitergehen.
Das Buch ist aus der eigenen, spirituellen Erfahrung der Autorin heraus geschrieben und eröffnet den Blick in eine Zukunft, die die evolutionäre Schöpferkraft selbst schaffen wird.

Wenn es verletzt, ist es keine Liebe

Wege zu erfüllenden Beziehungen

Chuck Spezzano

384 Seiten, gebunden – ISBN 3-928632-20-5

Dieses Buch verändert Ihr Leben. Ein Wissender zeigt den Weg, wie Sie ein Leben führen können, das erfüllt ist von Liebe und Verstehen, von Freude und Glück. Sie erfahren in 366 Kapiteln wichtige Lebensgrundsätze, die Ihre zwischenmenschlichen Beziehungen auf eine höhere Ebene heben.
Die Weisheit der Liebe, die der Verfasser in jahrzehntelanger Forschungsarbeit als Psychotherapeut, als weltweit bekannter Seminarleiter, als visionärer Lebenslehrer entdeckt und in klare Weisungen umgesetzt hat, verwandelt Sie und berührt Ihr wahres Wesen, das Liebe ist.
Durch die angebotenen Übungen, die das theoretisch Erkannte auch in den praktischen Alltag umsetzen, wird das Buch zu einem Wegbegleiter und Ratgeber in bedrängenden Beziehungsnöten. Sie reifen in Ihrer Selbsterkenntnis, können Ihre Beziehungen in Partnerschaft und Freundschaft neu ordnen, vertiefen und intensivieren.

Selbsterkenntnis und Heilung

Die Auflösung der emotionalen Energieblockaden

Jordan P. Weiss

240 Seiten, gebunden, 21 Zeichnungen – ISBN 3-928632-28-0

Die in diesem Buch dargestellte Methode „Psychoenergetics" wurde von Dr. Jordan Weiss entwickelt, einem Spezialisten auf den Gebieten Streßbewältigung, Verhaltensmedizin, Personaler Transformation und chronischer Erkrankungen. Diese Methode schafft Zugang zu dem unbewußten Selbst und läßt Sie verborgene, falsche Denk- und Verhaltensmuster entdecken und auflösen, die Sie daran hindern, alle positiven Möglichkeiten des Lebens auszuschöpfen und ein glückliches Dasein zu führen.
Mit den Methoden der „Psychoenergetics" können Sie folgendes erlernen:
Ärger, Angst und Unsicherheit freizusetzen; Blockaden zu entdecken, die Sie am Erreichen Ihrer Ziele hindern; Selbstsabotage zu eliminieren; sich von Schmerzen zu befreien; Schmerzen bei Menschen zu lindern, die Sie lieben; Liebe und Glück zu empfangen und negative Energien aufzulösen.
Sie können Ihr Leben dauerhaft verändern. Es ist zu kurz, um die Lektüre dieses Buches noch einen einzigen Tag aufzuschieben!